高职高专“十一五”规划教材

国际贸易实务

第二版

徐爱勤 主编

化学工业出版社
·北 京·

本书以国际贸易业务操作为中心，以国际贸易买卖合同为主线，主要讲述了国际贸易的合同条款、交易程序以及交易方式，本书结构紧凑、清晰，每章都设有教学目标、先导案例、本章小结和综合训练，与正文内容联系紧密。

本书可作为高等职业院校、高等专科院校、成人高等院校、本科二级职业学院及五年制高职院校经贸管理专业学生学习用书，也可供其他有关人员学习、参考之用。

图书在版编目（CIP）数据

国际贸易实务/徐爱勤主编. —2 版. —北京：化学工业出版社，2010.10 (2019.8 重印)
高职高专“十一五”规划教材
ISBN 978-7-122-09447-6

Ⅰ. 国… Ⅱ. 徐… Ⅲ. 国际贸易-贸易实务-高等学校:技术学院-教材 Ⅳ. F740.4

中国版本图书馆 CIP 数据核字（2010）第 173321 号

责任编辑：高 钰　　文字编辑：陈 雨
责任校对：宋 玮　　装帧设计：尹琳琳

出版发行：化学工业出版社（北京市东城区青年湖南街 13 号　邮政编码 100011）
印　　刷：三河市延风印装有限公司
装　　订：三河市宇新装订厂
787mm×1092mm　1/16　印张 16¾　字数 417 千字　2019 年 8 月北京第 2 版第 3 次印刷

购书咨询：010-64518888　　售后服务：010-64518899
网　　址：http://www.cip.com.cn
凡购买本书，如有缺损质量问题，本社销售中心负责调换。

定　　价：46.00 元

第二版前言

随着全球经济一体化进程的加快，国际贸易迅猛发展，有越来越多的企业迈出国门，走向世界，这就迫切需要培养一大批既熟悉国际贸易规则又掌握从事国际贸易实际操作的技能型、应用型人才。为适应当今国际贸易发展过程中的新形势、新问题、新做法，也为了适应高职教育人才培养的要求，我们在做了大量调研的基础上修订了《国际贸易实务》这本书。

在编写过程中，我们注重理论与实践相结合，突出学生职业能力的培养，方便学生的自主学习。全书以国际贸易业务操作为中心，以国际贸易买卖合同为主线来设计本教材的内容体系。本书主要特色：本书主要特色：

1. 内容简明、实用、全面，特别是突出了国际贸易实务各环节操作能力的训练，符合当今高职高专教育改革的要求。

2. 结构紧凑，设计合理。每章设有教学目标、先导案例、同步思考、同步案例、情景模拟、本章小结、综合训练栏目，使之与正文内容相互呼应，混为一体。

3. 强化操作与训练。每章的同步思考、同步案例、情景模拟、综合训练等功能性栏目，加大了技能操作的比例，丰富了教材内容，为学生学习、思考和实践提供了更为广泛的空间。

本书由徐爱勤担任主编，孟海涛、张敏、赵帆担任副主编。参加编写的有：徐爱勤（第一、四章），赵帆（第二、八章），王宁（第三章），张敏（第五、六章），焦文（第七章），聂相玲（第九、十章），盖芬清（第十一章）。全书最后由徐爱勤总纂统稿。

由于编者水平有限，不妥之处恳请广大读者批评指正。

编　者

2010 年 6 月

第一版前言

随着我国加入WTO和全球经济一体化进程的加快，国际贸易迅猛发展，有越来越多的企业迈出国门，走向世界。这就迫切需要培养一大批既熟悉国际贸易规则又掌握从事国际贸易实际操作的技能型、应用型人才。为适应我国对外经济贸易发展的需要，也为了适应高职高专人才培养的要求，我们编写了《国际贸易实务》这本书。

在编写过程中，我们充分考虑了高职高专人才的培养目标，力求突出对学生技能的培养。为此，全书以国际贸易业务操作为中心，以国际贸易买卖合同为主线来设计内容体系。

本书主要特色：1. 内容简明、实用、全面，特别是增添了电子商务在国际贸易中的应用一章，符合当今国际贸易业务操作方法改革的趋势。2. 结构紧凑，设计合理。每章设有教学目标、先导案例、观念应用、本章小结、综合训练栏目，与正文内容相互呼应。3. 强化操作与训练。每章的观念应用和综合训练等功能性栏目加大了技能操作的比例，丰富了本书内容，为读者学习、思考和实践提供了更为广阔的空间。

本书由徐爱勤担任主编，狄俊锋、朱燕霞、陶淑娟担任副主编。参加编写的有：徐爱勤（第一章至第三章），聂相玲（第四章、第十一章、第十二章），狄俊锋（第五章、第七章），张敏（第六章），朱燕霞（第八章、第九章），陈阳（第十章），尹宏伟（第十三章），陶淑娟（第十四章）。

本书在编写过程中得到了有关学院和企业领导、学者及业务人员的大力支持，在此一并表示感谢。

由于编者水平有限，加之时间紧迫，书中不妥之处，恳请广大读者批评指正。

编　者

2006年3月

目　录

第一章　走进国际贸易实务

教学目标

知识目标：

1. 理解国际贸易实务的含义。
2. 掌握国际货物买卖和国际货物买卖合同的特点。
3. 熟悉进出口贸易的基本流程。

能力目标：

1. 知道国际货物买卖合同的结构、内容和适用的法律。
2. 能表述进出口业务的基本流程和具体内容。

【先导案例】

2002年5月，中国甲公司与国外乙公司订立了一份木材买卖合同。7月25日，该批货物由“DYS”轮承运驶往目的港上海。承运人签发了清洁提单。

6月17日，甲公司与中国丙公司签订合同，将该提单项下的木材转卖给中国丙公司。合同规定：甲公司在上海港卸货区码头舱底交货，甲公司负责通知港区、理货等有关部门，明确丙公司为实际货主，甲公司确保向丙公司提供正本提单等。丙公司在支付定金时，由于甲公司未按要求支付全额的货款而没有拿到正本提单。但甲公司保证，不管有无正本提单，丙公司都能提到货。

“DYS”轮到达上海港后，甲公司与丙公司共同向“DYS”轮的船长出具保函称，因提单尚未收到，要求船方先将货物交给甲公司，并因该放货行为给船方造成的损失承担赔偿责任。其后，涉案货物由丙公司提取，丙公司陆续向甲公司付清了木材购销合同项下的全部货款。

但甲公司一直未付清欠款，也未取得正本提单。乙公司将甲、丙两公司诉至法院，请求法院判处两公司无单提货侵权损害赔偿。

请问：丙公司是否承担赔偿责任？丙公司在本案中有哪些失误？

甲公司与丙公司在没有正本提单的情况下，共同在保函上签名盖章并提交船方，导致涉案货物被无单放行，由于丙公司不能构成善意取得货物，因此，甲公司与丙公司对乙公司构成共同侵权，并对该损失承担连带赔偿责任。

本案中，丙公司既支付了全部货款，又承担了连带赔偿责任。归结原因，是不懂国际贸易业务与相关法律造成的。一是在向承运人出具的“因该放货行为给船方造成的损失承担赔偿责任”保函上签字的担保责任没有弄清；二是对提单是物权凭证的性质没有弄清，购买了甲公司无权提取和处分的提单下的货物。

以上案例说明，国际贸易具有不同于国内贸易的许多特点，其交易环境、交易条件、贸易做法及所涉及的问题，都远比国内贸易复杂得多。

第一节 国际贸易实务

一、国际贸易

国际贸易（international trade）又称世界贸易，是指世界各国、各地区之间所进行的货物、技术与服务的交换活动，是各国之间分工的表现形式，反映了世界各国在经济上的相互依靠。

【同步思考 1-1】

国际贸易与对外贸易的关系？

分析提示：如果从一个国家的角度而言，世界各国、各地区之间所进行的货物、技术与服务的交换活动称为该国的进出口贸易或对外贸易。从国际范围来看这种交换活动，就称为国际贸易。因此，国际贸易与对外贸易是两个相互联系又有区别的概念，二者都是跨国界的货物、技术与服务的交换活动，但二者的角度和范围是不同的，因而二者是一般和个别的关系。

二、国际贸易实务

国际贸易实务的研究对象是国际间货物买卖（或交换）的具体运作过程，包括国际间货物买卖的有关原理和实际业务过程。

国际贸易的内容，长期以来主要是指货物流通，也称有形贸易。但随着各国经济的发展和产业结构的调整，国际贸易的方式和内容也都发生了重大变化。1986 年开始的关贸总协定乌拉圭回合的谈判首次将传统货物进出口的对外贸易定义扩展到技术和服务进出口。在现代国际贸易中，技术贸易和服务贸易已占有相当比重，而且该比重还有不断上升的趋势。但无论在我国，还是在国际上，货物进出口仍然是国际贸易中最基本、最主要的部分。而且，有关技术贸易和服务贸易的业务做法，不少是从货物贸易的基本做法中脱胎而来的，有的还直接沿用货物买卖的基本做法。所以，有关国际货物买卖的基本理论和业务做法，仍然是每一个从事国际贸易实际工作和研究工作人员必须掌握的基本知识。同时，了解和掌握国际货物买卖的知识，也是掌握技术贸易及服务贸易知识和方法的必要途径。本书所阐述的内容都是就国际货物贸易而言的。

三、国际货物买卖的特点

从商品交换的角度看，国际货物买卖和国内贸易并无实质性的差别。但由于国际货物买卖是在国与国之间进行的，具有国际性，因此，它与国内贸易有很大差异。

第一，国际货物买卖比国内贸易困难。国际货物买卖是国与国之间的商品交换，不同的国家语言不同、法律法规不同、风俗习惯也不同，因而使国与国之间开展贸易活动有了更多的障碍。

第二，国际货物买卖比国内贸易复杂。国际货物买卖涉及不同的货币制度、度量衡制度，需要得到国内外的运输、保险、海关、检验检疫和银行等部门的协作、配合，或接受其监督与管理，关系错综复杂，稍有不慎，就可能造成损失或引起纠纷。

【同步思考 1-2】

国际货物买卖涉及的当事人有哪些？

分析提示：在国际贸易中，从交易磋商到合同履行完毕，要涉及到许多当事人，如承运人、保险公司、银行、检验机构等，其中买方和卖方是国际贸易的主体。如果买卖双方在交易中发生贸易纠纷，还会有律师、公证机构、法院或仲裁机构加入进来。

第三，国际货物买卖比国内贸易风险大。在国际市场上，可能产生的风险很多，有信用风险、汇兑风险、运输风险和商业风险等。另外，还会受到交易双方所在国家的政治、经济以及其他客观条件变化的影响，因而较国内贸易具有更大的不稳定性。

【同步案例 1-1】

2001 年 1 月，国内 A 公司与瑞士 S 公司签订了一份设备购买合同，由瑞士 S 公司向国内 A 公司出售一套价值 200 万美元的设备。A 公司在收货验收时发现该设备存在严重的质量问题。A 公司多次与 S 公司交涉，但均未果。A 公司遂向国际商事仲裁委员会申请仲裁，要求 S 公司承担违约责任，赔偿经济损失。A 公司为保证仲裁结果最终能得到执行，委托北京 B 调查公司对瑞士 S 公司的资产状况进行调查，并提供了与 S 公司的有关资料。

B 公司经调查查明了 S 公司的真实情况：瑞士 S 公司是一家注册资本仅为 4 万瑞士法郎（折合人民币 18.5 万元）的私人有限公司。该公司无固定资产，办公场所系租赁。该公司主要从事林业方面的商务咨询，兼营国内和国际贸易。S 公司的贸易业务占公司收入比重非常小，根本不具有向 A 公司提供所需设备的能力，且 S 公司目前无可供执行的财产。A 公司遭受了重大的经济损失。

问题：导致 A 公司遭受重大经济损失的原因是什么？应如何防范？

分析提示：A 公司未对 S 公司的资信予以调查和核实，更不了解以往的经营状况和履约能力，导致贸易风险。因此，在进行国际货物买卖交易前，应对贸易伙伴的资信和履约能力进行调查和核实，以确保国际贸易的安全进行。

第二节　国际货物买卖合同

在对外经济活动中，合同起着十分重要的作用。在业务活动的各个具体运转环节上，几乎都是通过合同这个形式将有关当事人联系起来。

一、国际货物买卖合同

在国际货物买卖过程中，需要订立的合同很多，其中，国际货物买卖合同是最主要、也是最基本的合同。

按照《联合国国际货物销售合同公约》的规定，国际货物买卖合同是指营业地处于不同国家的当事人所订立的货物买卖合同。货物买卖合同是卖方将货物的所有权转移给买方，买方为此支付价款的合同。国际货物买卖合同在我国外贸实务中称外贸合同，或进出口贸易合同。

国际货物买卖合同确定了买卖双方之间的权利义务，是买卖双方当事人各自履行约定义务的依据，也是一旦发生违约行为时，进行补救、处理争议的法律文件。因此，一项有效的国际货物买卖合同必须具备必要的内容，否则就会使当事人在履行义务、进行违约补救或处理争议时产生困难，甚至导致合同无效。

二、国际货物买卖合同的结构和内容

一般来说，国际货物买卖合同应具备以下三个方面的基本内容：

1. 效力部分

效力部分是指国际货物买卖合同的开头和结尾部分，它规定了合同的效力范围和有效条件。

① 合同的开头亦称约首、首部或序言，通常载明合同的名称、编号、合同签订的日期、地点、签约双方的名称、地址（包括通信地址、住址、电报挂号、电传号码、电话号码等）。其中，当事人双方的名称和法定详细地址是合同成立的条件。

② 合同的结尾亦称约尾，通常载明合同使用的文字及其效力、正本的份数、附件及其效力，以及双方当事人的签字等。

2. 权利与义务部分

这一部分通过许多条款来具体规定买卖双方在一项交易中的权利与义务，为合同的主要部分，亦称为主体部分或本文部分。具体包括以下四个方面的内容：

① 合同的标的。主要包括货物的名称、品质、数量和包装。

② 货物的价格。通常包括货物的单位价格和总价，或如何确定价格的方法；有时还规定有关价格调整的条款。

③ 卖方的义务。主要是于何时、何地以何种方式交付货物，移交与货物有关的单据和转移货物的所有权等。

④ 买方的义务。主要是于何时以何种方式支付货款和收取货物。

3. 争议的预防与处理

这部分也称为合同的安全保障部分，主要包括商品的检验、索赔、不可抗力、仲裁等事项的规定。

三、国际货物买卖合同的特点

1. 国际货物买卖合同具有国际性

国际货物买卖合同与国内货物买卖合同的基本区别就在于其具有国际性。衡量国际性的标准是交易双方当事人的营业地处于不同的国家。因此，一个货物买卖合同是否是国际货物买卖合同，关键是看买卖双方当事人的营业地是否处于不同的国家，而不是双方当事人的国籍。所谓营业地，是指固定的、永久性的、独立进行营业的场所。

【同步思考 1-3】

A 国当事人和 B 国 C 公司驻 A 国的常驻代表签订的货物买卖合同是国际货物买卖合同，对吗？

分析提示：对。C 公司驻 A 国的常驻代表实际上是 B 国 C 公司的代理人，它们是代表其本国公司进行活动的，因此，具有公约意义上的“国际性”。

2. 国际货物买卖合同的标的物是“货物”

国际货物买卖合同的标的物是“货物”，包括一切有形动产，但不包括股票、债券及流通票据的买卖和权力财产的交易，也不包括不动产和提供劳务的交易。《国际货物销售合同公约》则采取了排除法，即排除下列产品在该公约的适用范围之外：

① 购供私人、家属或家庭使用的货物的销售，除非卖方在订立合同前任何时候或订立合同时不知道而且没有理由知道这些货物是购供任何这种使用；

② 经由拍卖的销售；

③ 根据法律执行令状或其他令状的销售；

④ 公债、股票、投资证券、流通票据或货币的销售；

⑤ 船舶、船只、气垫船或飞机的销售；

⑥ 电力的销售。

3. 国际货物买卖合同的性质为买卖

所谓买卖合同，按照《英国货物买卖法》的规定，是指由卖方将货物的所有权转换给买方，以换取买方的金钱作为对价。这一特征是买卖合同与其他类型的合同如租赁合同、承揽合同等的重大区别。例如，在光船租赁合同中，出租人并不将船舶的所有权转移给承租人，承租人取得的是船舶的使用权而非所有权，而出租人取得的是租金而非价款。

4. 国际货物买卖合同是对外贸易中的基本合同

在履行国际货物买卖合同过程中，通常还需要签订运输合同、保险合同等，这些合同是履行销售合同所必需的，是为履行销售合同服务的，是辅助性的合同，销售合同才是对外贸易中的基本合同。

5. 国际货物买卖合同所适用的法律较为复杂

它与国内贸易仅受国内法约束不同，国际货物买卖合同不仅适用国内法，而且适用有关国际货物买卖的国际公约以及国际贸易惯例。

四、国际货物买卖合同适用的法律

任何的经济合同，都体现着当事人之间的经济关系，都需要运用法律来调整。国际货物买卖是一种国际间的经济活动，因此，它的法律关系调整要比国内货物贸易法律关系的调整复杂得多。对国际货物买卖的法律调整包括三个方面：各国有关国际贸易的法律，即国内法；国际贸易条约和协定；国际贸易惯例。

1. 国内法

国内法是指由国家制定或认可并在本国主权管辖范围内生效的法律。国际货物买卖合同必须符合国内法，即符合某个国家制定或认可的法律。例如，按照我国法律，订立合同，包括涉外合同，都必须遵守中华人民共和国法律，即使依照法律规定使用外国法律或者国际惯例的，也不得违反中华人民共和国的社会公共利益。但是，由于国际货物买卖合同的当事人所在的国家不同，他们各自都要遵守所在国的国内法，而不同的国家往往对同一问题的有关法律规定不相一致，因而一旦发生争议引起诉讼时，就会产生究竟应适用何国法律，即以何国法律处理有争议的问题。为了解决这种“法律冲突”，以利正常的国际往来，通常采用在国内法中规定冲突规范的办法。我国法律对涉外经济合同的冲突规范也采用上述国际上的通用规则，并在我国《合同法》第 126 条中做了原则规定：“涉外合同的当事人可以选择处理合同争议所适用的法律，但法律另有规定的除外。涉外合同的当事人没有选择的，适用与合同有最密切联系的国家的法律。”至于与合同有最密切联系的国家，则应视合同的具体情形由受理合同争议的法院或仲裁机构确定。

2. 国际贸易惯例

国际贸易惯例（international trade practice）是指在国际贸易的长期实践中逐渐形成的一些有较为明确和固定内容的贸易习惯和一般做法。它通常是由国际性的组织或商业团体制定的有关国际贸易的成文的通则、准则和规则。

国际贸易惯例不是法律，它对合同当事人没有普遍的强制性。合同当事人是否采用国际贸易惯例，取决于当事人的意愿。但通过政府或国际立法，可赋予国际贸易惯例法律效力。例如，《中华人民共和国民法通则》规定：“中华人民共和国法律和中华人民共和国缔结或参加的国际条约没有规定的，可以适用国际惯例。”

有关国际贸易惯例的约束力问题有以下几种情况：

① 如果在国际货物买卖合同中做了与国际贸易惯例不同的规定，在解释合同当事人义务时，应以合同规定为准。

② 如果合同明确表示采用某种惯例，则此惯例对合同双方当事人有法律约束力。

③ 如果双方当事人在合同中对某些问题没有做出明确规定，在合同中也未规定采用某些惯例，但事后双方又在该问题上发生争议而提交仲裁，各国法院或仲裁机构往往会引用某些公认的或影响较大的惯例作为判决或仲裁案件的依据。

由此可见，国际贸易惯例具有重要的法律地位，它既是国际贸易法的重要渊源，也弥补了国际贸易法的不足，它同国际贸易法起着相辅相成的作用。

在国际货物买卖中，国际商会制定的《2000 年国际贸易术语解释通则》、《跟单信用证统一惯例》（第 600 号出版物）、《托收统一规则》（第 522 号出版物），就是被世界上大多数国家的银行、贸易商所熟知，并能普遍地被接受和广泛应用的国际贸易惯例。

3. 国际条约

国际条约是两个或两个以上主权国家为确定彼此的政治、经济、贸易、文化、军事等方面的权利和义务而缔结的诸如公约、协定、议定书等各种协议的总称。

国际条约依法缔结生效后，除了缔约各方声明保留的条款外，即对当事各方具有法律约束力。各方必须按照条约规定，行使自己的权利，履行自己的义务，不得违反。因此，国际货物买卖合同的订立和履行必须符合当事人所在国缔结或参加的与合同有关的双边或多边国际条约。

目前与我国对外贸易有关的国际条约，主要是我国与其他国家缔结的双边或多边的贸易协定、支付协定，以及我国缔结和参加的有关国际贸易、海运、陆运、空运、商标、工业产权、知识产权、仲裁等方面的协定或公约。其中《联合国国际货物销售合同公约》（以下简称《公约》，我国于 1988 年 1 月 1 日起正式加入）已成为我国进行国际货物买卖最重要的一项国际公约。我国在核准《公约》时做了两项保留：一是我国不同意扩大该公约的适用范围，我国只承认该公约的适用范围限于营业地分处于不同缔约国的当事人之间所订立的货物买卖合同；二是我国认为，订立、变更或终止国际货物买卖合同都应当采取书面形式。

《中华人民共和国民法通则》第 142 条明确规定："中华人民共和国缔结或者参加的国际条约同中华人民共和国的民事法律有不同规定的，适用国际条约的规定。但中华人民共和国声明保留的条款除外。"由此可见，根据"条约必须遵守"的原则，在法律适用的问题上，国家缔结或参加的有关国际条约，除国家在缔结或参加时声明保留的条款以外，优先于国内法。

【同步案例 1-2】

A 公司从外国 B 公司进口一组成套设备，合同规定分三批交货。B 公司交付的第一批货物符合合同的质量要求，但第二批交付的货物为该设备的关键部分，由于其不符合质量要求使整套设备无法安装运行。A 公司多次与 B 公司交涉后，仍无法解决该问题。于是 A 公司提出撤销整个合同，并要求 B 公司将预付的部分货款退还；而 B 公司不同意撤销合同，只同意补偿第二批货物的价值。问题：A 公司是否有权撤销合同？为什么？

分析提示：A 公司有权撤销合同。根据《联合国国际货物公约》第七十三条的规定，对于分批交付货物的合同，如果一方当事人不履行对任何一批货物的义务，便对该批货物构成根本违反合同，则另一方当事人可以宣告合同对该批货物无效。如果各批货物是互相依存的，而且不能单独用于双方当事人在订立合同时所设想的目的，则买方可以同时宣告合同对已经交付或今后将交付的各批货物均为无效，即可以宣告撤销整个合同。

第三节　进出口贸易的基本业务程序

进出口贸易的业务环节很多，各个环节之间均有密切的、内在的联系。在实际业务中，不同的交易、不同的交易条件，其业务环节也不尽相同。但总的来说，无论进口贸易还是出口贸易，其基本的业务程序还是相似的，均可概括为交易前的准备、合同的磋商与订立、合同履行三个阶段。下面分别从进口贸易与出口贸易两个方面来阐述。

一、出口贸易的基本业务程序

1. 出口交易前的准备

出口交易前的准备，主要包括：

① 对国际市场的调查研究。在出口交易前，必须首先对国际市场进行调查研究。

【情景模拟 1-1】

2006 年 7 月，张涛高职毕业后进入了淄博恒洋铝塑包装有限公司国际贸易部工作。该公司是一家具有一定规模，主要从事铝塑包装材料技术与产品的研究、开发、生产、销售于一体的综合性公司。上班的第一天，张涛就急着找到部门经理朱经理要求分配工作任务。朱经理告诉张涛，本公司准备拓展国际市场，让张涛就本公司产品做一下国际市场的调研工作。

张涛从以下几个方面对国际市场进行了调研（图 1. 1）。

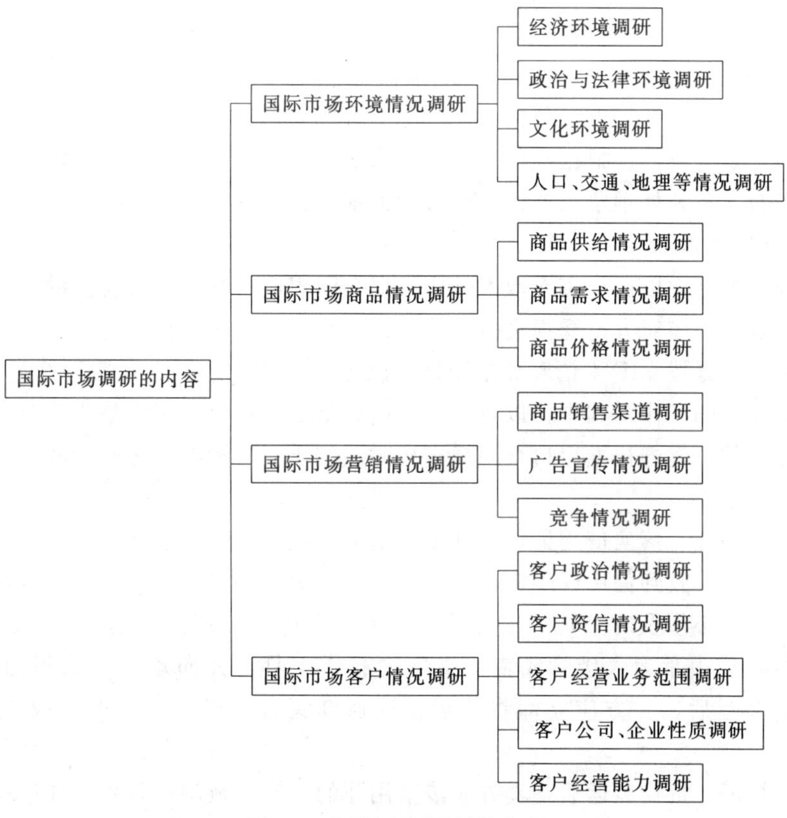

图 1.1　国际市场调研的内容

② 制定出口经营方案，是出口企业在一定时期内对出口商品所做的全面业务安排。出口经营方案通常包括国内货源情况、国外市场特点、计划安排和实现计划的措施等。

③ 落实货源或制订出口商品生产计划。在制定出口经营方案的同时或先后，应根据经营方案，与生产、供货部门落实货源收购、调运或指定出口商品生产计划。

④ 选定客户和建立业务关系。在对交易对象的调查研究的基础上，选定资信情况良好、经营能力强、对我友好的客户确定为贸易伙伴，建立业务关系。

⑤ 开展广告宣传。可以扩大产品知名度，增进国外潜在客户对产品的了解，达到增加商品销售量的目的。

【同步思考 1-4】

1990 年 8 月，阿根廷某公司应中国某公司的请求，报出镁矿石初级产品 200 公吨，每公吨 2150 美元，即期装运的实盘。但中方接到阿方报盘后未还实盘，而是一再请求阿方增加数量，降低价格，并延长有效期，阿方公司将数量增到 350 公吨，每公吨价格为 CIF 上海价 2100 美元，有效期经三次延长，最后延长至 9 月 25 日。中方公司于 9 月 20 日来电表示接受该盘。阿方接到该电报时，得知国际市场镁矿石价格大幅上扬，后悔不已。请问在处理该笔交易中阿方公司存在的主要问题是什么?

分析提示：在此案例中，阿方公司在处理该笔交易中存在的问题很多，其中，对市场调研重视不够，没有密切注意价格变动，洽谈技术欠佳是造成该后果的重要原因。

2. 出口交易磋商和合同订立

出口商在与选定的国外客户建立业务关系以后，就要与国外客户就出口合同的各项交易条件进行书面或口头形式的谈判，即交易磋商。交易磋商一般要经过询盘、发盘、还盘、接受等环节。其中发盘和接受是交易成立的基本环节，也是合同成立的必要条件。

交易一方的发盘一经对方有效接受，合同即告成立。但合同是否具有法律效力，还要视其是否具备了一定的条件。根据我国法律规定，对外贸易合同必须采用书面形式，买卖双方当事人履行各自义务和处理争议要以书面合同为依据。

3. 出口合同的履行

出口合同有效订立以后，买卖双方就应根据合同规定，各自履行自己的义务。任何一方违反合同的规定，并使对方遭受损失时，均应依法承担赔偿对方损失的责任。目前我国出口贸易中使用较多的是按 CIF 术语和凭信用证付款方式达成的合同。在履行这类出口合同时，必须做好各个环节的工作，其中，以货、证、船、款四个环节的工作最为重要。

(1) 准备货物　卖方根据出口合同规定按时、按质、按量准备好应交的货物，并做好申请报验和领证工作。

(2) 落实信用证　落实信用证包括催证、审证和改证。

(3) 安排装运　收到信用证经审核无误后应立即办理发货装运手续。在办妥托运手续，明确载货工具后，必须及时办理运输保险，然后，向海关办理出口报关手续。经海关查验放行后，将货物交由承运人接管或装上指定的载货工具，并向承运人取得由其签发的运输单据。货物装运后，卖方应立即将装运情况通知买方，以便买方准备收货和支付价款等事宜。

(4) 制单结汇　货物装运后，卖方应按信用证的规定，缮制和备妥各种单据。在信用证规定的交单有效期内，递交银行办理议付结汇手续。

(5) 出口收汇核销和出口退税　在履行合同过程中，如违反合同规定，给对方造成损失时，还要进行理赔工作，如发生争议，则应以合同为依据，按照法律和惯例进行处理。

出口业务流程图见图 1.2。

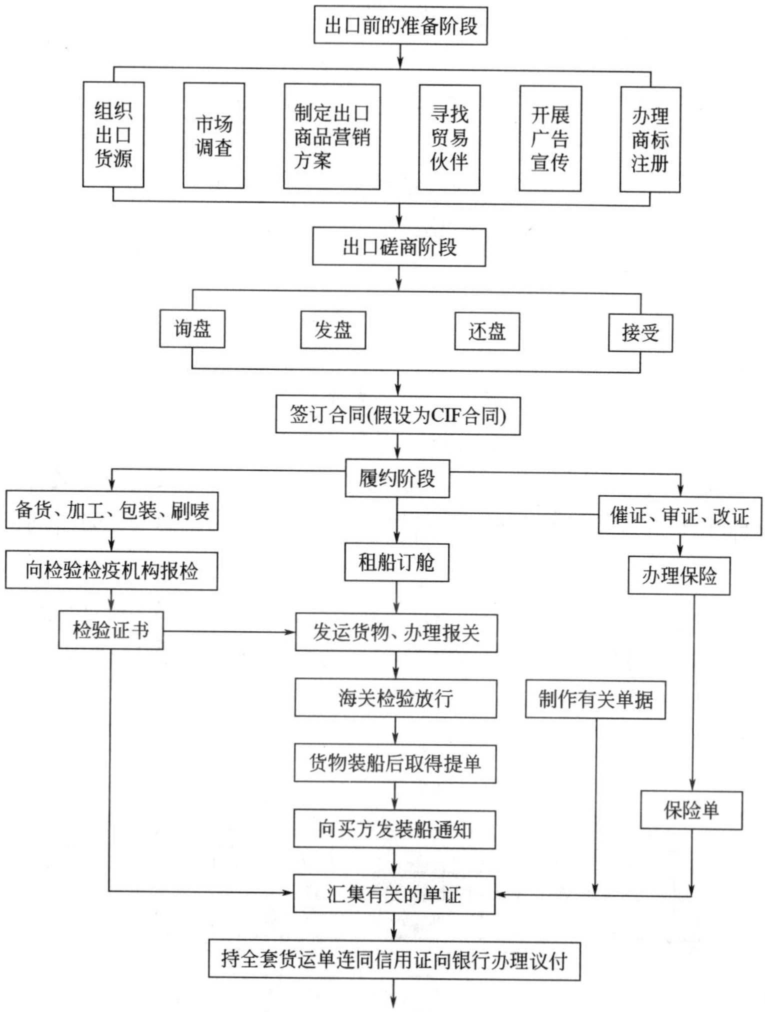

图 1.2 出口业务流程图

【同步案例 1-3】

我国某外贸企业向国外一个新客户订购一批初级产品，合同规定由外方以程租船方式将货物运交我方。国内银行按规定的付款方式付清货款后，装运船只一直未到目的港。后经多方查询，发现承运人原来是一家小公司，而且在船舶起航后不久公司已宣告倒闭。承运船舶是一艘旧船，船、货均告失踪，此系卖方与船方互相勾结进行的诈骗，导致我方蒙受重大损失。

问题：试分析我方应从中吸收哪些教训?

分析提示：为了防止欺诈，我们应加强对市场行情的研究与分析，并通过信用调查选择、识别客户，而且要利用合同中的条款保护自己的利益。

二、进口贸易的基本业务程序

与出口贸易类似，进口贸易的业务程序也包括交易前的准备、合同的磋商与订立、合同履行三个阶段。但由于所处地位不同，各阶段的某些业务内容有所不同。现将其与出口贸易明显不同之处择要简述如下：

1. 进口交易前的准备

进口商品前，必须对商品的出口市场进行调研。

① 摸清商品的供应国和主要生产者的生产、供应、价格等情况。根据自己的需要，尽量安排从产品对路、货源充足、价格较低的市场采购。

② 选择合适的交易对象。

③ 根据《中华人民共和国货物进出口管理条例》的规定，凡属限制进口的货物，进口经营者应视不同货物事先向主管部门办理进口配额或进口许可证。

2. 进口交易磋商和合同订立

进口交易磋商和合同订立的做法与出口贸易基本相同。但在实际业务中，进口交易磋商还应注意以下几点：

① 不要向同一地区过多询盘，防止国外商人乘机抬价；

② 对订单要求应详尽告知对方，以防货不对路；

③ 对不同国家或地区的报价要进行全面比较，以争取最有利的交易条件。

进口书面合同的形式和内容基本与出口合同相似，但合同名称多为购货合同或购货确认书。

3. 进口合同的履行

我国进口货物大多是按 FOB 条件并采用信用证方式成交，其履行的程序一般包括向银行申请开立信用证、租船订舱或订立运输合同、通知装货日期、接运货物、办理保险、审单、付款赎单、进口报关、接卸货物、进口报检、拨交等环节。

进口业务流程图见图 1.3。

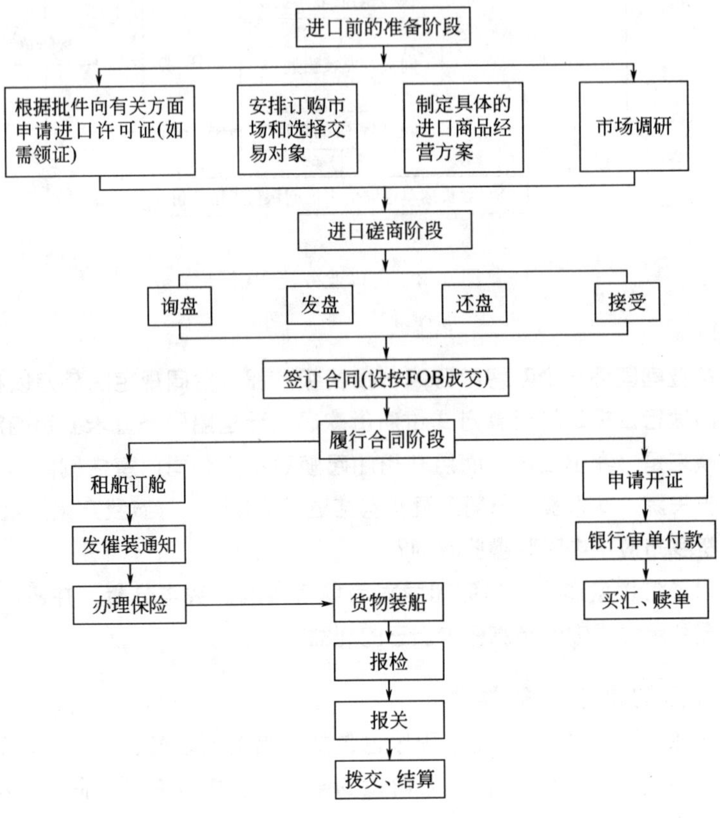

图 1.3 进口业务流程图

本章小结

国际贸易是指世界各国、各地区之间所进行的货物与服务的交换活动，是各国之间分工的表现形式，反映了世界各国在经济上的相互依靠。它与国内贸易有很大差异，具有国际性。

国际贸易实务是国际间货物买卖（或交换）的具体运作过程，包括国际间货物买卖的有关原理和实际业务过程。

国际货物买卖合同是买卖双方当事人各自履行义务、解决争议的法律依据，它具有三个方面的基本内容。为了使国际贸易顺利进行，国际贸易业务必须符合法律规范。国际贸易所适用的法律主要有：国内法；国际贸易条约和协定；国际贸易惯例。

进出口贸易的业务环节很多，各个环节之间均有密切的、内在的联系。但无论进口贸易还是出口贸易，其基本的业务程序还是相似的，均可概括为交易前的准备、合同的磋商与订立、合同履行三个阶段。但在具体内容上，与出口交易又有所不同。

【综合训练】

一、单项选择

1.《联合国国际货物销售合同公约》确定货物交易“国际性”的标准是（　　）。

A. 买卖双方当事人营业地处于不同国家

B. 买卖双方当事人具有不同国籍

C. 订立合同行为完成于不同国家

D. 货物必须由一国运往另一国

2. 在国际贸易中，对当事人的行为无强制性约束力的是（　　）。

A. 国内法　　B. 国际法　　C. 国际贸易惯例　　D. 国际条约

3. 国际货物贸易中的风险不涉及（　　）。

A. 运输风险　　B. 价格波动风险　　C. 信用风险　　D. 汇率波动风险

4. 国际货物买卖合同的标的物是（　　）。

A. 股票　　B. 债券　　C. 票据　　D. 有形商品

5. 根据我国法律规定，如果在国际贸易中没有明确选择处理合同争议所适用的法律或国际条约，在发生争议时，依照与（　　）有密切关系的国家法律进行处理。

A. 合同　　B. 卖方　　C. 买方　　D. 国际商会

二、多项选择

1. 在国际贸易中的经营者主要是（　　）。

A. 买方　　B. 承运人　　C. 保险公司　　D. 卖方

2. 在国际贸易中，可以适用的法律包括（　　）。

A. 国内法　　B. 国际公约　　C. WTO 协定　　D. 国际贸易惯例

3. 我国加入《联合国国际货物销售合同公约》时提出保留的是（　　）。

A. 关于公约适用的保留　　B. 关于公约适用范围的保留

C. 关于公约适用程度的保留　　D. 关于合同形式的保留

4. 在进出口贸易中，卖方的交货义务有（　　）。

A. 交付货物　　B. 进口报关并交纳关税

C. 转移货物所有权　　D. 转移与货物有关的单据

5. 在进出口贸易中，买方的基本义务是（　　）。

A. 接运货物　　B. 收取货物　　C. 支付货款　　D. 进口报关并交纳关税

三、判断

1. 依法成立的国际货物买卖合同对双方当事人都具有法律约束力。（　）

2.《联合国国际货物销售合同公约》的缔约国必须无条件履行其全部内容。（　）

3. 既然国际货物买卖是涉外活动，所以调解国际货物买卖合同所使用的法律，只能是关于国际货物买卖的国际公约。（　）

4. 在国际货物买卖合同中如果做出了与国际贸易惯例不同的规定，在解释合同当事人义务时，应以合同规定为准。（　）

5. 在国际货物买卖过程中，国际货物买卖合同是基本合同。（　）

四、简答论述

1. 国际货物买卖有哪些特点？

2. 订立和履行国际货物买卖合同所涉及的法律有哪些？

3. 国际货物买卖合同有哪些基本内容？

4. 出口交易前的准备工作主要有哪些？

5. 进出口业务的基本操作程序如何？

五、案例分析

1. 如果甲国A公司在乙国设立了一个分公司B；乙国C公司与A公司签订了一份来料加工合同，合同规定乙国C公司从A公司购买机器设备，从B公司购得原材料并加工为成品，由B公司负责将加工后的成品回购再转卖给A公司，由A公司在国际市场销售。这项涉外经贸活动中所包括的货物贸易是否具有“国际性”？

2. 我国A外贸企业与某国B商达成一项进口合同，付款条件为买方先预付10%的货款，其余90%的货款采用付款交单方式支付。合同签订后，我A公司根据合同要求预付了货款。然而随后该货物的国际市场价格大幅度上涨。B商装运货物后，没有将该批货物的汇票及所附单据通过托收行寄抵进口地代收行，而是将该批货物的单据转售给了其他公司。由于A公司急需该批货物，多次催促B商交付单据，但B商找各种借口推脱。后来A公司只好通过另外的途径高价格购进了同样的产品。请问：根据《联合国国际货物销售合同公约》的相关规定，A公司能否要求撤销合同并要求B公司赔偿有关的损失？

六、实训

1. 拟定一份出口商品市场调研计划。

2. 以一家出口公司为例，写出该公司的出口业务流程。

第二章 交易磋商与合同成立

教学目标

知识目标：

1. 掌握如何通过外贸函电与客户沟通并建立贸易关系。
2. 了解国际贸易的磋商内容、磋商程序。
3. 明确国际货物买卖合同成立的条件、基本步骤及注意事项。

能力目标：

1. 能够书写建立贸易关系信函。
2. 能够撰写贸易磋商函电及制定国际贸易合同和确认书。

【先导案例】

我某公司与某外商洽谈进口交易一宗，经往来电传磋商，就合同的主要条件全部达成协议，但在最后一次我方所发的表示接受的传真中列有“以签订确认书为准”。事后对方拟就合同草稿，要我方确认，但由于对某些条款的措辞尚待进一步研究，故未及时给予答复。不久，该商品的国际市场价格下跌，外商催我开立信用证，我方以合同尚未有效成立为由拒绝开证。请问我方公司的做法合理吗？

我方的做法是合理的。我方拒绝开立信用证的原因有以下三个：1. 我方最后所发电传列有“以签订确认书为准”；2. 事后外商提交书面合同草稿，我方尚未答复，说明合同成立的条件并不具备；3. 合同既未成立，外商催我开证，可以拒绝。

交易磋商的过程是合同成立的过程，交易磋商是签订合同的依据，合同是交易磋商的结果。在国际贸易中，交易双方通过反复磋商就各项交易条件取得一致协议后，交易即告达成，一般来说，就可以正式签订书面合同。

第一节 建立业务关系

建立业务关系就是在市场上寻找业务伙伴，并把自己介绍给对方，使对方了解自己的公司和产品，为后面业务活动的开展打下基础，与客户建立业务关系是正式开展进出口业务的重要步骤，是能否达成交易的基础。

一、建立国际贸易业务关系的途径

1. 与国外客户建立关系的途径

① 自我介绍。通过查阅国外出版的企业名录，以函电或发送资料的方式，自我介绍建立关系。

② 请国外银行介绍客户。

③ 请国内外的商会介绍客户，如我国的贸促会。

④ 请我驻外使馆经济商务处或外国驻华使馆介绍合作对象。

⑤ 通过参加国内外展览会、交易会建立关系。

⑥ 利用国内外的专业咨询公司介绍客户。

⑦ 利用电子商务网站获取客户信息。

2. 客户资信调查的内容和范围

① 国外企业的组织机构情况，创建历史、内部组织机构、主要负责人及担任的职务、分支机构等。调查中，应弄清厂商企业的中英文名称、详细地址，防止出现差错。

② 政治情况，主要指企业负责人的政治背景，与政界的关系以及对我国的政治态度等。

③ 资信情况，它包括企业的资金和信用这两个方面。资金是指企业的注册资本、财产以及资产负债情况等；信用是指企业的经营作风、履约信誉等。特别是对中间商更应重视。例如，有的客户愿和我们洽谈上亿美元的投资项目，但经调查其注册资本只有几十万美元。对这样的客户，我们就该打上个问号。

④ 经营范围，主要是指企业生产或经营的商品、经营的性质，是代理商、生产商，还是零售批发商等。

⑤ 经营能力，每年的营业额、销售渠道、经营方式以及在当地和国际市场上的贸易关系等。此外，对客户资信进行调查后，应建立档案卡备查，分类建立客户档案。总之，要善于利用不同类型客户的长处，为我服务。

3. 客户资信调查的途径

① 通过银行调查，这是一种常见的方法，调查客户的情况属于银行的业务范围。在我国，一般委托中国银行办理。

② 通过国外的工商团体进行调查。如商会、同业公会、贸易协会等，一般都接受委托国外厂商调查所在地企业情况，但通过这种渠道得来的资信，要经过认真分析，不能轻信。

③ 通过我驻外机构或在实际业务活动中对客户进行考察。这种方式一般比较具体可靠，对业务的开展有较大的参考价值。此外，外国出版的企业名录，对了解客户的经营范围和活动情况也有一定的参考价值。

【同步思考 2-1】

对国外客户进行资信调查的目的是什么？

分析提示：(1) 有助于选定信用良好的顾客。(2) 了解对方的信用程度，在 D/P、D/A 及寄售条件的交易中，可以测定给予赊账的限额与现存契约限额，以便安全。(3) 即使在与对方缔结了交易关系后，也应定期做资信调查，以便经常了解对方的资信情况。

二、建立业务关系信函

(一) 外贸函电的构成

一般外贸英文函电从结构上可以分为信头（the heading）、封内地址（the inside address）、称呼（the salutation）、事由（the subject heading）、开头语（the opening sentence）、信的正文（the body of the letter）、结尾语（the closing sentence）、结束语（the complimentary）、签名（the signature）、附件（enclosure）10 个部分。如：

		(1)信头 heading 号码 ref. No. 日期 date
(2)封内地址 inside address (3)称呼 salutation		
	(4)标题 caption	
(5)开头语 opening sentence (6)正文 body of the letter		
(7)结尾语 closing sentence		
		(8)结束语 complimentary
		(9)签名 signature
(10)附件 enclosure		

（二）建立贸易关系信函

建立贸易关系是交易的第一个环节。良好的开端是成功的一半。一般来说书写建立贸易关系的函电，应包括下列内容：

1. 说明信息来源

例如：

"We learned from...that you are interest in..."

"We have obtained your name and address from..."

2. 言明去函目的

例如：

"We are writing to you to establish trade relations with you."

"We wish to express our desire to enter into business relationship with you."

3. 本公司概述

例如：

"We are a leading company with many years' experience in...export business."

"We enjoy a good reputation internationally in the circle of..."

4. 产品介绍

例如：

"Our products are enjoying popularity in Asia markets."

"We have a good variety of colors and sizes to meet with different needs."

5. 激励性结尾

例如：

"We are looking forward to your specific inquiries."

"Your early inquiries will be really appreciated."

（三）建立业务关系信函实例

敬启者：

建立业务关系

承蒙中国银行纽约分行告知贵公司的名称和地址，并得知贵公司是中国纺织品和棉布产品的出口商。现告知纺织品是我们主要的进口商品，但目前我们特别有意从贵公司进口印花细布。

如你公司能保证价格可行，品质优良，交期迅速，我们能大量经营该商品。如贵公司能航寄来商品目录和样本，并提供有关印花细布的一切必要资料，以便我公司熟悉你公司供货的质地和工艺，我们将不胜感激。

期待早日答复。

你的诚挚的…

英文函电：

Dear Sirs,

Establish Trade Relations

We owe your name and address to the Bank of China, New York Branch, through whom we have learnt you are exporters of Chinese textiles and cotton piece goods. For your information, textiles are our main import, but now we are specially interested in importing Printed Shirting from your country.

If you can assure us of workable prices, excellent quality and prompt delivery, we shall be able to deal in these goods on a substantial scale.

We would therefore highly appreciate it if you would send us by airmail catalogues, sample books and all necessary information regarding Printed Shirting, so as to acquaint us with the material and workmanship of your supplies.

Your early reply will be highly appreciated.

Yours faithfully,

【情景模拟 2-1】

张涛（化名）进入淄博恒洋铝塑包装有限公司的国际贸易部工作后，朱经理让张涛在国际市场上为公司寻找合适的客户，并与之建立业务关系。张涛经多方联系，最终找到了位于印度著名城市金奈的 MAC 国际贸易有限公司，并通过中国银行印度分行了解了该公司的相关信息和资信情况，经分析后张涛决定以函电方式，与对方公司采购部经理萨德联系，并争取建立业务关系。函电内容如下：

中文版函电

尊敬的萨德先生：

承蒙贵国商会悉你公司名称和地址，了解到贵公司主要从事包装材料的国际贸易，且在国际市场上信誉良好。现去信给你们，希望与贵公司建立业务关系。

本公司主要为从事铝塑包装材料技术与产品的研究、开发、生产、销售于一体的综合性公司。专门为食品、保健用品、日化、电子、卫生用品、化肥农药等行业提供高质量的包装产品及解决方案。产品销往全国各地，并出口到亚、欧、美等 20 多个国家和地区，具有较强的国际市场竞争能力。

为了促进我们双方之间的贸易，我方航空邮寄样品供贵方查阅。

期待贵方的询函。

张涛

2007 年 4 月 15 日

英文版函电

Dear Sirs,

Your name and address have been recommended to us by the chamber of commerce in your country as well-established in international market. We are writing you in the hope of establishing business relations with you.

Our company is mainly engaged in technology and research, development, production and sales of aluminum packaging products. Specifically for food, health products, daily chemicals, electronics, health supplies, fertilizer, pesticide and other industries to provide high-quality packaging products and solutions. Products are sold all over the country and exported to Asia, Europe, the United States more than 20 countries and regions, with strong international competitiveness in the market.

In order to promote the trade between us, our samples by air mail for your inspection.

We welcome your inquiries.

Sincerely yours,
Zhang Tao
April 15, 2007

第二节　交易磋商

国际贸易中，交易磋商是买卖双方为达成进出口交易合同就买卖商品的条件进行的磋商。交易磋商的好坏直接关系将来买卖双方之间的权利、义务和经济利益，是买卖合同签订的基础和做好交易的关键所在。为此要求磋商谈判人员不仅要有认真负责的工作态度，熟悉掌握国际贸易合同条款内容、制定方法，而且还要熟悉掌握交易磋商谈判的策略技巧，熟悉掌握国际贸易方面的政策、法规和惯例。

一、交易磋商的形式

交易磋商在形式上可分为口头和书面两种。

1. *口头磋商*

口头磋商主要指在谈判桌上面对面的谈判，如参加各种交易会、洽谈会，以及贸易小组出访、邀请客户来华洽谈交易等。此外，还包括双方通过国际长途电话进行的交易磋商。口头磋商方式由于是面对面的直接交流，便于了解对方的诚意和态度、采取相应的对策，并根据进展情况及时调整策略，达到预期的目的。口头磋商比较适合谈判内容复杂、涉及问题较多的业务，如大型成套设备交易谈判。

2. *书面磋商*

书面磋商是指通过信件、电报、电传等通讯方式来洽谈交易。目前，多数企业使用传真进行洽谈；有的已开始使用电子邮件磋商交易。随着现代通讯技术的发展，书面洽谈越来越简便易行，成本费用低廉。国际贸易中，买卖双方通常采用书面方式磋商交易。

采用书面方式磋商时，写作往来函件一般需注意遵循以下三个原则：

① 简明。商务函电讲究实效，无需许多客套或拐弯抹角的内容，而应以简单明了的语言直接说明要点。

② 清晰。商务函电的目的是为了达成合同（交易），函件内容必须清晰、正确。

③ 礼貌。我们的目的是为了与客户建立长远的业务联系，采用正式而礼貌的用语是必要的，尤其是在向对方索赔或申诉时。如何掌握好分寸，既能着眼今后的业务合作，又能达到目的，是一门很大的学问。

二、交易磋商的内容

交易磋商的内容涉及拟签订的买卖合同的各项条款，包括品名品质、数量、包装、价格、装运、支付、保险以及商品检验、索赔、仲裁和不可抗力等。其中以前七项为主要内容或主要交易条件。买卖双方欲达成交易、订立合同，必须至少就这七项交易条件进行磋商并取得一致意见（特殊情况可以例外）。至于其他交易条件，特别是检验、索赔、不可抗力和仲裁，它们虽非成立合同不可缺少的内容，但是为了提高合同质量，防止和减少争议的发生以及便于解决可能发生的争议，买卖双方在交易磋商时也不容忽视。

三、交易磋商的程序

交易磋商的程序一般分为询盘、发盘、还盘、接受四个环节。其中，发盘和接受是达成交易的基本环节，是合同成立的要件。国际贸易中，买卖双方无论采取口头或书面方式磋商，均需通过发盘和接受达成交易。

（一）询盘

1. 询盘的概念

询盘（enquiry）指交易的一方有意购买或出售某一种商品，向对方询问买卖该商品的有关交易条件。实践上看，询盘的内容可以是只询问价格，也可询问其他一项或几项交易条件。询盘可由买方发出，也可由卖方发出，可采用口头方式，亦可采用书面方式。

2. 询盘实例

（1）买方询盘

敬启者：

我方有意购买大量各式铁管。如贵方能提供每吨成本加运费至中国新港的报价单，将不胜感激。如蒙惠寄样品及目录，也不胜感激。

我方过去是向别的客户购买此类商品的，但现在我方愿意向贵公司购买。因为我方获悉贵方以更有吸引力的价格大量供应这类商品。此外我方对日本产品的质量较有信心。

盼望贵方的早日回复。

你的诚挚的…

英文函电：

Dear Sirs,

We are interested to buy large quantities of Iron Pipe of all sizes and should be obliged if you would give us a quotation per metric ton CFR Xin Gang, China.

It would also be appreciated if samples and brochure could be forwarded to us. We used to purchase this article from other sources but we now prefer to buy from your corporation because we are given to understand you are able to supply large quantities at more attractive prices. Besides, we have confidence in the quality of Japan products.

We look forward to hearing from you by return.

Yours faithfully,

（2）卖方询盘

敬启者：

本公司是中国最大的纺织品进口商之一。我方诚恳地希望与贵公司建立贸易关系，以促进我们两国间的贸易。

现随函附上第552号询盘，期望早日收到对方含3%佣金的广州到岸价的报价单，同时注明最快的装运期及可供的数量。

如贵方价格有竞争力，我方准备长期与贵方交易。

如贵方尽早答复，我方将不胜感激。

你的诚挚的…

英文函电：

Dear Sirs,

This company is one of the largest textiles importers in China. We sincerely hope to establish business relations with your company so as to promote trade between our two countries.

We are enclosing an inquiry note No. 552 and looking forward to receiving at an early date, your quotation CIF Guangzhou including 3% commission. While please state the earliest shipment and quantity available.

If your quotation is competitive, we are ready to conclude substantial business with you.

Your early reply will be very much appreciated.

Yours sincerely,

3. 询盘策略

询盘对询盘人和被询盘人均无法律约束力。国际贸易中，询盘常被交易一方用来试探对方对交易的诚意或试探国际市场价格。作为被询盘的一方，在收到对方的询盘后，必须认真对其进行分析，针对不同的询盘目的或背景，做出不同的处理和答复。

4. 注意问题

询盘不是交易磋商的必经步骤，但往往是一笔交易的起点。询盘中，当事人一般需注意以下问题：

① 询盘不一定要有“询盘”（ENQUIRY）字样，凡含有询问、探询交易条件或价格方面的意思表示均可做询盘处理。

② 业务中询盘虽无法律约束力，但当事人仍须考虑询盘的必要，尽量避免只是询价而不购买或不售货，以免失掉信誉。

③ 询价时，询价人不应只考虑如何询问商品的价格，也应注意询问其他交易条件，争取获得比较全面的交易信息或条件。

④ 要尊重对方价，对对方询价，无论是否出售或购买均应及时处理与答复。

⑤ 询盘可以同时向一个或几个交易对象发出，但不应在同时期集中做出，以免暴露我方销售或购买意图。

（二）发盘

发盘（offer）又称报价或报盘，是指交易的一方向另一方提出买或卖某项商品的各种交易条件并愿意按所提出的条件与对方达成交易，这种口头的或书面的表示即称之为发盘（报价、发盘）。发盘又分为实盘（firm offer）和虚盘（non-firm offer）两种。

1. 实盘

即指有约束力的发盘。是指买方或卖方向对方提出各项交易条件，并愿意按照这些条件达成交易、订立合同的一种肯定的表示。实盘一旦由交易的另一方（受盘人）有效接受，发盘人对其发盘的内容，在有效期内不得随意变更或撤销，否则发盘人将承受违约的法律后果。实盘所列的交易条件必须肯定、明确，不能含糊和模棱两可；也不应有任何保留。

在我国，实盘的内容一般应明示或暗示至少规定六项主要交易条件：货物的品名品质、数量、包装、价格、交货和支付条件。《联合国国际货物销售合同公约》第 14 条规定：一项订立合同的建议“如果写明货物，并且明示或暗示地规定数量和价格或如何确定数量和价格，即为十分确定”。按此规定，一项订约建议只要列明货物、数量和价格三项条件，即可被认为其内容“十分确定”。对于其他所缺少的内容，可在合同成立后，按双方之间已确立的习惯做法、惯例或按公约予以补充。

发盘的有效期。根据各国法律规定和国际贸易惯例，实盘都有有效期。有效期是对发盘人的约束，以便利受盘人凭依进行研究交易的可能性。在有效期内，发盘人有必须承担成交的义务，但是超过了有效期，即或受盘人再行接受，发盘人有权拒绝成交。在规定具体的有效期时，要根据不同的商品，在不同的市场、不同的地理位置以及节假日等情况，明确规定此期限的起止日期和地点以免误解。

在当前的国际贸易中，使用实盘报价较多。但遇到下列情况之一，实盘立即失效：

① 受盘人在实盘有效期外表示接受，发盘人不受约束。

② 受盘人对实盘中的一项明确表示拒绝或修改，该项实盘立即失效。

③ 一经受盘人做出还盘，原发盘也随之失效。

2. 虚盘

也称不受约束的发盘。即发盘人有保留地愿按照一定条件达成交易的表示。虚盘不必有完整的内容，没有时限的规定，而且也不明确不肯定，如参考价，数量视我供应可能，以我最后确认有效（subject to our final confirmation），以我货未售出为准（subject to unsold）等。在日常的业务中，外寄的报价单、价目单及形式发票等，一般都注明“仅供参考”或“以我方最后确认为准”。这就排除了接盘人只要接受就可以成交的权限。虚盘对发盘人来说，较为灵活，可以根据市场的变化，挑选成交时机和对手，以取得有利的交易条件。但是，受盘人有时把它看成一般的业务联系，而不利于达成交易。

3. 发盘实例

（1）实盘

敬启者：

2008 年 1 月 19 日有关查询大米和大豆 CIF 香港的电传已收悉。

今日上午电传报价：精选大米 10000 公吨，每公吨 CIF 香港的价格为 520 美元。于 2008 年 3 至 4 月装运。以上实价需由贵公司于 2008 年 1 月 30 日 24:00 前回复有效。

该报价为最优惠价，恕不还价。

请贵公司把握机会，尽早落实定单为盼。

你的诚挚的…

英文函电：

Dear Sirs,

This is to confirm your telex of 19 January 2008, asking us to make you firm offers for rice and soybeans CIF Hong Kong.

We telexed you this morning offering you 10000 metric tons of polished rice at ＄520 per metric ton, CIF Hong Kong, for shipment during March to April 2008. This offer is firm, subject to the receipt of your reply before 30 January 2008.

Please note that we have quoted our most favorable price and are unable to entertain any counter offer.

Please take advantage of the strengthening market if you send an immediate reply.

Yours faithfully,

(2) 虚盘

敬启者：

感谢贵方于2月15日的来函，现按贵方要求，另航空邮寄我方水盆的目录一份，样本两份。作为双方实际交易的开始，我方愿意向贵方做如下报盘，但以我方最后确认为准。

品名：水盆

规格：30cm×36cm

包装：布包或木箱，由卖方自由选择

价格：每个30欧元FOB连云港

装运时间：从2007年3月至5月分批按月平均装运

支付：装运前30天开出即期汇票支付的、保兑的不可撤销信用证

相信贵方会接受上述报盘，欢迎贵方试订。

盼早日回复。

你的诚挚的…

英文函电：

Dear Sirs,

we are receipt of your letter of dated February 15 and as requested, are airmailing you, under separate cover, one catalogue and two sample books for our Basin. In order to start a concrete transaction between us, we take pleasure in making you a special offer, subject to our final confirmation, as follows:

Commodity: Basin

Specifications: 30cm×36cm

Packing: In bales or in wooden cases, at seller's option.

Price: EURO30/Set FOB Lianyungang.

Shipment: To be made in three equal monthly installments, beginning from July, 2007.

Payment: By irrevocable L/C payable against drafts at sight to be opened 30 days before the time of shipment.

We trust that the above offer will be acceptable to you and await with keen interest your trail order.

Yours sincerely,

【同步思考2-2】

实盘与虚盘的区别是什么？

分析提示：第一，虚盘中各项条款的表示一般很含糊，如价格经常用“大约”、“左右”等模棱两可的词来修饰，而实盘的内容和词句必须肯定；第二，虚盘所报的内容一般不如实盘完整，如缺少“商品品质”、“数量”、“包装”、“价格”、“装运”、“支付”、“有效期”等要件中的一项或几项；第三，有些报盘虽然意思明确，要件齐全，但带有一定的保留条件，如“以我方最后确认为准”、“以我货未售出为准”及“仅供参考”等。

4. 注意问题

(1) 发盘约束力　发盘具有法律约束力。发盘人发出发盘后不能随意反悔，一旦受盘人接受发盘，发盘人就必须按发盘条件与对方达成交易并履行合同（发盘）义务。因此，同询盘相比，发盘更容易得到受盘人的重视，有利于双方迅速达成交易。但它也因此缺乏必要的

灵活性。发盘时如果市场情况估计有误，发盘内容不当，发盘人就会陷入被动。发盘人在做出发盘前必须弄清上述问题。如果发盘，必须对发盘价格、条件进行认真的核算、分析，确保发盘内容的准确，以免陷于被动。

(2) 发盘生效时间 《公约》规定发盘在“到达受盘人时生效”。《公约》的这一规定，对发盘人来讲具有非常重要的意义。这种意义主要表现在发盘的撤回和撤销上。

发盘的撤回。发盘的撤回是指发盘人在发出发盘之后，在其尚未到达受盘人之前，即在发盘尚未生效之前，将发盘收回，使其不发生效力。由于发盘没有生效，因此发盘原则上可以撤回。对此《公约》规定：“一项发盘，即使一项不可撤销的发盘都可以撤回，只要撤回的通知在发盘到达受盘人之前或与其同时到达受盘人。”业务中如果我们发现发出的发盘有误，即可按《公约》的精神采取措施，以更快的通讯联络方式将发盘撤回（发盘尚未到达受盘人）。如：以信函方式所做发盘，在信函到达之前，即可用电报或传真方式将其撤回。

发盘的撤销。发盘的撤销指发盘人在其发盘已经到达受盘人之后，即在发盘已经生效的情况下，将发盘取消，废除发盘的效力。在发盘撤销这个问题上，英美法国家和大陆法国家存在着原则上的分歧。《公约》为协调解决两大法系在这一问题上的矛盾，一方面规定发盘可以撤销，另一方面对撤销发盘进行了限制。《公约》第 16 条第 1 款规定：“在合同成立之前，发盘可以撤销，但撤销通知必须于受盘人做出接受之前送达受盘人”；而公约第 16 条第 2 款则规定：

下列两种情况下，发价一旦生效，即不得撤销：

“第一，发盘中已经载明了接受的期限，或以其他方式表示它是不可撤销的；”

“第二，受盘人有理由信赖该发盘是不可撤销的，并已经本着对该项发盘的信赖行事。”

《公约》的这些规定主要是为了维护受盘人的利益、保障交易的安全。我国是《公约》的缔约国，我国企业在同营业地处于其他缔约国企业进行交易，一般均适用《公约》。因此，我们必须对《公约》的上述规定予以特别的重视和了解。

(3) 发盘有效期 发盘有效期是发盘人受其发盘约束的期限。国际贸易中，发盘有效期有两种表现形式：明确规定有效期限和采用合理期限。前者不但很少发生争议而且还可促进成交，使用较多，但不能撤销；后者容易产生争议，但在对方没有接受前可以撤销。采用何者，应视情况，不能一概而论。

明确规定有效期时，有效期的长短是一重要问题，有效期太短，对方无暇考虑，有效期长，发盘人承受风险也就大。适度把握有效期长短对交易双方都很重要。当事人必须根据货物、市场情况、双方距离以及通讯方式不同合理确定。

(4) 发盘的终止 发盘终止指发盘失去效力。发盘终止有四种情况：

① 因受盘人拒绝或还盘而失效。

② 因发盘人撤销自己的发盘而失效。

③ 因规定的接受期限已满而失效。

④ 因“合理期限”已过而失效。

交易中，不论哪种原因导致发盘终止，此后发盘人均不再受其发盘的约束。

【同步案例 2-1】

我国某公司于 7 月 15 日向某客户电传发盘，并规定“限 7 月 20 日复到”。国外客户于 7 月 18 日复电至我方，要求将即期信用证改为远期 45 天信用证。我公司正在研究中，次日又接到对

方当天发来的电传，表示无条件接受我方7月15日的发盘。

问题：此时该笔交易是否达成?

分析提示：该笔交易没有达成。因为对方7月18日来电对支付条件做了更改，已构成还盘，我方7月15日的发盘由此失效。现在客户对已失效的发盘表示接受，可见该接受是无效的。如果我方再次复电确认则自当别论。

（三）还盘

1. 还盘的概念

还盘指受盘人在接到发盘后，不同意或不完全同意发盘人在发盘中提出的条件，为进一步磋商交易对发盘提出修改意见。还盘可以用口头方式也可以用书面方式。

2. 还盘实例

敬启者：

贵方6月16日来函收悉，贵方按惯例向我方报1000公吨中国花生的报盘，每公吨1170美元。

我方很遗憾地告知贵方，我方在拉哥斯的客户认为贵方价格偏高。有消息显示，别的印度货物在该处以比贵方低20%的价格出售。

我们不否认，中国花生的质量要稍好些，但无论如何，价格的差距不应大于10%。为了促进贸易，我方还盘如下，以我方时间7月1日24:00前收到贵方的答复为有效。

1000公吨2009年产花生，拉哥斯到岸价每吨1150美元，其他条款按6月16日函所述。

鉴于目前市场疲软，我方建议贵方立即接受。

你的诚挚的…

英文函电：

Dear Sirs,

We are in receipt of letter of June 16 offering us 1000 metric tons of the captioned goods at USD1170 per ton the usual terms.

In reply, we regret to inform you that our buyers in Logos find your price much too high. Information indicates that some parcels of Indian origin have been sold here at a level about 20% lower than yours.

We do not deny that the quality of Chinese kernels is slightly better, but the difference in price should, in no case, be as big as ten percent. to step up the trade, we counter-offer as follows, subject to your reply received by us on or before September 18.

1000 tons groundnut kernels FAQ2008 crop at USD1150 per ton CIF Logos, other terms as per your letter of June 16.

As the market is declining, we recommend your immediate acceptance.

Yours sincerely,

3. 还盘的法律意义

还盘是对发盘的一种拒绝，还盘一经做出，原发盘即失去效力，发盘人不再受其约束。一项还盘等于受盘人向原发盘人提出的一项新的发盘。还盘做出后，还盘的一方与原发盘人在地位上发生改变。还盘人由原来的受盘人变成新发盘的发盘人，而原发盘人则变成了新发盘的受盘人。新受盘人有权针对还盘内容进行考虑，接受、拒绝或者再还盘。

贸易谈判中，一方在发盘中提出的条件与对方能够接受的条件不完全吻合的情况经常发生，特别是在大宗交易中，很少有一方一发盘即被对方无条件全部接受的情况。因此，虽然从法律上讲，还盘并非交易磋商的必经环节，但在实际业务中，还盘的情况还是很多。有时一项交易须经过还盘、再还盘等多次讨价还价，才能做成。

4. 还盘注意的问题

① 还盘可以明确使用“还盘”字样，也可不使用，只是在内容中表示对发盘的修改。

② 还盘可以针对价格，也可以针对交易商品的品质、数量、装运、支付等。

③ 还价时，一般只针对原发价提出不同意见和需要修改的部分，已同意的内容在发价中可以省略。

④ 接到还价（盘）后要与原发价（盘）进行核对，找出还盘（价）中提出的新内容，结合市场变化情况和我方销售意图认真对待和考虑。

【同步案例 2-2】

A 商向 B 商发盘，发盘中说：“供应 50 台拖拉机，100 匹马力，每台 CIF 香港 3500 美元，不可撤销即期信用证付款，2009 年 9 月装运。请电复。”B 商收到发盘后，立即电复说：“我方接受你的发盘，但装运期改为 2009 年 7 月前装运。”但 A 商未做任何答复。

问题：双方的合同是否成立？为什么？

分析提示：双方的合同不成立。因为 B 商修改了 A 商发盘里的装运时间，属实质性变更发盘内容，实际上是一种还盘。因此 B 商的接受不能成立。A 对 B 未做任何答复也就是没有接受，所以双方的合同不成立。

（四）接受

1. 接受的含义

接受在法律上称“承诺”，是买方或卖方同意对方在发盘中提出的各项交易条件，并愿按这些条件与对方达成交易、订立合同的一种肯定的表示。这种表示可以是做出声明，也可以是做出某种行为。

按法律和惯例，一方的发盘经另一方接受，交易即告达成，双方就应分别履行其所承担的合同义务。一项有效的接受一般须具备以下条件：

（1）接受必须由受盘人做出。

（2）接受必须在发盘有效期内传达到发盘人。

（3）接受的内容必须与发盘相符。

（4）接受必须表示出来，缄默或不行动不构成接受。

【同步案例 2-3】

我某进出口公司向国外某商人询购某商品，不久，我方收到对方 8 月 15 日的发盘，发盘有效期至 8 月 22 日。我方于 8 月 20 日向对方复电：“若价格能降至 56 美元/件，我方可以接受”。对方未答复。8 月 21 日我方得知国际市场行情有变，于当日又向对方去电表示完全接受对方 8 月 15 日的发盘。

问题：我方的接受成立吗？为什么？

分析提示：我方的接受不成立。因为我方在 8 月 20 日曾向对方复电：“若价格能降至 56 美元/件，我方可以接受”，属实质性变更发盘条件，该复电已构成了还盘。还盘一经做出，原发盘即告失效。所以，当我方 8 月 21 日得知国际市场行情有变，向对方表示的接受不具有法律效力。因此，我方的接受不成立。

2. 关于接受的相关法律解释

（1）有条件的接受　原则上讲，接受应是无条件的，有条件的接受，不能视为有效的接受，而是一项反要约。对有条件的接受《公约》做出以下规定：

《公约》19 条第 1 款："对发价表示接受时，如载有添加、限制或其他更改，应视为对发价的拒绝并构成反要约。"

《公约》19 条第 2 款："对发价表示接受但载有添加或不同条件的答复，如所载的添加或不同条件在实质上并不变更该项发价的条件，则除发价人在不过分延迟的期间内以口头或书面方式提出异议外，仍可作为接受，合同仍可有效成立。"

《公约》19 条第 3 款："凡在接受中对下列事项做了添加或变更，均认为在实质上变更了发价的条件：①货物的价格；②付款；③货物的质量与数量；④交货的时间与地点；⑤当事人的赔偿责任范围；⑥解决争议的方法。"

根据《公约》的规定，发盘人在收到受盘人发来的有条件的接受后，须首先断定其添加或修改的性质。如果这种添加或修改是"实质性"的，则应将其按还盘处理，即使发盘人没有提出异议，合同也不成立；但如果这种添加或修改是"非实质性"的，如果发盘人不及时地提出反对，则对方的接受有效，双方合同成立。对此我们必须清醒地理解和把握。

（2）逾期接受　按照各国的法律，逾期接受不能认为是有效的接受，而只是一项新的发价。《公约》也认为逾期的接受原则上无效。但为了有利于双方合同的成立，《公约》对逾期的接受也采取了一系列灵活的处理方法。

《公约》第 21 条规定，过期的接受在下列两种情况下仍具有效力。①如果发价人毫不迟延地用口头或书面将此种意见通知被发价人。②如果载有逾期接受的信件或其他书面文件表明，它是在传递正常、能及时送达发价人的情况下寄发的，则该项逾期接受具有接受的效力，除非发价人毫不迟延地用口头或书面通知被发价人：他认为他的发价已经失效。根据《公约》这一规定，发价人收到受发价人送来的逾期接受时，应认真查明造成接受逾期的原因，然后根据造成接受逾期不同原因，进行不同的处理。

（3）接受的撤回　《公约》规定："接受可以撤回，只要撤回的通知能于该项接受生效之前或与其同时到达发盘人"。根据《公约》这一规定，如果交易磋商的一方，在交易磋商中做出错误的接受表示，他可以在该接受送达对方之前，采取措施阻止接受生效，即明确地向发盘人发出撤回通知且使该通知于接受生效之前或与其同时到达发盘人。

3. 接受应注意的问题

国际贸易中，表示接受的可以是买方，也可以是卖方。

如果是我方表示接受，一般应注意以下几个问题：

① 接受时应慎重对洽商的函电或谈判记录进行认真核对，经核对认为对方提出的各项交易条件确已明确、肯定、无保留条件时，再予接受。

② 接受可以简单表示，如："你 10 日电接受"，也可详细表示，即将洽商的主要交易条件再重述一下，表示接受。一般讲，对一般交易的接受，可采用简单形式表示，但接受电报、电传或信函中须注明对方来电、信函的日期或文号；对大宗交易或交易洽商过程比较复杂的，为慎重起见，在表示接受时，应采用详细叙述主要交易条件的形式。

③ 表示接受应在对方报价规定的有效期之内进行，并严格遵守有关时间的计算规定。

④ 表示接受前，详细分析对方报价，准确识别对方函件性质是发价还是询盘。以免使自己被动或失去成交的机会。

由国外客户表示接受时，应注意以下的问题：

① 收到国外客户接受后，要认真分析客户接受的有效性，根据客户接受情况及我方经营意图，正确处理把握合同成立与不成立的法律技巧。

② 注意贯彻“重合同、守信用”的原则，只要对方接受有效，即使情况变化对我方不利，我们仍应同客户达成交易、订立合同，维护我方信誉。

【同步案例 2-4】

我国某公司向英国某贸易公司出口工艺品一批，我方于周一上午10点以电报方式向英商发盘，公司原定价格为每单位2000英镑CIF伦敦，由于经办人员失误，错报为每单位2000人民币CIF伦敦（注：电报10小时后收到）。

问题：如果当天下午2点发现问题，我方应如何处理？第二天上午10点发现问题，而客户未接受，我方应如何处理？如果在第二天上午10点发现，客户已经接受，又应如何处理？

分析提示：(1) 如果是在当天下午2点发现，对方还未收到电报，我方应以电传等较快的方式发出撤回通知，使撤回通知早于发盘或与发盘同时到达受盘人。(2) 如果是第二天上午10时发现，客户尚未接受，则我方要想撤回发盘已不可能，只能撤销发盘，并将撤销通知于受盘人发出接受通知以前送达受盘人。(3) 如果第二天上午10点发现，但客户已接受发盘，则等于交易已经达成，双方都要承担法律责任。但双方在合同正式签署前，我方可与外商协商允许我方更正错误。

【情景模拟 2-2】

经过张涛前期的努力，淄博恒洋铝塑包装有限公司与印度MAC国际贸易有限公司已经建立业务关系，且MAC公司表示自己正在寻找铝塑包装的合作供应商，并要求淄博恒洋铝塑包装有限公司向其报盘(25MIC＊750MM，10公吨；20MIC＊750MM，5公吨)。张涛把MAC公司的要求向朱经理进行了汇报，根据朱经理的指示，张涛于2007年4月20日向MAC公司报盘如下：

尊敬的萨德先生：

感谢贵方于4月15日的来函与我方建立业务关系，现按贵方要求，向贵方做如下报盘：

品名：铝塑包装。

规格：25MIC＊750MM、20MIC＊750MM。

包装：木箱。

数量：10公吨、5公吨。

价格：3512美元/公吨 CIF金奈港（25MIC＊750MM、20MIC＊750MM）。

装运时间：2007年7月5日之前装运。

支付：买方于装运月份前30天开立并送达不可撤销即期信用证。

上述报盘于2007年4月27日我方时间17:00前回复到我方为有效。

盼贵方早日回复。

张涛

2007年4月20日

2007年4月24日早晨八点半，张涛一上班打开电脑，发现了一封来自MAC公司的还盘，具体内容如下：

亲爱的张涛先生：

感谢贵方于2007年4月20日的报盘，但很遗憾，我方认为贵方价格过高，与目前市场行情不符。我方并不否认，中国产品的质量要比印度好一些，但无论如何价格的差距不应超过5%，所以贵方如果愿意降价至3400美元/公吨，其他交易条件不变，我方愿意与贵方达成交易。该还盘于2007年4月30日我方时间上午 9:00 之前回复到我方有效。

鉴于目前该产品的市场价格正在下跌，我方建议贵方尽快接受我方还盘。

萨德

2007 年 4 月 23 日

张涛阅读完来自 MAC 公司的还盘函后，立刻向公司国际贸易部朱经理汇报，公司商议后决定，接受 MAC 公司的还盘条件。朱经理要求张涛立即向 MAC 公司发接受函。具体内容如下：

尊敬的萨德先生：

非常感谢贵方于 4 月 23 日要求我方减价的还盘，我方经研究决定按照贵方还盘的价格向贵方供应标题货物。现将贵方确认如下成交条件：

品名：铝塑包装。

规格：25MIC * 750MM、20MIC * 750MM。

包装：木箱。

数量：10 公吨、5 公吨。

价格：3400.00 美元/公吨 CIF 金奈港（25MIC * 750MM、20MIC * 750MM）。

装运时间：2007 年 7 月 5 日前装运。

支付：买方于装运月份前 30 天开立并送达不可撤销即期信用证。

此外，我方会另外航空邮寄按照上述条款制作的销售确认书一式两份，希望贵方尽快签好寄回。

我方非常有幸能与贵方达成第一笔交易，希望今后能进一步合作。

张涛

2007 年 4 月 28 日

第三节　合同成立

交易双方就各项交易条件经洽商达成协议后，即可订立合同。合同是其后所有业务活动的执行基础。

一、合同有效成立的条件

发盘经过对方有效接受，合同即告成立。但是合同是否具有法律效力，还要看其是否具备一定的条件，不具法律效力的合同是不受法律保护的。一份合法有效的合同必须具备下述特征：

① 当事人必须在自愿和真实的基础上达成协议，采取欺诈、胁迫手段订立的合同无效。

② 当事人必须具有订立合同的行为能力，未成年人、精神病患者等不具备行为能力的人，订立合同无效。

③ 合同必须有对价和合法的约因，即合同的互为有偿性和目的的合法性。

④ 合同的标的和内容必须合法，以非法经营的产品为基础订立的合同不受法律保护。

⑤ 合同的形式必须符合法律规定的要求（按照我国法律规定，国际货物买卖合同必须采用书面形式）。

二、国际贸易合同签订的基本步骤

合同是在当事人双方通过磋商取得意思一致的基础上订立的。交易磋商的过程也就是订立合同的过程。国际贸易工作人员在经过国际市场调查选定目标市场后，开始与目标客户建立业务关系，并进行具体的交易磋商，主要包括询盘、发盘、还盘与接受四个环节。其中，发盘和接受是决定性的，也是订立合同必要的和基本的法律程序。为了明确交易双方的权利

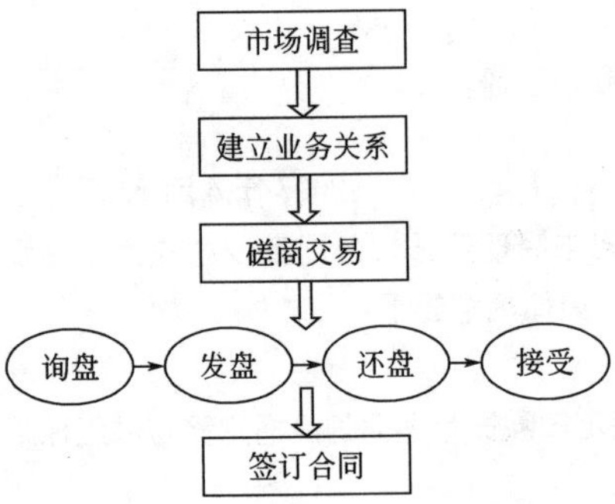

图 2.1 合同签订流程

和义务，一般采用书面形式确定下来，经双方签字，各执一份，据以执行。

合同签订流程如下，见图 2.1。

一般而言，出口合同签订的基本步骤为：

① 根据己方的需要，设定不同的交易条件，认真仔细地进行价格核算，然后在核算的基础上与客户达成各项交易条件。

② 制作售货合同或售货确认书，要求条款内容全面具体。

③ 给国外客户寄出成交签约函，并随函寄出售货合同或售货确认书，催促其迅速回签并及时开出信用证。

三、合同签订过程中的注意事项

1. 对对方寄来合同应及时认真的审核

对对方签回的书面合同要及时审核，确保合同内容未经任何更改或附加。对国外寄来的须回签的合同、确认书、定单、委托订购单等，应仔细审阅，及时提出异议，绝不可置之不理，以防被视为默认接受。

2. 要签订书面形式的合同

目前，对合同的形式规定，各国解释不一。我国要求对外合同必须采用书面形式。因此，对口头协议，均应正式签署书面合同。

3. 要注意合同条款间的内在联系

合同是一个有机整体，各条款间应相互呼应衔接，不可出现彼此矛盾的内容，且合同内容应从实际出发，体现公平合理原则，对双方均应有约束性。例如：在信用证支付的情况下，如合同中有溢短装条款，该证金额就应规定有增减幅度；以 CFR 或 FOB 方式成交，保险条款中就应订明“保险由买方自理”；对签约后可能发生的额外费用，如运费上涨、港门封航的绕航费等，可在合同中明确规定由何方负担。

【同步案例 2-5】

某国 A 公司按 FOB 条件向我国 B 公司发盘出售某商品 10000 公吨。B 公司接受 A 公司发盘后，要求 A 公司将合同和信用证条款传真给自己。A 公司将已盖有公章的《销售合同》传真给了 B 公司。B 公司收到传真的《销售合同》后，删除了原合同中“不接受超过 20 年船龄的船舶”的要求，并将“运费已付”修改为“运费按租赁合同支付”。B 公司签字盖章后，立即传真给 A 公司，并依约开出了信用证。A 公司在相隔了 20 天后表示，B 公司在原合同上的修改影响卖方装船，并声明：“合同尚未生效，双方所签订的合同为无效合同，B 公司开出的信用证作废。”B 公司不同意 A 公司的主张，于是提起仲裁。

问题：A 公司的主张是否合理？为什么？

分析提示：A 公司的主张不合理。因为在 FOB 条件下签订的合同，租船订舱、支付运费是买方应该承担的责任，买方对合同中有关船龄和运费问题的修改，不影响卖方享有权利和承担义务，也不构成对合同条款的实质性变更，何况 A 公司当时并未就此立即做出反对。因此，根据《联合国国际货物销售合同公约》第 19 条规定，该合同已经成立并生效。

四、国际贸易合同的形式

国际货物买卖合同一般金额大，内容繁杂，有效期长，因此许多国家的法律要求采用书面形式。但英、德、法等国的法律对一般货物买卖合同都不要求具备一定形式。联合国《国际货物销售合同公约》也规定销售合同在形式方面不受任何限制。但是根据我国法律规定，对外贸易合同必须采用书面形式。

常见的书面形式有正式的合同（contract）、确认书（confirmation）、协议（书）(agreement)、备忘录（memorandum）、定单（order）、委托订购单（lndent）等。目前，我国主要使用正式合同和确认书两种，它们分别适应不同的需要而被采用。虽然在格式上、条款项目上和内容的繁简上有所不同，但在法律上具有同等效力，对买卖双方均有约束力。

1. 正式合同

在签订正式合同时，不仅要对商品的质量、数量、包装、价格、保险、运输及支付条款加以明确规定，而且对检验条款、不可抗力条款、仲裁条款都详尽列明，明确地划分双方的权利和义务。为了明确责任避免争议，合同内容应该全面详细，对双方的权利、义务以及发生争议的处理均有详细规定，使用的文字应为第三人称语气。根据合同起草人的不同，有售货合同（sales contract）和购货合同（purchase contract），前者由卖方起草，后者由买方起草，一般各公司会以固定格式印刷（有的制成表格），于成交后由业务员按双方谈定的交易条件逐项填写并经有权人签字，然后寄交对方审核签字。合同一般为一式两份，一份供对方自留，一份经对方签字认可后寄回。

2. 确认书

一般而言，确认书只规定一些主要条款，诸如质量、数量、包装、价格、支付条款等，而对检验、不可抗力、仲裁条款加以省略。确认书是合同的简化形式，使用的文字为第一人称语气。这种确认书一般用于一些成交金额不大、批次较多的轻工日用品、小土特产品，或已有包销、代理等长期协议的交易。根据起草人的不同，有售货确认书（sales confirmation）和购货确认书（purchase confirmation）。如果双方建立业务关系时，已经订有一般交易条件，如对洽谈内容较复杂的交易，往往先签订一个初步协议（premium agreement），亦或先签订备忘录（memorandum），把双方已商定的条件确定下来，其余条件以后再行洽商。在这种情况下，可采用确认书的方式，将已签协议作为该确认书的一个附件。现使用的简式确认书多没有仲裁、不可抗力、异议索赔条款等，往往在意外发生时易造成纠纷，因此建议补加此类条款。

【同步思考 2-3】

正式合同与确认书在法律效力上有何不同?

分析提示：确认书是正式合同的简化形式，法律效力与正式合同完全相同。

【情景模拟 2-3】

在张涛的努力工作下，淄博恒洋铝塑包装有限公司与 MAC 国际贸易有限公司经过建立业务关系、询盘、发盘、还盘与接受等环节，最终达成交易。为了明确交易双方的权利和义务，公司国际贸易部的朱经理要求张涛根据双方谈判达成的成交条件，为本次交易拟定一份合同，并签好寄给 MAC 国际贸易有限公司，要求其尽快回签。

合同如下：

淄博恒洋铝塑包装有限公司
销售合同
SALES CONTRACT

编号 NO.:4320098
日期 DATE:May 10,2007

卖 方 SELLER:	ZIBO HENYANG ALUMINIUM PLASTIC MATERIAI CO. LTD 145 ZHENETONG ROAD ZIBO CHINA TEL:0533-3112323;FAX:0533-3112324
买 方 BUYER:	MAC INTERNATION PRIVATE LIMITED OLD No. 37,NEW NO. 6,AROCT ROAD VADAPALANI CHENNAI A 600 026 INDIA TEL:620 00985 103;FAX:620 00985 102

买卖双方同意以下条款达成交易:

This contract Is made by and agreed between the BUYER and SELLER,in accordance with the terms and conditions stipulated below.

1. 品名及规格 Commodity & Specification	2. 数 量 Quantity (MT)	3. 单价及价格条款 Unit Price & Trade Terms	4. 金额 Amount
ALUMINIUM FOIL ALLOY 25MIC * 750MM 20MIC * 750MM	 10.00 5.00	CIF CHENNAI USD3400.00/MT USD3400.00/MT	USD34000.00 USD17000.00 USD 51000.00
Total:Say US Dollar Fifty-one thousand Only			

5. 包装 Packing	Packed in Wooden Cases
6. 唛头 Shipping Marks	N/M
7. 装运期 Time of Shipment	Lastest Date Of Shipment Before July 5th,2007

8. 装运港及目的地:青岛港 金奈港

Port of Loading & Destination: QINGDAO PORT & CHENNAI PORT

9. 保险:由卖方按发票全额110%投保一切险。

Insurance:To be effected by sellers for 110% of full invoice value covering All Risks .

10. 付款条件:买方于装运月份前30天开立并送达不可撤销即期信用证。该信用证有效期至2007年8月20在中国议付。该信用证中必须注明禁止分批装运和转运。

Payment:By confirmed,irrevocable,transferable L/C to be available by sight draft to reach the sellers at 30 days before the month of shipment and to remain valid in China until Aug. /20/2007. The L/C must specify that partial shipments and transshipment is prohibited.

11. 单据:卖方应将下列单据提交银行议付。

Documents:The sellers shall present the following documents required for negotiation to the banks.

整套正本清洁提单。

Full set of clean on Board Ocean Bills of Lading.

商业发票一式 5 份。

Signed commercial invoice in 5 copies.

装箱单或重量单一式 4 份。

Packing list/weight memo in 4 copies.

由商品检疫局签发的原产地证 1 份原件, 2 份复件。

Certificate showing goods of chinese origin issused by a recognised chamer of commerce one original plus two copies.

12. 装运通知:一旦装运完毕,卖方应即电告买方合同号、商品号、已装载数量、发票总金额、毛重、运输工具名称及启运日期等。

Shipping advice:The sellers shall immediately,upon the completion of the loading of the goods,advise the buyers of the Contract No,names of commodity,loaded quantity,invoice values,gross weight,names of vessel and shipment date by TLX/FAX.

续表

13. 品质与数量、重量的异议与索赔：如买方提出索赔，凡属品质异议须于货到目的口岸之日起　30　天内提出；凡属数量异议须于货到目的口岸之日起　60　天内提出。对货物所提任何异议应由保险公司、运输公司或邮递机构负责的，卖方不负任何责任。 Quality/Quantity Discrepancy and Claim：The claims，if any regarding to the quality of the goods，shall be lodged within 60　days after arrival of the goods at the destination，if any regarding to the quantities of the goods，shall be lodged within 30　days after arrival of the goods at the destination. The sellers shall not take any responsibility if any claims concerning the shipping goods is up to the responsibility of Insurance Company/Transportation Company/Post Office. 14. 人力不可抗拒因素：由于水灾、火灾、地震、干旱、战争或协议一方无法预见、控制、避免和克服的其他事件导致不能或暂时不能全部或部分履行本协议，该方不负责任。但是，受不可抗力事件影响的一方须尽快将发生的事件通知另一方，并在不可抗力事件发生15天内将有关机构出具的不可抗力事件的证明寄交对方。 Force Majeure：Either party shall not be held responsible for failure or delay to perform all or any part of this agreement due to flood，fire，earthquake，draught，war or any other events which could not be predicted，controlled，avoided or overcome by the relative party. However，the party affected by the event of Force Majeure shall inform the other party of its occurrence in writing as soon as possible and thereafter sends a certificate of the event issued by the relevant authorities to the other party within 15 days after its occurrence. 15. 仲裁：在履行协议过程中，如产生争议，双方应友好协商解决。若通过友好协商未能达成协议，则提交中国国际贸易促进委员会对外贸易仲裁委员会，根据该会仲裁程序暂行规定进行仲裁。该委员会决定是终局性的，对双方均有约束力。仲裁费用，除另有规定外，由败诉一方负担。 Arbitration：All disputes arising from the execution of this agreement shall be settled through friendly consultations. In case no settlement can be reached，the case in dispute shall then be submitted to the Foreign Trad Arbitration Commission of the China Council for the Promotion of International Trade for Arbitration in accordance with its Provisional Rules of Procedure. The decision made by this commission shall be regarded as final and binding upon both parties. Arbitration fees shall be borne by the losing party，unless otherwise awarded. 16. 备注：Remark：	
The Buyer	The Seller
买方：	卖方：ZIBO HENYANG ALUMINIUM PLASTIC MATERIAI CO. LTD 李鹏

本章小结

建立业务关系就是在市场上寻找业务伙伴，并把自己介绍给对方，使对方了解自己的公司和产品，为其后业务活动的开展打下基础，与客户建立业务关系是正式开展进出口业务的重要步骤，是能否达成交易的基础。

写建立贸易关系的函电，应包括下列内容：①说明信息来源；②言明去函目的；③本公司概述；④产品介绍；⑤激励性结尾。

交易磋商在形式上可分为口头和书面两种。交易磋商的程序一般分为询盘、发盘、还盘、接受四个环节。其中，发盘和接受是达成交易的基本环节，是合同成立的要件。国际贸易中，买卖双方无论采取口头或书面方式磋商，均需通过发盘和接受达成交易。

我国法律规定，对外贸易合同必须采用书面形式。其中我国主要使用正式合同和确认书两种，它们分别适应不同的需要而被采用。虽然在格式上、条款项目上和内容的繁简上有所不同，但在法律上具有同等效力，对买卖双方均有约束力。

【综合训练】

一、单项选择

1. 下列不是客户资信调查的途径的有（　　）。

A. 通过银行调查
B. 通过国外的工商团体进行调查
C. 通过我驻外机构调查
D. 通过政府有关部门调查

2. 某项发盘于某月12日以电报形式送达受盘人，同日，发盘人以一传真告知受盘人，发盘无效，此行为属于（　　）。

A. 发盘的撤回　B. 发盘的修改　C. 一项新发盘　D. 发盘的撤销

3. 根据《公约》的规定，合同成立的时间是（　　）。

A. 接受生效的时间
B. 交易双方签定书面合同的时间
C. 在合同获得国家批准时
D. 当发盘送达受盘人时

4. 国外某买主向我出口公司来电“接受你方12日发盘，请降价5%”，此来电属交易磋商的（　　）环节。

A. 发盘　B. 询盘　C. 还盘　D. 接受

5. 指出下列说法中不正确的是（　　）。

A. 我国要求对外合同必须采用书面形式
B. 口头磋商不具备法律效力
C. 国际贸易中，买卖双方通常采用书面方式磋商交易
D. 交易磋商在形式上可分为口头和书面两种

二、多项选择

1. 与国外客户建立关系的途径主要有哪些（　　）。

A. 通过查阅国外出版的企业名录、以函电或发送资料的方式，自我介绍建立关系
B. 请国外银行或国内外的国商会介绍客户
C. 通过参加国内外展览会、交易会建立关系
D. 利用国内外的专业咨询公司介绍客户
E. 利用电子商务网站获取客户信息

2. 根据《联合国国际货物销售合同公约》规定，一项发盘不可撤销是因为（　　）。

A. 发盘送达受盘人
B. 发盘中规定了有效期
C. 发盘人有行为能力
D. 发盘中明示不可撤销
E. 受盘人有理由信赖发盘是不可撤销的，并本着对发盘的信赖采取行动

3. 在合同磋商过程中，如果合同成立，则必不可少的环节有（　　）。

A. 询盘　B. 发盘　C. 还盘　D. 接受　E. 公证

4. 根据《联合国国际货物销售合同公约》规定，构成一项有效发盘的条件是（　　）。

A. 向一个或一个以上特定的人提出
B. 表明发盘人在得到接受时承受约束的旨意
C. 发盘的内容十分确定
D. 发盘中明确规定有效期
E. 必须传达到受盘人

5. 国际贸易合同的形式有哪些（　　）。

A. 正式的合同　B. 确认书　C. 协议（书）　D. 备忘录　E. 定单

三、判断

1. 询盘、发盘和接受是洽商交易中不可缺少的步骤。（　　）
2. 在交易磋商过程中，发盘是由卖方做出的行为，接受是由买方做出的行为。（　　）
3. 买卖双方就各项交易条件达成协议后，并不意味着此项合同就一定有效。（　　）
4. 一项有效的发盘，一旦被受盘人无条件地全部接受，合同即告成立。（　　）
5. 《联合国国际货物销售合同公约》规定发盘生效的时间为发盘送达受盘人时。（　　）

四、简答论述

1. 对客户资信调查的内容和范围有哪些？
2. 构成一项法律上有效的发盘必须具备哪些条件？

3. 什么叫“发盘的有效期”？如何规定发盘的有效期？

4. 发盘与询盘有什么区别？

5. 合同成立的有效条件有哪些？

五、案例分析

1. 某年6月27日，中国甲公司应荷兰乙商号的请求，报出某产品200吨，每吨CIF鹿特丹人民币1950元，即期装运的实盘，但对方接到中方报盘，未做还盘，而是一再请求中国增加数量，降低价格，并延长还盘有效期。中方曾将数量增至300吨，价格每吨CIF鹿特丹价格减至人民币1900元。有效期经两次延长，最后期限为7月25日，荷兰乙商号于7月22日来电，接受该盘，并提出“不可撤销，即期信用证付款，即期装船，按装船量计算。除提供通常装船单据外，需供卫生检疫证书、产地证、磅码单及良好合适海洋运输的袋装”。但中方接到该电报时。已发现该产品的国际市场价格猛涨，于是中方甲公司拒绝成交，并复电称：“由于世界市场的变化，货物在收到电报前已售出”。可是荷兰乙商号不同意中方的说法，认为他是在发盘有效期内接受发盘，坚持要按发盘的条件执行合同，否则要中方赔偿差价损失人民币23万元，接受仲裁裁决。问题：

(1) 中方甲公司6月27日的发盘是实盘还是虚盘？

(2) 中方在荷兰未做还盘但一再请求增加数量和降低价格，延长有效期的情况下，复电称：将数量增加至300吨，每吨CIF鹿特丹价格人民币1900元，有效期延至7月25日的报盘是实盘还是虚盘？

(3) 荷方于7月22日来电内容，是否可以作为承诺的意思来表示认可？为什么？

2. 我某公司于5月20日以电传发盘，并规定“限5月25日复到”。国外客户于5月23日复电至我方，要求将即期信用证改为远期见票后30天。我公司正在研究中，次日又接到对方当天发来的电传，表示无条件接受我5月20日的发盘。问此笔交易是否达成？

六、实训

将学生按照买卖双方进行分组，模拟一笔国际贸易的磋商过程，并分别扮演交易双方撰写交易磋商环节的函电。具体要求如下：

1. 买卖双方即两组协商确定公司名称、品名、数量、价格等具体条款。

2. 磋商过程要包含建立业务关系、询盘、发盘、还盘和接受五个环节。

3. 函电传递可由学生在网上进行。

4. 函电内容要准确、扼要，符合函电写作要求。

第三章　商品的品质、数量和包装

教学目标

知识目标：

1. 掌握商品品质的表示方法和计算货物数量的各种方法。
2. 了解货物的包装种类、作用，明确包装标志的主要内容。
3. 掌握品质条款、数量条款、包装条款的基本内容和规定方法。

能力目标：

1. 能根据商品的不同选择品质的表示方法和计量方法。
2. 会制定商品的品质、数量和包装条款。
3. 会制作运输标志，能够运用所学知识分析业务案例。

【先导案例】

日本 WN 公司向我 ZH 农产品公司订购山东大蒜 400 吨，双方当事人几经磋商最终达成了交易。合同的品名条款为“山东大蒜”。可是在临近履行合同时，大蒜产地由于自然灾害导致歉收，货源紧张。ZH 公司紧急从其他省份征购，最终按时交货。但 WN 公司来电称，所交货物与合同规定不符，要求 ZH 公司做出选择，要么提供山东大蒜，要么降价，否则将撤销合同并提出贸易赔偿。试问，WN 公司的要求是否合理？为什么？

本案是由于商品品名条款所引发的争议。WN 公司的要求合理。从法律角度看，在合同中明确规定买卖标的物的具体名称，关系到买卖双方在交接货物方面的权利和义务。按照有关的法律和商业惯例的规定，对交易标的物的具体描述，是构成商品说明的一个主要组成部分，是买卖双方交接货物的一项基本依据。若卖方交付的货物不符合约定的品名或说明，买方有权拒收货物或撤销合同并提出损害赔偿。另外，在表示商品品质的方法中，有一种是凭产地名称买卖，产地名称代表着商品的品质。不同产地的同种货物品质可能存在着很大的差别，因此 WN 公司要求提供山东大蒜的要求是合理的。

在国际贸易中，交易的每一种商品都具有其具体的名称，并表现为一定的品质。它们不仅是国际货物买卖合同的主要交易条件之一，而且是构成有效合同的必备条件。

第一节　商品的品质

一、商品的名称

1. 列明商品名称的意义

商品的名称（name of commodity）或称“品名”，是指能使某种商品区别于其他商品的一种称呼或概念。

众所周知，在国际贸易中，从签订合同到具体交货一般需要相隔一段较长的时间。加之，交易双方在洽谈交易和签订买卖合同时，通常很少见到具体的商品，一般只是凭借对拟行买卖的商品做必要的描述来确定交易的标的。因此，在国际货物买卖合同中，列明商品的名称，就成为必不可少的条件。

按照有关法律和惯例，对交易标的物的描述，是构成商品说明的一个重要组成部分，是买卖双方交接货物的一个基本依据，它关系到买卖双方的权利和义务。若卖方交付的货物不符合约定的品名或说明，买方有权提出损害赔偿要求，直至拒收货物或撤销合同。因此，列明合同标的物的具体名称，具有重要的法律和实践意义。

2. 品名条款的内容

合同中品名条款的规定，并无统一的格式，如何规定，可由交易双方酌情商定。

合同中的品名条款一般比较简单，通常都是在“商品名称”或“品名”的标题下，列明交易双方成交商品的名称。有时为了省略起见，也可不加标题，只在合同的开头部分，列明交易双方同意买卖某种商品的文句。但由于成交商品的品种、型号、等级和特点不同，因此，为明确起见，亦可把有关具体品种、等级或型号的概括性描述包括进去，做进一步限定。

国际货物买卖合同的品名条款，是合同的主要条款。因此，在规定此条款时，应注意下列事项：

① 条款内容应明确、具体，切忌空泛、笼统。以免给履行合同造成麻烦，甚至导致贸易纠纷。

② 实事求是，切实反映商品的实际情况。凡是做不到或不必要的描述性的词语，都不应列入。

③ 尽可能使用国际上通用的名称。有些商品有不同的名称，为避免误解，应尽可能使用国际上通用的名称。

④ 恰当地选用合适的名称。如果商品具有不同的名称，应注意有关国家的海关税则和进出口限制方面的有关规定，考虑品名与运费的关系，选择有利于降低关税、方便进出口和节省运费开支的商品名称，作为合同的品名。

二、商品品质的含义、重要性

商品的品质（quality of goods），亦称商品的质量，是指商品的内在素质和外观形态的总和。前者包括商品的物理性能、力学性能、化学成分和生物特性等自然属性，后者包括商品的外形、色泽、款式或透明度等。

商品的品质是构成商品说明的重要组成部分，是国际货物买卖的主要交易条件和合同的重要条款，也是买卖双方交收货物的品质依据。

在国际贸易中，商品品质的好坏不仅关系到商品的使用效能、售价的高低、销售数量和市场份额的增减，而且还关系到商品信誉、企业信誉、国家形象，影响着各方的经济利益。提高产品质量、“以质取胜”，是企业增强自身竞争力的重要手段，也是我国发展对外贸易的基本战略之一。

三、表示商品品质的方法

国际贸易中表示商品品质的方法可分为两大类：一是以实物表示，二是以文字说明表示。

（一）用实物表示商品品质

1. 看货买卖

看货买卖指买卖双方根据成交货物的实际品质进行交易。通常先由买方或其代理人在卖方所在地验看货物，达成交易后，卖方即应按验看过的货物交付。只要卖方交付的是验看过的货物，买方就不得对货物质量提出异议。看货买卖可用于拍卖、寄售、展卖等业务中。

2. 凭样品买卖

样品通常是指从一批货物中抽出来的或由生产、使用部门设计、加工出来的，足以反映和代表整批货物质量的少量实物。凡以样品表示货物质量并以此作为交货依据的，称为凭样品买卖（sale by sample）。当样品由卖方提供时，称为“凭卖方样品买卖”（sale by seller’s sample）；当样品由买方提供时，称为“凭买方样品买卖”（sale by buyer’s sample）。

“凭卖方样品买卖”时，卖方所提供的样品应注意须具有充分的代表性，即样品能代表整批货物的平均品质。在将样品即原样（original sample）或称标准样品（type sample）送交买方的同时，应保留一份或数份相同的样品，即复样（duplicate sample），或称留样（keep sample），以备将来组织生产、交货或处理质量纠纷时作为核对之用。应在原样和留样上编制相同的号码，注明样品提交买方的日期，并以适当方式妥善保管样品，以防损坏、变质或遗失。严格区分参考样品和标准样品，对于买卖双方以介绍商品为目的而寄送的样品或其他非凭样成交的样品，应在样品上注明“参考样品”字样。

“凭买方样品买卖”，在我国也称为“来样成交”或“来样制作”。由于买方熟悉目标市场的需求情况，买方提供的样品往往更能直接地反映当地消费者的需求。在确认按买方提交的样品成交之前，卖方必须充分考虑来样所代表的商品在原材料、加工生产技术、设备和生产时间安排等方面的可行性，并防止侵犯第三者的工业产权。在实际业务中，为避免日后履约困难，卖方可根据买方来样，加工复制出一个类似的样品提供买方确认，经确认的样品，称为“对等样品”（counter sample）或“回样”（return sample），买方一旦确认以“对等样品”或“回样”作为双方交易的依据，就等于把“凭买方样品买卖”转化成了“凭卖方样品买卖”。

凭样品买卖一般适用于在造型上有特殊要求或具有色、香、味方面特征的商品。目前，我国出口的某些工艺品、服装、轻工业品等，常用这种方法来表示。

样品无论是由买方提供，还是由卖方提供，一经双方确认便成为履行合同时交接货物的质量依据，卖方应承担交付的货物质量与样品完全一致的责任。否则，买方有权提出索赔甚至拒收货物，这是凭样品买卖的基本特点。因此，在凭样品买卖时，如果由于所买卖商品的特性或生产加工技术的原因，卖方难以保证交货质量与样品完全相同，则应在订立合同时特别规定一些弹性条款，如“质量与样品大致相同”，以表示交货质量无法与样品严格相符。

（二）用文字说明表示商品品质

在国际贸易中，大多数商品采用文字说明来规定其质量。用文字说明表示商品质量的方法称为“凭文字说明买卖”（sale by specifications）。具体有以下几种方式：

1. 凭规格、等级或标准买卖（sale by specification、grade of standard）

规格是指用以反映商品质量的主要指标，如成分、含量、纯度、容量、性能、大小、长短、粗细等。商品不同，表示商品质量的指标就不同；商品的用途不同，要求的质量指标也会有所不同。用商品的规格来表示商品质量的方法称为“凭规格买卖”。这种表示质量的方法简单方便、准确具体，在国际贸易中使用最为广泛。例如，我国出口大豆的规格：水分最高15%，含油量最低17%，杂质最高2%，不完善颗粒最高7%。

等级是指同一类商品按其规格上的差异分为品质优劣各不相同的若干等级。不同的等级有不同的规格指标。一般可分为一、二、三，甲、乙、丙，A、B、C级等。例如，我国出口的钨砂，按其三氧化钨和锡、砷、硫含量的不同，分为特级、一级、二级。

级别	三氧化钨最低	锡最高	砷最高	硫最高
特级	70%	0.2%	0.2%	0.8%
一级	65%	0.2%	0.2%	0.8%
二级	65%	1.5%	0.2%	0.8%

同一类商品不同等级的产生是长期生产和贸易实践的结果，等级不同的商品规格不同。买卖双方对交易商品等级理解一致时，只需在合同中明确等级即可。但对于双方不熟悉的等级内容，则最好明确每一等级的具体规格。

【同步思考 3-1】

合同规定所交货物为二级品，由于二级品缺货，出口方改交一级品，并自愿以次货价格收汇。请问：这种做法是否妥当？

分析提示：不妥当。出口方所交货物必须与合同规定完全一致，否则买方有权提出拒收和索赔。

标准是规格和等级的标准化。它一般由标准化组织、政府机关、行业团体、商品交易所等规定并公布。世界各国都有自己的标准。另外，还有国际标准，如国际标准化组织（ISO）标准，国际电工委员会（IEC）制定的标准以及其他国际组织制定的某些标准。我国有国家标准、行业标准、地方标准和企业标准。在国际贸易中，人们常常使用某种标准作为说明和评价货品质量的依据，称凭标准买卖。随着科学技术、生产技术的发展，商品的标准不断被修改或变动。统一组织颁布的某类商品的标准往往有不同年份的版本，版本不同，质量标准内容也不相同。在合同中援引标准时，应注明采用标准的版本名称及其年份。例如：利福平（甲哌利福霉素），英国药典 1993 年版。

在国际贸易中，有些农副土特水产品的品质变化较大，难以确定统一标准，一般采用“良好平均品质”和“上好可销品质”来表示。

“良好平均品质”（fair average quality，F. A. Q），一是指以装船时在装船地同季节装运货物的平均品质为准。它一般是从各批出运的货物中抽样，然后混合、调配，取其中者作为良好平均品质的标准。二是指生产国在农副产品收获后，对产品进行广泛的抽样，从中制定出该年度的“良好平均品质”的标准。凡不够标准要求的，均按其差异程度决定其减价多少。两种抽样均可由买卖双方联合进行，也可以委托检验人员进行。为了在执行合同时不致发生争执，双方应在合同中订明是何年或何季度的 F. A. Q 或者同时规定具体的要求。

“上好可销品质”（good merchantable quality，G. M. Q），是指卖方出售的货物品质上好，适合市场销售，而无需说明商品的具体品质。但是，这种方法比较抽象笼统，一般只适用于木材或冷冻鱼类等物品，我国在对外贸易中很少使用。

2. 凭牌名、商标买卖（sale by brand or trade mark）

牌名是指厂商或销售商所生产或销售商品的牌号，又称“品牌”；商标则是牌号的图案化，是特定商品的标志。

在国际贸易中，在市场上行销已久，质量稳定，信誉良好的产品，其牌名或商标也往往为买方或消费者所熟悉喜爱，可以凭牌名或商标来表示商品的品质，这种方法称为“凭牌名、商标买卖”。如海尔牌冰箱、中华牌香烟。

凭牌名或商标买卖，一般只是用于一些品质稳定的工业制成品或经过科学加工的初级产品。

3. 凭产地名称买卖（sale by name of origin）

有些地区的产品，尤其是一些农副土特产品，因受产地的自然条件及传统的加工工艺等因素的影响，在品质方面具有其他地区的产品所不具有的独特风格和特色，对这类产品，可以采用产地名称来表示其品质，如法国香水、四川榨菜、庐山云雾茶等。

4. 凭说明书和图样买卖（sale by description and illustration）

在国际货物买卖中，有些商品，如机器、电器、仪表、大型成套设备等技术密集型产品，由于结构和性能复杂，生产工艺不同，很难用几个简单的指标来表示其品质的全貌。对于这类商品，买卖双方除了要规定其名称、商标牌名、型号等外，通常还必须采用说明书来介绍该产品的构造、用材、性能及使用方法等，有时还附以图样、图片、设计图纸、性能分析表等来完整说明其具有的质量特征。例如，在合同中规定“品质和技术数据必须与卖方所提供的产品说明书严格相符”。

上述各种表示商品品质的方法，可以单独运用，也可以根据商品的特点、市场或交易的习惯，将几种方式结合运用。但要注意，在规格与样品同时使用的进出口贸易中，必须明确表明是以哪一个为准。若不表明，根据国外一些法律的规定，卖方所交货物必须既与样品一致，又要符合规格的要求，否则买方有权拒收货物，并可以提出索赔要求。

【同步案例 3-1】

我国 A 公司向英国 B 公司出口一批大豆，合同规定水分最高含量为 14%，杂质不超过 3%。成交前我方曾向买方寄过样品，订约后又电告对方：成交货物与样品相似。当货物抵达英国后，买方提出货物与样品不符，并出具相应证书证明货物的质量比样品低 10%，以此要求 A 公司赔偿 15000 英镑的损失。A 公司以合同中未规定凭样交货为由，拒绝赔偿。问题：A 公司以合同中未规定凭样交货为由拒赔是否合理？为什么？

分析提示：不合理。因为合同签订后的电告构成了对合同条款的补充，日后 A 公司所交货物的品质必须既符合规格，又要符合样品。

四、合同中的品质条款

（一）品质条款的基本内容

表示商品品质的方法不同，合同中品质条款的内容也各不相同。在凭样品买卖时，合同中必须标明：“品质以××样品为准。”还应列明样品的编号或寄送日期，有时还加列交货品质与样品大致相同的文字说明。在凭文字说明买卖时，应针对不同交易的具体情况在合同中明确规定商品的品名、规格、等级、标准、商标牌号等。在以说明书和图样表示商品质量时，还应在合同中列明说明书、图样的名称、份数等内容。

在国际货物买卖中，卖方交付的货物必须与合同规定的质量相符，如果与合同规定不符，卖方要承担违约责任，买方则有权对由此而遭受的损失向卖方提出索赔或解除合同的要求。但是，某些商品由于诸多方面的原因，难以保证交货质量与合同规定的内容完全一致，对于这些商品，可以在合同条款中做出某些变通规定。

（二）品质机动幅度和品质公差

1. 品质机动幅度

品质机动幅度是指允许卖方所交货物的品质指标在一定幅度内有灵活性。主要适用于初级产品，以及某些工业制成品的质量指标。具体方法有：

（1）规定范围　指对某项商品的主要质量指标规定允许有一定机动的范围。例如，漂布，幅宽 35/36 英寸（1 英寸，in，1in=0.0254m）。

（2）规定极限　指对某些商品的质量规格，规定上下极限。如最大、最高、最多（maximum 或 max）、最小、最低、最少（minimum 或 min）。例如，活鳝鱼，每条 80 克以上。

（3）规定上下差异　即在规定某一具体质量指标的同时，规定必要的上下变化幅度。例如，灰鸭毛，含绒量 18%，允许上下 1%。

2. 品质公差

是指允许交付货物的特定质量指标有在公认的一定范围内的差异。在工业制成品生产过程中，产品的质量指标出现一定的误差有时是难以避免的，如手表每天出现误差若干秒，棉布每批误差 0.1 米。品质公差若是国际同行业所公认的，在合同中可以不做规定。若没有公认的明确规定，则买卖双方须在合同中具体订明品质公差的内容。

卖方交货品质在机动幅度和品质公差允许的范围内，即可认为与合同相符。价格一般按合同价计，不另做调整。如果需要按交货时的品质状况调整价格的，须在合同中规定品质增减价条款。

（三）订立品质条款应注意的问题

① 正确使用品质表示方法。品质表示的方法有很多，究竟采用何种方法，应根据商品特性而定。凡可以用一种方式表示品质时，就不要采用两种或两种以上方法表示。

② 要注意条款的科学性和灵活性。条款内容应具体、明确，不宜采用诸如“大约”、“左右”、“合理误差”之类的笼统字眼，以免在交货品质的问题上引起争议。但也不宜把品质条件定得过死，必要时可在合同中订明品质机动幅度和品质公差条款。

③ 要从实际出发，防止品质条款条件偏高或偏低。

【同步思考 3-2】

下面的品质条款有哪些不妥之处？应如何修改？

鱼粉（fish meal）：	蛋白质（protein）	55%
	脂肪（fat）	9%
	水分（moisture）	11%
	盐分（salt）	4%
	砂分（sand）	4%

分析提示：没有规定上下极限。

鱼粉（fish meal）：	蛋白质（protein）	55% min
	脂肪（fat）	9% max
	水分（moisture）	11% max
	盐分（salt）	4% max
	砂分（sand）	4% max

第二节　商品的数量

一、商品数量的含义、重要性

商品数量是指以一定的度量衡表示商品的重量、个数、长度、面积、体积、容积的量。

在国际货物买卖中，数量的多少，不仅关系到交易规模的大小，而且是影响价格和其他交易条件的重要因素。商品的数量条款是买卖合同的主要条款，也是买卖双方交接货物的数量依据。《联合国国际货物销售公约》第35条规定，按约定的数量交付货物是卖方的一项基本义务。买方可以收取也可以拒绝收取全部多交货物或部分货物；但如果短交，可允许卖方在规定交货期届满之前补交，但不得使买方遭受不合理的不便或承担不合理的开支，即使如此，买方也保留损害赔偿的权利。

二、商品的计量单位

由于各国度量衡制度有所不同，故在国际贸易中使用的计量单位存在着差异。目前，国际贸易中通常使用的度量衡制度有：公制或米制（the metric system）、英制（the british system）、美制（the U. S. system）和国际单位制（the international system of units）。我国采用的是以国际单位制为基础的法定计量单位。根据《中华人民共和国计量法》规定："国家采取国际单位制，国际单位制计量单位和国家选定的其他计量单位，为国家法定计量单位。"

（一）计量单位

国际贸易中常用的计量单位有六大类：

1. 重量单位

常用的重量（weight）单位有：公吨（metric ton）、长吨（long ton）、短吨（short ton）、千克（kilogram）、克（gram）、盎司（ounce）。一般适用于天然产品及部分工业制成品，如矿产品、钢材、羊毛、谷物、油类等商品的计量。

2. 个数单位

常用的个数（number）单位有：件（piece）、双（pair）、套（set）、打（dozen）、卷（roll）、令（ream）、罗（gross）、袋（bag）、包（bale）。一般适用于工业制成品，日用杂货及一部分土特产品等商品的计量。

3. 长度单位

常用的长度（length）单位有：米（meter）、英尺（foot）、码（yard）。1英尺＝12英寸＝30.48厘米；1码＝3英尺＝0.914米。一般适用于金属绳索、丝绸、布匹等类商品的计量。

4. 面积单位

常用的面积（area）单位有：平方米（square meter）、平方英尺（square foot）、平方码（square yard）。一般适用于玻璃、木板、地毯、皮革等商品的计量。

5. 体积单位

常用的体积（volume）单位有：立方米（cubic meter）、立方英尺（cubic foot）、立方码（cubic yard）。一般适用于木材、天然气和化学气体等商品的计量。

6. 容积单位

常用的容积（capacity）单位有：蒲式耳（bushel）、加仑（gallon）、公升（litre）。一般适用于各种谷物和流体货物等商品的计量。

（二）计算重量的方法

国际贸易中，计算商品数量的方法通常有六种，但大多数商品还是按重量计量的。计算重量的方法有：

1. 毛重

毛重（gross weight）是指商品本身的重量加皮重（tare）的重量。有些单位价值不高的商品，可采用毛重作为计算价格和交付货物的计量基础，这种计量方法称“以毛作净”。

2. 净重

净重（net weight）指毛重减去皮重的重量，即货物的实际重量。

国际贸易中计算皮重的方法有：

① 按实际皮重（actual tare）计算，即将整批商品的包装逐一过秤，算出每一件包装物的重量和总重量。

② 按平均皮重（average tare）计算，即从整批商品中抽取几件，称其包装物的重量求出平均数，再以平均数乘以总件数，算出全部包装物的重量。

③ 按习惯皮重（customary tare）计算，比较规格化的包装，其重量已被公认，可按公认的单件包装物重量乘以商品的总件数，得出全部包装物的重量。

④ 按约定皮重（computed tare）计算，买卖双方以事先约定的单件包装物的重量，乘以商品的总件数，得出全部包装物的重量。

去除皮重的方法，按照商品的特点或商业习惯而定，买卖双方应在合同中做出具体规定。

3. 公量

公量（conditioned weight）指用科学的方法抽取商品中所含的实际水分，再加上标准水分所求得的重量。这种方法主要用于棉花、羊毛、生丝等有比较强的吸湿性，重量不太稳定，而经济价值又较高的商品。

4. 理论重量

理论重量（theoretical weight）指某些有固定规格和尺寸，重量大致相等的货物，以其单个重量乘其件数而推算出来的重量，如马口铁、钢板等。

5. 法定重量和实物净重

法定重量（legal weight）系指商品重量加上直接接触商品的包装物料的重量。法定重量是海关依法征收从量税的基础。实物净重（net weight）也称纯净重或净净重，它是从法定重量中扣除直接接触商品的包装物料的重量之后纯商品的重量。净净重的计量方法多为海关征税时所用。

【同步案例 3-2】

我国A出口公司与某国B进口商按每公吨500美元FOB大连的价格成交某农产品200公吨，合同规定包装条件为每25千克双线新麻袋装，信用证付款方式。该公司凭证装运出口并办妥了结汇手续。事后对方来电，称：A出口公司所交货物扣除皮重后实际到货不足200公吨，要求按净重计算价格，退回因短量多收的货款。我公司则以合同未规定按净重计价为由拒绝退款。问题：请分析A出口公司的做法是否可行，并说明理由。

分析提示：不可行。在买卖合同中，如果货物是按重量计量或计价，但又未明确规定采用何种方法计算重量和价格时，根据惯例，应以净重计量，而非以毛重计量。

三、合同中的数量条款

（一）数量条款的基本内容

合同中的数量条款，主要包括成交商品的具体数量和计量单位。若按重量计量的商品，则应包括计算重量的方法，如毛重、净重、以毛作净等。

例如：100 公吨，以毛作净。

按照合同规定的数量交付货物是卖方的基本义务。但是，在实际进出口业务中，有些商品，如农副产品、矿产品等，由于商品本身的特性、成交的数量、自然条件、包装方式、装卸能力及运输工具等多种因素的限制，卖方实际交货的数量往往不能完全符合合同规定的数量。为避免日后因交货数量发生争议，在签订合同时，买卖双方就需在合同中订明交货数量的机动幅度。国际货物买卖合同中数量的机动幅度通常有两种规定方法：一是溢短装，二是“约”量。

1. 溢短装条款

溢短装条款（more or less clause）是指在买卖合同的数量条款中明确规定可以增减的百分比，但增减幅度以不超过规定数量的百分比为限。卖方交货数量只要在允许增减范围内，即为符合合同有关交货数量的规定。

例如：1000 公吨，卖方可溢装或短装 5%（1000m/t，with 5% more or less at option）。

一般情况下，溢短装条款具体伸缩量的掌握大都由卖方决定（at seller's option），但有时特别是在由买方派船装运时，也可规定由买方决定（at buyer's option）。在采用租船运输时，也可规定由承运人决定（at carrier's option）。

【情景模拟 3-1】

淄博恒洋铝塑包装有限公司与法国 AIR 贸易有限公司于 2008 年达成向法国出售 20 公吨铝塑制品的初步协议。根据以往的经验，该货物以现有的包装很难做到正好 20 公吨。在制作销售合同时，朱经理让张涛在订立数量条款时规定一个数量的机动幅度。下面就是张涛订立的数量条款。

20 公吨，净重。卖方可溢装或短装 5%。

20m/t，N. W.，with 5% more or less at seller's option.

2.“约”量

“约”量（about circa，approximate）条款是表示实际交货数量可有一定幅度的弹性条款，是在交货数量的具体数字前加“约”字。例如：约 100000 码（about 100000yards）。

在数量机动幅度范围内，多装或少装的货物，一般按合同规定的价格计算，多交多收，少交少收。但是，对于价格波动频繁且变化幅度较大的货物，为了防止掌握溢短装条款选择权的一方，利用机动幅度增加或减少数量以谋求额外利益，签订合同时，可以明确规定增减部分按货物装运时国际市场价格计算。

【同步思考 3-3】

国内某粮油进出口公司从国外进口大米，合同数量 200 万公吨，允许溢短装 10%，而外商装船共装了 240 万吨，对多装的 20 万吨，我方应如何处理？

分析提示：我方应根据《联合国国际货物销售合同公约》中的相关规定来处理，即如卖方交货数大于约定的数量，买方可以拒收多交的部分，也可收取多交部分中的一部分或全部，但应按合同价格付款。

（二）订立数量条款应注意的问题

1. 正确掌握成交货物的数量　在洽谈交易时，应正确掌握进出口商品的数量，防止心中无数，盲目成交。对于出口方来说应考虑：①国外市场的供求状况；②国内资源供应情况；③国际市场的价格动态；④国外客户的资信状况和经营能力。进口方应考虑：①国内的实际需要；②国内支付能力；③市场行情变化。

2. 数量条款的各项内容应明确具体　在订立数量条款时，关于计量单位、计算方法以及机动幅度等项内容的规定必须明确具体，避免使用含义笼统的词句，使买卖双方的责任明确，以避免履约时的纠纷。

第三节　商品的包装

商品包装（packing of goods）是指按一定的技术方法，采用一定的包装容器、材料及辅料包裹或捆扎货物。

在国际贸易中，货物品种繁多，性质、特点各不相同，因而对包装的要求也各不相同。从货物是否需要包装来看，可以分为裸装货、散装货和包装货。裸装货和散装货是指不需要包装和难以包装的货物。例如钢铁、木材、铝锭、石油、矿砂、煤炭、小麦、杂粮、玉米等。包装货是指需要包装的货物。在进出口贸易中，绝大多数的商品都需要包装。商品的包装具有重要的作用。首先，商品包装是生产过程的延续，通过包装，使商品从生产领域进入流通和消费领域，实现商品的价值和使用价值。其次，商品包装可以保护商品在流通领域中的品质完好和数量完整，便于运输、搬运、储存、陈列、计数等，节省运费和包装费用。最后，商品的包装是提高商品竞争能力、促进销售、扩大销售的重要手段，通过包装来美化、宣传、推销、介绍商品。

根据包装在流通过程中所起的作用不同，可分为运输包装和销售包装。

一、商品的包装

（一）运输包装

运输包装（shipping package），又称大包装、外包装，主要是在运输过程中使用的包装。运输包装的作用在于能有效的保护商品，避免运输过程中各种外界条件对商品产生的影响；方便货物的运输、搬运、储存、检验、计数；防止货物在长途运输过程中发生损坏和散失；节省运费和包装费用。

运输包装根据包装方法的不同，分为单件运输包装和集合运输包装两大类。

1. 单件运输包装

单件运输包装是指在运输过程中，将货物作为一个计量单位而进行的包装。单件包装按照包装的造型和使用的材料不同又可分为：

（1）箱装　按不同的材料，箱子有木箱、纸箱、铁箱、板条箱、瓦楞纸箱等。通常适用于不能挤压的货物的包装。

（2）袋装　袋有麻袋、纸袋、塑料袋、多层塑料复合袋等。常用于粉状、颗粒状和块状的农产品和化学肥料等货物的包装。

（3）桶装　桶装有木桶、铁桶、塑料桶等。主要适用于液体、半液体、粉状、颗粒状货物的包装。

（4）捆装　捆装是先将货物用棉布、麻袋包装，再在外面加箍铁和塑料带的包装方式。主要用来包装羽毛、羊毛等可以紧压的货物。

2. 集合运输包装

集合运输包装，也称组合化运输包装。它是将一定数量的单件包装组合成一件大包装或装入一个大的容器内的包装方式。集合运输包装有集装袋、集装包、集装箱和托盘等。

(1) 集装箱 (container) 是一种运输货物的容器。它既是货物的运输包装，又是运输工具的组成部分。目前国际上通用的集装箱规格很多，但最通用的是 8 英尺×8 英尺×20 英尺和 8 英尺×8 英尺×40 英尺两种。一般计算集装箱的流量时，通常以 20 英尺集装箱为一个标准单位，通称“TEU”。

(2) 托盘 (pallet) 是按一定规格制成的单层或双层平板载货工具，在平板上将若干单件包装的商品，码在托盘上，然后用绳索、收缩薄膜或拉伸薄膜等物料，将商品与托盘组合加固起来，组成一个运输单位，便于在运输过程中使用机械进行装卸、搬运和堆放。托盘货物一般重 1～1.5 公吨。托盘通常以木制为主，但也有用塑料、金属等制成。常见的托盘有平板托盘和箱型托盘等。

(3) 集装袋和集装包 (flexible container) 是一种用合成纤维或复合材料编织成的圆形或方形大包。可容 1～4 公吨货物，最多可达 13 公吨。主要用于装载粉粒状货物，如化肥、矿砂、面粉、食糖、水泥等，有些国家为了提高货物的装卸速度和港口码头的使用效率，常常在信用证上规定进口货物必须使用集合运输包装，否则不准卸货。

3. 运输包装的要求

国际贸易商品一般都需要经过长途运输才能到达收货人手中。因此，国际贸易商品的运输包装比国内贸易的要求要高，在制作商品的运输包装时，应当体现下列要求：

① 必须适应商品的特性。

② 必须适应各种不同运输方式的要求。

③ 必须考虑有关国家的法律规定和客户的要求。

④ 要保证包装牢固的前提下节省费用。

⑤ 便于各环节有关人员进行操作。

(二) 销售包装

销售包装 (selling packing) 又称内包装或小包装，一般是在销售过程中使用的包装。销售包装需要直接接触商品，并随商品进入消费市场，与消费者直接见面。销售包装的主要目的是保护、美化、宣传、介绍商品，便于消费者识别、选购、携带和使用。

1. 销售包装的种类

根据商品的特性和形状，销售包装可采用不同的包装材料和不同的造型结构与式样，这就导致了销售包装的多样性。常见的销售包装有以下几种：

(1) 挂式包装　这类包装设计有吊钩、吊带、挂孔等，可在商品货架上悬挂展示的包装。

(2) 堆叠式包装　这类包装其顶部和底部都设有吻合装置使商品在上下堆叠过程中相互咬合，堆叠稳定性强，便于摆设和陈列　如瓶类、罐类、盒装商品。

(3) 易开式包装　这类包装一般标有特定的开启部位，易于打开封口。如易拉罐。

(4) 携带式包装　这类包装附有提手装置，便于携带。

(5) 喷雾式包装　这类包装本身是喷雾器，当挤压按钮时，内装物由于推进产生的压力能喷射出来。如香水、空气清新剂等包装。

(6) 配套包装　这类包装是将同时使用的商品搭配成套，合成一体。如餐具、茶具等。

(7) 礼品包装　专作为送礼用的包装。

(8) 透明式包装　这类包装可使消费者直接了解商品的形态和造型，便于识别，以利选购。

2. 销售包装的标识和说明

在销售包装上，一般都附有装潢画面和文字说明。装潢画面和文字说明通常直接印刷在商品包装上，也有的采用在商品上粘贴、加标签、挂吊牌等方式。

销售包装的装潢画面，通常包括图案与色彩。要求美观大方，富有艺术吸引力，并突出商品的特点。同时，还应考虑进口国或销售地的民族习惯和爱好，对不同的地区采用不同的图案与色彩。如伊斯兰国家忌用猪形图案，日本人认为荷花图案不吉祥，意大利人喜欢绿色，埃及人禁忌蓝色等。在设计装潢画面时，应投其所好，以利扩大出口。

文字说明通常包括商品名称、商标品牌、成分构成和使用说明等。文字说明应与装潢画面紧密结合、相互衬托、彼此补充，以达到宣传和促销的目的。此外，使用的文字说明、粘贴、标签、吊牌等，不能违反有关国家的标签管理条例的规定。例如，加拿大政府规定，销往该国的商品，必须同时使用英、法两种文字说明。

3. 条形码

条形码（product code）是由一组带有数字的黑白色粗细间隔不等的垂直平行条文所组成的印在销售包装上的标志，如图 3.1 所示。

6 901234 567892

图 3.1　条形码标志

条形码是一种特殊的代码语言，可利用光电扫描仪阅读设备把这些信息输入计算机，只要将条形码对准光电扫描仪，计算机就能自动地识别条形码的信息，确定品名、品种、数量、生产日期、制造厂商、产地等，并从数据库中查寻其单价，进行货款的结算，打出购货清单，这就有效地提高了结算的效率和准确性，使交易双方能及时了解对方商品的有关资料和本国商品在对方销售的情况。目前，许多国家的超级市场都是用条形码技术进行自动扫描结算，如商品包装上没有条形码，即使是名优商品，也不能进入超级市场，有些国家对包装上无条形码标志的某些商品还不准进口。

国际上通用的条码种类很多，主要有以下两种：一种是美国、加拿大统一编码委员会编制的 UPC 条码（universal product code）；另一种是由欧洲 12 国成立的欧洲物品编码协会，后改名为国际物品编码协会编制的 EAN 码（european article number）。目前使用 EAN 物品标识系统的国家或地区众多，EAN 系统已成为国际公认的物品编码标识系统。为了适应国际市场的需要和扩大出口，1988 年 12 月我国建立了中国物品编码中心，该中心于 1991 年 4 月代表中国加入国际物品编码协会，统一组织、协调、管理我国的条码工作。目前，国际物品编码协会分配给我国的国别号为“690”、“691”、“692”，凡标有“690”、“691”和“692”条码的商品，即表示中国出产的商品。

（三）定牌、无牌和中性包装

定牌、无牌和中性包装，是国际贸易中常有的习惯做法。我国在进出口业务中，有时也可应客户的要求，采用这些做法。

1. 定牌和无牌

定牌是指卖方根据买方的要求在其出售的商品或包装上使用买方指定的商标或牌名的做法。主要用于国外长期的、大量的、稳定的订货。我们采用定牌往往是为了利用买方（包括生产厂商、大百货公司、超级市场和专业商店）的经营能力和它们的商业信誉及名牌声誉，以提高商品的售价和扩大销售数量。但在我们产品销路好时不宜使用，要创自己的品牌。另外还要注意买方商标或品牌的合法性，防止侵犯他人工业产权。

无牌是指买方要求在我出口商品或包装上不使用任何商标和牌号的做法。它主要用于一些尚待进一步加工的半制品、半成品，如供印染用的棉坯布。无牌商品无需广告宣传，可避免浪费，降低成本。

除非另有约定，采用定牌和无牌时，在我出口商品或包装上均须标明“中国制造”字样。

2. 中性包装

中性包装是指在商品上和内外包装上不注明生产国别的包装。中性包装有无牌中性包装和定牌中性包装之分。前者是指既无商标或牌名，又无生产国别的包装；后者是指无生产国别但有买方指定的商标或牌号的包装。

采用中性包装，是为了打破某些进口国家与地区的关税和非关税壁垒以及便于转口贸易的需要。它是出口商加强对外销售，扩大出口的一种手段。但须注意，近年来中性包装的做法在国际上屡遭非议。因此，对出口商品采用中性包装应谨慎。

【同步思考 3-4】

某外商欲购我“菊花”牌电钻，但要求改用“鲨鱼”牌商标，并在包装上不得注明“Made in China”字样，问我是否可以接受？应注意什么问题？

分析提示：这是一笔外商要求采用定牌中性包装的交易，我方一般可以接受。但在处理该业务时应注意：(1) 判断买方商标是否侵权，有则不能接受。若一时无法判断，应在合同中写明“若发生工业产权争议由买方负责”。(2) 要考虑我方品牌产品在对方市场的销售情况，如果我方产品的品牌在对方国家具有一定的知名度，客户认可程度较高，比较畅销，一旦接受外商的定牌生产，等于自己给自己树立了一个竞争对手，会影响我方产品的市场销售，则不应接受。但如果我方产品还没有进入对方国家市场，本企业的生产能力又很大，可以考虑接受。

二、包装的标志

1. 包装标志及种类

包装标志是指为了方便货物运输、装卸及储存，便于识别货物和防止货物损坏而在商品的外包装上标明或刷制的标志。包装标志按其用途，可分为运输标志、知识性标志、警告性标志等。

2. 运输标志

运输标志（shipping mark）又称唛头，一般是由一个简单的几何图形和一些字母、数字及简单的文字组成。通常刷印在外包装明显的部位。其主要作用是便于识别货物，方便运输，易于计数、检验，防止错发错运。

按国际标准化组织（ISO）和国际货物装卸协会推荐使用的标准运输标志由四个要素构成：

① 收货人或买方的名称字首或简称。

② 参考号码。如运单号码、订单号码、发票号码或信用证号码等。

③ 目的地。货物运送的最终目的地或目的港的名称。如需经某地或某港口转运的，应标明转运地点。例如，Singapore VIA HongKong。

④ 件数号码。本批每件货物的顺序号和该批货物的总件数。

至于根据某种需要而须在运输包装上刷写的其他内容，如许可证号码等，则不作为运输标志必要的组成部分。

例如：SG Co.

96DRA207

LONDON

CTN/NOS. 1-100

需要指出的是，国际标准化组织推荐的标准运输标志不使用几何图形。

3. 指示性标志

指示性标志（indicative mark）是提示人们在装卸、运输和保管过程中需要注意的事项，一般都是以简单、醒目的图形和文字在包装上标出，故又称其为注意标志。例如："怕湿"、"向上"、"小心轻放"等。

至于在运输包装上标打哪种标志，应根据商品性质正确选用。在文字使用上，最好采用出口国和进口国的文字，但一般使用英文的居多。图 3.2 列举的是一些常用的指示性标志。

图 3.2　常用的指示性标志

4. 警告性标志

警告性标志（warning mark）又称危险品标志，是指在装有爆炸品、易燃物品、腐蚀物品等危险货物的运输包装上用图形或文字表示各种危险品的标志。其作用是警告有关装卸、运输和保管人员按货物特性采取相应的措施，以保障人身和货物的安全。

对于警告性标志，许多国家都有自己的规定，我国也不例外。在国际上，联合国、国际海事组织、国际铁路合作组织和国际民航组织分别制定有国际海上、铁路、航空危险货物运输规则。在我国出口危险品的外包装上，应分别依照上述规则，刷制必要的危险品标志。图 3.3 列举的是一些常用的危险品标志。

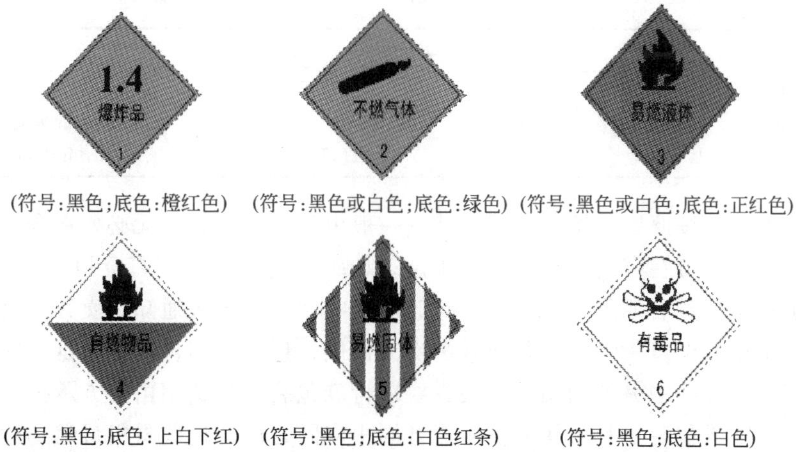

图 3.3　常用的危险品标志

5. 其他标志

除上述包装标志外，在商品的包装上一般还需刷制每件商品的名称、货号、数量、毛重、净重、体积、生产国别和商品的产地等标志。

【同步案例 3-3】

我国某粮油进出口公司出售一批货物到加拿大，价值 35 万元。合同规定用塑料袋包装，每件要使用英、法两种文字的唛头。但我国公司实际交货时改用了牛皮纸包装代替，并使用了只有英文的唛头。国外商人为了适应当地市场的销售要求，不得不雇人更换包装和唛头，而后向我方提出索赔。

问题：我方是否应该赔偿？为什么？

分析提示：应该赔偿。在国际货物买卖中，包装是货物说明的重要组成部分，包装条件是买卖合同中的一项主要条件。按照合同约定的包装要求提交货物是卖方的义务。《联合国国际货物销售公约》第 35 条（1）款规定："卖方须按照合同规定的方式装箱或包装。如果卖方不按照合同规定的方式装箱或包装，即构成违约。"本案例中，粮油未严格按照合同规定的包装条件履行交货义务，应视为违反合同。

三、合同中的包装条款

1. 包装条款的主要内容

包装条款是国际货物买卖合同的主要条款，是买卖双方履行合同的依据之一。合同中的包装条款一般包括包装材料、包装方式、包装费用和运输标志等内容。

（1）包装材料和包装方式　包装条款一般包括包装材料和包装方式，如纸箱装、麻袋装、铁桶装等。有时还说明尺寸、每件重量、填充物料和加固条件等。

例如：

布包，每包 10 匹，每匹 42 码。

In cloth bales each containing 10pcs. of 42yd.

木箱装，每箱 50 千克净重。

In wooden cases of 50 kilos net each .

【情景模拟 3-2】

淄博恒洋铝塑包装有限公司与印度 MAC 国际贸易有限公司于 2007 年达成向印方出售铝塑制品的初步协议。朱经理让张涛制作销售合同，根据买卖双方洽商的结果，张涛制定的品质、数量、包装条款如下：

Commodity & Specification	Quantity(N. W.)	Packing
ALUMINIUM FOIL ALLOY		
25MIC * 750MM	10.00(MT)	Packed in Wooden Cases
20MIC * 750MM	5.00 (MT)	Packed in Wooden Cases

（2）运输标志　按照国际贸易习惯，唛头一般由卖方决定，并无必要在合同中做具体规定。如买方要求，也可在合同中做出具体规定；如买方要求在合同订立以后由其另行指定，则应具体规定指定的最后期限，并订明若到时尚未收到有关唛头通知，卖方可自行决定。

（3）包装费用　出口货物的包装通常由卖方提供，包装费用包括在货价之内，由卖方负担，一般不需要在合同中另外列明。如买方要求特殊包装，其费用由买方承担并规定具体的费用支付办法；如果包装材料由买方供应，合同中应同时规定包装材料最迟到达卖方的时限和逾期到达的责任。

2. 制定包装条款的注意事项

（1）对包装的要求应明确具体　在订立包装条款时，应明确具体，不宜笼统规定。例如："适合海运包装"、"习惯包装"和"卖方惯用包装"之类的词语。此类词语无统一解释，易引起纠纷。因此，除非双方事先已有一致认识，否则不宜采用。

（2）考虑商品的特点和运输方式的要求　不同的商品、不同的运输方式，对包装的要求也不相同。在约定包装材料、包装方式、包装规格和包装标识时，必须考虑商品在储运和销售过程中的实际需要，以此确定适宜的包装。

（3）适合有关国家和地区的现行法律规定　包装条款须与有关国家法律规定相符，如有的国家规定不得使用麻袋、木材、稻草等作为包装材料、包装衬垫物，认为这些材料不易处理或容易传染植物、动物疾病；有的国家对内外包装装潢上使用的标签、贴头、印记往往也有规定。

本章小结

货物的品名、品质、数量、包装是国际货物买卖合同的主要交易条件，是买卖双方交接货物的重要依据。品名条款的内容是在商品名称的标题下，列明所要成交商品的具体名称。规定品名条款应具体、明确，实事求是。

商品的品质是内在质量和外观形态的综合，它有两种表示方法：一是实物样品表示，二是文字说明表示。品质条款是合同主要条款之一，是买卖双方对货物品质的具体约定。为便于交货，对凭文字说明进行的买卖，可加订品质机动幅度和品质公差条款。

商品数量是指以一定的度量衡表示商品的重量、个数、长度、面积、体积、容积的量。目前国际上常用的度量衡有公制、英制、美制和国际单位制。我国采用的是以国际单位制为基础的法定计量单位。常用的计量单位有按重量、按个数、按长度、按面积、按体积、按容积计量，其中按重量计量的方法很多，具体分为毛重、净重、公量及理论重量等。数量条款是合同主要条款。为了顺利履约，对有些商品，可在合同中规定数量的机动幅度。

包装是货物说明的重要组成部分，包装条件是买卖合同中的一项主要条件。包括运输包装和销售包装。为提高售价和扩大出口，对有些商品可采用定牌、无牌和中性包装。买卖合同中的包装条款一般包括包装材料、包装方式、包装费用和运输标志等内容。

【综合训练】

一、单项选择题

1. 我公司按 CIF 条件出口货物一批共 1000 箱，允许卖方有 10%的溢短装，我实际装 1000 箱，提单也载明 1000 箱，货到目的港后，买方来电反映仅收到 898 箱，并已取得船公司签发的短量证明，向我方索赔。我方正确答复是（　　）。

A. 同意补装 52 箱　　B. 同意退 2 箱货款

C. 请与船公司或保险公司联系　　D. 同意补装 2 箱

2. 凭样品买卖时，如果合同中无其他规定，那么卖方所交货物（　　）。

A. 可以与样品大致相同　　B. 必须与样品完全一致

C. 允许有合理公差　　D. 允许在包装规格上有一定幅度的差异

3. 按重量买卖的商品，若合同中未规定计算重量的方法时，习惯上按（　　）计量。

A. 毛重　　B. 净重　　C. 公量　　D. 毛、净重各 50%

4. 在来样加工出口合同中，确定商品品质的方法应该是（　　）。

A. 以买方样品为准　B. 以对等样品为准　C. 以卖方样品为准　D. 以图样为准

5. 珠宝、首饰等商品具有独特性质，在出口确定其品质时（　　）。

A. 最好用样品磋商　B. 最好用文字说明　C. 最好看货洽谈成交　D. 最好用图片说明

二、多项选择题

1. 卖方根据买方来样复制样品，寄送买方并经其确认的样品，被称为（　　）。

A. 复样　B. 回样　C. 原样　D. 确认样　E. 对等样品

2. 合同中的数量条款为“1000M/T with 5% more or less at seller’s option”，则卖方交货数量可以是（　　）。

A. 950M/T　B. 1000M/T　C. 1500M/T

D. 950M/T 到 1050M/T 之间任意数量　E. 900M/T

3. 国际标准化组织推荐的标准运输标志，包括的内容是（　　）。

A. 收货人名称的缩写或简称　B. 参考号　C. 目的地

D. 件号　E. 产地标志

4. 在国际贸易中，按样品提供者的不同凭样品成交可分为（　　）。

A. 凭卖方样品买卖　B. 凭买方样品买卖

C. 凭对等样品买卖　D. 凭参考样品买卖

5. 数量条款中溢短装条款的内容一般包括（　　）。

A. 溢短装部分的计量方法　B. 机动数量的计量单位

C. 机动幅度　D. 机动幅度的选择权

E. 机动部分的计价方法

三、简答题

1. 表示商品品质的方法有哪些？分别说明其含义和在使用时应注意的问题。

2. 什么是凭样品买卖？凭样品买卖时卖方应注意哪些问题？

3. 什么是溢短装条款？为什么在某些商品的买卖合同中要规定溢短装条款？

4. 什么是运输标志？运输标志由哪些内容构成？

5. 包装条款一般包括哪些内容？在规定包装条款时，应注意哪些问题？

四、案例分析

1. 出口合同规定的商品名称为“手工制造书写纸”，买方收到货物后，经检验发现部分制造工序为机械操作，而我方提供的所有单据为手工制造，对方要求我方赔偿，而我方拒赔。主要理由是：

(1) 该商品的生产工序基本上是手工操作，而且关键工序完全采用手工。

(2) 该交易是经买方当面看样品成交的，且实际货物品质又与样品一致，因此应认为所交货物与商品的品质一致。

要求：试分析上述案例，判断责任在哪方，并说明理由。

2. 2003 年 3 月初，山东某乡镇企业与 A 国的 M 贸易公司签订了一份出口烤花生的合同。合同规定出口数量为 40 吨，采用纸箱装，每箱装 10 袋，每袋 450 克。合同规定，付款方式为即期信用证，交货时间为当年的 4 月 30 日前，目的港为 A 国 S 港。由于 M 贸易公司对货物的内包装袋不太满意，于是签约时决定使用自己的包装袋。因此，在合同的包装条款中附带了一句：“内包装由 A 方提供”。合同签订后，中方遂抓紧时间组织加工，同时催促 A 方抓紧运送包装袋。中方于 4 月 15 日将货物加工完毕，但 A 方包装袋始终未到。中方多次催促之后，A 方提供的内包装终于在 4 月 24 日到货。中方立即组织装袋打包，但仍未赶上 4 月 28 号的船期。而下一班船是 5 月 8 日，超过信用证规定的交货期。中方于 28 日致电 A 方公司，指出由于 A 方公司内包装袋的迟交，导致了中方公司不能按时交货，因此要求将交货期改为 5 月 15 日之前。29 日，对方回电说：“由于贵方延迟交货已成事实，我方不同意贵方迟交系由我方造成的说法。但我方考虑到贵方的实际困难，要求中方公司在价格上减让 10%，否则拒绝改期交货。”中方加工厂在接到对方的电函后，与对方交涉，对方做出让步，同意交货期改为5月15日之前，中方价格减让了8%。考虑到货物迟交已经形成事实，而且货物已经准备就绪，市场行情不断看跌，没有别的选择，只好同意了对方的要求。试分析发生纠纷的原因。

3. 我出口风扇1000台，国外来证规定不许分批装运。装船时发现有40包装破裂，风罩变形或开关脱落。为保证质量，发货方认为：《UCP 600》有规定，即使不许分批装运，数量上可以有10%的溢短装。于是，少装40台。但却遭到议付行的拒付。问：议付行的拒付是否有理，为什么？

五、实训题

1. 合同中规定“about 1000m/t”或“1000m/t 5%more or less at seller's option”条款，有无不同？为什么？在后一种规定情况下，卖方最多和最少可交多少公吨？这部分如何计价？

2. 将以下条款翻译成英文：

(1) 木箱装，每箱50千克净重。

(2) 中国大米，不完善颗粒最高5%，水分最高10%，杂质最高3%。

3. 请为大豆、MP3、毛绒玩具这三项产品拟写合同中的商品品质条款。

第四章　商品的价格

教学目标

知识目标：

1. 了解有关贸易术语的主要惯例，掌握贸易术语的种类及买卖双方的责任和义务。
2. 明确出口货物的价格构成、作价的原则与方法，掌握价格的核算和价格条款的内容。

能力目标：

1. 能准确合理地选用贸易术语，制定价格条款。
2. 会报价和还价等价格的核算。

【先导案例】

我国某公司以CFR条件出口一批陶瓷制品。我方将货物按期在装运港装船后，即将有关单据通过银行寄交买方，并要求买方支付货款。事后，业务人员突然发现，由于业务繁忙，忘记向买方发出装船通知，而此时，买方来电称："由于你方未发装船通知，致使我方无法投保，现货轮已罹难，该批货损应有你方负担并赔偿我方利润以及费用损失"。我方以货物越过船舷风险由买方承担为由，拒绝索赔。试问：该货物的损失责任应由谁承担？为什么？

该货物的损失责任应由卖方承担。因为，在CFR条件成交的情况下，租船订舱和办理投保手续分别由卖方和买方办理。因此，卖方在装船完毕后应及时向买方发出装运通知，以便买方办理投保手续，否则，由此产生的风险应有卖方承担。

在国际贸易中，价格谈判是买卖双方交易磋商的核心。买卖双方在交易磋商和合同订立过程中，一般都需要使用贸易术语来确定双方在交接货物方面的部分合同义务。因此，掌握国际贸易术语及其惯例，对于确定价格和明确买卖双方各自承担的风险、责任和费用具有重要意义。

第一节　贸易术语

一、贸易术语的含义和作用

（一）贸易术语的含义

国际贸易的买卖双方分处两国，相隔两地，在卖方交货和买方接货的过程中，将会涉及许多问题。例如：货物的检验费、包装费、装卸费、运费、保险费、进出口税捐和其他杂项费用究竟由何方支付；货物在运输途中可能发生的损坏和灭失的风险由何方负担；安排运输、装货、卸货、办理货运保险、申请进出口许可证和报关纳税等责任又由何方承担。如果每笔交易都要求买卖双方就上述问题逐一磋商，将耗费大量的时间和费用，并将影响交易的达成。在国际贸易的长期实践中，逐渐形成了各种代表不同价格条件的贸易术语。

贸易术语（trade terms）又称价格术语或交货条件，它是用一个简短的概念或三个字母的缩写来说明价格的构成及买卖双方有关责任、费用和风险的划分，以确定买卖双方在交接货物过程中的责任和义务。

由此可见，贸易术语具有两重性：一方面它是用来确定交货条件的，另一方面它又是用来表示价格构成的。这两者是紧密相关的。

（二）贸易术语的作用

1. 明确责任，规范、简化手续

由于每种贸易术语都有其特定的含义，因此，在交易磋商过程中，只要买卖双方商定采用某一种贸易术语成交，那么双方即可明确各自在交易过程中应当承担的责任、费用和风险，又确定了成交价格的构成。可见，在交易磋商过程中，贸易术语的运用简化了交易手续，缩短了洽商时间，节省了费用开支，有利于买卖双方迅速达成交易并签订合同。

2. 影响国际货物买卖合同的性质

国际货物买卖合同基本包括启运合同、装运合同和到达合同，它们的分类主要取决于交货地点，而交货地点的不同，决定着买卖双方承担的责任、风险和费用的不同。因此，分清三种合同对于合同的履行和争议的解决具有重要意义。启运合同是指卖方在产地交货的合同。装运合同是指卖方在双方约定的装运地点完成交货的合同，按照 FOB 术语签订的合同属于装运合同，也称 FOB 合同，即卖方只需按时发货就算履行了交货义务，无须保证按时到货。到达合同是指卖方在约定的到货地点完成交货的合同，按照 DEQ 术语签订的合同属于到达合同，也称 DEQ 合同，卖方要保证按时将货物运到买方，才算履行合同。

3. 有利于解决买卖双方履约中的交易纠纷

在长期的国际贸易实践中，贸易术语已由国际间的一些权威机构进行了详细的解释，形成了国际惯例，如果买卖双方在合同中采用了某一贸易术语，并表明该术语以某一惯例为准，则该术语的惯例对双方当事人就具有法律约束力，成为处理双方争议的重要手段。

【同步思考 4-1】

在国际贸易中，价格的高低与买卖双方承担的责任有关吗？为什么？

分析提示：有关。在交易过程中一方承担的责任越多，风险就越大，费用就越高。因此，从卖方角度看，报价就应越高；从买方角度看，报价就应越低。

二、有关贸易术语的国际贸易惯例

早在 19 世纪初，在国际贸易中就已经开始使用贸易术语。但是，由于各国法律制度、贸易惯例和习惯做法不同，产生了对贸易术语的不同的规定和解释，这就促生了国际贸易中的矛盾和纠纷。为解决这些矛盾，促进国际贸易的发展，国际商会、国际法协会等国际组织以及美国的一些著名商业团体经过长期的努力分别制定了解释国际贸易术语的规则，这些规则在国际上得到了广泛的应用，并成为国际贸易惯例。

目前，国际上有较大影响的有关国际贸易术语解释规则主要有三种：

1.《1932 年华沙-牛津规则》（Warsaw-Oxford Rules，1932）

它是国际法协会专门为解释 CIF 合同而制定的。该法规对 CIF 合同的性质、特点及买卖双方的权利义务都做了具体的规定和说明，为那些按 CIF 术语成交的买卖双方提供了一套可在CIF合同中使用的统一规则，供买卖双方自愿采用。该协会于1928年在波兰首都华沙开会，制定了关于CIF买卖合同的统一规则，称之为《1928年华沙规则》，共包括22条。在1930年的纽约会议、1931年的巴黎会议和1932年的牛津会议上，将此规则修订为21条，并更名为《1932年华沙-牛津规则》，沿用至今。

2.《1941年美国对外贸易定义修订本》(Revised American Foreign Trade Definitions，1941)

它是由美国9个商业团体制定的。它最早于1919年在纽约制定，原被称为《美国出口报价及其缩写条例》，后来于1941年在美国第27届全国对外贸易会议上对该条例做了修订，命名为《1941年美国对外贸易定义修订本》。解释的贸易术语共有六种。

① Ex (point of origin)：原产地交货价。

② FAS (free along side)：在运输工具旁边交货价。

③ C&F (cost & freight)：成本加运费价。

④ CIF (cost insurance freight)：成本加保险费、运费价。

⑤ Ex Dock (named port of importation)：目的港码头交货价。

⑥ FOB (free on board)：运输工具上交货价。

注意：上述FAS、FOB与国际商会中的这两种术语含义不同。

3.《2000年国际贸易术语解释通则》(International Rules for the Interpretation of Trade Terms，2000；简称INCOTERMS 2000)

《国际贸易术语解释通则》是国际商会为了统一对各种贸易术语的解释而制定，是对各种贸易术语解释的正式规则。最早的《通则》是国际商会于1936年制定的，后来为适应国际贸易业务发展的需要，国际商会先后于1953年、1967年、1976年、1980年、1990年对该通则进行了五次修改和补充。现行的《2000年通则》是国际商会根据近10年来形势的变化和国际贸易发展的需要，在《1990年通则》的基础上修订产生的，并于2000年1月1日起生效。

《INCOTERMS 2000》共解释了13种术语，并按照卖方承担义务的大小将其分为E、F、C、D四组，E组卖方承担的义务最小，D组卖方承担的义务最大。另外，《INCOTERMS 2000》还把E组归类为启运术语，F、C组归类为装运术语，D组归类为到达术语。按照国际贸易术语的分类列表如下(见表4.1)。

表4.1 《INCOTERMS 2000》13种贸易术语的分类

组别	术语性质	国际代码	含义		交货地点	运输方式
			英文	中文		
E组	启运术语	EXW	Ex works	工厂交货	商品产地、所在地	任何
F组	(主运费未付)装运术语	FCA	free carrier	货交承运人	出口国内地、港口	任何
		FAS	free along side ship	装运港船边交货	装运港口	水运
		FOB	free on board	装运港船上交货	装运港口	水运
C组	(主运费已付)装运术语	CFR	cost and freight	成本加运费	装运港口	水运
		CIF	cost insurance and freight	成本加运费、保险费	装运港口	水运
		CPT	carriage paid to	运费付至	出口国内地、港口	任何
		CIP	carriage insurance paid to	运费、保险费付至	出口国内地、港口	任何

续表

组别	术语性质	国际代码	含义		交货地点	运输方式
			英文	中文		
D组	到达术语	DAF	delivered at frontier	边境交货	两国边境指定地点	任何
		DES	delivered Ex ship	目的港船上交货	目的港	水运
		DEQ	delivered Ex quay	目的港码头交货	目的港	水运
		DDU	delivered duty unpaid	未完税交货	进出口国内	任何
		DDP	delivered duty paid	完税后交货	进口国内	任何

为了便于查阅和使用，在《INCOTERMS 2000》中，对所有贸易术语下买卖双方各自的义务均用10个项目列出，卖方在每一项目中的义务“对应”买方在同一项目中相应的义务（见表4.2）。

表4.2 买卖双方义务对照表

卖方的义务	买方的义务
A1 提供符合合同规定的货物	B1 支付货款
A2 许可证、批准文件及海关手续	B2 许可证、批准文件及海关手续
A3 运输合同与保险合同	B3 运输合同与保险合同
A4 交货	B4 受领货物
A5 风险转移	B5 风险转移
A6 费用划分	B6 费用划分
A7 通知买方	B7 通知卖方
A8 交货凭证、运输单据或同等作用的电子信息	B8 交货凭证、运输单据或同等作用的电子信息
A9 核查、包装及标记	B9 货物检验
A10 其他义务	B10 其他义务

三、常用贸易术语解释

在国际贸易中，FOB、CFR、CIF、FCA、CPT、CIP是六种使用较多的贸易术语。因此，熟悉这六种主要贸易术语的含义、买卖双方的义务，以及在使用中应注意的问题，特别重要。

(一) FOB术语

FOB（free on board…named port of shipment，装运港船上交货……指定装运港）是指货物在指定装运港越过船舷时，卖方即完成交货。买方必须从该点起承担货物灭失或损坏的一切风险，也就是说，风险以船舷为界；如果当事各方无意越过船舷，则应使用FCA术语。FOB术语仅适用于海运和内河运输。

根据《2000年通则》，买卖双方的主要义务如下：

1. 卖方义务

① 在合同规定的时间和装运港口，将合同规定的货物交到买方指派的船上，并及时通知买方。

② 承担货物交至装运港船上之前的一切费用和风险。

③ 自负风险和费用，取得出口许可证或其他官方批准证件，并且办理货物出口所需的一切海关手续。

④ 提交商业发票和自费提供证明卖方已按规定交货的清洁单据，或具有同等作用的电

子信息。

2. 买方义务

① 订立从指定装运港口运输货物的合同，支付运费，并将船名、装货地点和要求交货的时间及时通知卖方。

② 根据买卖合同的规定受领货物并支付货款。

③ 承担受领货物之后所发生的一切费用和风险。

④ 自担风险和费用，取得进口许可证或其他官方证件，并办妥货物进口所需的海关手续。

3. 使用 FOB 术语应注意的问题

第一，风险界限划分问题。由于国际贸易中对“装船”概念缺乏统一明确的解释，因此风险划分的界限也就有不同的解释。一般认为在装运港将货物从岸上起吊并越过船舷就应当认为已装船，《2000 年通则》也认为当货物在装运港超越船舷时，卖方即履行了交货义务，即风险的划分以船舷为界；有的解释为将货物装到船的甲板上才算装船，即风险的划分以甲板为界；有的解释为将货物装到舱底才算装船，即风险的划分以舱底为界；还有的解释为将货物运至受载船只吊钩所及之处就算装船。虽然从实际的装船作业来看，货物从岸上起吊，越过船舷到装入船舱是一个连续的过程，很难截然分开，但从法律后果来看，上述概念是不尽相同的。关于装船的概念问题不仅涉及到买卖双方风险划分的界限，同时也涉及到买卖双方的费用负担。为此，在洽商交易时应对装船的概念予以明确，并应在合同中注明风险划分的界限。

第二，船货衔接问题。在 FOB 条件下，卖方负责发运货物，而买方负责安排船只，这里有一个船货衔接问题。买方应在合同规定的期限内安排船只到合同指定的装运港接受货物，如船只提前或延迟到达指定的装运港，则船等货或货等船所引起的费用、损失均须由买方负责；反之，如果船只按时到达装运港，卖方因货未备妥而未能及时装运，则卖方同样要承担责任。因此，在定约后，买卖双方应加强联系，密切配合，防止船货脱节。在实际业务中，卖方也可接受买方的委托而代买方租船定舱，但这纯属于代办性质，运费及手续费仍由买方承担。如果卖方尽到努力仍租不到船或订不到舱时，卖方概不负责，买方无权撤销合同或向卖方索赔。

第三，装船费用负担问题。在装运港的装船费主要是装船费以及与装货有关的理舱费和平舱费。由于国际上对装船的概念解释不一，因而产生买卖双方对装船有关费用由谁来负担的问题。如果采用班轮运输，船方管装管卸，装卸费计入班轮运费中，自然由租船订舱的买方负责；而如果采用租船运输，船方一般不负担装卸费用，这就需要在买卖双方之间明确有关装船费用由谁负担，并在合同中用文字做出具体规定，也可采用在 FOB 术语后加列字句或缩写，即所谓 FOB 术语的变形来表示。常用的 FOB 术语的变形有：

① FOB 班轮条件（FOB liner terms），是指装船的有关费用按照班轮的做法办理，就是说，这些费用由支付运费的一方（即买方）负担。

② FOB 吊钩下交货（FOB under tackle），是指卖方仅负责将货物交到买方指派船只的吊钩所及之处，即吊装开始的其他各项装船费用概由买方负担。

③ FOB 理舱费在内（FOB stowed，FOBS），是指卖方负责将货物装入船舱并负担包括理舱费在内的装船费用。

④ FOB 平舱费在内（FOB trimmed，FOBT），是指卖方负责将货物装入船舱并负担包

括平舱费在内的装船费用。

在许多标准合同中，为表明由卖方承担包括理舱费和平舱费在内的各项装船费用，常采用 FOBST（FOB stowed and trimmed）来表示。

上述 FOB 的几种变形，只是用以明确有关装船费用的负担问题，并未改变 FOB 的性质。

第四，个别国家对 FOB 价格术语的不同解释问题。美国、加拿大和一些拉美国家较多采用《1941 年美国对外贸易定义修订本》的解释，该定义将 FOB 分为 6 种类型，其中仅第 5 种“FOB VESSEL”（names port of shipment，指定装运港船上交货）与《2000 年通则》对 FOB 的解释基本相似。但出口方不负责取得出口许可证和缴纳出口关税。

（二）CIF 术语

CIF（cost，insurance and freight，… named port of destination，成本加保险费、运费……指定目的港），是指货物在装运港越过船舷，卖方即完成交货。卖方必须支付货物运至指定目的港所需的运费和必要的费用，但交货后货物灭失或损坏的风险以及由于各种事件造成的任何额外费用即由买方承担。卖方还必须办理货物在运输途中的海运保险，支付保险费。CIF 术语仅适用于海运和内河运输。如果双方当事人不拟以越过船舷作为完成交货，则应采用 CIP 术语。

根据《2000 年通则》，买卖双方的主要义务如下：

1. 卖方的义务

① 签订从指定装运港承运货物的合同；在合同规定的时间和港口，将合同要求的货物装上船并支付至目的港的运费；装船后须及时通知买方。

② 承担货物在装运港越过船舷之前的一切费用和风险。

③ 按照买卖合同的约定，自负费用办理运输保险。

④ 自负风险和费用，取得出口许可证或其他官方批准证件，并办理货物出口所需的一切海关手续。

⑤ 提交商业发票、保险单和在目的港提货所用的通常的运输单据或具有同等作用的电子信息。

2. 买方义务

① 接受卖方提供的有关单据，受领货物，并按合同规定支付货款（受货、付款）。

② 承担货物在装运港越过船舷之后的一切风险。

③ 自负风险和费用，取得进口许可证或其他官方证件，并且办理货物进口所需的海关手续。

3. 使用 CIF 术语应注意的问题

第一，保险问题。在 CIF 条件下，保险由卖方负责办理，但卖方是为了买方的利益办理货运保险的，因为此项保险主要是为了保障货物装船后在运输途中的风险。《2000 年通则》对卖方的保险责任规定：如无相反的明示协议，卖方只需按协会货物保险条款或其他类似的保险条款中最低责任的保险险别投保……在买方要求时，卖方应在可能情况下投保战争、罢工、暴动和民变险。最低保险金额应为合同规定价款加 10%，即合同价款的 110%，并采用合同中的币值。

第二，租船订舱问题。根据《2000 年通则》对 CIF 术语的一般解释，卖方只负责按照通常条件租船或订舱，使用适合装运有关货物的通常类型的轮船，经习惯行驶航线装运货物。因此，除非买卖双方另有约定，对于买方提出的关于限制载运要求，卖方均有权拒绝接受。但在外贸实践中，为发展出口业务，考虑到某些国家的规定，如买方有要求，在能办到而又不增加额外费用情况下，也可考虑接受。

第三，卸货费用问题。在 CIF 条件下，如货物使用班轮运输，班轮管装管卸，卸货费已包括在运费之内由卖方负担。如采用租船运输，装货费是由卖方支付的，但卸货费用由何方负担是不明确的。买卖双方应在合同中用文字来说明，也可用 CIF 术语变形来表示。常用的 CIF 术语的变形有：

① CIF 班轮条件（CIF liner terms），是指卸货费用按照班轮的做法来办，即买方不负担卸货费，而由卖方或船方负担。

② CIF 岸上交货（CIF landed），是指由卖方承担将货物卸至目的港岸上的费用。

③ CIF 吊钩下交货（CIF Ex tackle），是指卖方负责将货物从船舱吊起卸到船舶吊钩所及之处（码头上或驳船上）的费用。在船舶不能靠岸的情况下，租用驳船费用和货物从驳船卸至岸上的费用，概由买方负担。

④ CIF 舱底交货（CIF Ex ship's hold），是指货物运达目的港在船上办理交接后，自船舱底起吊直至卸到码头的卸货费用，均由买方负担。

第四，象征性交货问题。象征性交货（symbolic delivery）是针对实际交货（physical delivery）而言的。前者指卖方只要按期在约定地点完成装运，并向买方提交合同规定的包括物权凭证在内的有关单证，就算完成了交货义务，无须保证到货。后者则指卖方要在规定的时间和地点，将符合合同规定的货物提交给买方或其指定人，而不能以交单代替交货。CIF 合同中，要防止出现“要求卖方保证到货或以到货作为付款条件”的陷阱条款。

【同步案例 4-1】

我某公司按 CIF 条件向欧洲某国进口商出口一批草编制品，向中国人民保险公司投保了一切险，并规定了用信用证方式结算。我出口公司在规定的期限、指定的我国某港口装船完毕，船公司签发了提单，然后去中国银行议付款项。第二天，出口公司接到客户来电，称装货的海轮在海上失火，草编制品全部烧毁，客户要求我公司出面向中国人民保险公司提出索赔，否则要求我公司退回全部货款。

问题：对客户的要求我公司该如何处理？为什么？

分析提示：CIF 是象征性的交货，风险的转移界限，是以船舷为界，即在货物越过船舷时就转移给买方了。客户的要求不合理。

（三）CFR 术语

CFR（cost and freight，…named port of destination，成本加运费……指定目的港），也称运费在内价，是指货物在装运港越过船舷，卖方即完成交货，并支付货物运至指定目的港所需的运费和必要的费用。但交货后货物灭失或损坏的风险以及由于各种事件造成的任何额外费用，则转移到买方。CFR 术语仅适用于海运和内河运输。如果双方当事人不拟以越过船舷作为完成交货，则应采用 CPT 术语。

根据《2000 年通则》，买卖双方的主要义务如下：

1. 卖方义务

① 签订从指定装运港将货物运往约定目的港的运输合同；在买卖合同规定的时间和港口，将合同要求的货物装上船并支付至目的港的运费；装船后及时通知买方。

② 承担货物在装运港越过船舷之前的一切费用和风险。

③ 自负风险和费用，取得出口许可证或其他官方证件，且办理货物出口所需的一切海关手续。

④ 提交商业发票，向买方提供在目的港提货所用的通常的运输单据或具有同等作用的电子信息。

2. 买方义务

① 接受卖方提供的有关单据，受领货物，并按合同规定支付货款。

② 承担货物在装运港越过船舷以后的一切风险。

③ 自负风险和费用，取得进口许可证或其他官方证件，并且办理货物进口所需的海关手续，支付关税及其他有关费用。

3. 使用 CFR 术语应注意的问题

① 装船通知问题。CFR 条件下，需特别注意的问题是卖方在货物装船后必须及时向买方发出装船通知，以便买方及时办理保险手续，防止漏保。如英国《1893 年货物买卖法》(1979 年修订本）中规定："如果卖方未向买方发出装船通知，以便买方对货物办理保险，那么，货物在海运途中的风险被视为由卖方负担。"在《2000 年通则》中也规定"给予买方关于货物已交至船上的充分通知……"。就是说，如果卖方因遗漏或不及时发出装船通知而使买方未能及时办妥货运保险所造成的后果，则由卖方承担责任。

② 卸货费用问题。在 CFR 条件下，卸货费用的负担同 CIF，CIF 变形同样适合于 CFR。

【同步思考 4-2】

在 CIF 条件下由卖方负责办理货物运输保险，在 CFR 条件下由买方投保，因此，运输途中货物灭失和损失的风险，前者由卖方承担，后者由买方承担。此说法对吗?

分析提示：不对。二者的风险的划分界限都是以船舷为界。

（四）FCA 术语

FCA（free carrier…named place，货交承运人……指定地点），是指卖方在规定的时间、地点将货物交给指定的承运人，并办理出口清关手续，完成交货义务。

根据《2000 年通则》，买卖双方的主要义务如下：

1. 卖方义务

① 在合同规定的时间、地点，将合同规定的货物置于买方指定的承运人控制下，并及时通知买方。

② 承担将货物交给承运人控制之前的一切费用和风险。

③ 自负风险和费用，取得出口许可证或其他官方批准证件，并办理货物出口所需的一切海关手续。

④ 提交商业发票或具有同等作用的电子信息，并自费提供通常的交货凭证。

2. 买方义务

① 签订从指定地点承运货物的合同，支付有关的运费，并将承运人名称及有关情况及时通知卖方。

② 根据买卖合同的规定受领货物并支付货款。

③ 承担受领货物之后所发生的一切费用和风险。

④ 自负风险和费用，取得进口许可证或其他官方证件，并且办理货物进口所需的海关手续。

《2000年通则》特别指出："交货地点的选择对于在该地点装货和卸货的义务会产生影响。若卖方在其所在地交货，则卖方应负责装货；若卖方在任何其他地点交货，卖方不负责卸货。"

FCA是在FOB基础上发展起来的，适用于各种运输方式，特别是内陆城市采用集装箱运输和多式联运更适合采用该术语，以便就地交货、交单结汇。因此，也有人称FCA为"复合运输FOB条件"。

（五）CPT术语

CPT（carriage paid to…named place of destination，运费付至……指定目的地），是指卖方向其指定的承运人交货，并支付运费，办理出口清关手续。买方承担卖方交货之后的一切风险和其他费用。

根据《2000年通则》，买卖双方的主要义务如下：

1. 卖方义务

① 订立将货物运往指定目的地的运输合同，并支付有关运费。

② 在合同规定的时间、地点，将合同规定的货物置于承运人控制之下，并及时通知买方。

③ 承担将货物交给承运人控制之前的风险。

④ 自负风险和费用，取得出口许可证或其他官方批准证件，并办理货物出口所需的一切海关手续，支付关税及其他有关费用。

⑤ 提交商业发票，向买方提供在约定目的地提货所需的通常的运输单据，或具有同等作用的电子信息。

2. 买方义务

① 接受卖方提供的有关单据，受领货物，并按合同规定支付货款。

② 承担自货物在约定交货地点交给承运人控制之后的风险。

③ 自负风险和费用，取得进口许可证或其他官方证件，并办理货物进口所需的海关手续，支付关税及其他有关费用。

CPT是在CFR基础上发展起来的，适用于包括多式联运在内的各种运输方式。因此，也有人称CPT为"复合运输CFR条件"。

（六）CIP术语

CIP（carriage and insurance paid to…named place of destination，运费、保险费付至……指定目的地），是指卖方向其指定的承运人交货，并支付货到目的地的运费，办理货物在运输途中的保险并支付保险费，办理出口清关手续。买方承担卖方交货之后的一切风险和其他费用。

根据《2000年通则》，买卖双方的主要义务如下：

1. 卖方义务

① 订立将货物运往指定目的地的运输合同，并支付有关运费。

② 在合同规定的时间、地点，将合同规定的货物置于承运人的控制之下，并及时通知买方。

③ 承担将货物交给承运人控制之前的风险。

④ 按照买卖合同的约定，自负费用投保货物运输险。

⑤ 自负风险和费用，取得出口许可证或其他官方批准证件，并办理货物出口所需的一切海关手续，支付关税及其他有关费用。

⑥ 提交商业发票和在约定目的地提货所需的通常的运输单据或具有同等作用的电子信息，并且自费向买方提供保险单据。

2. 买方义务

① 接受卖方提供的有关单据，受领货物，并按合同规定支付货款。

② 承担自货物在约定地点交给承运人控制之后的风险。

③ 自负风险和费用，取得进口许可证或其他官方证件，并且办理货物进口所需的海关手续，支付关税及其他有关费用。

该术语适用于各种运输方式。因此，也有人称 CIP 为“复合运输 CIF 条件”。

FCA、CPT、CIP 三种术语是分别从 FOB、CFR、CIF 三种传统术语发展而来的，其责任划分的基本原则是相同的，但也有区别，主要表现在以下几个方面：

第一，运输方式不同。前者适用各种运输方式，承运人可以是船公司、铁路局、航空公司，也可以是联合运输经营人；后者适用水上运输，承运人一般只限于船公司。

第二，交货和风险转移的地点不同。前者交货地点和风险转移均在货交承运人，而后者均在装运港船舷。

第三，装卸费用负担不同。在使用 FOB、CFR、CIF 术语时，如果采用租船运输，买卖双方应明确装船费用或卸船费用由谁负担。在 FCA 合同中，若卖方在其所在地交货，则装货费由卖方承担。在 CPT 和 CIP 合同中，由于卖方支付的运费已包含装卸费，因此，不存在装卸费由谁负担的问题。

第四，运输单据不同。在 FOB、CFR、CIF 术语中，卖方应提交已装船清洁提单。而在 FCA、CPT、CIP 术语中，卖方提交的单据应根据运输方式不同而定。

四、其他七种贸易术语

（一）EXW 术语

EXW（Ex works…named place，工厂交货……指定地点），是指卖方在其所在地或其他指定的地点（工厂、仓库等）将货物交给买方处置时即完成交货。买方承担在卖方所在地受领货物、办理出口清关手续、将货物装上运输工具及检验等全部费用和风险，这是卖方承担责任最少的术语。但是，当买方不能直接或间接办理出口手续时，不应该使用该术语。该术语适用于各种运输方式。

（二）FAS 术语

FAS（free alongside ship…named port of shipment，船边交货……指定装运港），是指卖方在指定的装运港将货物交到船边，即完成交货。该术语用于水上运输。注意船货衔接的问题。

（三）DAF 术语

DAF（delivered at frontier …named place，边境交货……指定地点），是指卖方在边境的指定交货地点，将尚未卸下的货物交给买方处置，办妥货物出口清关手续，但不承办进口清关手续，即完成交货。边境一词可以用于任何边境。因此使用该术语时，用指定具体交货地来准确界定所指边境。该术语用于陆地边界交货的各种运输方式。风险和费用的转移在同一地点。买方承担受领货物后的一切风险以及后程运输的责任和费用。

（四）DES 术语

DES（delivered Ex ship…named port of destination，船上交货……指定目的港），是指卖方在指定目的港船上将货物交给买方处置，不办理货物进口清关手续，即完成交货。卖方需承担货物运至指定目的港卸货前的一切风险和费用。只有当货物经由水上运输或多式联运在目的港船上交货时才使用该术语。

（五）DEQ 术语

DEQ（delivered Ex quay…named port of destination，码头交货……指定目的港），是指卖方在指定目的港码头将货物交给买方处置，不办理进口清关手续，即完成交货。卖方承担将货物运至指定目的港并卸置码头的一切风险和费用。买方办理进口清关手续并在进口时支付一切办理海关手续的费用、关税、税款和其他费用。只有当货物经由水上运输或多式联运且在目的港码头交货时才能使用该术语。

（六）DDU 术语

DDU（delivered duty unpaid…named place of destination，未完税交货……指定目的地），是指卖方在指定目的地将货物交给买方，不办理进口手续，即完成交货。卖方应承担货物运至指定目的地的一切费用和风险，但不包括需要办理海关手续时在目的地国应交纳的任何“税费”。买方承担此项“税费”和因其不能及时办理货物进口清关手续而引起的费用和风险。该术语适用于各种运输方式。

（七）DDP 术语

DDP（delivered duty paid…named place of destination，完税后交货……指定目的地），是指卖方在指定目的地的约定地点，办理进口清关手续，将货物交予买方，完成交货。卖方需承担将货物运至目的地的一切风险和费用，包括需要办理海关手续时，在目的地应交纳的进口“税费”。该术语适用于所有运输方式，是卖方承担责任最大的术语。但若卖方不能直接或间接取得进口许可证则不应使用该术语。

第二节 商品价格

在国际货物买卖中，进出口商品价格的确定是买卖双方最关心的一个重要问题。它直接关系到买卖双方的经济利益。因而，成为合同的主要交易条件。

一、作价的原则和方法

（一）作价的原则

我国进出口商品的作价原则是：在平等互利的原则下，根据国际市场价格水平，结合国别（地区）政策，并按照购销意图确定适当的价格。在这三项原则中，最重要的是按照国际市场价格水平作价。

国际市场价格是以商品的国际价值为基础，反映国际市场供求关系，在国际市场竞争中形成的并为交易双方所接受的价格。它是我们确定进出口商品价格的客观依据。例如，进行商品交易的国际集散地或中心的市场价格；大量进口或出口某种商品的国家的进出口价格；商品交易所价格等。

（二）影响价格的因素

在确定进出口商品价格时，除必须高度注意供求关系对国际市场价格的影响外，还必须充分考虑以下影响价格的因素：

1. 商品的质量和档次

在国际市场上，一般都要贯彻按质论价的原则，好货好价，次货次价。品质的优劣，档次的高低，包装装潢的好坏，样式的新旧，商标、品牌的知名度，都会影响商品的价格。

2. 运输距离

国际货物买卖，一般都要通过长途运输。运输距离的远近，影响运费和保险费的开支，从而影响商品的价格。因此，确定商品价格时，必须核算运输成本，做好比价工作，以体现地区差异。

3. 交货地点和交货条件

在国际贸易中，由于交货地点和交货条件不同，买卖双方承担的责任、费用和风险不同，在确定进出口商品价格时，必须考虑这些因素。

4. 成交数量

按照国际贸易的习惯做法，成交量的大小影响价格。成交量大时，应给予价格上的适当优惠，例如采用数量折扣的办法；反之，如成交量过少，甚至低于起订量时，则可适当提高售价。

5. 季节需求的变化

在国际市场上，某些节令性商品，如赶在节令前到货，就能卖上好价。过了节令的商品，往往售价很低，甚至以低于成本的价格售出。因此，我们应充分利用季节性需求的变化，掌握好季节性差价，争取按对我有利的价格成交。

6. 支付条件和汇率变动的风险

支付条件是否有利和汇率变动风险的大小，都影响商品的价格。例如，同一商品在其他交易条件相同的情况下，采用预付货款和凭信用证付款方式下，其价格应当有所区别。同时，确定商品价格时，一般应争取采用对自身有利的货币成交。如采用不利的货币成交时，应当把汇率变动的风险考虑到货价中去。

此外，交货期的远近，市场销售习惯和消费者的爱好等因素，对确定价格也有不同程度的影响。

（三）作价的方法

在国际贸易中，作价办法很多。在实际业务中，可根据不同的情况和交易条件，分别选择不同的作价方法。

1. 固定价格

在我国进出口合同中，商品的价格一般采用固定作价方式确定，即双方在协商一致的基础上，将价格在合同中明确规定。这种做法，也是国际上常见的作价方法。

按照各国法律的规定，合同价格一经确定，就必须严格执行，任何一方都不得擅自更改。除非合同另有规定或双方当事人一致同意变更。在合同中规定固定价格是一种常规做法，它具有明确、具体、肯定和便于核算的特点。不过，由于商品市场行情的多变性，价格涨落不定。因此在国际货物买卖合同中规定固定价格，就意味着买卖双方要承担从订约到交货付款以至转售时价格变动的风险。

2. 非固定价格

从我国的进出口合同的实际做法看，非固定价格，即一般业务上所说的“活价”，大体上可分为下述几种：

(1) 具体价格待定　这种定价方法又可分：

① 规定定价时间和定价方法。例如："按提单日期的国际市场价格计算"。

② 只规定作价时间。

(2) 暂定价　即在合同中先订立一个初步价格，作为开立信用证和初步付款的依据，待双方确定最后价格后再进行最后清算，多退少补。

例如：订单暂定每公吨1000美元CIF纽约。备注：上述为暂定价，装运月份前15天由双方协商确定，买方按合同规定的暂定价开出信用证。

(3) 部分固定价格，部分非固定价格　有时为了照顾双方的利益，解决双方在采用固定价格或非固定价格方面的分歧，也可采用部分固定价格，部分非固定价格的做法，或是分批作价的方法。对于一些交货期较早的商品，其价格在订约时固定下来，余者在交货前一定期限内作价。

非固定价格是一种变通做法，在行情变动剧烈或双方未能就价格取得一致意见时，采用这种做法有一定的好处。它有助于暂时解决双方在价格方面的分歧，先就其他条款达成协议，早日签约；能够解除客户对价格风险的顾虑，使之敢于签订交货期长的合同；能够帮助出口人不失时机地做成生意，保证进口商获得一定的转售利润。但应看到，这种做法是先订约后作价，合同的关键条款即价格是在订约之后由双方按一定的方式来确定的。这就不可避免地给合同带来较大的不稳定性，存在着双方在作价时不能取得一致意见，而使合同无法执行的可能；或由于合同作价条款规定不当，而使合同失去法律效力的危险。

3. 价格调整条款

在国际货物买卖中，有的合同除规定具体价格外，还规定有各种不同的价格调整条款。所谓价格调整条款，是指在签订合同时，既规定商品的具体价格，同时又规定当构成价格的因素变化时（如原材料价格、工资发生变化），卖方具有调整价格的权利。订价格调整条款的目的，是为了按原材料和工资等因素的变动来计算合同商品的最后价格。

价格调整条款，一般在价格条款后面加列附加条款来表示。

例如：每台2000美元CFR香港。卖方对其他客户的成交价格高于或低于合同价格5%，对未交货的部分，双方协商调整价格。

订价格调整条款在使用时也是有条件的。它用来调整价格的各个因素在合同期内所发生的变化，没有超过合同约定的限度，合同中原来制定的价格对双方仍有约束力，买卖双方必须严格执行，不得变动。

二、不同贸易术语之间的换算

在国际贸易业务中，买卖双方在洽商交易时，经常会出现卖方以某种贸易术语报价后，买方不同意而要求用其他的贸易术语进行改报，这就要进行出口商品价格换算。下面就国际贸易中最常见的几种贸易术语的换算方法介绍如下：

(一) FOB、CFR和CIF三中贸易术语的换算

1. FOB价换算为其他价

CFR价＝FOB价＋国外运费

CIF价＝(FOB价＋国外运费)/(1－投保加成×保险费率)

2. CFR价换算为其他价

FOB价＝CFR价－国外运费

CIF 价＝CFR 价/(1－投保加成×保险费率)

3. CIF 价换算为其他价

FOB 价＝CIF 价×(1－投保加成×保险费率)－国外运费

CFR 价＝CIF 价×(1－投保加成×保险费率)

CIF 的价格构成为：FOB 价＋国外运费＋国外保险费。需要特别注意的是，国外保险费是以 CIF 价格为基础计算的，所以如果写明保险费的计算办法，则为：

CIF 价＝FOB 价＋CIF 价×保险加成×保险费率＋国外运费

(二) FCA、CPT 和 CIP 三中贸易术语的换算

1. FCA 价换算为其他价

CPT 价＝FCA 价＋国外运费

CIP 价＝(FCA 价＋国外运费)/(1－保险加成×保险费率)

2. CPT 价换算为其他价

FCA 价＝CPT 价－国外运费

CIP 价＝CPT 价/(1－保险加成×保险费率)

3. CIP 价换算为其他价

FCA 价＝CIP 价×(1－保险加成×保险费率)－国外运费

CPT 价＝CIP 价×(1－保险加成×保险费率)

三、佣金和折扣

在磋商交易和计算价格时，有时会涉及佣金和折扣。正确掌握佣金和折扣，有利于灵活掌握价格，调动外商的积极性，加强对外竞争。

(一) 佣金

1. 佣金的概念

佣金 (commission) 是卖方或买方付给中间商为其对货物的销售或购买提供中介服务的酬金。上述中间商通常为经纪人 (middleman) 或代理人 (agent)。但在实际业务中，凡是为招揽生意、促成交易提供服务的企业或个人，都可能成为佣金的收受者。

在实际业务中，佣金的名目很多，如销售佣金 (selling commission)、累计佣金 (accumulative commission) 等。

2. 佣金的表示方法

(1) 用文字来说明商品价格中的佣金　例如：USD 335 per metric ton CIF New York including 3% commission.

每公吨 335 美元 CIF 纽约包含佣金 3%。

(2) 在贸易术语上加注佣金的英文缩写字母“C”和佣金的百分比来表示　例如：USD 335 per metric ton CIFC3% New York.

每公吨 335 美元 CIFC3%纽约。

(3) 用每单位商品佣金绝对数来表示　例如：USD 10 per metric ton for commission.

每公吨佣金 10 美元。

3. 佣金的计算方法

计算佣金，一般按成交金额约定的百分比来计算。成交金额一般采用含佣价，以此作为计算佣金的基数。按此规定计算佣金额与净价之间的公式如下：

佣金额＝含佣价×佣金率

净价＝含佣额－佣金额

含佣价＝净价/(1－佣金率)

① 按国际贸易习惯，佣金一般是按交易额（即发票金额）为基础进行计算的。

例如：CIF 发票金额为 10000 美元，佣金率为 2%，则应付佣金为 200 美元；或 CFR 发票金额为 9900 美元，佣金率为 2%，应付佣金为 198 美元。总之，不管采用何种贸易术语，都按交易总额乘佣金率计算佣金。

② 佣金额也可按 FOB 或 FCA 价值作为计算佣金的基础，即如按 CIF 或 CIP 术语成交，计算佣金时要先扣除运费和保险费，或如按 CFR 或 CPT 术语成交，应先扣除运费，然后按 FOB 或 FCA 价值计算佣金。是按交易额（发票金额）为基础计算佣金还是按 FOB 或 FCA 价值（FOB 或 FCA 发票金额）计算佣金，并无定则，主要由双方协商决定。

从理论上讲，以按 FOB 或 FCA 价值计算较为合理。如果以发票金额作为计算基础，则意味着有时中间商还要从运费和保险费中，甚至还要从佣金本身中获取佣金，这是不合理的。但按交易额计算佣金，在操作上比较简便，所以从实践中使用较多。因此，为避免争议，应在合同中加以明确。

4. 佣金的支付

在我出口业务中，佣金通常由我出口企业收到全部货款后再支付给中间商或代理商。因为，中间商的服务，不仅在于促成交易，还应负责联系、敦促实际买户履约，协助解决履约过程中可能发生的问题，以使合同得以圆满地履行。但是，为了防止误解，对佣金于货款全部收妥后才予支付的做法，应由我出口企业与中间商在双方建立业务关系之初即予以明确，并达成书面协议；否则，有的中间商可能于交易达成后，即要求我方支付佣金，而日后有关合同是否能得到切实履行，货款能否顺利收到，却并无绝对保证。

佣金可于合同履行后逐笔支付，也可按月、按季、按半年甚至一年总计付，通常由双方事先就此达成书面协议，以凭执行。

（二）折扣

1. 折扣的概念

折扣（discount）是卖方按照原价给买方以一定的减让。

折扣可分为数量折扣（quantity discount）、特别折扣（special discount）等多种类型。

2. 折扣的表示方法

(1) 用文字表示　例如：USD 300 per metric ton FOB Shanghai less 2% discount.

每公吨 300 美元 FOB 上海减折扣 2%。

(2) 在贸易术语上加注折扣的英文缩写　例如：USD 300 per metric ton FOBD2% Shanghai.

每公吨 300 美元 FOBD2%上海。

(3) 与商品数量挂钩，用每单位商品折扣绝对数来表示　例如：USD 15 per metric ton for discount.

每公吨折扣 15 美元。

3. 折扣的计算方法

折扣的计算，较为简单。一般按实际发票金额乘以约定的折扣百分率，即为应减除的折扣金额，而不存在按 FOB 或 FCA 价值还是按 CIF 或 CIP 价值计算的问题。

4. 折扣的支付

折扣一般是在买方支付货款时预先予以扣除的。也有的折扣金额不直接从货款中扣除，而按暗中达成的协议另行支付给买方，这种做法通常在给“暗扣”或“回扣”时采用。

在我国的外贸实践中，正确和灵活运用佣金和折扣，可调动中间商的积极性，增强有关货物在国外市场的竞争力，从而扩大销售。正确使用佣金，有时还可提高售价。

四、出口报价核算

（一）出口报价核算

1. 出口价格构成

国际贸易中的价格主要由成本、费用和利润三部分构成。

成本，是整个价格的核心。它是出口企业或外贸单位为出口其产品进行生产、加工或采购所产生的生产成本、加工成本或采购成本，我们通常称之为“含税成本”。

费用，出口价格中的费用主要有国内费用和国外费用两部分。其中国内费用主要包括：包装费、仓储费、国内运费、认证费、港口费、商检报关费、捐税、购货利息、经营管理费、银行费用等。国外费用包括出口运费、出口保险费、佣金等。

利润，出口商的预期收入。

【同步思考 4-3】

FOB、CFR 和 CIF 三种贸易术语的价格是如何构成的?

分析提示：

(1) FOB：成本＋国内费用＋预期利润

(2) CFR：成本＋国内费用＋出口运费＋预期利润

(3) CIF：成本＋国内费用＋出口运费＋出口保险费＋预期利润

2. 出口报价核算

(1) 成本核算　我们掌握的成本是含税成本，即包含增值税。在实施出口退税制度的情况下，核算出口商品价格时，应将含税的采购成本中的税收部分根据出口退税比率予以扣除，从而得出实际采购成本。

实际采购成本＝采购成本－退税金额

退税金额＝采购成本×出口退税率/(1＋增值税率)

(2) 费用核算

① 国内费用＝包装费＋(运杂费＋商检费＋报关费＋港区港杂费＋其他费用)＋进货总价×贷款利率/12×贷款月份

还可以规定以进货成本为计费基础的定额费用率。

② 银行手续费＝报价×银行手续费率

③ 佣金＝报价×佣金率，或按双方商定的方法计算。

④ 出口运费　在海洋班轮运输的情况下，运费的计算分为杂件货物与集装箱货物运费计算，计算公式如下：

班轮运输＝基本运费＋附加费＝基本运费费率×(1＋附加费率)×运费吨

集装箱运费＝包箱费率×集装箱的数量

关于集装箱的数量计算，关键在于确定是整箱货还是拼箱货。若为拼箱，应先算出所装箱的确切数量，再按杂件货的计算方法查表计算；若为整箱货，直接按表中给出的单箱运费计算即可。关于集装箱的数量通常是按照货物的总重量或体积除以集装箱的有效载货重量或有效容积取整取得。通常20英尺集装箱的有效载重为17.5公吨，有效容积为25立方米；40英尺集装箱的有效载重为24.5公吨，有效容积为55立方米。

⑤ 出口保险费　出口交易中，在以CIF或CIP术语成交的情况下，出口商需要首先向保险公司查询保险费率，用以核算保险费。公式如下：

保险费＝保险金额×保险费率

保险金额＝CIF(或CIP)货价×(1＋保险加成率)

在进出口贸易中，根据有关的国际惯例，保险加成率通常为10%。出口商也可根据进口商的要求与保险公司约定不同的保险加成率。

(3) 利润核算　利润的大小一般参考行业平均利润由企业自行决定。利润的确定可以用某一固定的数额表示，也可以用利润率即百分比表示。利润率的基数可以是某一成本，也可以是销售价格。

【同步案例 4-2】

华盛贸易公司收到英国公司求购6000双牛粒面革腰高6英寸军靴（一个40英尺集装箱）的询盘，经了解每双军靴的进货成本人民币90元（含增值税17%），出口包装费每双3元，国内运杂费共计12000元，出口商检费150元，报关费150元，港区港杂费900元，其他各种费用共计1500元。华盛公司向银行贷款的年利率为8%，预计垫款两个月，银行手续费率为0.5%（按成交价计），出口军靴的退税率为14%，海运费：大连—伦敦，一个40英尺集装箱的包箱费率是3600美元，客户要求按成交价的110%投保，保险费率为0.85%，并在价格中包括3%佣金。若华盛公司的预期利润为成交金额的10%，人民币对美元的汇率为6.82∶1。

问题：每双军靴的FOB、CFR、CIF价格是多少？

分析提示：

1. 核算成本

实际采购成本＝进货成本－退税金额＝90－90/(1＋17%)×14%＝79.2308（元/双）

2. 核算费用

(1) 国内费用＝包装费＋(运杂费＋商检费＋报关费＋港区港杂费＋其他费用)＋进货总价×贷款利率/12×贷款月份

＝3×6000＋(12000＋150＋150＋900＋1500)＋90×6000×8%/12×2

＝39900（元）

单位货物所摊费用＝39900元/6000双＝6.65元/双（注：贷款利息通常以进货成本为基础）

(2) 银行手续费＝报价×0.5%

(3) 佣金＝报价×3%

(4) 出口运费＝3600/6000×6.82＝4.092（元/双）

(5) 出口保险费＝报价×110%×0.85%

3. 核算利润

利润＝报价×10%

4. 三种贸易术语报价核算过程

(1) FOBC3报价的核算

FOBC3报价＝实际成本＋国内费用＋客户佣金＋银行手续费＋预期利润

=79.230+6.65+FOBC3 报价×3%+FOBC3 报价×0.5%+FOBC3 报价×10%

等式两边移项得：

FOBC3 报价×(1−13.5%)=85.88

FOBC3 报价=99.2832 元

折成美元：FOBC3=99.2832/6.82=14.5577（美元/双）

（2）CFRC3 报价的核算

CFR3 报价=实际成本+国内费用+出口运费+客户佣金+银行手续费+预期利润

=79.2308+6.65+4.092+CFRC3 报价×3%+CFRC3 报价×0.5%+CFRC3 报价×10%

等式两边移项并计算得

CFRC3 报价=104.0148 元

折成美元：CFRC3=104.014/6.82=15.2514（美元/双）

（3）CIFC3 报价的核算

CIFC3 报价=实际成本+国内费用+出口运费+客户佣金+银行手续费+出口保险费+预期利润

=79.2308+6.65+4.092+CIFC3 报价×3%+CIFC3 报价×0.5%+CIFC3 报价×110%×0.85%+CIFC3 报价×10%

等式两边移项得：

CIFC3 报价=105.1514 元

折成美元：CIFC3=105.1514/6.82=15.4181（美元）

5. 三种价格对外报价

（1）USD 14.56/pair FOBC3 Dalian。

（2）USD 15.25/pair CFRC3 London。

（3）USD 15.42/pair CIFC3 London。

【情景模拟 4-1】

2007 年 4 月，淄博恒洋铝塑包装有限公司收到了印度 MAC 国际贸易有限公司购买 ALUMINIUM FOIL ALLOY 的询盘。规格为 25MIC*750MM 和 20MIC*750MM，数量为 10 公吨和 5 公吨（一个 20 英尺集装箱）。朱经理让张涛核算一下规格为 25MIC*750MM 和 20MIC*750MM 的 ALUMINIUM FOIL ALLOY 的 CIF Chennai 的价格。经了解规格为 25MIC*750MM 和 20MIC*750MM 的 ALUMINIUM FOIL ALLOY 的生产成本均为 23760 元人民币（含增值税 17%），银行手续费率为 0.5%（按成交价计），出口退税为 13%，海运费：青岛—金奈，一个 20 英尺集装箱的包箱费率是 525 美元，内陆运费：每运费吨 100 元，报检费 150 元，报关费 150 元，其他费用 3300 元。客户要求按成交价的 110% 投保，保险费率为一切险 0.8%，战争险 0.08%。若淄博恒洋铝塑包装有限公司的预期利润为成交金额的 10%，人民币对美元的汇率为 6.98∶1。下面就是张涛的报价核算：

1. 核算成本

实际采购成本=采购成本[1−出口退税率/(1+增值税率)]=23760[1−13%/(1+17%)]=23760−2640=21120（元/公吨）

2. 核算费用

（1）国内费用=内陆运费+商检费+报关费+其他费用=100+(150+150+3300)/15=340（元/公吨）

（2）银行手续费=报价×0.5%

（3）出口运费=6.98×525/15=244.3（元/公吨）

（4）出口保险费=报价×110%×0.88%

3. 核算利润

利润＝报价×10%

4. CIF 报价核算

CIF ＝实际采购成本＋国内费用＋银行手续费＋出口运费＋出口保险费＋预期利润

＝21120＋340＋报价×0.5%＋244.3＋报价×110%×0.88%＋报价×10%

＝21704.3＋报价×11.468%

等式两边移项得：

CIF＝21704.3/0.88532＝24515.7683（元/公吨）

折成美元：

24515.7683/6.98＝3512.2877（美元/公吨）

5. 对外报价

USD 3513/MT CIF Chennai.

（二）出口还价核算

出口报价后，一般对方都要还价。还价意味着构成价格的各要素可能产生变化，主要涉及到利润的改变、各种费用的调整或进货成本的压缩。因此，收到对方的还价后，应针对还价进行核算，确定是否进行价格调整或如何进行调整，以保证自身的利益不受损失。

出口还价核算通常采用倒算方法，即以销售收入减去相应内容以分析还价后价格中各要素（如购货成本、费用、利润等）可能发生的改变。出口还价所采用的计算公式如下：

利润＝销售收入－费用－实际采购成本

实际采购成本＝销售收入－费用－利润

某项费用＝销售收入－利润－其他费用－实际采购成本

通过上述公式，我们可以根据对方的还价，计算出利润、实际成本或采购成本、总费用或某项费用的变化情况，从而决定我们是否可以接受对方的还价。

【情景模拟 4-2】

淄博恒洋铝塑包装有限公司报价后（USD 3513/MT CIF Chennai），收到了印度 MAC 国际贸易有限公司的还价（USD 3300/MT CIF Chennai）。朱经理让张涛根据客户的还价，核算我方盈亏情况和保持 8%利润的还价情况。

下面就是张涛的还价核算：

1. 按客户还价，我方盈亏情况核算：

销售收入＝3300×6.98＝23034（元）

利润＝销售收入－费用－实际采购成本

＝23034－340－244.3－23034×110%×0.88%－23034×0.5%－21120

＝991.5609（元）

利润为：991.5609 元/公吨，利润率为：991.5609/23034＝4.3%

2. 我方保持 8%利润的还价情况核算：

CIF ＝实际采购成本＋国内费用＋银行手续费＋出口运费＋出口保险费＋预期利润

＝21120＋340＋报价×0.5%＋244.3＋报价×110%×0.88%＋报价×8%

＝21704.3＋报价×(0.5%＋110%×0.88%＋8%)

＝21704.3＋报价×9.468%

等式两边移项得：

CIF(1－9.468%)＝21704.3

CIF＝23974.1749 元

折成美元：

23974.1749/6.98=3434.6955（美元/公吨）

对外还价：USD 3435/MT CIF Chennai.

第三节　合同中的价格条款

价格条款是买卖合同中的重要组成部分。在这一节中，具体介绍货物的价格怎样表示，以及在订立价格条款时应该注意哪些问题。

一、合同价格条款的主要内容

进出口合同中的价格条款一般包括两项内容：一是货物单价（unit price），二是货物总值（total amount）。确定单价的作价办法和与单价有关的佣金与折扣，也属于价格条款的内容。

（一）单价

单价是指每单位商品的价格。总值是指全部商品价格，由单价与数量的乘积得出。单价由四个部分组成，包括计量单位、单位价格金额、计价货币和贸易术语。

例如：	per metric ton	100	GBP	CIF London
	计量单位	单位价格金额	计价货币	贸易术语

1. 计量单位

计价数量单位，一般来说，计量单位应该与数量条款中所用的计量单位相一致。

2. 单位价格金额

双方协商一致的价格，应正确填写在书面合同中。若在出口合同中把金额写错，低于双方所协定的金额，或在进口合同中错写成高于原来商定的金额，对方如果将错就错，将使我方遭受损失。因为单位价格金额或书面合同中的其他条款如果写错，而又经双方签署确认，按国际贸易法律是可以因此否定或改变磋商时谈定的条件。

3. 计价货币

计价货币是指合同中规定用来计算价格的货币。支付货币是指合同中规定用来支付货款的货币。如果合同中只规定了计价货币，而没有规定支付货币，那么计价货币就是支付货币。

4. 贸易术语

影响贸易术语选择的因素很多，在实际业务中，应根据买卖双方的实际情况恰当选择适合的贸易术语，以免给履约带来不必要的麻烦和困难。

（二）总值

总值是指单价与成交数量的乘积，即一笔交易的总金额。

当签订加工周期较长的机械设备合同，或合同约定采用非固定作价以防某些因素的变动时，价格条款中需要做一些说明。

价格条款实例：

例1：HKD 5.00 per dozen net CIF Hong Kong.

每打5美元CIF香港净价。

例2：USD 15 per set FOB Shanghai including your commission 5% on FOB basis.

每套15美元FOB上海在FOB条件上包含你方5%佣金。

例3：USD 2130/T FOB Qingdao including 5% commission. The commission shall be payable only after seller has received the full amount of all payment due to seller.

每吨2130美元5%佣金FOB青岛，佣金以收付全部货款为条款。

例4：Seller reserves the right to adjust the contracted price，if prior to delivery，there is any variation in the cost of labor or raw material or component parts.

如果在交货前劳动力原料成本或其组成部分发生任何变化，卖方有权调整合同价格。

例5：Any advance in freight at time of shipment shall be for buyer's account.

装运期间运费的提价由买方支付。

例6：Exchange risks，if any，for buyer's account.

如有任何汇率风险，则由买方承担。

【同步案例4-3】

某公司业务员小王在给英国客商发盘时，价格表述为："1000 per metric ton CIF London"。

问题：价格表述是否正确？为什么？

分析提示：不正确，没有标明计价货币。

二、订立价格条款应注意的问题

（一）贸易术语的选择

在国际贸易中，每种不同的贸易术语其风险、责任和费用的划分不同，价格构成因素也各不相同，因此，买卖合同中贸易术语的采用对促进合同的订立和履行具有重要的意义。

【同步思考4-4】

选用贸易术语时，主要应考虑哪些因素？

分析提示：

（1）考虑运输条件。

（2）考虑运费因素。

（3）考虑买卖双方的责任和风险因素。

（4）考虑货源情况。

（二）计价货币的选择

计价货币（money of account）是指合同中规定用来计算价格的货币。计价货币可以是进口国、出口国或双方同意的第三方货币，也可以是买卖双方协商同意的某种记账单位。但由于货币的币值是不稳定的，买卖双方在选择计价货币时，一般考虑两个问题：一是汇价风险问题；另一个是从汇率角度衡量货价的高低。对于出口贸易，采用硬币计价比较有利；而进口交易采取软币比较合算。

（三）适当确定价格水平，防止偏高偏低

贯彻我国进出口商品作价原则，灵活运用差价规则，结合销售意图，确定适当的价格水平。出口商品价格过高，不利于市场的开拓，甚至会导致市场丧失；价格偏低，就会造成外汇收入减少的损失。同时也必须掌握各类货物的价格弹性特征，一些价格弹性低的商品，低廉的价格并不能起到扩大销售和增加外汇收入的效果。进口合同如果价格偏高会造成外汇的浪费，影响进口经营的经济效益。

（四）避免承担价格风险

尤其是国际货物买卖中价格变动剧烈，波动幅度大的敏感性商品，规定价格水平时，应

掌握价格波动趋势。出口业务中，货物价格必须考虑价格趋涨的因素。一般来说，敏感性商品的交货期不能太长，多次分期装运的货物也不宜一次将价格固定。另外，在有溢短装的情况下，也必须对溢短装部分的价款做明确规定。

本章小结

贸易术语是用来表示价格的构成，说明买卖双方在交接货物过程中有关费用、风险和责任划分问题的专门术语。其中，FOB、CFR、CIF是在实际业务中被经常采用的三种主要贸易术语。

国际上有较大影响的有关国际贸易术语解释规则主要是《1932年华沙-牛津规则》、《1941年美国对外贸易定义修订本》和《2000年国际贸易术语解释通则》。

商品的价格关系到进出口双方的切身利益，在商品交易磋商和起草合同的过程中，一个非常关键的问题就是合理的报价和还价。

价格条款主要包括单价和总值两项基本内容。确定单价的作价方法和与单价有关的佣金与折扣，也属于价格条款的内容。

【综合训练】

一、单项选择

1. 按CIF术语成交的合同，货物在运输途中因火灾被焚，应由（　　）。

A. 卖方负担货物损失　　B. 卖方请求保险公司赔偿

C. 买方请求保险公司赔偿　　D. 承担运费的一方赔偿

2. 成交一批由上海出口至英国伦敦的羊毛，下列贸易术语正确的是（　　）。

A. FOB上海　　B. FOB伦敦　　C. CFR上海　　D. CIF上海

3. 在实际业务中，FOB条件下，买方常委托卖方代为租船、订舱，其费用由买方负担。如到期订不到舱，租不到船，（　　）。

A. 卖方不承担责任，其风险由买方承担　　B. 卖方承担责任，其风险也由卖方承担

C. 买卖双方共同承担责任、风险　　D. 双方均不承担责任，合同停止履行

4. 根据《INCOTERMS 2000》的解释，进口方负责办理出口清关手续的贸易术语是（　　）。

A. FAS　　B. EXW　　C. FCA　　D. DDP

5. 国际贸易中用以表示交易双方风险、责任和费用划分及商品价格构成的专门用语称为（　　）。

A. 贸易惯例　　B. 贸易术语　　C. 文字概念　　D. 外文缩写

二、多项选择

1. 贸易术语在国际贸易中的主要作用是（　　）。

A. 简化交易手续　　B. 明确交易双方责任　　C. 缩短磋商时间　　D. 节省费用开支

2. 根据《2000年通则》的解释，FOB条件和CFR条件下卖方均应负担（　　）。

A. 提交商业发票及海运提单　　B. 租船订舱并支付运费

C. 货物于装运港越过船舷以前的一切风险　　D. 办理出口通关手续

3. 国际贸易术语具有两重性，分别是（　　）。

A. 表示付款条件　　B. 表示交货条件

C. 表示运输条件　　D. 表示成交价格的构成因素

4. 我某进口公司按FOB条件进口一批货物，采用程租船运输，如我进口方不愿承担装船费用，应采

用（　　）。

A. FOB under tackle　B. FOB stowed　C. FOB trimmed　D. FOBST

5. 在国际贸易中，单价是由（　　）构成的。

A. 计量单位　B. 单位价格金额　C. 计价货币　D. 价格术语

三、判断

1. CIF 条件下由卖方负责办理货物运输保险，在 CFR 条件下由买方投保，因此，运输途中货物灭失和损失的风险，前者由卖方承担，后者由买方承担。（　　）

2. 核算出口商品价格时，应扣除出口退税金。（　　）

3. 佣金与折扣，也属于价格条款的内容。（　　）

4. 在所有的贸易术语下，出口报关的责任、费用均由卖方负担。（　　）

5. 使用固定价格，在合同中明确规定之后，均按合同确定的价格结算货款，任何一方不得擅自变更原价格。（　　）

四、简答论述

1. 什么是贸易术语？为什么在国际贸易中要使用贸易术语？

2. 试比较 FOB、CFR 和 CIF 三种贸易术语有何异同？

3. 谈一谈你对象征性交货的理解。

4. 在国际贸易中，有哪几种作价方法？在实践中有何利弊？

5. 订立价格条款时，贸易术语的选择应该注意哪些问题？

五、案例分析

1. 我某公司以 FOB 条件出口一批冻鸭。合同签订后接到买方来电，称租船较为困难，委托我方代为办理租船，有关费用由买方负担。为了方便合同履行，我方接受了对方的要求。但时至装运期我方在规定装运港无法租到合适的船，且买方又不同意改变装运港。因此，到装运期满时货仍未装船，买方因销售季节即将结束便来函以我方未按期履行交货义务为由撤销合同。试问：我方应如何处理？

2. 我某进出口公司同德国某进口公司预达成一笔核桃仁交易，经过磋商，各项交易条件基本确定，其中使用的价格条件为 CIF Hamburg。由于该货季节性强，主要在 12 月份的圣尼古拉节上销售，对方要求在合同中明确：卖方须于 10 月份在中国上海装运，并保证货物于 11 月底之前到达汉堡，否则，买方有权撤销合同，并要求损害赔偿。试问我方能否答应对方的要求，为什么？

3. 美国出口商与韩国进口商签订了一份 CFR 合同，合同规定由卖方出售 2000 公吨小麦给买方。小麦在装运港装船时是混装的，共装运了 5000 公吨，准备在目的地由船公司负责分拨 2000 公吨给买方。但载货船只在途中遇高温天气发生变质，共损失 2500 公吨。卖方声称其出售给买方的 2000 公吨小麦在运输途中全部损失，并认为根据 CFR 合同，风险在装运港越过船舷时已经转移给买方，故卖方对损失不负责任。买方则要求卖方履行合同。双方发生争议，后将争议提交仲裁解决。问：仲裁机构将如何裁决？

六、实训

1. 判断下列我方出口单价的写法是否正确，如有误，请更正并说明理由。

（1）每箱 35 美元 CIF 美国。

（2）每吨 7500 日元 CIF3%大阪。

（3）每打 75 元 FOB 伦敦。

（4）每吨 600 英镑 CFRC 上海。

（5）785 元 FCA 鹿特丹。

2. FOB、CFR、CIF 的外币报价核算。

报价资料：

商品名称：10012“三色戴帽熊”

商品资料：每箱装 50 只，每箱长、宽、高为 45cm、60cm 和 60cm。

供货价格：每只 15 元。

税率：供货单价中均包括17%的增值税，出口毛绒玩具的退税率为15%。

国内费用：内陆运费（每立方米）100元；报检费150元；报关费150元；核销费100元；公司综合费用3300元。

银行费用：报价的1%。

海运费：从上海至美国纽约港口一个20英尺集装箱的费用为1300美元。

货运保险：CIF成交金额的基础上加10%投保中国人民保险公司海运货物保险条款中的一切险（费率0.5%）和战争险（费率0.05%）。

报价利润：报价的10%。

报价汇率：6.98元人民币兑换1美元。

第五章 国际货物运输

教学目标

知识目标：

1. 了解国际货物运输的基本方式。
2. 掌握班轮运输的运费构成和计算方法。
3. 明确合同中装运条款的内容构成及注意事项。

能力目标：

1. 能够根据货物特点合理选用货运方式。
2. 能够正确填制货运单据和订立运输条款。

【先导案例】

我某公司于某年11月与瑞士S公司签订了1500吨某种农产品的出口合同，每吨23英镑CIF鹿特丹，装运日期均为12月至次年1月。客户按时开来保兑的、不可撤销的信用证。我公司委托中国对外贸易运输公司租船装运，外运公司原洽定的“东风”号轮船因临时损坏，在日本修理，而不能按预定时间到达我装货口岸。外运公司接到上述消息后，临时改派华夏公司管理的期租船“曲兰西克”号轮前来我装货口岸装运，装船过程中又连日雨雪，迟至2月11日才装完，2月13日开航。我公司为了取得符合信用证所规定装船日期的提单，要求外轮代理公司按1月31日签发提单。我公司凭上述提单等单据向中国银行办理议付手续，并于2月22日收清全部货款。4月23日，“曲兰西克”号轮到达鹿特丹港，对方对装运日期产生怀疑，经买方聘请律师上船查阅航行日志，查实提单的签发日期是伪造的，要求卖方赔偿，我方某公司拒赔。于是瑞士S公司凭证向当地法院起诉，并要求法院扣留船只。

问题：我公司倒签提单是否违约？该事件对我方公司有何影响？

本案中我方公司为了能够顺利结汇而签发了倒签提单，这一做法属于违规操作。该事件不仅使我方经济上受到损失，又对外造成了不良的社会影响。

国际货物运输是国际货物贸易中不可缺少的一个的重要环节。由于国际货物运输距离远、中间环节多、情况复杂、风险大，所以，买卖双方都极力寻求满足自身货运要求的运输方式，以避免自己的利益受到损失。本章将从国际货运方式入手，介绍各种运输方式的特点、运作程序以及运输单据的性质和作用，此外，还要具体阐述运输条款的制定及其注意事项。

第一节 运输方式

在国际货物运输中涉及的运输方式很多，诸如海上运输、陆路运输、航空运输、河流运输、邮政运输、管道运输、集装箱运输以及由各种运输方式组合的国际多式联运等，而每种运输方式都有其自身的特点和独特的经营方式。如何根据其特点，选择合理的运输方式，有着十分重要的意义。它关系到货物的安全到达、费用的高低，以至关系到贸易合同的正常履行。

一、海洋运输

海洋运输是国际贸易中最主要的运输方式，世界贸易量的2/3以上是由海运完成的，我国绝大部分进出口货物都是通过海洋运输方式运输的。海洋运输之所以被广泛采用是与其显著特点分不开的。

1. 运量大

海洋运输船舶的运载能力远远超过火车、汽车和飞机，其载重量从几千吨（小货轮）到几十万吨（巨型油轮可装50万吨以上）不等。

2. 运力强

海洋运输不受铁路轨道和公路的限制，可以利用四通八达的天然航道，所以其通过能力很大。

3. 运费低

由于运量大、航程远，分摊于每货运吨的成本就少，因而运价相对低廉。据相关统计，海运运费约为铁路运费的1/5，公路运费的1/10，航空运费的1/30。

海洋运输虽然具有上述优点，但由于受自然条件和气候的影响较大，再加上船体大，水的阻力高，海洋运输也存在风险大，速度慢，航期不易准确等不足之处。因此，对于不宜经受长期运输的货物以及急用和易受气候条件影响的货物，一般不宜采用海洋运输方式。

海洋运输根据其船舶的经营方式不同，可分为班轮运输和租船运输。

（一）班轮运输

班轮运输是指在预先固定的航线上，按照固定的船期表，收取相对固定的运费，在固定港口之间来往行驶的船舶运输，因此又称为定期船运输。

1. 班轮运输的特点

① 四固定的基本特点：班轮运输有固定的船期、固定的航线、固定的停靠港口和相对固定的运费率。

② 在班轮运费中包括装卸费，故班轮运输的港口装卸费由船方负担。货方不再另付装卸费，船货双方也不再计滞期费和速遣费。

③ 班轮承运的货物比较灵活，货运质量较有保证，不论数量是多少，只要有舱位，都可接受，特别适合于一般件杂货和集装箱货物的运输。

④ 船货双方的权利、义务和责任豁免以船方签发的提单条款为依据。

⑤ 班轮运输采取在码头仓库交货，一般不直接运至船边，这样为货主提供了更便利的条件。

2. 班轮运费

班轮运费是班轮公司为承运货物而向货主收取的费用。班轮运费由班轮运价表规定，包括基本运费和各种附加费。基本运费是指货物在预定航线上从装运港口运至卸货港口之间所收取的基本费用，它是构成全程运费的主要部分。

基本运费的计收标准，通常根据不同商品分为下列几种：

① 按货物的实际重量计收，又称重量吨（weight ton），在运价表内用字母“W”表示，

适用于重量较大，体积较小的货物，如钢材、电焊条等。

② 按货物的体积或容积计收，又称尺码吨（measurement ton），在运价表内用“M”表示，适用于重量较轻，体积较大的货物，如羊毛、棉花等。

③ 按商品的价格计收，又称从价运费，在运价表内用“A. V.”或“Ad. val.”表示，一般按货物的 FOB 价的百分之几收取。适用于价值较高的黄金、白银及古玩等贵重物品。

④ 按货物的重量或体积计收，由船公司选择其中收费较高的一种作为计费标准，在运价表中用“W/M”表示，这一种计费标准最为常用。

⑤ 按货物的重量，体积或价值三者中选最高的一种计收运费，在运价表中用“W/M or A. V.”表示。

⑥ 按货物的件数计收，在运价表中用“Per Unit”或“Per Head”表示，如活牲畜和活动物，按“每头”，车辆按“每辆”等。

⑦ 按船、货双方临时议定的运价计收，在运价表中用“Open”表示，适用于大宗低值货物，如煤炭、矿石、粮食等。

⑧ 按货物的重量或体积，选择收费较高者，另外再加收一定百分比从价运费，在运价表中用“W/M plus A. V.”表示。

班轮运费中的附加运费是指班轮公司为弥补基本运费的不足根据不同情况而另外加收的费用。其名目繁多，比较常见的有：

① 燃油附加费。在燃油价格突然上涨时加收。

② 货币贬值附加费。在货币贬值时，船方为弥补其损失，按基本运价的一定百分比加收的附加费。

③ 转船附加费。凡货物需转船运往目的港的，在转船时由船方收取的附加费。

④ 直航附加费。当运往非基本港的货物达到一定的货量，船公司可安排直航而加收的附加费。

⑤ 超重附加费、超长附加费和超大附加费。当一件货物的毛重或长度或体积超过运价表规定的数值时加收的附加费。

⑥ 港口附加费。有些港口由于设备条件差或装卸效率低，以及其他原因，船公司加收的附加费。

⑦ 港口拥挤附加费。有些港口由于拥挤，船舶停泊时间增加而加收的附加费。

⑧ 选卸附加费。货方托运时尚不能确定具体卸港，要求在预先提出的两个或两个以上港口中选择一港卸货，船方加收的附加费。

⑨ 绕航附加费。由于正常航道受阻不能通行，船舶必须绕道才能将货物运至目的港时，船方所加收的附加费。

班轮运费即为基本运费再加上各项附加运费之和。其计算步骤为：

① 选择相关的运价表。

② 根据货物名称，在货物分级表中查到运费计算标准和等级。

③ 在等级费率表的基本费率部分，找到相应的航线，启运港，目的港，按等级查到基本运费。

④ 再从附加费部分查出所有应收取的附加费项目和数额及货币种类。

⑤ 根据基本运费和附加费算出实际运价。

其计算公式为：

$$F=Fb\times(1+\sum s)\times Q$$

式中　F——班轮运费；

Fb——基本运费率；

$\sum s$——附加费率之和；

Q——总货运量。

【同步案例 5-1】

我外贸公司出口一批商品，从青岛港运往伦敦港，CFR 报价，每箱体积为 0.048 立方米，毛重 50 千克，共 1000 箱。问题：试计算该批商品的海运运费是多少?

分析提示：

(1) 查该商品属于 8 级货物，运费计收标准为"W/M"。

(2) 在中国至英国的航线费率表中查出 8 级货物的基本运费率为每运费吨 150 美元，港口附加费为 10%。

0.048<0.05，即 M<W，所以按重量计算。

(3) 总运费＝基本运费＋港口附加费

$$=Fb\times(1+\sum s)\times Q$$

$$=150\times(1+10\%)\times1000\times0.05$$

$$=8250\text{（美元）}$$

(二) 租船运输

租船运输是指船舶所有人（船东）将船舶出租给租船人（承租人）用于运输货物，租船人按商定的运价支付运费的一种运输经营方式。又称为不定期船运输。

1. 租船运输的特点

① 适合运输货值较低的大宗货物。

② 无固定航线，无固定的装卸港口和固定的船期，需按船租双方签订的租船合同确定。

③ 无固定的运价或租金，由船租双方根据船运市场行市在租船合同中规定。

2. 租船业务的方式

租船运输的方式主要包括定程租船、定期租船和光船租船。定程租船是指按航程租赁船舶，定期租船是指按期限租赁船舶，不论是按航程或按期限租船，船、租双方都要签订租船合同，以明确双方的权利和义务。

(1) 定程租船　是以整个航程为租赁期，又称程租船。按船东与租船人双方事先约定的条件按时到达装货港口，装船后开航到卸货港卸货；卸货完毕即终止合同。定程租船按其租赁方式不同，又分为单程租船、来回航次租船和连续航次租船。定程租船是租船运输的基本形式。

(2) 定期租船　船舶出租人将船舶租给租船人使用一定期限，在期限内由租船人自行调度和经营管理，又称期租船。

(3) 光船租船　船东不提供船员，光一条船交给租方使用，由租方自行配备船员负责船舶的经营管理和航行各项事宜。由于这种租船方式比较复杂，在国际贸易业务中很少使用。

3. 租船运费

租船运费的支付，要根据与船东所签订的租船合同而定。一般情况下，如果是 CIF 合同，则开船日付运费赎提单；如果是 FOB 条款，则开船后 10 日内付运费，或船到目的港后支付运费。运费是预付或到付，均需在合同中订明。需要注意的是应付运费时间是指船东收到的日期，而不是租船人付出的日期。

程租船运费的计算一般有两种方法：一是规定运费率，按货物每单位重量或体积若干金额计算；二是规定整船包价，费率的高低主要决定于租船市场的供求关系，但与运输距离、货物种类、装卸率、港口使用、装卸费用的划分及佣金的高低也有关系。

租船合同中装卸费用的划分方法如下：

(1) 船方负担装卸费（liner terms） 在此条件下，船货双方一般以船边划分费用，多用于木材和包装货物的运输，又称“班轮条件”。

(2) 船方不负担装卸费（free in and out，F. I. O.） 采用这一条件时，还要明确理舱费和平舱费由谁负担。如规定由租方负担，则称为“船方不管装卸、理舱和平舱”（free in and out stowed and trimmed，F. I. O. S. T.）条款。

(3) 船方管装不管卸（free out，F. O.）条件 即船方负担装货费，但不负担卸货费。

(4) 船方管卸不管装（free in，F. I.）条件 即船方负担卸货费，但不负担装货费。

【同步思考 5-1】

租船时应注意哪些问题?

分析提示：(1) 租船前必须了解和熟悉贸易合同的有关条款，避免租船合同与贸易条款相冲突。(2) 弄清装卸港的基本情况。(3) 了解船东的信誉及船舶情况。(4) 了解租船市场的行情。

(三) 业务操作中的托运单据

1. 货物出口订舱委托书

货物出口订舱委托书（application for export goods），是发货人委托外运公司向船公司或其代理人办理货物托运的委托文件。它是托外运公司办理货物托运的依据，也是日后制作提单的重要依据，无固定格式。其栏目内容可分为收货人与被通知人、货物说明、装运条件、相关事项和备注内容五类，由发货人根据买卖合同和信用证有关条款内容详细填写。信用证对装运和提单的要求应反映在该单据上。

2. 海运出口托运单（booking note，B/N）

托运单俗称“下货纸”，托运人根据贸易合同和信用证条款内容填制的，向承运人或其代理办理货物托运的单证。承运人根据托运单内容，并结合船舶的航线、挂靠港、船期和舱位等条件考虑，认为合适后，即接受托运。

3. 装货单（shipping order，S/O）

亦称“关单”，是由船公司或其代理人在接受托运人提出的托运申请后，向托运人签发的凭以命令船长收货装运的凭证，须经船公司盖章有效。托运人报关时与报关单一并交给海关，海关验关后在上面加盖放行章，船方方能收获装船，并在收货后留存。作为出口业务的主要货运收据。

【同步思考 5-2】

装货单的作用有哪些?

分析提示：(1) 承运人确认承运货物的证明。装货单一经承运人签章即表明已办妥托运手续，承运人已同意承运该批货物，运输合同即告成立。(2) 海关对出口货物进行监管的单证。托运人在办理出口货物报关手续时，须向海关提交装货单，海关查验并在装货单上加盖放行章后方准予出口。(3) 承运人通知船长收货装运的命令。

4. 收货单(mates receipt, M/R)

亦称大副收据,是船舶收到货物的收据及货物已经装船的凭证。船上大副根据理货人员在理货单上所签注的日期、件数及舱位,并与装货单进行核对后,签署大副收据。托运人凭大副签署过的大副收据,向承运人或其代理人换取已装船提单。

(四) 托运单的缮制要求

如上所述,托运单是出口公司或货代在报关前向船方或船代申请租船订舱的一种单据。它虽然不是出口结汇单据,却是日后缮制提单的主要参考资料,应仔细填写。以装货单为例介绍托运单的主要内容和缮制要求。

(1) 发货人(shipper) 也称托运人,此栏填写托运人的名称和地址。托运人可以是货主,也可以是其贸易代理人或货运代理。在信用证项下,托运人一般按 L/C 受益人(beneficiary)内容填写。

(2) 收货人(consignee) 按信用证对提单抬头的规定填写。

(3) 通知人(notify party) 通知人一般为预定的收货人或收货人委托的代理人。在 L/C 项下,通知人往往是开证申请人。

(4) 集装箱号(container No.) 货物如果已装箱则填写集装箱号,如果有场站或船公司安排装箱,可在装箱后确定集装箱号再填入。

(5) 封志、标记和号码(seal No., marks & No.) 如果托运时已封好箱,即整箱货(FCL),则填写集装箱号码及封号(SN);如果为拼箱货(LCLL),则填入货物具体运输标记。

(6) 相数或件数(No. of containers or package) 填写集装箱个数或集装箱内货物外包装件数。

(7) 包装种类和货名(kind of packages; description of goods) 填写包装材料及形式;货名,可以只填统称,无需注明其详细规格型号。

(8) 毛重(gross weight) 填写货物毛重,以千克计。实际毛重应不超过集装箱最大限重,否则由此造成的运输过程中的因超重而产生的损失均由托运人承担。例如出口至美国的集装箱,超过承运人规定的限重后,承运人按双倍运费收取,并以警告。

(9) 尺码(measurement) 该批货物的总尺码。如果是超大、超高的货物,还应提供其详细体积。注意此处毛重、尺码等数据应和装箱单一致。

(10) 运费(freight) 关于运费由船公司填写。一般显示“FREIGHT PREPAID”为托运人支付;显示“FREIGHT COLLECT”为收货人支付运费。

(11) 货物交接方式 一般有 9 种:CY—CY(场到场);CY—DOOR(场到门);CY—CFS(场到站);DOOR—DOOR(门到门);DOOR—CY(门到场);DOOR—CFS(门到站);CFS—CFS(站到站);CFS—CY(站到场);CFS—DOOR(站到门)。在对应方式后打“√”即可。

(12) 总类(type of goods) 选择确认托运种类,打“√”。

(13) 前程运输(pre-carriage by) A. 空白;B. 填写第一程船名。

(14) 收货地点(place of receipt) A. 空白或填场站,例如,Shenzhen CY;B. 启程收货港的港口名称。

(15) 船名、航次（ocean vessel, voy. No.） A. 船名；B. 第二程船名。由船公司配载后将船名、航次填在此栏。

(16) 装货港（port of loading） A. 装货港名称；B. 第二程装货港名称。

(17) 卸货港（port of discharge） A. 卸货港名称；B. 第二程卸货港名称。

(18) 交货地点（place of delivery） A. 填写最终交货具体地点；B. 如果卸货港非目的地，则填写最终目的地。

(19) 可否转船 填Y/N或可/否，按照信用证规定，并注意前后一致。

(20) 可否分批 填Y/N或可/否，如为"Y"，则在备注栏内具体说明分批情况。

(21) 转运期限（time of shipment） 严格按照信用证或合同规定填写，最好用英文写成。

(22) 有效期（expiry date） 填写信用证的有效期。

(23) 制单日期 填制装货单的日期，早于最迟装运期。

(24) 托运人签字盖章 托运人在完成上述内容的填写后，必须盖章签字以生效。

【同步思考 5-3】

海洋运输所涉及的基本当事人有哪些?

分析提示：承运人、货主、装卸人、理货人、运输代理。

二、铁路运输

铁路运输是仅次于海洋运输的一种主要运输方式。它具有运量较大，速度较快，一般不受气候条件的影响，运输风险明显小于海洋运输，而且货运手续简便，能常年保持正常运营等优点。

铁路运输可分为国内铁路货物运输和国际铁路货物联运两种。

(一) 国内铁路运输

国内铁路货物运输是指仅在本国范围内按《国内铁路货物运输规程》的规定办理的货物运输。我国出口货物经铁路运至港口装船，进口货物卸船后经铁路运往各地以及我国各省市的出口货物通过广九铁路运往香港、九龙、澳门等地都属国内铁路运输的范围。

对港澳地区的铁路运输按国内运输办理，但又不同于一般的国内运输。货物由内地装车至深圳中转和香港卸车交货，为两票联运，由各地外运公司签发"货物承运收据"。由于京九铁路和沪港直达通车，使内地至香港的运输更为快捷。

对港铁路货物运输的运费，按内地段和港段分别计算。内地段运费包括铁路运费、深圳过轨租车费和深圳外运公司劳务费，用人民币计算；港段运费包括铁路运费、港段终点站卸货费、港段调车费及劳务费等，用港币计算。

对澳门地区的铁路运输，是先将货物运抵广州南站再转船运至澳门，收汇凭外运公司的"货物承运收据"办理。

(二) 国际铁路货物联运

国际铁路货物联运，发货人由始发站托运，使用一份统一的国际铁路联运单据，铁路部门便根据运单将货物运往终点站交给收货人。在由一国铁路向另一国铁路移交货物时，不需收、发货人参加，由铁路负责全程运送，亚欧各国按国际条约承担国际铁路联运的义务。

采用国际铁路货物联运，有关当事国必须预先有书面约定。目前在国际上比较常用的国际铁路货物联运约定有两个：一个是中国与西北欧各国之间签署的《国际铁路货物运送公约》(简称《国际货约》),另一个是中国与前苏联、东欧各国签订的《国际铁路货物联运协定》(简称《国际货协》)。“货协”集团现已解体但联运业务并未终止。

我国通往欧洲的国际铁路联运线有两条:一条是利用俄罗斯的西伯利亚大陆桥贯通中东、欧洲各国;另一条是由江苏连云港经新疆与哈萨克斯坦铁路连接,贯通俄罗斯、波兰、德国至荷兰的鹿特丹。后者称为新亚欧大陆桥,运程比海运缩短 9000 公里,比经由西伯利亚大陆桥缩短 3000 公里,进一步推动了我国与欧亚各国的经贸往来,加快了货运速度,节省了运杂费用,也促进了我国沿线地区的经济发展。

国际铁路货物联运的运费有如下规定:①发送国铁路的运送费用,按照发送国铁路的国内运价计算;②过境国铁路的运送费用,按照国际铁路联运协定《统一国境运价规程》规定的统一货价计算;③到达国铁路的运送费用,按照到达国铁路的国内运价计算。

三、航空运输

航空运输是指利用飞机通过空中飞行在航空港之间运送货物,是一种现代化的运输方式。航空运输有其他运输方式无法比拟的优越性。如运送速度快,货运质量高,运输安全准确,不受地面条件限制,可简化包装节省包装费用等,但其运送费用高、运量小。因此它适宜运送小件货物、鲜活商品、季节性商品、贵重商品和急需物资等。近年来,随着国际贸易的迅速发展以及运输技术的不断提高,空运方式也越来越普遍。

航空运输方式主要有班机运输、包机运输、集中托运和航空快递业务。

1. 班机运输

班机运输(airline transport)指具有固定开航时间、固定航线和固定停靠航站的飞机运输。一般为客货混合型飞机,货舱容量较小,运价较贵,但由于航期固定,航线固定,航站固定等特点,有利于客户安排鲜活商品、急需商品和节令性商品的运送。

2. 包机运输

包机运输(chartered carrier transport)是指航空公司按照约定的条件和费率,将整架飞机租给一个或若干个包机人(包机人指发货人或航空货运代理公司),从一个或几个航空站装运货物至指定目的地。包机运输有整包机和部分包机两种形式。前者适合于大宗货物运输,后者适合于多个发货人,但货物运达同一地点,费率低于班机,运送时间则比班机要长些。

3. 集中托运

集中托运(consolidation transport)可以采用班机或包机运输方式,是指航空货运代理公司将若干批单独发运的货物集中成一整批货物,用一份总运单,向航空公司办理托运,送至同一目的地,然后由航空货运公司委托当地的代理人负责分发给各个实际收货人。这种托运方式,可降低运费,因此业务中采用较多。

4. 航空快递

航空快递(air express service)是由快递公司与航空公司合作,设专人向货主提供的快递服务,其业务包括:由快递公司派专人从发货人处提取货物后以最快的航班将货物出运,抵达目的地后,由专人接机提货,办妥进关手续后直接送达收货人。主要有“桌/门到桌/门运输”、“桌/门到机场运输”和专人派送几种形式。这是一种最为快捷的运输方式,适合于各种急需药品、货样和文件资料等传递。

航空运输货物的运费是指从启运机场运至目的机场的运价，不包括其他额外费用（如提货、仓储费等），运价一般是按重量（千克或磅）或体积重量计算的，而以两者中较高者计收。一般按特种货物、一般货物和货物的等级来规定运价标准。体积重量的计算标准各航空公司不尽相同。有的按6000立方厘米折合1千克的，有的按7000立方厘米折合1千克的，也有按166立方英寸或194立方英寸折合1磅的。

四、公路运输、内河运输和邮政运输

（一）公路运输

公路运输（road transportation）是现代化运输的方式之一，同时，也是车站、港口和机场集散进出口货物的一种重要手段。它在整个运输领域中占有重要的地位，并发挥着愈来愈重要的作用。

公路运输具有机动灵活、速度快、简捷方便等特点，在短途货物集散运转上，它比铁路、航空运输具有更大的优越性，尤其在实现"门到门"的运输中，其优越性更为明显。但公路运输也具其不足之处，如：载重量较小，不适合装载重件、大件货物，运输成本较高，而且车辆运行中震动较大，易造成货损货差事故。公路运输适用于同周边国家的货物运输。

（二）内河运输

内河运输是一种主要的水上运输方式，是连接内陆腹地与沿海地区的纽带，在运输和集散进出口货物中作用非常重要。它具有运载量大、成本低、投资少等特点。

我国河流纵横，湖泊众多，发展内河航运的自然条件很优越。新中国成立后，我国的内河航运事业得到了较快的发展，现已形成以港航为主体，种类比较齐全，设备基本配套，具有一定规模和水平的内河水运体系。主要内河航运干线有长江、珠江、西江、黄河、黑龙江和松花江及京杭运河六条主要干线。

（三）邮政运输

邮政运输又称邮包运输，是一种较简便的运输方式，其费用也不太高，在国际贸易中普遍采用。但其运量有限，因而只能用于运输量轻和体积小的商品。邮政运输包括普通邮包和航空邮包两种。国际邮包运输具有国际多式联运和"门到门"运输的性质。我国同许多国家签订了邮政运输协议和邮电协定，为我国发展对外贸易货物的邮包运输提供了有利的条件，因为邮包运输量有限，所以它只适用于运送某些零部件，药品和急需的零星商品。

五、集装箱运输

（一）集装箱运输的特点

集装箱（container）是指具有一定强度、刚度和标准规格专供周转使用的大型装货容器。可以反复使用，便于快速装卸。集装箱运输是指将货物装载于集装箱内进行运输的一种现代化的运输方式。使用集装箱转运货物，可直接在发货人的仓库装货，运到收货人的仓库卸货，中途更换车、船时，无须将货物从箱内取出换装，实现门到门的运输。集装箱运输与传统海运相比还具有运输质量高，减少货损货差；装卸效率高，船舶周转快；货运成本低，手续简化及可进行连续运输等优点，使其成为当今最重要的一种货物运输方式。它适合于海洋运输、铁路运输和国际多式联运等各种运输形式。

（二）集装箱规格

为适应不同货物的需要，集装箱设计成各种不同类型。国际标准化组织为统一集装箱的规格，推荐了三个系列十三种规格的集装箱，如表5.1所示。目前，在国际海上集装箱运输中采用最多的是20英尺（IC型）和40英尺（IA型）的集装箱。

表5.1　国际标准集装箱规格（ISO）

箱型	最小内部尺寸			
	长/毫米	宽/毫米	高/毫米	最小内容积/立方毫米
1A	11997	2300	2195	60.5
1AA	11997	2300	2350	64.8
1B	8930	2300	2195	45
1C	5867	2300	2195	29
1D	2802	2300	2195	14.1
1E	1780	2300	2195	9
1F	1273	2300	2195	6.4

为便于统计，将20英尺的标准集装箱作为国际标准集装箱的数量的标准换算单位，称为换算箱或标准箱，简称TEU（twenty-foot equivalent unit）。一个20英尺的国际标准集装箱换算为一个TEU，一个40英尺的集装箱，简称为FEU（forty-foot equivalent unit），1FEU＝2TEU。

目前，国际上集装箱大型化成为了新的发展趋势，在尺寸上发展到45英尺、48英尺，在最大重量上发展到35吨以上。

（三）集装箱运输的方式

集装箱按其装载货物所属货主，可分为整箱货和拼箱货。整箱货（FCL）可由货方在海关人员的监管下，自行将货物装满箱，直接送至集装箱堆场（CY），堆场通常设在集装箱码头附近，是集装箱的中转站。

如果一家货主的货物不足一整箱，需要送到集装箱货运站（CFS）由承运人（或代理人）按货主委托，把不同货主的货物按性质和目的进行拼装，把同一性质和目的的货物装在一个集装箱内，称为拼箱货（LCL）。货到目的地，拼箱货（LCL）应送至货运站由承运人拆箱后分别由收货人提取。

集装箱这种交接方式应在运输单据上予以说明。国际上通用的表示方式为：

(1) FCL—FCL或CY—CY　整箱交，整箱接，在整个运输过程中，完全是集装箱运输，并无货物运输，又简称“门到门”。

(2) FCL—LCL或CY—CFS　整箱交，拆箱接，即“门到场站”。

(3) LCL—FCL或CFS—CY　拼箱交，整箱接，即“场站到门”。

(4) LCL—LCL或CFS—CFS　拼箱交，拆箱接，即“场站到场站”，这种方式使用最少。

（四）集装箱运输的费用构成和计算方法

集装箱运输的费用包括海运运费，内陆运输费，拼箱、堆场服务费，集装箱及其设备使用费等。

其中海运运费的计算有以下两种方法：

1. 按件杂货基本费率加附加费

以每个运费吨作为计费单位。按毛重计费时，运费吨为公吨，在运价表内以“W”表示。按体积计费时，运费吨为立方米，在运价表内以“M”表示。运价以“W/M”表示时，即按货物毛重（公吨数）或体积（立方米数），从高计费。按运费吨计价的货物一般分为20个等级，第1级货物运费率最低，第20级货物运费率最高。

2. 按包箱率

集装箱包箱费率有三种方式：一是FAK包箱费率（freight for all kinds），即不分货物种类，按每个集装箱收取的费率；二是FCS包箱费率（freight for class），即按货物等级制定的包箱费率；三是FCB包箱费率（freight for class & basis），即按货物等级及不同类型的计价标准制定的费率。

经营集装箱运输的船公司为了保证正常的营运收入，通常还有最低运费的规定。

六、国际多式联运

（一）国际多式联运应具备的条件

国际多式联运是以集装箱装载形式把各种运输方式连贯起来进行国际运输的一种新型的综合性运输方式。它以集装箱为中介，把海、陆、空各种单一运输方式有机结合起来，组成一种国际间的连贯运输。按照《联合国国际货物多式联运公约》的解释，国际多式联运必须具备以下五个条件：

① 必须是两种或两种以上不同运输方式的国际间连贯运输。

② 有一份包括全程的多式联运合同。

③ 使用一份包括全程的多式联运单据。

④ 由一个多式联运经营人对全程运输负总责。

⑤ 是全程单一的运费费率，统一运价，一次收取。

（二）国际多式联运的经营人

按照《联合国国际货物多式联运公约》的解释，多式联运经营人是指本人或通过其代表与发货人订立多式联运合同的任何人，他是事主，而不是发货人的代理人或代表或参加多式联运的承运人的代理人或代表，并且负有履行合同的责任。国际多式联运的经营人具有双重身份。对货主而言它是承运人，对实际的承运人而言，它又是托运人。国际多式联运的经营人对全程负责，它按照托运人的委托安排运输路线，办理接货、仓储、装箱，再将货物发往承运人指定的场站备运，货物起运后，由实际的承运人向多式联运经营人签发提单或运单，同时由多式联运经营人向托运人签发多式联运提单。

（三）国际多式联运的特点

① 责任统一，简化托运、结算及理赔手续，节省人力、物力及有关费用。

② 缩短货运时间，减少库存，降低货损货差事故，提高货运质量。

③ 提高运输管理水平，实现运输合理化。

④ 降低运输成本，减少运杂费的开支。

七、大陆桥运输

大陆桥运输（land bridge transport）是指借助于铁路、公路等陆路运输方式，采用集装箱专用列车，把大陆作为中间桥梁，把大陆两端的海洋连接起来的远距离连贯运输方式。简单地说，就是两边是海运，中间是陆运，大陆把海洋连接起来，形成海-陆联运，而大陆起到了“桥”的作用，所以称之为“陆桥”。而海-陆联运中的大陆运输部分就称之为“大陆桥运输”。通常也是一种国际联合运输，目的在于缩短运输距离、减少运输时间和节约运输总费用支出。

1. 西伯利亚大陆桥

西伯利亚大陆桥是指使用国际标准集装箱，将货物由远东海运到俄罗斯的东方港，再经西伯利亚铁路运至波罗的海沿岸，如爱沙尼亚的塔林或拉脱维亚的里加等港口，然后再采用铁路、公路或海运运到东欧和西欧及中亚各地的国际多式联运的运输线路。20 世纪 70 至 80 年代西伯利亚大陆桥曾经有过辉煌的时期，90 年代初苏联解体，大陆桥运输也急剧下降。为改变运量下降的局面，俄罗斯先后采取了一系列改进措施，现在全年货运量高达 10 万标准箱（TEU），最多时达 15 万标准箱。西伯利亚大陆桥全程 1.3 万公里，是目前世界上最长的一条陆桥运输线。

2. 新亚欧大陆桥

是指东起中国连云港西至荷兰鹿特丹，全长 10900 公里，横跨亚欧大陆，连接太平洋和大西洋的陆上铁路大动脉，于 1992 年开通。1997 年左右，由于受陆桥运输货种单一，主要是韩国汽车配件输往中亚数量减少，以及西伯利亚陆桥降低铁路运费等影响，运量曾逐年减少，最少的年份降低至 2000 标准集装箱左右。但 2001 年以来，通过与世界级航运大企业联手、保证过境专列的正常开行、加强港口硬件和软件设施建设等举措，新亚欧大陆桥运输开始持续升温，完成过境集装箱超过 8000 标准集装箱。新亚欧大陆桥向东辐射中国东南沿海和日本、韩国等国家和地区，西接欧洲经济圈，是当今世界连接亚欧大陆最便捷的通道。

3. 北美大陆桥

北美大陆桥包括美国大陆桥运输和加拿大大陆桥运输。美国大陆桥有两条运输线路：一条是从西部太平洋沿岸至东部大西洋沿岸的铁路和公路运输线；另一条是从西部太平洋沿岸至东南部墨西哥湾沿岸的铁路和公路运输线。加拿大大陆桥与美国大陆桥平行，由船公司把货物海运至温哥华，经铁路运到蒙特利尔或哈利法克斯，再与大西洋海运相接。

北美大陆桥是世界上历史最悠久、影响最大、服务范围最广的陆桥运输线。

第二节 装运单据

装运单据是承运人收到货物后签发给托运人的书面证明文件，在贸易业务中，它是交接货物、处理索赔与理赔，进行货款结算和议付的重要单据。在国际货物运输中，装运单据的种类很多，包括海运提单、海运单、铁路运单、航空运单和多式联运单据等。

一、海运提单

海运提单（bill of lading，B/L）简称提单，是承运人或其代理人签发给托运人的，证明收到特定货物，允诺将货物运至特定目的港并交付收货人的书面凭证。

（一）海运提单的性质和作用

（1）货物收据　提单是承运人签发给托运人的货物收据，证明承运人已收到提单上记载的托运人的货物。

（2）物权凭证　提单是货物所有权的凭证，提单的持有人有权凭以提货，也可用来抵押或背书转让。

（3）运输合同的证明　提单是承运人和托运人双方订立的运输合同的证明，由于运输合同是在装货前订立的，而提单一般是在装货后签发的，因此提单本身不是运输合同，而只是运输合同的证明。当承托双方发生争议时，一般以提单条款为依据。

（二）海运提单的内容

目前各船公司都有自己的提单格式，但其内容基本相同，一般包括提单正面内容和背面条款两部分。

1. 提单正面的记载内容

通常，提单正面都记载了有关货物和货物运输的事项。这些事项有的是有关提单的国内立法或国际公约规定的，作为运输合同必须记载的事项，如果漏记或错记，就可能影响提单的证明效力；有的则属于为了满足运输业务需要而由承运人自行决定，或经承运人与托运人协议，认定应该在提单正面记载的事项。前者称为必要记载事项，后者称为任意记载事项。

（1）记载事项　各国关于提单的法规都对提单的必要记载事项做出规定，虽然有简有繁，但是，从提单的法律效力和业务需要考虑，各国对提单的必要记载事项规定是基本相同的。我国海商法第 73 条第 1 款规定，提单内容，包括下列各项：

① 关于货物的描述：货物的品名、标志、包数或者件数、重量或者体积，以及运输危险货物时对危险性质的说明。

② 关于当事人：托运人和收货人的名称、承运人的名称和主营业所。

③ 关于运输事项：船舶名称和国籍、装货港和在装货港接受货物的日期、卸货港和运输路线、多式联运提单增列接受货物地点和交付货物地点。

④ 关于提单的签发：提单的签发日期、地点和份数；承运人、船长或者其代理人的签字。

⑤ 关于运费和其他应付给承运人的费用的记载。

在以上各项中，除了在内陆签发多式联运提单时的船舶名称、签发海运提单时的接受货物地点和交付货物地点，以及关于运费的支付三项可以缺少外，其他都是不可缺少的。一般，关于提单的签发和其他应付给承运人的费用等几项记载由承运人填写，其他都由托运人填写。除上述各必要记载的事项外，如承运人与托运人协议，同意将货物装于舱面；或约定承运人在目的港交付货物的日期；或同意提高承运人的责任限额；或同意扩大承运人的责任；或同意放弃承运人的某些免责；或其他有关法律规定的事项等，都应在提单正面载明。

提单的正面内容还可有一些以打印、手写或印章形式记载的事项。一些属于承运人因业务需要而记载于提单正面的事项，如航次序号，船长姓名，运费支付的时间、地点、汇率、提单编号及通知人等。一些属于区分承运人与托运人之间的责任而记载的事项，如关于数量争议的批注；一些属于为减轻或免除承运人责任而加注的内容，如为了扩大或强调提单上已印妥的免责事项，对于一些易于受损的特种货物，承运人在提单上加盖的以对此种损坏免责为内容的印章等。

（2）提单正面的条款　提单正面条款是指以印刷的形式，将以承运人免责和托运人做出的承诺为内容的契约文句，列记于提单的正面。常见的有以下条款：

① 装船（或收货）条款。如：上列外表状况良好的货物或包装（除另有说明者外）已装在上述指名船只，并应在上列卸货港或该船能安全到达并保持浮泊的附近地点卸货。

② 内容不知悉条款。如：重量、尺码、标志、号数、品质、内容和价值是托运人所提供的，承运人在装船时并未核对。

③ 承认接受条款。如：托运人、收货人和本提单持有人兹明白表示接受并同意本提单和它背面所载一切印刷、书写或打印的规定、免责事项条件。

④ 签署条款。为证明以上各项，承运人或其代理人已签署各份内容和日期一样的正本提单，其中一份如果已完成提货手续，其余各份均告失效。要求发货人特别注意本提单中关于该货保险效力的免责事项和条件。

2. 提单的背面条款

提单的背面印有各种条款，一般分为两类。一类属于强制性条款，其内容不能违背有关国家的海商法规、国际公约或港口惯例的规定，违反或不符合这些规定的条款是无效的。另一类是任意性条款，即上述法规、公约和惯例没有明确规定，允许承运人自行拟订的条款。所有这些条款都是表明承运人与托运人以及其他关系人之间承运货物的权利、义务、责任与免责的条款，是解决他们之间争议的依据。

（三）海运提单的种类

1. 根据货物是否装船，可分为“已装船提单”（shipped B/L）和“备运提单”（received for shipment B/L）

已装船提单是指货物已装船，并载明船名和装船日期，备运提单是指承运人收到托运货物，等待装船期间所签发的提单，由于已装船提单对收货人按时收货有保障，故买方订买卖合同时，一般都规定卖方必须提供已装船提单，而不愿接受备运提单。

2. 按有无不良批注，可分为“清洁提单”（clean B/L）和“不清洁提单”（unclean B/L）

清洁提单是指承运人在提单上未加任何不良批注，货物外表状况良好的提单。不清洁提单指承运人在提单上对货物外表状况有不良批注。银行办理结汇时一般只接受清洁提单。

3. 根据提单收货人（抬头）不同，可分为“记名提单”（straight B/L）、“指示提单”（order B/L）和“不记名提单”（blank B/L）

（1）记名提单　又称收货人抬头提单，是指在提单的收货人栏内列明特定的收货人名称的提单。此种提单不能背书转让，只能由提单上注明的收货人提货。由于记名提单不能流通，所以，在国际贸易中只在特定情况下使用。

（2）指示提单　是指在提单的收货人栏内填写“凭指示”（to order）或“凭某某人指示”（to order of…）字样的提单。这种提单通过背书方式可以转让，故其在国际贸易中使用广泛。

指示提单经过背书后才能提取货物或转让，背书的方法有两种：

① 记名背书（full endorsement，special endorsement）系指背书人除在提单的背面签字盖章外，还需列明被背书人的名称。

② 空白背书（blank endorsement），指仅由背书人在提单的背面签字盖章，而不注明被背书人的名称。目前，在实际业务中使用最多的是“凭指示”并经空白背书的提单，习惯上称其为“空白抬头，空白背书”（to order and endorsed in blank）的提单。

（3）不记名提单　是指在提单的收货人栏内不填写任何内容或只填明“货交提单持有人”的提单。不记名提单的转让不需要任何背书手续，仅凭提单交付即可，谁持有提单谁就可凭以提货。此种提单风险较大，在贸易中很少使用。

4. 根据运输方式的不同可分为“直达提单”（direct B/L）、“转运提单”（transshipment B/L）和“联运提单”（through B/L）”

直达提单是指中途不经换船直接运达指定目的港口的提单。转运提单是在货运过程中至少经过两艘轮船运输的货运提单。即装运港船舶不抵达指定交货港，在中途卸货交另一艘船舶继续运输的提单。联运提单是货物经两种或两种以上的运输方式运至目的港，联运提单的签发人只对第一程运输负责。

5. 根据提单内容的繁简不同，可分为“全式提单”（long term B/L）和“略式提单”（short term B/L）

全式提单又称繁式提单，是在提单的背面详细注明承运人和托运人之间各自的权利、义务的提单；略式提单又称简式提单，只在正面注明承运的货物的基本情况和托运人的名称、地址、收货人等基本情况，而无背面内容的提单。

6. 根据船舶运营方式的不同，可分为“班轮提单”（liner B/L）和“租船提单”（charter party B/L）

班轮提单上载明运输合同的条款，船货双方受其约束。而租船提单则受另行制定的租船合同约束，故在使用该提单时，往往要提供租船合同副本。

7. 根据操作方式不同，可分为“预借提单”（advanced B/L）、“倒签提单”（antedated B/L）、“过期提单”（stale B/L）和“顺签提单”（post-date B/L）

预借提单是指信用证规定的装运期已到期或接近到期，而货主由于某种原因未能及时备妥货物装船，预先签发的“已装船提单”。倒签提单是指货物的实际装船日期晚于信用证规定，仍按信用证规定的装船日期签发的提单。例如，实际装船日期是 8 月 25 日，为符合信用证 8 月 20 日之前装货的规定，则将提单的日期倒签为 8 月 20 日。过期提单有两种含义，一是指出口商在装船后延滞过久才交到银行议付的提单。根据《跟单信用证统一惯例》的规定：“如信用证无特殊规定，银行将拒受在运输单据签发日期后超过 21 天才提交的单据”。二是指提单晚于货物到达目的港，这种提单也称为过期提单。因此，近洋国家的贸易合同一般都规定有“过期提单也可接受”的条款（stale B/L is acceptance）。顺签提单是指货物装船后，承运人或者船代应货主的要求，以晚于该票货物实际装船完毕的日期作为提单签发日期的提单。

【同步案例 5-2】

2001 年 4 月，我国 T 公司向荷兰 M 公司出售一批纸箱装货物，以 FOB 条件成交，目的港为鹿特丹港，由 M 公司租用 H 远洋运输公司的货轮承运该批货物。5 月 15 日在青岛港装船。船方发现其中有 28 箱货外表有不同程度的破碎，于是大副批注“该批货物有 28 箱外表破碎”。当船方签发提单，欲将该批注转注提单时，卖方 T 公司反复向船方解释说买方是老客户，不会因一点包装问题提出索赔，同时出具保函：“若收货人因包装破碎货物受损为由向承运人索赔时，由我方承担责任。”船方接受了上述保函，签发了清洁提单。经过一个月航行载货船到达马赛港，收货人发现 40 多箱包装严重破碎，于是以货物与清洁提单记载不符为由，向承运人提出索赔。此后，承运人凭保函向卖方 T 公司要求偿还已赔付 20 万元的损失，但 T 公司以装船时仅有 28 箱包装破碎，拒绝偿还余下的 10 几箱损失，于是承运人与卖方之间又发生争执。

问题：凭清洁保函换取清洁提单，承运人与卖方面临着什么隐含风险？

分析提示：根据有关国际公约规定，已装提单上所做的记载内容必须与已装船货物的实际状况相符，承运人应对提单记载事项向包括收货人在内的提单持有人负最终责任。在本案中，作为承运人的船方明知货物在装船时有部分货箱破碎，与提单记载不符，但为眼前的利益凭卖方的保函签发了清洁提单，因而其面临着收货人直接向其提出赔偿的风险。另外，签发保函是一种民事行为，不能受到法律保护，承运人还面临向出具保函的卖方追偿而得不到补偿时无法向法院起诉的风险，同时也丧失了公约或法律赋予的可能免除其责任的权利。对卖方而言，如果不能拿到承运人签发的清洁提单，将无法结汇。为能按时得到货款，卖方通过签发清洁保函换取清洁提单取得一时的利益，并逃避应承担的法律责任，但实质上卖方也面临着巨大风险，如：承运人管货责任心减低，货损扩大；卖方面临被解除合同，损害赔偿等。

（四）海上货运单

海上货运单，简称海运单（sea waybill，ocean waybill），是指船方直接签发给收货人的提单。海运单不可转让，也不能向银行抵押，但其能方便买方提货，可以减少假提单诈骗现象。

二、铁路运输单据

铁路运单是铁路与货主间签署的运输契约，分为国际铁路货物联运单、国内铁路运单和承运货物收据。

国际铁路货物联运单和国内铁路运单的格式和内容有所不同。国际铁路货物联运单包括正本和副本。正本随同货物从始发站送至终点站，最后交给收货人，它既是铁路承运货物的凭证，也是铁路向收货人交付货物、核收运费、处理索赔与理赔的依据；国际铁路货物联运单副本在铁路加盖承运日期戳记后交给发货人，可作为发货人据以向银行办理结算货款的凭证。

承运货物收据是指内地通过国内铁路运往港澳地区的出口货物，一般都委托中国对外贸易运输公司承办，货物装车发运后，由外运公司签发给托运人的货物收据，作为结汇凭证。承运货物收据既是承运人出具的货物收据，也是承运人与托运人签订的运输契约。

铁路货物运单不是物权凭证，不能向银行抵押，也不能背书转让。

三、航空运单

航空运单是承运人与托运人之间签订的运输契约，也是承运人或其代理人收取货物后签发的货物收据。航空运单不仅应有承运人或其代理人签字，还必须有托运人签字。航空运单与铁路运单一样，不能作为物权凭证进行转让和抵押，不能凭以提取货物，但可作为发货人据以向银行办理结算货款的凭证，也是海关查验放行的一项基本单据。航空运单正本一式三份，分别交托运人、航空公司和随机交收货人，副本若干份由航空公司按规定分发。

【同步思考 5-4】

在航空运单上印有“不可转让”的字样，思考航空货运单“不可转让”的意义。

分析提示：货运单的右上端印有“不可转让”字样，其意义是指航空货运单仅作为货物航空运输的凭证，所有权属于出票航空公司，与可以转让的海运提单恰恰相反。因此，任何国际航空运输协会（International Air Transport Association，IATA）成员都不允许印制可以转让的航空货运单，货运单上的“不可转让”字样不可被删去或篡改。

四、国际多式联运单据

国际多式联运单据指由多式联运经营人或其代理人签发，证明已收到指定货物并负责按合同条款运送货物到目的地的单据。这种单据与海运提单有许多共同之处：它是货物所有权凭证，可以向银行抵押，经背书可以转让、流通，可以凭单提取货物。但其在性质上却与联运提单有较大区别：二者适用的运输方式不同，签发运输单据人的身份及责任范围不同。联运提单由船公司签发，包括海洋运输在内的全程运输，多式联运单据由多式联运承运人或其代理人签发，也包括全程运输，但多种运输方式中可以不包含海洋运输，联运提单承运人只对自己执行的一段负责，而多式联运承运人对全程负责。

第三节 合同中的装运条款

在进行贸易洽商时，交易双方必须就装运时间、装运港和目的港、能否分批装运和转运等问题进行协商，商妥后在合同中具体订明。明确合理的订立装运条款是保证进出口合同顺利履行的重要保证。

一、装运时间的规定

装运时间亦称装运期，是贸易合同的主要条件，若卖方违反这一条件，买方有权撤销合同。

根据《国际贸易术语解释通则》规定，在采用C组、F组贸易术语的买卖合同中，卖方只要在合同规定的装运地（港）将货物装上船或交付承运人监管就算完成了交货义务，合同中的交货时间实际上是装运时间，卖方对何时到货并不承担责任。而D组的贸易术语和EXW术语，则是卖方必须将货物置于买方的实际控制之下。因而，合同中规定的交货时间是买卖双方实际交接货物的时间。

（一）装运时间规定方法

对于买卖合同中装运时间的规定，常用的有下列几种方法：

1. 明确规定装运期

规定在某年某月内装运

如：2005年5月份装运（shipment during May 2005）。按此规定全部货物可在2005年5月1日至5月31日之间任一天装运。

规定某年跨月度装运

如：2005年3/4/5月装运（shipment during March/June/May 2005）。按此规定卖方可从3月1日至5月31日之间这一段时间内任意时间装运。

规定最迟装运日期

如：2004年12月31日前装运（shipment before the end of Dec 31 2004）。

三月底或以前装运（shipment before the end of March）。

规定跨年度、月份装运

例如：在2002年12月和2003年1月之间装运。

这种规定方法，装运期一般不确定在某一个日期上，而是确定在一段时间内，期限明确具体，在国际贸易合同中采用较为普遍。

2. 规定在收到信用证后若干天装运

如：收到信用证后45日内装运（shipment within 45days after receipt of relevant L/C）。

采用这种规定方法，必须是采用信用证支付方式的合同。另外，由于卖方往往要等收到买方开来信用证后才开始备货或装船，因而采用此种方法时，为了防止买方拖延或拒绝开证而使卖方无法及时安排生产、包装、装运而陷于被动，还应在合同中同时规定信用证的最迟开证日期，并规定买方若不按合同规定开证，则构成违约。例如，在合同中规定“买方必须最迟于7月31日将有关信用证开抵卖方，否则，卖方有权按买方违约提出索赔。”

3. 规定在收到信汇、电汇或票汇后若干天装运

如：收到你方30%电汇货款后20天内装运（shipment will be effected within 20days after receipt of your 30%deposit of the total amount by T/T）。

在FOB术语下电汇支付时，此种方法使用较普遍。

4. 规定近期术语的装运

如："立即装运"（immediate shipment）、"尽速装运"（shipment as soon as possible）、"即刻装运"（prompt shipment）等。

这种规定方法装运期限太笼统，各国理解不一，很容易造成分歧，因此国际商会修订的《跟单信用证统一惯例》规定，不应使用"迅速"、"立即"、"尽速"和类似的词语，如使用了这类词语，银行将不予理会。

（二）规定装运期的注意事项

1. 应考虑货源和船源的实际情况

不同的商品其生产周期长短亦不一样，对于交易的商品应事先测算好其生产周期，以便及时与船公司联系。如果对货源不了解，盲目确定装运期，就有可能出现到时交不了货，形成有船无货的情况。在按CFR、CIF条件出口和按FOB进口时，还应考虑船源的情况。如果对船源没把握盲目成交，或者没有留出安排舱位的合理时间，则可能会出现到时租不到船或订不到舱位而形成有货无船的情况。因此，从货源和船源的实际情况出发来安排装运期，有利于做好船货衔接，便于按期装运。

2. 对装运期的规定要明确、具体

在买卖合同中，应明确规定装运期的具体期限，避免使用"立即装运"和"尽速装运"等词语，以防发生争议。

3. 装运期限应当适度

装运期限的长短，应视不同商品和租船订舱的实际情况而定，不宜过长或过短，以免造成不必要的损失。

4. 开证日期的规定要明确合理，应与装运期互相衔接

装运期与开证日期是互相关联的，为保证按期装运，开证日期一般要比装运日期早30～45天。

5. 装运期的最后一天不能按节假日顺延

也就是说，即使装运期的最后一天恰逢国家法定的节假日，这一天也仍然是装运的最后期限，而不能顺延至下一个工作日。

【同步案例5-3】

期租船租约规定，某轮在加尔各答交船，其租约条款规定："如船舶未能在2002年5月10日下午6点以前准备就绪交于租船人，则租船人有权选择取消合约。"该船东于2002年5月9日通知租船人可于5月10日上午交船。但根据港口卫生检查员检验的结果，该轮必须先熏蒸、消毒，熏蒸须待5月10日子夜或于5月11日才能熏毕。据此5月10日上午9点，租船人向船东宣布取消合同。

问题：

（1）按规定租船人是否有权取消租约？

（2）船东对租船人的宣布可能会有什么反应？

分析提示：

(1) 按租约规定船舶未能在2002年5月10日下午6点准备就绪交于租船人，租船人可以行使选择撤约权利。本案租船人在租约期未终了前，于2002年5月10日上午9点向船东宣布撤约，在法律上是无效的。

(2) 鉴于上述情况，租船人在租约期终了前宣布撤约的行为，很可能给船东抓住租船人事先毁约把柄，反告租船人毁约。

二、装运港（地）和目的港（地）

装运港（地）是指货物开始装运的港口或起运地，目的港（地）是指最终卸货的港口或货物到达地，在国际贸易进出口合同中，一般都订明装运港（地）和目的港（地）。

（一）装运港（地）和目的港（地）的规定方法

① 在一般情况下，只规定一个装运港和一个目的港，并列明港口的具体名称。

② 在某些交易条件下，为满足业务需要，可分别规定两个或两个以上的装运港和目的港。

③ 采用“选择港口”的办法。在洽商合同时，由于各种原因，有时难以明确规定具体的装运港和目的港，可以规定两个或两个以上的港口作为装运港和目的港。如装运港为天津/青岛/上海，卸货港为伦敦/汉堡。

（二）规定装运港（地）和目的港（地）的注意事项

1. 规定国外装运港和目的港的注意事项

① 注意港口的具体装卸条件　比如，有无直达班轮航线，港口装卸条件以及运费和附加费水平等。如果是租船运输，还要考虑码头泊位的深度，有无冰封期，冰封的具体时间以及对船舶国籍有无限制等。因为这些都直接关系到货运成本及租船订舱等问题。

② 对港口的规定应力求明确具体，避免使用笼统说法　例如，以“欧洲主要港口”或“亚洲主要港口”为装运港或目的港时，就不能随便接受，因为，欧洲或亚洲港口众多，究竟哪些港口为主要港口，各国并无统一解释，而且各港口距离远近不一，港口条件也有区别，运费和附加费相差很大，极易引起争议，我们应避免采用。

但是，在实际业务中，必要时，也可允许采用“选择港”。但选择的港口必须规定在同一航区或系班轮的同一航线上，且港口数目不宜超过3个，同时还应在合同中明确规定：第一，选港所增加的运费、附加费，应由买方负担；第二，买方应在开信用证的同时，宣布最后目的港，通知船方。

③ 一般不能接受国名、内陆城市作为装卸港口　因为，接受这一条件，我方要承担从港口到内陆城市这段路程的运费和风险。

④ 应注意国外港口有无重名的问题　世界各国港口重名的很多，例如，维多利亚港，世界上有十几个之多，波士顿、的黎波里等也有数个；为防止发生差错，引起纠纷，在买卖合同中应明确注明装运港或目的港所在国家和地区的名称。

⑤ 装运港一般由卖方提出，经买方同意后确定；目的港则由买方提出，经卖方同意后确定。

2. 规定国内装运港和目的港的注意事项

(1) 应考虑港口位置靠近货源，便于就近装卸的情况　在出口业务中，对国内装运港规定，一般选择接近货源地的港口，同时应考虑港口和国内运输的条件和费用水平。在进口业务中，对国内目的港的规定，原则上应选择接近用货单位或消费地区的港口为宜。

(2) 应考虑港口的设施，装卸条件等实际情况　根据我国目前港口的条件，为避免港口到船集中而造成堵塞现象，在进口合同中，目的港有时也可规定为“中国口岸”。

三、分批装运与转船

(一) 分批装运

1. 分批装运

分批装运（partial shipment）是指一笔成交的货物，分若干批装运。根据《跟单信用证统一惯例》规定：“运输单据表面上注明是使用同一运输工具装运并经同一路线运输，即使运输单据上注明的装运日期不同及/或装运港、接受监管地或发运地点不同，只要运输单据注明是同一目的地，将不视为分批。”也就是说，同一船只、同一航次中，不同装运港口多次装运货物，即使分别签发了几份不同装运期、不同装运港口的提单，只要该笔成交的货物是同时到达目的港，就不能按分批装运论处。

在大宗货物交易中，买卖双方根据交货数量、运输条件和市场销售需要等因素，可在合同中规定分批装运条款。

2. 分批装运的规定

国际上对分批装运的解释和应用很不统一，但根据《跟单信用证统一惯例》的规定：“除非信用证另有规定，允许分批装运”。“为了避免在履行合同时引起争议，交易双方应在买卖合同中订明是否允许分批装运，若双方同意分批装运，应将批次和每批装运的具体时间与数量订明。”

(1) 笼统规定允许分批装运　这种方法只注明允许分批装运，而对如何分批不做具体规定。如“partial shipment is allowed”。这样对卖方来说比较灵活，可根据经营意图和客观条件机动掌握。

(2) 具体规定各批次的装运期和数量　如：在合同或信用证中规定“4 月、5 月、6 月分 3 批，每月平均装运”，以及类似的限批、限时、限量或定期定量的条件，则卖方应严格履行约定的分批装运条款，只要其中任何一批没有按时、按量装运，就可作为违反合同论处。按《跟单信用证统一惯例》规定，“如信用证规定在指定时期内分批装运。其中任何一批未按批装运，信用证对该批和以后各批货物均告失效，信用证另有规定者除外。”由此可见，这种做法对卖方限制非常严格。

卖方必须严格按照买卖合同和信用证的有关规定办理，为了保证分批装运条款的顺利执行，规定每批装运的时间要留有适当的间隔，一笔货物不宜规定在很短时间内分若干批装运，而且每批装运的规定也要适当，防止过分集中，以免造成不必要的损失。

(3) 明确规定不准分批装运　如“partial shipment is not allowed”。这样，卖方必须将货物一次全数装运。

【同步思考 5-5】

我国粮油进出口总公司天津分公司对新加坡出口 5000 公吨大豆，国外开来信用证规定：不允许分批装运。结果我方在规定的期限内分别在大连港、天津新港各装 2500 公吨于同一航次的同一船上，提单也注明了不同的装运地和不同的装船日期。

问题：请问这是否违约？银行能否议付？

分析提示：不违约，银行能议付。因即使提单注明了不同的装运地和不同的装船日期，但货物装上同一船只、同一航次，不属分批装运。

（二）转船

如果货物没有直达船舶或一时无合适的船舶运输，而需通过某中途港转运时，买卖双方可在合同中商订“允许转船”条款。《跟单信用证统一惯例》规定，除非信用证有相反的规定，否则可准许转运。

1. 转船

转船（transhipment）是指货物装运后，在运输过程中，从一种方式的运输工具卸下，再装上另一种方式的运输工具，或从一运输工具卸下再装上同一种运输方式的另一运输工具的行为，也称为转运。

2. 转船的规定

货物中途转船，不但延误时间和增加费用开支，而且还有可能出货损货差，买方对其进口的货物，一般不愿转运，但在某些情况下，为了便利装运，则应当在买卖合同中订明“允许转运”的条款。为了明确责任和便于安排装运，交易双方是否同意转运以及有关转运的办法和转运费的负担等问题，都应在买卖合同具体订明。

例如：

① Partial shipments and transhipment are allowed.

② Partial shipments are allowed，transhipment is not allowed.

③ Transhipment：Allowed；Partial shipments：Prohibited.

分批装运和转船条款，直接关系到买卖双方的利益，因此，能否分批装运和转船，应在买卖合同中明确订明。根据《跟单信用证统一惯例》规定，除非信用证有相反规定，否则可准许分批装运和转船，但在贸易合同中如对分批装运、转船不做规定，按照国外合同法，就不等于可以分批装运和转船。因此，为了避免不必要的纠纷，争取早出口、早收汇，防止交货时发生争议，原则上应在出口合同中明确确立“允许分批装运和转船”条款，买方坚持不允许分批装运和转船者除外。

四、装运通知

装运通知是买卖合同中装运条款的一项重要内容。装运通知是买卖双方针对货物交接事宜的安排情况而相互发出通知。它包括备货通知、派船通知和装船通知。合理规定装运通知可以明确买卖双方的责任，促使买卖双方互相配合，搞好船、货的衔接，并便于办理货物保险，有利于合同的顺利履行。

按照惯例，在按 FOB 条件成交时，卖方应在约定的装运期开始以前（一般是 30 天或 45 天），向买方发出货物备妥通知，以便买方及时派船接货。买方接到卖方发出的备货通知后，应将船名、船舶到港受载日期等在约定的时间内通知卖方，以便卖方及时安排货物出运和准备装船。

在按 CFR 条件成交时，装船通知的作用尤为重要，卖方应在货物装船后，立即向买方发出装运通知，以便买方及时对货物办理保险。

按其他贸易术语成交时，卖方应于货物装船后，在约定时间内将合同号、货物名称、品质、数量、发票金额、船名和装船日期等电告买方，以便买方做好接货准备。

五、装卸时间、装卸率、滞期费和速遣费

（一）装卸时间

装卸时间是指允许完成装卸任务所约定的时间，即装货和卸货的期限。一般以天数或小

时数来表示。装卸时间的规定方法很多，其中常用的有下列几种：

1. 连续日

所谓日，是指午夜至午夜连续 24 小时的时间，以“日”表示装卸时间时，从装货或卸货开始，到装货或卸货结束，整个经过的天数，就是总的装货或卸货时间。在此期间内，不管天气好坏，没有任何扣除，有几天算几天。这种规定，对租船人很不利。

2. 累计 24 小时好天气工作日

这是指在好天气情况下，累计 24 小时作为一个工作日。如某港口规定每天作业 8 小时，则工作 3 天的时间才能算一个工作日。这种规定对船方不利，而对租船人有利。

3. 连续 24 小时好天气工作日

这是指在好天气情况下，连续作业 24 小时算一个工作日，而中间因坏天气影响而不能作业的时间应予以扣除。这种方法一般适用于昼夜作业的港口。当前，此种规定方法在国际上采用较为普遍，我国一般都采用此种规定方法。

由于各国港口习惯和规定不同，在采用此种规定办法时，对节假日作业是否计入装卸时间，国际上有不同的规定。因此，应在工作日后具体订明：“星期日和节假日除外”，或“不用不算，即使用了也不算”，或“不用不算，用了要算”。

此外，还有按照“港口习惯速度尽快装卸”来表示装卸时间的做法，这种方法只能适用于装卸条件好、装卸效率高和装卸速度稳定的港口，采用这种方法时，星期日、节假日以及因坏天气而不能进行装卸作业的时间应不除外。但此种方法易引起争议，应谨慎使用。

为了计算装卸时间，合同中还必须对装卸的起止时间加以约定。

关于装卸时间的起算，一般规定在收到船长向承租人或其代理人递交的“装卸准备就绪通知书”后，经过一定的规定时间后开始起算。一般有三种规定情况：①规定接到装卸通知后，24 小时后算起；②上午 12 点之前接到装卸通知，下午上班时算起；③下午下班前接到通知，第二天上班时算起。

关于装卸货物的止算时间，通常是指货物实际装完或卸完的时间。

（二）装卸率

装卸率是指每日装卸货物的数量，即港口装卸的能力。装卸率的高低，不仅关系到完成装卸任务的时间，还关系到运费水平，从而在一定程度上影响货价，所以装卸率规定要适当，不宜过高或过低，规定过高，完不成装卸任务，要承担滞期费的损失，反之，规定过低，虽能提前完成装卸任务，可得到船方的速遣费，但船方会因装卸率低，船舶在港时间长而增加运费，致使租船人得不偿失。装卸率应根据货物品种和有关港口的机械化、现代化等条件实事求是地确定。

（三）滞期费和速遣费

滞期费是指租船人在约定的允许装卸时间内未能将货物装卸完，致使船舶在港内停泊时间延长，给船方造成经济损失，而延迟期间的损失，应按约定每天若干金额支付给船方的罚金。速遣费是指租船人按约定的装卸时间和装卸率，提前完成装卸任务，使船方节省了船舶在港的费用开支，船方将其获取的利益的一部分支付给租船人的奖金。按惯例，速遣费一般为滞期费的一半。滞期费和速遣费通常约定为每天若干金额，不足一天者，按比例计算。在规定买卖合同的滞期费、速遣费条款时，应注意内容要与租船合同的相应条款保持一致，以防出现既支付滞期费又支付速遣费的矛盾局面。

【情景模拟 5-1】

接到印度金奈 MAC 国际贸易有限公司的信用证后，淄博恒洋铝塑包装有限公司将货物准备就绪，朱经理让张涛联系货物的出口运输。6 月 18 日张涛联系了外运公司，查询 2007 年 7 月 5 日之前的集装箱班轮情况。外运公司通知张涛可以安排仓位，并要求张涛提供相关信息。张涛根据合同和信用证的相关货物装运条款，向外运公司提供了相关装运所需信息。

本章小结

国际货物运输是国际货物贸易中不可缺少的一个重要环节。国际货物运输方式有海洋运输、铁路运输、航空运输、公路运输、集装箱运输等，每种运输方式都有自己的特点和经营方式，正确合理选择运输方式有利于按时、按质、按量完成进出口运输任务。

海洋运输主要通过班轮运输和租船运输两种方式。班轮运输具有四固定的特点，其运费包括基本运费和附加费，租船运输包括程租船、期租船和光船租船。

国际货物运输中所使用的单据各异，主要有海运提单、铁路运单、航空提单、邮包收据等。

海运提单可作为收货的凭证、货物所有权的凭证和运输协议的证明，目前我国进出口贸易中常采用清洁的、空白抬头、空白背书的已装船提单。

合同中的装运条款，主要包括装运期、装运港和目的港、装运通知、分批装运和转船等内容，买卖双方应根据实际情况做出规定。

【综合训练】

一、单项选择

1. 海洋运输一般分为班轮运输和（　　）。

A. 定期运输　B. 专线运输　C. 内河运输　D. 租船运输

2. 大宗交易的货物如粮食、矿沙、石油、木材等，一般都使用（　　）装运。

A. 班轮运输　B. 租船运输　C. 铁路运输　D. 公路运输

3. 下列有关国际铁路货物联运的叙述，（　　）是错误的。

A. 仅使用一份运送单据　B. 铁路以连带责任负责办理货物的全程运输

C. 在跨国移交货物时不需要收货人和发货人参加　D. 运输手续较复杂

4. 货到单未到的提单是（　　）。

A. 过期提单　B. 不清洁提单　C. 倒签提单　D. 预借提单

5. 具有“四固定”特点的运输方式是（　　）。

A. 定程租船　B. 定期租船　C. 光船租船　D. 班轮运输

二、多项选择

1. 国际货物运输方式包括（　　）。

A. 国际海上货物运输　B. 国际航空货物运输

C. 国际铁路货物运输　D. 国际公路货物运输

2. 航空货运单的作用是（　　）。

A. 证明托运人与承运人已订立国际航空货物运输合同

B. 证明航空承运人接受了货物

C. 证明航空承运人收到货物的重量、尺寸、包装、件数等

D. 代表运单项下货物的所有权

3. 根据运输方式的不同可分为（　　）。

A. “直达提单”（direct B/L）
B. “转运提单”（transshipment B/L）
C. “全式提单”（long term B/L）
D. “联运提单”（through B/L）

4. 集装箱运输的特点包括（　　）。

A. 使用集装箱转运货物，实现门到门的运输
B. 集装箱运输与传统海运相比还具有运输质量高，减少货损货差
C. 装卸效率高，船舶周转快
D. 货运成本低，手续简化及可进行连续运输等优点，它适合于海洋运输、铁路运输和国际多式联运等各种运输形式

5. 构成国际多式联运应具备的条件是（　　）。

A. 必须要有一份多联式联运合同和使用一份包括全程的多式联运单据，并有一个多式联运经营人对全程运输负责
B. 必须是至少两种不同运输方式的连贯运输
C. 必须是国际间的货物运输
D. 必须是全程单一的运费费率

三、判断

1. 在采用租船方式运输大宗货物时，租船合同和买卖合同中均应订立卸率和滞期速遣条款。（　）
2. 海运提单是承运人与托运人之间订立的运输契约，是物权凭证。（　）
3. 采用国际铁路联运运送货物时，联运运单正本是卖方凭以结算货款的单据之一。（　）
4. 根据《跟单信用证统一惯例》的规定，如果信用证中没有明确规定是否允许分批装运及转船，应理解为允许。（　）
5. 在航空运输中，收货人提货凭航空公司的提货通知单。（　）

四、解答问题

1. 班轮运输的特点有哪些？
2. 简述海运提单的性质和特点。
3. 规定装运港（地）和目的港（地）应注意哪些事项？
4. 国际多式联运应具备哪些条件？
5. 某公司出口到澳大利亚悉尼港某商品1000箱，每箱毛重30千克，体积0.032立方米，运费计算标准为W/M，10级货。查10级货直运悉尼港每运费吨基本运费率为330美元，加燃油附加费10%，港口拥挤费15%。求运费。

五、案例分析

1. 我国向俄罗斯出口茶叶6000箱，合同和信用证均规定“从5月份开始，连续每月2000箱”，问：我方于5月份装2000箱，6月份没装，7月份装2000箱，8月份装2000箱，可否？

2. 1996年7月，广西某出口公司从广西一家水泥厂购得5500吨水泥，卖给缅甸的一家公司，条件为CIF仰光。签约后，出口公司委托自己的货运代理与船公司签订了一份航次租船合同。船舶按时到达装货港，但信用证未按时开到出口公司，致使卖方不能按时装船，船舶在港滞留40多天。出口公司支付滞期费和运费合计243000美元。不久，信用证开到，出口公司审证无误，在三天内便装船完毕。但货物装船后，货运代理公司和船公司在提单签发的问题上发生了争议。按照租船合同规定，装船后，五个银行工作日内，租船人将运费电汇到船公司的账户，同时在提单上注明“运费预付”字样。装船完毕后，出口方的货代根据信用证的要求，请船公司签发“运费预付”的提单，遭到拒绝。船公司要求租船方付清运费后才同意签发这种提单。因此，货运代理公司与船公司在提单签发的问题上发生了争执。试评析这一案例。

六、实训题

1. 以下是几份CIF条件出口合同中的装运条款，要求：将上述条款翻译成汉语并分析其含义。

（1）Time of shipment，within 15days after receipt of your letter of credit from Qingdao to Singapore.

（2）Shipment will be effected during March/April/May 2008 in three equal monthly lots.

（3）Shipment during August from Dalian to New York transhipment is prohibited.

（4）Shipment before the end of this year from Qingdao to London，allowing partial shipment and transhipment.

2. 我某公司对南非出口一批化工产品 2000 公吨，采用信用证支付方式。国外来证规定："禁止分批装运，允许转运"。并且该证注明：按《跟单信用证统一惯例》办理。现已知：装期临近，已订妥一艘驶往南非的"黄石"号货轮，该船先停靠新港，后停靠青岛。但此时，该批化工产品在新港和青岛各有 1000 公吨尚未集中在一起。如你是这笔业务的经办人，最好选择何种处理方法。为什么？

第六章　国际货物运输保险

教学目标

知识目标：

1. 理解海上货物运输保险承保的范围。
2. 掌握海、陆、空、邮方式下货物运输保险的险别。
3. 掌握保险单据的内容及保险金额、保险费的计算方法。

能力目标：

1. 能够根据实际需要选择保险公司和险别。
2. 会填制保险的主要单据、会保险费用的计算。
3. 能独立完成保险投保及索赔事项。

【先导案例】

2001 年 4 月，我国黑龙江省某外贸公司与荷兰进口商签订一份出口成批手套合同，成交术语为 CIF 鹿特丹，向中国人民保险公司投保一切险。生产厂家在生产的最后一道工序将手套的湿度降低到最低程度，然后用牛皮纸包好装入双层纸箱，再装入集装箱。货物于 2001 年 5 月到达鹿特丹后，检验结果表明：全部货物湿、霉、沾污、变色，损失价值达 8 万美元。但是，当时该批货物出口地黑龙江不异常热，而且进口地鹿特丹不异常冷，运输途中无异常，完全属于正常运输。思考：保险公司对该批货物是否负责赔偿？

我方出口商对货物投保一切险，该险种包括一般附加险，货物湿、霉、沾污属于一般附加险的承保范围，因此买方应该及时索赔，保险公司对损失负责赔偿。

在国际贸易中，货物的保险是非常重要的，本章围绕教学目标，介绍了海运货物保险承保的范围、我国海洋运输货物保险的险别、其他运输方式下的货运保险、英国伦敦保险协会海运货物保险条款以及货物运输保险具体操作等内容。

第一节　海运货物保险承保的范围

国际货物运输方式有多种，由于海上货物运输在国际货物运输中较陆上运输、航空运输和邮包运输有更广泛的应用，因而海上货物运输保险形成得最早，应用得最多，也比较完善。

海上货物运输保险承保的范围包括风险、损失和费用（图 6.1）。

一、海上货运承保的风险

海上货物运输承保的风险可分为海上风险和外来风险两类。

（一）海上风险

海上风险（perils）是被保险货物及船舶在海上运输中所发生的风险。从性质上划分为

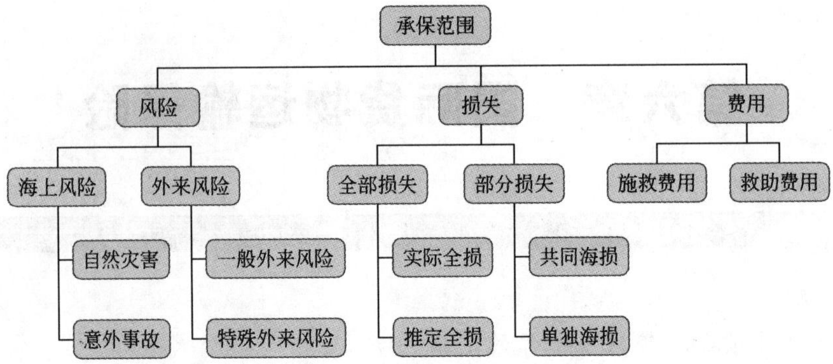

图 6.1 海上货物运输保险承保的范围

自然灾害和意外事故两大类。

1. 自然灾害

自然灾害（natural calamity）指不以人的意志为转移的自然界的力量所引起的灾害。按照我国 1981 年 1 月 1 日修订的海洋运输货物保险条款的规定，保险人承保的自然灾害仅指人力不可抗拒的灾害，例如：恶劣气候（heavy weather）、雷电（lightning）、海啸（tsunami）、浪击落海（washing overboard）、洪水（flood）、地震（earth quake）、火山爆发（volcanic eruption）、海水、湖水或河水进入船舶、驳船、船舱、运输工具、集装箱、大型海运箱或储存处所。

2. 意外事故

意外事故（accident）是指偶然的、难以预料的原因造成的事故。主要包括：火灾（fire）、爆炸（explosion）、搁浅（grounding）、触礁（stranding）、沉没（sunk）、碰撞（collision）、倾覆（capsized）、投弃（jettsion）、吊索损害（sling loss）、海盗行为（piracy）、船长、船员的不法行为（barratry of master and mariner）等。

【同步思考 6-1】

海上风险仅指海上发生的灾害和事故吗?

分析提示：按照国际保险市场的一般解释，海上风险并非局限于海上发生的灾害和事故，那些与海上航行有关的发生在陆上或海陆、海河或与驳船相连之处的灾害和事故，也属于海上风险。

（二）外来风险

外来风险（extraneous risk）是指海上风险以外的、难预料的、不是必然发生的外来原因造成的风险。外来风险可分为一般外来风险和特殊外来风险。

一般外来风险是指被保险货物在运输过程中由于一般外来原因所引起的风险。海上货运保险业务中承保的一般外来风险有：偷窃（theft）、短少和提货不着（short-delivery & non-delivery）、渗漏（leakage）、短量（shortage in weight）、碰损（clashing）、破碎（breakage）、钩损（hook damage）、淡水雨淋（fresh and rain water damage）、生锈（rusting）、沾污（contamination）、受潮受热（sweating & heating）、串味（taint of odor）。

特殊外来风险是指战争、种族冲突或一国军事、政治、国家政策、法律以及行政措施的变化等。常见的特殊外来风险主要指战争、罢工、交货不到、拒收等。

二、海上损失

海上损失是指海运途中因遭受海上风险所遭受的损失。海上损失按其受损程度不同可划分为全部损失和部分损失。

（一）全部损失

全部损失（total loss），即全损，是指运输中的整批货物或不可分割的一批货物的全部灭失或损坏。可分为实际全损和推定全损。

1. 实际全损

实际全损（actual total loss）是指保险标的的完全灭失，或保险标的物所有权丧失已无法挽回，或标的物已丧失商业价值或失去原有的使用价值，或载货船舶失踪（4～6 个月音讯全无）。被保险人在遭受了上述实际全损后，可按其保单的投保金额，获得保险人的全部损失的赔偿。

2. 推定全损

推定全损（constructional total loss）也称商业全损，是指被保险货物在海上运输途中遭遇承保风险之后，虽未达到完全损失的状态，但是可以预见到它的全损将不可避免；或者为了避免全损，需要支付的抢救、修理费用加上继续将货物运抵目的地的费用之和，将超过货物的保险价值或超过货物到达目的地时的价值。

推定全损只有在被保险人向保险人提出委付，并在保险人同意的情况下，被保险人将保险标的的一切权力包括所有权转让给保险人，而要求保险人按实际全损的赔偿额予以赔偿。

【同步案例 6-1】

X 进出口公司出口金属工艺品一批，货物投保了一切险和战争险。金属工艺品在运输途中遇到台风，剧烈船体颠簸导致工艺品严重变形，货物修复的费用超过残余货物的销售收入。于是，X 进出口公司向保险公司提出赔偿。

问题：保险公司是否能够按照全损进行赔偿？该批货物的残余价值怎样处置？

分析提示：因为货物的修复费用已经超过修复后货物的销售收入，所以在被保险人投保一切险的情况下，该批货物可以要求保险公司按照推定全损进行赔付。只有被保险人将保险标的的一切权力包括所有权转让给保险人，才能得到推定全损的全部赔偿，因此残余价值归保险公司所有。

（二）部分损失

部分损失（partial loss）是指由保单承保风险直接造成的保险标的没有达到全部损失程度的一种损失。按其损失的性质不同，可分为共同海损和单独海损。

1. 共同海损

共同海损（general average，G. A.）是指载货的船舶在海运途中遭受自然灾害或意外事故，船长为解除船与货的共同危险或为使航程得以继续，有意而合理的做出的特殊牺牲；或采取合理救难措施而引起的特殊损失和合理的额外费用。

共同海损的成立条件：船舶确实遭遇危及船、货安全的自然灾害或意外事故；采取的措施必须是合理的和有意义的；牺牲和费用支出是非常性质的；其损失必须是共同海损的直接结果；共同海损的牺牲或支付的费用必须是以船、货被获救的效果为前提。

2. 单独海损

共同海损是指由承保风险直接导致的船或货的部分损失。这种损失局限于被保险人，并不涉及其他有关方的利益。

单独海损（particular average）与共同海损的主要区别在于：①造成海损的原因不同，单独海损是风险直接导致的损失，共同海损是为了解除或减轻这些风险而人为造成的损失；②承担损失的责任不同，单独海损由损失方自己承担，共同海损由受益各方按受益大小的比例分摊。

【同步案例 6-2】

金刚轮号 2000 年从伊朗阿巴丹港开出驶向中国，船上装有轮胎、钢铁、棉花、木材，当船航至上海海面时突然着火，经救助造成以下损失：

（1）抛弃全部轮胎 USD9000，其中 20%已着火。

（2）扔掉未着火的木材及其他易燃物质价值 USD3000。

（3）烧掉棉花 USD5000。

（4）船甲板被烧 100 平方厘米，修理费用 USD100。

（5）检查费用 USD100。

问题：在此过程中，共同海损与单独海损各为多少？

分析提示：根据共同海损和单独海损的条件确定哪些损失属于单独海损、哪些损失属于共同海损。

GA＝9000×80%＋3000＋100＝10300（美元）

PA＝9000×20%＋5000＋100＝6900（美元）

三、海上费用

海上费用是指由海上风险造成的由保险人承保的费用损失，主要有施救费用、救助费用和特别费用等，以下介绍常见的几种海上费用：

（一）施救费用

施救费用（sue and labor charges）是指保险标的在遭遇保险责任范围内的灾害事故时，被保险人或其代理人、雇佣人及受让人根据保险合同中施救条款的规定，为了避免或减少保险标的的损失，采取各种抢救与防护措施而支出的合理费用。保险人对这种施救费用负责赔偿。

（二）救助费用

救助费用（salvage expenses）是指当船舶和货物在海上航行中遭遇保险承保责任范围内的灾害事故时由保险人和被保险人以外的第三者自愿采取救助措施，并成功地使遇难船舶和货物脱离险情，由被救的船方和货方支付给救助方的报酬。保险人对这种救助费用负责赔偿。

另外，船舶中途遭遇海上风险，为防止或减轻货物的损害，在中途港或避难港，由于卸货、存仓及续运至目的地所产生的费用，以及保险索赔成立时，对保险标的进行检查、查勘、公证、理算或拍卖等支付的额外费用，保险人均负责赔偿。

第二节　我国海洋运输货物保险的险别

按照中国人民保险公司 1981 年 1 月 1 日修订的《海洋运输货物保险条款》（Ocean Marine Cargo Clauses）规定，海洋货物运输的险种一般分为三大类，即基本险、附加险和专门险。

一、基本险

基本险是指可以独立投保的险种，我国的海洋货运基本险分为平安险、水渍险和一切险。

（一）平安险

保险公司对平安险（free from particular average，F. P. A.）承担的责任范围包括：

① 货物在运输途中，由于遇到自然灾害而造成的被保险货物的全部损失或推定全损。

② 海运途中，由意外事故造成被保险货物的全部或部分损失。

③ 运输船舶在运输途中遇到意外事故，意外事故前后又遇到自然灾害致使被保险货物的部分损失。

④ 保险标的物在装卸转船的过程中，一件或数件落海所造成的全部损失或部分损失。

⑤ 被保险人对遭受保险责任范围内危险的货物采取抢救，防止或减少货损措施而支付的合理费用，但以不超过该批被保险货物的金额为限。

⑥ 运输工具遭海难后，在中途港或避难港停靠而引起的装卸、存仓等特别费用损失。

⑦ 发生共同海损的牺牲、分摊费和救助费。

⑧ 运输契约定有“船舶互撞条款”，按规定应由货方偿还船方的损失。

（二）水渍险

水渍险（with particular average，W. A.）除了平安险的各项责任外，还负责被保险货物由于各种自然灾害所造成的部分损失。例如被保险货物由于恶劣气候、雷电、海啸、地震、洪水自然灾害所造成的部分损失。

（三）一切险

一切险（all risk）除平安险和水渍险的各项责任外，还包括货物在运输途中由于一般外来风险所导致的全部或部分损失。

从上述三种基本险的责任范围来看，平安险的责任范围最小，一切险责任范围最大，一切险＝平安险＋水渍险＋一般附加险。

对海洋运输货物保险的三种基本险别，被保险人可以根据货物的性质、运输路线等情况选择保险公司的相关险种。

二、附加险

附加险是对基本险的补充和扩大，附加险只有在投保某一种基本险的基础上才可加保。附加险分为一般附加险和特殊附加险。

（一）一般附加险

一般附加险（general additional risk）的种类如下：

（1）偷窃、提货不着险（theft pilferage and non-delivery，T. P. N. D.）　承保被保险货物因偷窃行为所导致的损失和整件货物提货不着等风险。

（2）淡水雨淋险（fresh water or rain damage，F. W. R. D）　承保被保险货物因直接遭到雨淋或淡水所造成的损失。

（3）短量险（risk of shortage）　承保被保险货物在运输过程中因为外包装破裂或散装货物发生数量损失和实际重量短缺的损失，但不包括正常途耗。

（4）混杂、沾污险（risk of intermixture and contamination）　承保被保险货物在运输过

程中因混进杂质或被沾污所造成的损失。

（5）渗漏险（risk of leakage） 承保被保险货物在运输过程中因为容器损坏而引起的损失，并对包装进行修补或调换所支付的费用负责赔偿。

（6）碰损、破碎险（risk of clash and breakage） 承保被保险货物在运输途中因震动、碰撞、受压所造成的破损和碰撞损失。

（7）串味险（risk of odor） 承保被保险食用物品、中药材、化妆品原料等货物在运输过程中因受其他物品的影响而引起的串味损失。

（8）钩损险（hook damage） 承保被保险货物在装卸过程中因遭受钩损而引起的损失，并对包装进行修补或调换所支付的费用负责赔偿。

（9）受潮受热险（damage caused by sweating and heating） 承保被保险货物在运输过程中因气温突变或由于船上通风设备失灵致使船舱内水汽凝结、发潮或发热所造成的损失。

（10）包装破损险（breakage of packing） 承保被保险货物在运输途中搬运或装卸不慎，致使包装破裂所造成的短少、沾污等损失。此外，为继续运输安全需要而产生的修补包装或调换包装所支付的费用也均由保险公司负责赔偿。

（11）锈损险（risk of rust） 对被保险的金属或金属制品一类货物在运输过程中发生的锈损负责赔偿。

【同步案例 6-3】

2002 年 4 月，青岛市某外贸公司 A 以 CIF 贸易术语出口一批货物，投保人为其货物投保水渍险。在运输过程中因为水管破裂，货物被水渍浸湿，导致损失。

问题：该损失是否属于保险公司赔偿范围？

分析提示：水管破裂，货物被水渍浸湿，导致损失是属于一般附加险中的淡水雨淋险的承保范围，投保水渍险不包含一般附加险，因此该损失不属于承保范围。

（二）特殊附加险

特殊附加险（special additional risk）有下列几种：

（1）战争险（war risk） 根据中国人民保险公司《海洋运输货物战争险条款》，海运战争险负责赔偿直接由于战争、类似战争行为和敌对行为、武装冲突或海盗行为所致的损失，以及由此而引起的捕获、拘留、扣留、扣押所造成的损失。还负责各种常规武器所导致的损失以及由于上述责任范围而引起的共同海损牺牲、分摊和救助费用。但对使用原子和热核武器所造成的损失和费用不负赔偿责任。

（2）罢工险（strikes risk） 被保险货物由于罢工、工厂被迫停工或参加工潮、暴动等人员的行为或任何人的恶意行为所造成的直接损失，和上述行为或行为所引起的共同海损的牺牲、分摊和救助费用负责赔偿。但对在罢工期间由于劳动力短缺或不能使用劳动力所造成的被保险货物的损失，包括因罢工而引起的动力或燃料缺乏使冷藏机停止工作所致的冷藏货物的损失，以及无劳动力搬运货物，使货物堆积在码头淋湿受损，不负赔偿责任。罢工险对保险责任起讫的规定与其他海运货物保险险别一样，采取“仓至仓”条款。按国际保险业惯例，已经投保战争险后加保罢工险，不另增收保险费。如仅要求加保罢工险，则按战争险费率收费。

（3）舱面险（on deck risk） 对保险货物存放舱面时，除按保险单所载条款负责外，还包括被抛弃或被风浪冲击落水在内的损失。

（4）进口关税险（inport duty risk）　当被保险货物遭受保险责任范围内的损失，而被保险人仍须按照完好货物价值完税时，保险公司对损失部分货物的进口关税负责赔偿。

（5）拒收险（rejection risk）　对被保险货物在进口港被进口国的政府或有关当局拒绝进口或没收，按货物的保险价值负责赔偿。

（6）黄曲霉素险（aflatoxin risk）　对被保险货物所含黄曲霉素超过进口国的限制标准，被拒绝进口、没收或强制改变用途而遭受的损失负责赔偿。

（7）交货不到险（failure to deliver risk）　对不论由于任何原因，从被保险货物装上船舶时开始，不能在预定抵达目的地的日期起 6 个月内交货的，负责按全损赔偿。

（8）货物出口到香港或澳门存仓火险责任扩展条款（five risk extension clause-for storage of cargo at destination Hong Kong，including Kowloon，or Macao，FREC）　被保险货物运抵目的地香港（包括九龙）或澳门卸离运输工具后，如直接存放于保单载明的过户银行所指定的仓库，本保险对存仓火险的责任至银行收回押款解除货物的权益为止，或运输险责任终止时起满 30 天为止。

三、其他专门险别

在我国海洋运输货物保险中，针对被保险货物的某些特性，保险业务中还有专门适用于海洋运输冷藏货物保险、海洋运输散装桐油保险以及活牲畜、家禽运输的保险。这些专门险也属于基本险的性质，可以单独投保。

四、海洋运输货物保险的责任起讫

（一）基本险的责任起讫

基本险承保责任的起讫依照国际保险业中惯用的“仓至仓”条款，即货物保险的效力自被保险货物运离保险单所载明的起运仓库开始运输时生效，包括正常运输过程中的海上，陆上，内河和驳船运输在内，直至该项货物到达保险单所载明的目的地收货人的最后仓库，或被保险货物用作分配、分派或非正常运输的其他储存处所为止。如未抵达上述仓库，则以被保险货物在最后卸载港全部卸离海轮后满 60 天为止。若在上述 60 天内被保险货物需要转移到其他保单未载明的地点时，则在货物开始转运时，保险责任终止。

（二）海运货物战争险的责任起讫

战争险的保险责任起讫是以水上危险为限，即自货物在起运港装上海轮或船舶时开始，直到目的港卸离船舶或驳船为止。如果不卸离海轮或驳船，不论货物是否在当地卸货，保险责任以海轮到达该港或卸货港地点的当日午夜起算满 15 天为止，俟再装上续运海轮时恢复有效。

【同步思考 6-2】

在 FOB、CFR、CIF 价格条件下，三种基本险的责任起讫都是“仓至仓”吗?

分析提示：不是。CIF 价格条件下，三种基本险的责任起讫是“仓至仓”，FOB、CFR 价格条件下，三种基本险的责任起讫是“船至仓”。

五、海运货物基本险的除外责任

参照英国《1906 年海上保险法》有关除外责任的规定，我国现行的海洋运输货物保险条款对于除外责任的规定，基本险的除外责任包括以下五项：

① 被保险人的故意行为或过失所造成的损失；

② 属于发货人责任引起的损失；

③ 在保险责任开始前，被保险货物已经存在的品质不良或数量短差所造成的损失；

④ 货物的自然损耗、本质缺陷、特性以及市价跌落、运输迟延所引起的损失或费用；

⑤ 战争险和罢工险条款规定的除外责任。

六、投保业务流程

在实际业务操作过程中，凡以 CIF 条件成交的出口货物，由出口商向当地保险公司办理投保手续，具体流程如图 6.2 所示。

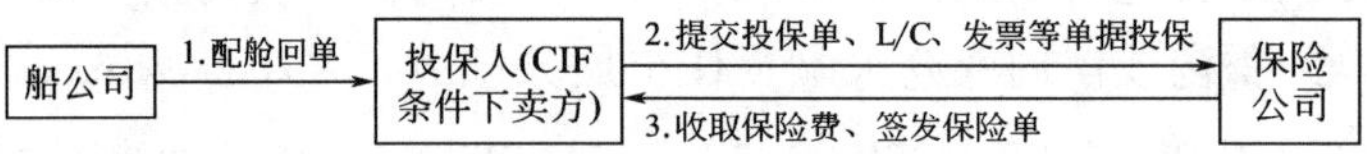

图 6.2 投保流程图

投保人在备齐货物并确定出运日期后（一般是收到船公司的装货单 S/O，又称配舱回单），在起运前向保险公司填制一式两份的《海运出口货物投保单》，并提供信用证或合同、发票等有效的单证申请投保。保险公司根据有关规定，经审核后如果同意承保则在《海运出口货物投保单》上签署“同意承保”字样，将其中一联退还给投保人，并收取保费。保险公司随后出具正式保险单，保险合同即告成立。在保险期限内如发生航程变更或保险单所载明的货物、船名或航程有遗漏或错误时，投保人应在获悉后立即通知保险公司，并在必要时加缴保险费，该保单才继续有效。

第三节　其他运输方式下的货运保险

一、陆上运输货物保险

根据我国 1981 年 1 月 1 日修订的《陆上运输货物保险条款》的规定，陆上运输货物保险的基本险别分为陆运险（overland transportation risks）和陆运一切险（overland transportation all risks）两种。适用于陆运冷藏货物的专门险，即陆上运输冷藏货物险（overland transportation insurance-frozen products），其性质也属于基本险，此外还有附加险，陆上运输货物战争险（火车）（overland transportation cargo war risks “by train”）。

（一）陆运险与陆运一切险

陆运险的承保责任范围与海洋运输货物保险中的“水渍险”的承保责任范围相类似。保险公司负责赔偿被保险货物在运输途中遭受暴风、雷电、洪水、地震等自然灾害，或由于运输工具遭受碰撞、倾覆、出轨，或在驳运过程中因驳运工具遭受搁浅、触礁、沉没、碰撞，或由于遭受隧道坍塌、崖崩或失火、爆炸等意外事故所造成的全部或部分损失。此外，被保险人对遭受承保责任内危险的货物采取抢救、防止或减少损失的措施而支付的合理费用，保险公司也负责赔偿，但以不超过该批被救货物的投保金额为限。在投保陆运险情况下，被保险人可根据需要加保一种或数种一般附加险。

陆运一切险的承保责任范围与《海运货物保险条款》中“一切险”的承保责任范围相似。保险公司除承担上述陆运险的赔偿责任外，还负责保险货物在运输途中由于一切外来原因所造成的全部或部分损失。

以上责任范围均适用于火车和汽车运输，并以此为限。

陆运险与陆运一切险的除外责任与海运货物险的除外责任相同。

陆上运输货物险的责任也采用“仓至仓”责任条款。保险人负责自被保险货物运离保险单所载明的启运地仓库或储存处所开始运输时生效，包括正常运输过程中的陆上和与其有关的水上驳运在内，直至该项货物保险单所载明目的地收货人的最后仓库或存储处所或被保险人用作分配、分派的其他存储处所为止。如果未运抵上述仓库或储存处所，则已被保险货物运抵最后卸载的车站满 60 天为止。

陆上运输货物险的索赔时效是从被保险货物在最后目的地车站全部卸离车辆后算起，最多不超过两年。

（二）陆运货物战争险（火车）

陆上运输货物战争险是陆上运输货物险的特殊附加险，只有在投保了陆运险或陆运一切险的基础上经过投保人与保险公司协商方可加保。对于陆上运输货物战争险，国外私营保险公司大都不予投保。为适应外贸业务需要，我国的保险公司一般均接受加保，但目前仅限于火车运输。

陆上运输货物战争险的责任起始以货物置于运输工具时为限。即自被保险货物装上保险单所载启运地的运输工具时开始到保险单所载目的地卸离运输工具时为止。如果被保险货物不卸离，则以运输工具到达目的地的当日午夜起计算，满 48 小时为止；若在运输途中转车，不论货物在当地卸载与否，保险责任以运输工具到达该中途站的当日午夜起满 10 天为止。若货物在此期限内重新装车续运，仍恢复有效。但是，如果运输契约在保单所载明的目的地以外的地点终止时，该地即视为本保险单所载明的目的地。在货物卸离该地运输工具时为止，如果不卸离，则保险责任以运输工具到达该地的当日午夜起满 48 小时为止。

二、航空运输货物保险

根据 1981 年 1 月 1 日修订的我国《航空运输货物保险条款》规定，航空运输保险的基本险别分为航空运输险和航空运输一切险两种。此外，还有航空运输货物战争险等附加险。

（一）航空运输险与航空运输一切险

航空运输险的承保责任范围与海洋运输货物保险条款中的“水渍险”承保责任范围大致相同。保险公司负责被保险货物在运输途中遭受雷电、火灾、爆炸或由于飞机遭受恶劣气候或其他危险和意外事故所造成的全部或部分损失。

航空运输一切险的承保责任范围除包括上述航空运输险的全部责任外，保险公司还负责赔偿被保险货物由于一般外在原因所造成的全部或部分损失。

航空运输险和航空运输一切险的除外责任与海洋运输货物险的除外责任基本相同。

【同步案例 6-4】

托运人空运 20 包电器从东京运至伦敦。投保航空运输一切险。当该批货物在到达目的地时，恰巧发生罢工事件，运输飞行器连同货物被扣留，一周后机场正常运转，卸货后货主发现 4 包电器严重损坏。

问题：现货主就 4 包电器损失一事打算向保险公司索赔，请问是否能够得到赔偿？

分析提示：与海运、陆运一样，航空运输货物在投保战争险的基础上，可以加保罢工险，不另外收费。虽然一周内货物未卸离飞机，但是造成不能及时卸货的原因是罢工，而被保险人投保一切险，没有投保罢工附加险，因此保险公司不承担赔偿责任。

（二）航运货物战争险

航空运输货物战争险是航空运输货物险的一种附加险，只有在投保了航空运输一切险的基础上方可加保。

保险公司承担货物在航空运输中由于战争、敌对行为或武装冲突以及各种常规武器和炸弹所造成的损失，但不包括因使用原子或热核制造的武器所造成的损失。

航空运输货物战争险的保险责任是自被保险货物装上保险单所载明的起运地飞机时开始，直到卸离保险单所载明的目的地飞机时为止。如果被保险货物不卸离飞机，则以载货飞机到达目的地的当日午夜起计算满 15 天为止。如果被保险货物在中途转运时，保险责任以飞机到达转运地的当日午夜起计算满 15 天为止，俟装上续运飞机，保险责任再恢复有效。

【同步思考 6-3】

航空运输货物险保险责任的起讫?

分析提示：航空运输货物险的两种基本的保险责任采用“仓至仓”条款。并且具有新的条款，例如：货物运达保险单所载明目的地而未运抵保险单所载明的收货人仓库或储存处所，则以被保险货物在最后卸载地卸离飞机后满 30 天保险责任即告终止。如果在上述 30 天内货物转运到保单没有载明的目的地，则保险责任从货物转运时终止。

三、邮包运输货物保险

根据 1981 年 1 月 1 日我国修订的《邮包保险条款》规定，邮包保险基本险别分为邮包险和邮包一切险两种。此外还有邮包战争险等附加险。

（一）邮包险与邮包一切险

邮包险的承保责任范围是被保险邮包在运输途中由于恶劣气候、雷电、海啸、地震、洪水、自然灾害或由于运输工具搁浅、触礁、沉没、碰撞、出轨、倾覆、坠落、失踪，或由于失火和爆炸意外事故所造成的全部或部分损失；另外，还包括被保险人对遭受承保责任内危险的货物采取抢救、防止或减少损失的措施而支付的合理费用，但以不超过该批被救货物的保险金额为限。

邮包一切险的承保责任范围除邮包险的全部责任外，还包括被保险邮包在运输途中由于一般外来原因所引起的全部或部分损失。

这两种险别的除外责任包括因战争、敌对行为、武装冲突或工人罢工所造成的损失，或直接由于运输延迟或被保险货物品质上的缺点或自然损耗所造成的损失，以及属于寄件人责任和被保险邮包在保险责任开始前已经存在的不良或数量短差所造成的损失。

邮包险和邮包一切险的保险责任是自被保险邮包离开保险单所载启运地点寄件人的处所运往邮局时开始生效，直至被保险邮包运达保险单所载明的目的地邮局并且自邮局签发到货通知书当日午夜起算满 15 天终止。

（二）邮包战争险

邮包战争险是邮政包裹保险的一种特殊险，只有在投保了邮包险或邮包一切险后才可加保。加保邮包战争险需另支付保险费。

加保邮包战争险后，保险公司负责赔偿邮包在运输过程中由于战争、敌对行为或武装冲突以及各种常规武器包括水雷、鱼雷、爆炸所造成的损失。此外，保险公司还负责被保险人对遭受以上承保责任内危险的物品采取抢救、防止或减少损失的措施而支付的合理费用。但保险公司不承担因使用原子或热核制造的武器所造成的损失的赔偿。

邮包战争险的保险责任是自被保险邮包经邮政机构收讫后至储存处所开始运送时生效，直至该项邮包运达保险单所载明的目的地邮政机构送交收件人为止。

邮政包裹还可加保罢工险。在投保战争险前提下，加保罢工险不另收费。如果仅要求加保罢工险，则按战争险收费。邮政包裹罢工险的责任范围与海洋运输罢工险的责任范围相同。

第四节　英国伦敦保险协会海运货物保险条款

我国的保险公司，除了要按照我国的保险条款办理保险外，为了适应国外的某些工商企业的习惯和需要，也可接受按国外的保险条款承保。英国伦敦保险协会所制定的《协会货物条款》（Institute Cargo Clause，ICC）对世界各国保险业的影响最大，应用也最为广泛。

一、协会货物保险条款的种类

伦敦保险协会货物条款最早制定于1912年，经多次修订，现在世界上大多数国家办理海上保险业务所使用的“协会货物条款”是1983年4月1日起实施的。新修订的“协会货物条款”共有6种保险条款。分别是：

① 协会货物（A）险条款（institute cargo clauses A）；

② 协会货物（B）险条款（institute cargo clauses B）；

③ 协会货物（C）险条款（institute cargo clauses C）；

④ 协会战争险条款（货物）（institute war clauses cargo）；

⑤ 协会罢工险条款（货物）（institute strikes clauses cargo）；

⑥ 恶意损害险条款（malicious damage clauses）。

二、协会货物保险条款中主要险别的承保责任范围及除外责任

新修订的伦敦保险协会货物条款包含6种保险条款，即：协会货物（A）险条款（institute cargo clauses A）；协会货物（B）险条款（institute cargo clauses B）；协会货物（C）险条款（institute cargo clauses C）；协会战争险条款（货物）（institute war clauses cargo）；协会罢工险条款（货物）（institute strikes clauses cargo）；恶意损害险条款（malicious damage clauses）。在6种险别中，以下3种险可以独立投保。

（一）ICC（A）险

ICC（A）险的承保风险责任范围较广，采用“一切风险减除外责任”的方式。此保险条款的除外责任有四类：

第一类是一般除外责任。如归因于被保险人故意的不法行为造成的损失或费用；自然渗漏、自然消耗、自然磨损、包装不足或不当所造成的损失或费用；保险标的内在缺陷或特殊性质所造成的损失或费用；由于延迟所造成的损失或费用；由于船舶所有人、租船人经营破产或不履行债务所造成的损失或费用；由于使用任何原子或核武器所造成的损失和费用。

第二类是不适航、不适货除外责任。这是指被保险人在保险标的装船时已知船舶不适航，以及船舶、运输工具、集装箱等不适货。

第三类是战争除外责任。主要指由于战争、内战、敌对行为等造成的损失或费用。

第四类是罢工除外责任。主要指由于罢工者、被迫停工工人造成的损失或费用以及由于罢工、被迫停工所造成的损失或费用，以及任何恐怖主义者或出于政治动机而行动的人所造成的损失或费用。

【同步案例 6-5】

我方按 CIF 出口冷冻食品一批，合同规定投保 ICC（A）险加战争险、罢工险。货物在装运港装船时，有货物从吊钩脱落，造成货物部分损失，货主洞悉在中国海洋运输货物保险条款中规定这样的部分损失保险公司负责赔偿，被保险人立即向保险公司索赔。

问题：请问保险公司是否对损失进行赔偿？

分析提示：ICC（A）险虽然从范围上与我国海运货物保险中的一切险相似，但是仍然有部分区别，ICC（A）险对货物装船时从吊钩脱落的全损货物进行赔偿，对部分损失货物不负赔偿责任，因此货主不能得到赔偿。

（二）ICC（B）险

ICC（B）险承保的风险采用“列明风险”的方法，其范围仅次于 ICC（A）险，类似于“水渍险”。凡属于下列原因之一造成货物的灭失或损害都属于该条款责任范围之内，即：

① 火灾、爆炸；

② 船舶或驳船触礁、搁浅、沉没或倾覆；

③ 陆上运输工具倾覆或出轨；

④ 船舶、驳船或运输工具同水以外的任何外界物体碰撞；

⑤ 避难港卸货；

⑥ 地震、火山爆发或雷电；

⑦ 共同海损牺牲；

⑧ 抛弃或浪击入海；

⑨ 海水、湖水或河水进入船舶、驳船、运输工具、集装箱、大型海运箱或储存处；

⑩ 货物在装卸时落海或跌落造成整体的全损。

ICC（B）险条款和 ICC（C）险条款的除外责任的规定是完全相同的，与 ICC（A）在除外责任的规定上只有以下两点是不完全相同的：

① 由于任何人的恶意行为而导致的保险标的的全部或部分损害或破坏，前者将其列为除外责任，后者将其归属于承保范围之内。

② 海盗行为，前者将其列为除外责任，后者将其归属于承保范围之内。

（三）ICC（C）险

ICC（C）险的承保范围更小，它只承保“重大意外事故”的风险，不承保 ICC（B）中的自然灾害（如地震、雷电等）和非重大事故（如装卸过程中的整件灭失等）。其条款类似“平安险”。

ICC（C）险条款和 ICC（B）险条款的除外责任的规定是完全相同的，见表 6.1。

【同步思考 6-4】

在伦敦保险协会海运货物保险条款中，战争险和罢工险能否作为独立的险别投保？

分析提示：ICC（A）、ICC（B）、ICC（C）都可以单独投保。战争险和罢工险如征得保险公司同意，必要时也可作为独立的险别进行投保。

表 6.1 承保范围对照

承保范围	ICC(A)	ICC(B)	ICC(C)
火灾或爆炸	√	√	√
船舶或驳船搁浅、触礁、沉没或倾覆	√	√	√
陆上运输工具的倾覆或出轨	√	√	√
在避难港卸货	√	√	√
抛货	√	√	√
共同海损的牺牲	√	√	√
船舶、驳船或其他运输工具与除水以外的任何外界物体碰撞和接触	√	√	√
地震、火山爆发或雷电	√	√	
浪击落海	√	√	
海水、湖水或河水进入船舶、驳船、运输工具、集装箱、大型海运箱或储存处所	√	√	
货物在装卸时落海或跌落，造成任何整件的全损	√	√	
由于被保险人以外的其他人的故意不法行为所造成的损失或费用	√		
海盗行为	√		
“除外责任”范围以外的一切风险	√		

三、协会货物保险条款的保险期限

协会货物保险条款的保险期限采用“仓至仓”条款，比我国的规定更详细。战争险采用“水上或运输工具上的保险”，不使用“仓至仓”条款。

在我国海运货物保险的实际业务中，尤其是 CIF 出口合同中，如果外商提出按协会货物条款投保，我方一般可以接受。

第五节 货物运输保险实务

一、保险险别的选择

(一)《1990 年国际贸易术语解释通则》关于投保责任的规定

在国际贸易中，不同贸易术语对货物保险的办理有着不同的规定。其中，关于 FOB、CFR 和 CIF 价格术语中有关买卖双方办理货运保险的责任规定介绍如下：

1. FOB 价格术语关于投保责任的规定

FOB 价格，又称船上交货价格或离岸价。合同若规定买卖双方采取 FOB 价格计价，则卖方应按照合同规定的货物品质、数量、包装备妥货物。在规定的时间内，将货物装上买方指定的海轮。此后有关货物的一切责任费用和风险一概由买方承担。

采用 FOB 价格条件，货物在装运港装上船之前的一切责任，费用和风险由卖方承担，货物装船前的保险由卖方办理；货物在装运港装上船之后的一切责任，费用和风险由买方承担，货物的海上运输保险应由买方办理。

2. CFR 价格术语关于投保责任的规定

CFR 价格，又称成本加运费价。合同若规定买卖双方采取 CFR 价格计价，卖方应按照合同规定的货物品质，数量，包装备妥货物，并负责租船，订舱。在规定的时间内，将货物装上船舶。货物装船前的一切责任，费用及风险由卖方承担。

采用CFR价格条件，买卖双方对货物投保责任与FOB价格术语相同。应注意CFR价格条件下买方买保险应及时，以免发生装船运输后还未买保险的状况发生。

3. CIF价格术语关于投保责任的规定

CIF价格，又称到岸价格，是成本加运费加保险价。若合同采取CIF价格，则卖方按照合同规定的货物品质，数量，包装备妥货物，并负责租船，订舱。在规定的时间内，将货物装上船舶，并由卖方负责货物在装船港越过船舷的一切责任，费用和风险，包括海运运费和风险。

采用CIF价格条件，货物在装运港装船前的保险，及货物在装运港装船后的保险，均由卖方办理。通常情况下，卖方只需投保最低险别，最低投保金额为CIF价格加10%的利润加成，并且使用合同货币。

(二) 选择适当的保险险别

买卖双方根据价格术语确定了办理投保的责任后，接下来就是选择保险。不同商品在运输过程中应选择不同种类的险别。通过对“商品学”的学习，可以了解到不同商品有着不用特性，以下介绍几种商品保险的选择。

1. 粮谷类

粮谷类主要是指米、面、杂粮、赤豆、绿豆及含脂肪多的坚果类。这类商品含有一定的水分，经过长途运输水分会蒸发，导致短量，也会因吸收水分而引起霉烂。

粮谷类按照运输习惯都有一定数量的运输损耗。在保险时都有规定的赔偿率。在规定贸易合同的保险条款时，要加上免赔率的相应条件。

在选择这种商品的保险时，可以保一切险，也可以在水渍险的基础上，加保短量险和受潮受热险。

2. 油脂类

这类商品主要有食用动、植物油。在运输途中，因为容易破裂会造成渗漏，或因沾染杂质而产生沾污损失，在选择这种商品的险别时，一般可以在水渍险的基础上，加保短量险和沾污险。

3. 食品类

这类商品包括袋装，罐装，坛装的食品。这类商品经常因沾水，受潮使得包装受损而导致损失发生。遭受偷窃的情况也比较常见。

在选择这种商品的险别时，可以投保一切险，也可以在平安险或水渍险的基础上加保包装破裂险、受潮受热险等。

4. 冻品类

这类商品所遭受的损失多数是由于冷藏机器发生故障使冷冻商品发生化冻变质或腐烂，对于这一类商品要投保冷藏货物险才能获得充分的保障。

5. 活牲畜，活禽，活鱼类

这类商品主要有活牛、活马、活鸡、活鸭、活鹅和活鱼等。在运输途中发生死亡是损失的主要原因。选择这种商品的险别时，应投保活牲畜、活家禽死亡险。才能得到相应的保障。

6. 饮料类

主要有各种酒类和各种饮料。金属包装的变形和玻璃包装的破碎是导致损失的主要原因。选择这类商品的险别时，可投保一切险或在平安险，水渍险的基础上加保碰损险和破碎险。

7. 玻璃制品、陶瓷制品类

这类商品的损失比较单纯，主要就是破碎。因此，宜在平安险或水渍险的基础上加保破碎险。

8. 家用电器、仪器、仪表类

这类商品在遭受碰撞，震动的情况下极易受损。一般可投保一切险，也可在投保水渍险的基础上加保碰损险等。

9. 杂货类

这类商品的品种比较杂，价值也不一，在选择险别时，可投保水渍险附加淡水雨淋险和偷窃提货不着险。

10. 土产畜产类

这类产品包括麻类、鱼粉、毛绒类、皮张类、兽皮类。这一类商品受潮后会发生不同程度的变质，引起损失。这类商品在投保时可以在投保水渍险的基础上加保受热，受潮险等。

11. 工艺品类

这类商品包括首饰类、珐琅类、雕刻品类、漆器类、工艺陶瓷类等。这类商品与包装有极大关系。若包装粗陋，极易由碰撞，受潮或偷窃引起损失。因而保险公司要求提交的保险费与商品的包装方式有关。投保时可以投保平安险或水渍险加保破碎险、碰撞险和偷窃险。

12. 五金及矿产建材类

这类商品包括金属类、铸铁制品类，在投保时可选择水渍险。

13. 化工纺织类

这类商品包括液体化工商品类、粉粒状化工产品类、纤维、绸纱制品类、服装类产品。这些商品容易发生短量、沾污以及渗漏，致使损失发生。投保时可在选择平安险基础上加保渗漏险。

14. 机械类、设备类

机械设备类商品主要包括机床类，通用电力机械类，车辆类，成套设备等。为保证各种机械设备的精密性，应在投保水渍险的基础上加保碰损险。对装在甲板上运输的货物应加保舱面险。

（三）对保险公司的选择

投保人对保险公司的选择是非常重要的。投保人一旦同保险人签订了保险合同，支付了保费，保险人就承诺对在保险有效期内发生的保险货物的损失承担赔偿责任。对保险人而言，选择保险公司时，主要应考虑以下因素：

① 保险公司的经济实力和经营的稳定性。

② 保险公司收取的保险金额是否价格合理。

③ 保险公司的理赔信誉水平。

④ 保险公司的服务态度、业务水平。

二、确定保险金额

保险金额简称保额。是指保险人对保险标的的投保金额。国际贸易货物运输保险的保险金额，一般是按 CIF 发票金额加一成（即加成率为 10%）计算的。在我国的实际业务中，出口货物的保险金额一般按照货物的 CIF 加 10%计算。

【同步思考 6-5】

在不同贸易条件下，买卖双方关于保险责任的划分有怎样的区别?

分析提示：注意不同贸易方式下，买卖双方保险责任不同，当货物发生损失时，索赔方必须是保险标的物可保利益的所有者。

注意，如果外国商人要求将保险加成率提高到 20% 或 30% 时，保费的差额部分应由国外买方承担，若国外买方要求加成率超过 30% 时，应事先征得保险公司的同意，同时预防由于加成率过大，保费金额过高而造成的不良情况发生。例如，当市场价格下跌时，被保险人故意造成货物损失，骗取保险赔偿；由于赔偿金过高，当货物遭遇风险时保险人消极对待，不积极采用救助措施。

关于保险金额的计算，采用以下公式：

保险金额 = CIF 价格 ×（1 + 加成率）

若已知 CFR 价格、保险费率、加成率，则应先根据 CFR 价格求出 CIF 价格，再代入上式计算保险金额。

CIF = CFR + 保险费 = CFR +（保险金额 × 保险费率）= CFR +［CIF（1 + 加成率）］× 保险费率

CIF = CFR /［1 −（1 + 加成率）× 保险费率］

保险金额 = CFR ×（1 + 加成率）/［1 −（1 + 加成率）× 保险费率］

【同步案例 6-6】

我国某公司出口一批商品到美国某港口，原报 CFR 美国某港口，总金额为 10000 美元，投保一切险（保险费率为 0.6%）及战争险（保险费率为 0.04%），保险加成率为 10%。

问题：计算该批货物的保险金额。

分析提示：

计算货物的保险金额需要先将 CFR 价格换算成 CIF 价格：

CIF ＝CFR /［1－(1＋加成率)×保险费率］＝10000 /［1－(1＋10%)×(0.6＋0.04)］
＝33783.78（美元）

保险金额＝CIF(1＋加成率)＝33783.78×(1＋10%)＝37162.16（美元）

三、交付保险费

（一）保险费率

保险费率是在货物损失率和赔偿率的基础上，根据不同的运输工具、目的地、货物和险别分别制定出来的。我国保险公司承保的进出口运输货物保险，分别按出口货物和进口货物制定不同的费率表计收保险费。

我国出口货物保险费率分为“一般货物费率”和“指明货物加费费率”两大类。前者适用于所有的货物，后者仅指特别列明的货物（如某些易碎、易损商品）。凡未列入“指明货物加费费率”表中的货物，统属“一般货物费率”的范围。凡属“指明货物加费费率”表中的货物，如投保计算费率时，应先查出“一般货物费率”，然后再加上“指明货物加费费率”。在这部分指明货物中，有些货物规定有免赔率。免赔率是指当损失发生在一定比例内，保险公司不予赔偿。

我国进口货物保险费率包括“特约费率”和“进口货物保险费率”两种。其中，特约费率是各保险公司在进口货物保险费率的基础上，与有关企业协商拟定的，是一种优惠的费率，主要适用于预约保险合同项下的进口货物。进口货物保险费率分为一般货物费率和指明货物加费费率。一般货物费率不分货物品种，按照不同的运输方式、地区和保险来确定，适用于除指明货物加费费率表中列明的货物以外的一切货物。

（二）保险费的计算

货物运输保险的保险费是以货物的保险金额为基础，按一定的保险费率计算出来的，保险费＝保险金额×保险费率，若已知 CIF 价格，可以先求出保险金额，再计算保险费，即保险费＝CIF(1＋保险加成率)×保险费率；若已知 CIF 价格和 CFR 价格，保险费＝CIF 价格－CFR 价格。

（三）取得保险单据

保险单据是保险人与被保险人之间订立保险合同的证明文件，它反映了保险人与被保险人之间的权利和义务关系，也是保险人的承保证明。当发生保险责任范围内的损失时，它又是保险索赔和理赔的主要依据。保险单据主要有保险单、保险凭证、预约保单等。

1. 保险单

保险单（policy，insurance policy）是投保人与保险人之间订立的正式保险合同的书面凭证，俗称“大保单”。保险单的内容包括保险单格式和保险条款两部分。保险单正面的保险格式主要有以下内容：

证明双方当事人建立保险关系的文字。说明保险人依据被保险人的要求，由被保险人交付约定的保险费，按照本保险单条件承担货物运输保险。

被保险货物的情况。包括货物项目、标记、包装及数量、保险金额及载货船名、起运地和目的地、开航日期等。

承保险别、理赔地点以及保险人关于所保货物如遇风险可凭本保险单以及有关证件给付赔款的声明。

保险单背面所列保险条款。是确立保险人与被保险人之间权利与义务关系的依据。中国人民保险公司保单背面条款包括：平安险、水渍险和一切险三种基本险别的责任范围、除外责任、责任起讫、被保险人义务、索赔期限等。

2. 保险凭证

保险凭证（insurance certificate）是一种简化的保险单，仅表明按照正式保单上所载的保险条款办理。其本身无保险条款，俗称“小保单”。保险凭证常在预约保险单项下使用，保险人将预约保险单的明细条款印在已签署好的空白保险凭证上交给被保险人，被保险人在每批货物起运前自行在保险凭证上填写装货船舶名称、航程、开航日期、货物名称、标志和数量以及保险金额等项目并加副署。经副署后的一份副本，须立即送给保险人，用于代替起运通知书以及预约保险单所规定的向保险人的申报。

3. 预约保单

预约保单（open policy）是承保一定时间内发运的一切货物的保险单。保险期限分为定期和长期。订约一方若要取消保险，必须事先通知对方。目前我国在 FOB 或 CIF 价格条件下进口的货物和出口展卖的展卖品才能使用预约保单。

四、保险索赔

保险索赔（insurance claim）是指当被保险货物遭受承保范围内的损失时，被保险人依据保险合同向保险人要求赔偿的行为。被保险人在遭受损失后，要遵循相应程序，向保险公司提出索赔。

（一）损失通知

当被保险人向保险公司投保的货物发生损失后，被保险人应在第一时间向保险公司发出损失通知，并且申请损失检验。损失通知的重要性表现在它的法律效力上，损失通知一经发出，索赔立即生效并且不再受索赔时效的限制。先导案例中，投保人发现货物在运输过程中发生损失时，应该在积极救护的前提下，搜集相关凭证立即向保险公司发出索赔通知，以免超出索赔期限，投保人丧失索赔权利。

（二）向承运人等有关方面提出索赔

被保险人向保险公司发出损失通知后，应立即向承运人以及其他负责人索取货损货差证明，以备向保险公司索取赔款。并且追究承运人等有关责任人的事故损失责任，提出索偿要求。

（三）采取合理的施救、整理措施

事故发生后，被保险人必须对受损货物及时采取合理的施救、整理措施。这不仅是被保险人的义务，也是被保险人向保险公司提出索赔的前提。被保险人向保险公司提出索赔的必要条件如下：首先，提出索赔的人必须是在保险标的发生损失时，对保险标的具有可保利益的人；保险标的的损失必须是保险单承保风险造成的保险责任范围内的损失；被保险人必须对受损货物采取积极措施，进行施救和整理；如果涉及第三者责任，赔款虽然由保险公司给付，但被保险人必须首先向责任方提出赔偿要求，然后向保险公司移交追偿权。由此可见，被保险人必须对受损货物采取合理的施救、整理措施。

（四）备妥索赔单证

被保险人在向保险公司提出索赔时应提供全部凭证。主要包括：保险单或保险凭证；运输契约；发票；装箱单；重量单；向责任方要求赔偿的文件；货损货差证明；索赔清单；海事报告；检验报告。

（五）代位追偿

代位追偿权是指保险人向被保险人支付赔款后，取代被保险人向第三者索赔的权利。当损失发生后，应由第三者负责时，被保险人必须向第三者责任人追究其肇事责任，然后通过填写权益转让书，将追偿权转让给保险人，由保险人执行其代位追偿权。

在先导案例中，投保人我国黑龙江省某外贸公司在向保险公司发出索赔通知后，应注意是否符合索赔条件，即：是否在损失发生时采取积极救助行为，并且及时备妥索赔单证，如果涉及到第三方肇事者，投保人影响第三方追偿责任，履行代位追偿责任，否则保险人中国人民保险公司有权拒付保险费。中国人民保险公司在收到投保人的保险索赔通知后，应该立即组织相关商检部门，对损失原因、损失程度进行商检，对具体情况做出详细的商检报告。然后按照保险合同的相关保险条款，对投保人履行赔偿责任。

【同步思考 6-6】

以 CIF 条件成交为例，办理出口货物保险手续的具体程序是什么？

分析提示：

① 投保人按照买卖合同和信用证的要求，在备完货后确定租船出运时，按保险公司规定的格式填写投保单，具体说明保险人姓名、保险货物名称、数量、包装及标志、保险金额、保险起

讫地点、运输工具、起运日期和投保险别等，然后向当地保险公司投保。

② 保险公司以投保单为凭证出具保险单，作为其接受保险的正式凭证。

③ 在保险公司出具保险单后，如投保人需要更改险别、运输工具、航程、保险期限及保险金额等，应向保险公司提出修改申请。保险公司如果接受了该项申请，应立即出立批单，作为保险单的组成部分附在保险单上。保险公司将按批改的内容承担保险责任。

④ 被保险人按规定缴纳保险费。

⑤ 被保险货物到达目的地后，如果发生承保责任范围内的损失时，可由国外收货人凭保险单等有关凭证直接向保险公司或其代理索赔。

五、合同中保险条款的规定

保险条款是国际货物买卖合同的重要内容，必须订得明确、合理。保险条款主要包括以下几个方面：

（一）合同双方投保责任的规定

买卖合同中对投保责任的规定是通过对贸易术语的选择体现出来的。例如，FOB，CRF价格条件规定了货物在国际运输中的风险及投保责任均由买方负责，若按 CIF 或 CIP 成交的货物，则卖方承担运输途中的风险及投保责任。

（二）保险条款的选择

合同双方通过协商来确定采用怎样的保险条款，若外商有特别要求，则采用伦敦保险协会条款，否则我国对外出口业务多采用中国人民保险公司制定的有关货物运输条款来办理投保。

（三）保险险别的选择

被保险人选择保险险别时应考虑货物运输方式，货物的特点，贸易双方国内的经济、政治背景，运输路线的气候特点等因素。通过对保险险别的选择，保险公司与投保人确定保险费率、保险种类，并确定各自的权利责任。

（四）保险金额

国际贸易的保险金额一般是按 CIF 或 CIP 价加成，即按发票金额再加一定的百分率。

（五）保险条款示例

① 采用 FOB、CFR 或 FCA、CPT 贸易术语成交的合同，买方办理投保、支付保险费，合同中只需规定：

“保险由买方办理”。(Insurance：to be covered/effected by the Buyer.）

② 采用 CIF 或 CIP 成交的合同保险条款可订为：

“保险由卖方按发票金额的××％投保××险、××险，以中国人民保险公司 1981 年 1 月 1 日的海洋货物保险条款为准”。

(Insurance：“to be covered by the seller for ××％ of total invoice value against ×× and ×× as per ocean marine cargo clauses of the people’s insurance company of China dated 1/1/1981”.)

【情景模拟 6-1】

淄博恒洋铝塑包装有限公司出口至 MAC 国际贸易有限公司的货物在离开仓库之前，向海关申报出口的同时，根据信用证要求，由卖方按发票全额 110％投保一切险和战争险；张涛根据合同和信用证的要求，填写了中国人民保险公司淄博市分公司的出口货物投保单。

进出口货物运输保险投保单

Application From formI/E Marine Cargo Insurance

中国人民保险公司淄博市分公司

The People's Insurance Company of China Zibo Branch

地址:淄博市柳泉路393号　　邮编(POST CODE):255000

电话(TEL):0533-3172888　　传真(FAX):0533-3172890

保险人 Insurer
中国人民保险公司淄博市分公司
The People's Insurance Company of China Zibo Branch

被保险人 Insured
淄博恒洋铝塑包装有限公司
Zibo Henyang Aluminium Plastic Materiai Co. Ltd

标记 Marks	包装及数量 Packing Unit Quantity	保险货物项目 Description of goods	保险货物金额 Amount Insured
N/M	120Cases	Aluminium Foilalloy	USD 51000.00

总保险金额 Total Amount Insured
USD 56100.00　Say US Dollar Fifty-six thousand and one hundred Only

运输工具　(船名 Vessel) STAR RIVER　(航次 Voy. No.) 123S

装运港 Form　Qingdao Port China　　目的港 To　Chennai Port India

投保险别 Conditions　　货物起运日期 Slg. on or abt　Jul 05,2007

All Risk and War Risk as per Ocean Marine Cargo Clause C. I. C. Dated Jan. 1st,1981

投保日期 Date of issuing　Jul 04,2007

投保人签字 Insured Signature　Zibo Henyang Aluminium Plastic Materiai CO. LTD

本章小结

在国际货物运输过程中，可能会因各种风险的出现造成货物的损失和费用的产生，需要办理货物运输保险。在我国，进出口货物运输最常用的保险条款是中国保险条款。该条款按运输方式来分，有海洋、陆上、航空和邮包运输保险条款四类。

海上货物运输保险承保的范围包括风险、损失和费用。海上货物运输承保的风险可分为海上风险和外来风险两类。海上损失按其受损程度不同可划分为全部损失和部分损失，按其损失的性质不同，可分为共同海损和单独海损。海上费用主要有施救费用、救助费用。

我国海洋运输货物保险条款规定，海洋货物运输的险种一般分为三大类，即基本险、附加险和专门险。基本险分为平安险、水渍险和一切险。附加险分为一般附加险和特殊附加险。

基本险承保的责任起讫是“仓至仓”条款，战争险的保险责任起讫是以水上危险为限。

英国伦敦保险协会海运货物保险条款主要有ICC（A）、ICC（B）、ICC（C）、协会战争险、协会罢工险、恶意损害险。

保险条款是国际货物买卖合同的重要组成部分，保险条款一般包括谁办理投保、保险险别、保险金额、保险条款的选择等，并注明该条款的生效日期。

【综合训练】

一、单项选择

1. 中国人民保险公司海洋运输货物保险条款规定的基本险别不包括（　　）。

A. 平安险　　B. 战争险　　C. 水渍险　　D. 一切险

2. 某外贸公司出口一批玻璃器皿，应投保（　　）。

A. 碰损破裂险　　B. 一切险　　C. 包装破裂险　　D. 平安险

3. 在海运过程中，被保药品被海水浸泡，这种损失属于（　　）。

A. 实际全损　　B. 推定全损　　C. 共同海损　　D. 单独海损

4. 对于共同海损所做出的牺牲和支出的费用，应由（　　）。

A. 船方承担　　B. 货方承担　　C. 保险公司承担

D. 所有与之有利害关系的受益人按获救船舶、货物、运费获救后的价值比例分摊

5. 我国某公司以 CIF 条件与国外客户订立出口合同。根据 2000 年《国际贸易术语解释通则》的解释，对海上运输货物我公司应投保（　　）。

A. 平安险　　B. 水渍险　　C. 一切险　　D. 一切险加战争险

二、多项选择

1. 在国际货物运输保险中，保险公司承保的风险包括（　　）。

A. 自然灾害　　B. 意外事故　　C. 外来风险　　D. 市价跌落

2. 保险公司承保水渍险的责任包括赔偿（　　）。

A. 自然灾害造成的全部损失　　B. 自然灾害造成的部分损失

C. 意外事故造成的共同海损　　D. 意外事故造成的单独海损

3. 一般附加险包括（　　）。

A. 淡水雨淋险　　B. 包装破裂险　　C. 战争险　　D. 舱面险

4. 为防止海上运输途中货物被窃，可以投保（　　）。

A. 平安险加保偷窃险　　B. 水渍险加保偷窃险　　C. 一切险加保偷窃险　　D. 一切险

5. 我国保险公司把国际海洋运输货物的保险险别分为平安险、水渍险和一切险三种基本险别。请指出下列情况哪些属于平安险的保险范围（　　）。

A. 某载运国际运输货物的船舶在驶往某国的途中触礁沉没，货物灭失

B. 某国际航行船舶在驶往国外途中着火，部分货物灭失

C. 某批进口货物在卸货过程中有两箱货物落入海中，造成货物灭失

D. 某批出口货物在装卸过程中，吊车将货物包装钩破，造成货物损失

三、判断

1. 基本险别中，保险公司责任最小的险别是水渍险。（　　）

2. 共同海损属于全部损失范畴。（　　）

3. 委付是指被保险人在保险标的发生实际全损的情况下，将保险标的所有权转移给保险人，以便得到赔偿。（　　）

4. 某载货船舶在航行途中因故搁浅，船长为了解除船、货共同危险，命令将部分货物抛入海中，使船舶起浮，继续航行至目的港。上述搁浅和抛货的损失均属共同海损。（　　）

5. 在国际货物运输保险中，被保险人必须对保险标的物拥有可保利益，方可在保险标的物遭受承保范围内的损失时向保险人索赔。（　　）

四、简答论述

1. 海上货物运输保险承保的范围是什么？

2. 共同海损和单独海损有何区别？

3. 中国人民保险公司的海运基本险种有哪些？承保的范围分别是什么？

4. 某商品报价为每公吨 1200 美元 CIF 纽约。按发票金额的 110%投保，保险费率合计为 0.6%，客户要求按发票金额的 130%投保，我方应该报多少?

5. 一批出口货物 CFR 价为 25000 美元，客户要求改成 CIF 加价两成投保海运一切险，我方同意照办，如保险费率为 0.6%时，我应向客户收取保险费多少?

五、案例分析

1. 某公司以 CFR 上海从外国进口一批商品，并根据卖方提供的装船通知及时向中国人民保险公司投保水渍险，后来由于国内用户发生改变，我通知承运人货改卸在黄埔港。货物由黄埔港装上火车，运往南京途中遇到山洪，致使部分货物受损，我进口公司据此向保险公司索赔，但遭到拒绝。保险公司拒赔有无道理? 说明理由。

2. 某外贸公司进口散装化肥一批。曾经向保险公司投保一切险，货物到达目的港后，全部卸至港务公司仓库。在卸货过程中，外贸公司与装卸公司签订了一份灌装协议，并立即开始灌装。某日，由装卸公司根据协议将以灌装成包的半数货物堆放在港区内铁路边的堆场，等待铁路转运至它地以交付其他买主。另一半尚留在仓库等待灌装的散货，因受台风袭击，遭受严重湿损。外贸公司对遭受湿损的货物向保险公司提出索赔，被拒付。请说明保险公司拒付的原因。

六、实训题

1. 某公司现出口下列货物：(1) 淄博日用陶瓷；(2) 日照绿茶；(3) 散装粮食；(4) 散装白糖。请为该公司上述货物选择出最合理的保险方式或保险方式组合，并说明理由。

2. 以 CIF 或 CIP 条件成交的国际货物买卖合同，由卖方负责办理保险。请写一保险条款。

第七章　国际货款结算

教学目标

知识目标：

1. 明确各类票据的内容和使用方法。
2. 掌握各类支付方式的内容及业务流程。

能力目标：

1. 能熟练进行汇付、托收和信用证业务操作。
2. 会在不同条件下选择适当的支付方式。
3. 能熟练运用和填制合同中的支付条款。

【先导案例】

某粮油进出口公司向詹姆斯国际贸易公司出口一批芝麻，2月6日国外开来信用证，有关部分条款规定："300M/Tons of Yellow Sesame seeds, shipment from Dalian to Rotterdam not later than March 31, 1996. Partial shipment prohibited."（300公吨黄芝麻，装运不得晚于1996年3月31日从大连至鹿特丹港，不许分批装运。）粮油进出口公司于3月11日装运前又接到开证行的信用证修改通知。修改书的内容为："The shipment changed to 150M/Tons of Yellow Sesame seeds from Dalian to Rotterdam and 150M/Tons of Yellow Sesame seeds from Dalian to Amsterdam instead of original stipulation."（装运改为150公吨黄芝麻从大连到鹿特丹港，另150公吨黄芝麻从大连到阿姆斯特丹港代替原装运条款规定。）粮油进出口公司根据信用证要求，即与船公司联系租船订舱，经各方面的安排才最后于3月16日在"黄海"轮装150公吨至鹿特丹港；于3月17日在"嘉兴"轮装150公吨至阿姆斯特丹港。粮油进出口公司在装运后于3月18日备妥信用证项下的所有单据向议付行交单办理议讨。但3月29日接到议付行转来开证行拒付电称："第×××号信用证项下的你第×××号单据经审核发现单证不符：我信用证规定不许分批装运，而你却分两批装，3月16日装'黄海'轮150公吨至鹿特丹港；于3月17日装'嘉兴'轮150公吨至阿姆斯特丹港。因此，不符合信用证要求，构成单证不符。单据暂由我行留存，听候单据处理意见。3月29日。"粮油进出口公司接到开证行拒付电后，认为对方完全是"鸡蛋里挑骨头"，信用证原条款虽然规定不许分批装运，但已经修改为分两批装，即一批装运到鹿特丹；另一批装运到阿姆斯特丹；不许分批装运的条款已不复存在。所以粮油进出口公司于4月1日即向开证行提出反驳的意见："你3月29日电悉。但我们感到非常惊讶。我们提醒你行不要疏忽你3月11日已将信用证的不许分批装运条款改为分两批装，即150公吨至鹿特丹港，150公吨至阿姆斯特丹港。我方故于3月16日装'黄海'轮150公吨至鹿特丹港；另于3月17日装'嘉兴'轮150公吨至阿姆斯特丹港，因此我单证完全相符。你行应按时付款。4月1日。"4月5日又接到开证行的复电："你4月1日电悉。从你方电文来看，你方完全误解我信用证修改的内容。我3月11日信用证修改只是将原规定到鹿特丹港的300公吨货改为150公吨到鹿特丹港，150公吨到阿姆斯特丹港。只修改目的港，并未修改关于分批装运的条款，原规定的'不许分批装运'条款仍然存在。即要求300公吨的两个目的港的货物装运在同一条船上，你方却分别装在两条船上，所以不符合我信用证的要求。我行仍无法接受你方的单据。”试问开证行的拒付是否合理？双方出现争议的原因是什么？

开证行的拒付是合理的。双方出现争议的原因是对信用证修改通知内容的理解不同造成的。粮油进出口公司由于没有严格审查和正确理解信用证修改的要求，所以一再抗辩。后来，粮油进出口公司将上述开证行的电文与议付行研究，终于认识到自己对信用证修改通知内容的理解有误，经与买方多次协商，最终以降价处理而结此案。

货款的顺利收回是一笔交易圆满结束的重要标志，采用哪种结算方式能够迅速、安全收回货款，是每个外贸业务员必备的基本常识。在国际货物买卖交易中，买卖双方都极力争取有利于自身的结算方式，以便及时、安全收汇。

第一节 支付工具

在国际贸易中，货款的收付是买卖双方的基本权利和义务，直接影响双方的资金周转和融通，关系到买卖双方在货物进出口方面的切身利益，是进出口业务的一个重要环节。

在我国对外贸易中，主要的支付工具是货币和票据。货币用于计价、结算和支付。票据用于结算和支付。但国际货款收付的工具中很少使用现金，大多使用票据。

票据是国际通行的结算和信贷工具，其含义有广义和狭义之分。广义上的票据主要是指在经济业务中使用的单据、凭证，包括各种有价证券和商业凭证，如证券、单证、仓单、票证、提单、货单、运单、发票、存款单等。狭义上的票据，仅指汇票、本票和支票。我国的票据法所规范的票据含义，仅为狭义的票据，是指出票人约定自己或委托付款人在见票时或规定的期限内向收款人或持票人无条件支付一定金额的，并可流通转让的有价证券。

【同步思考7-1】

票据有哪些作用？

分析提示：

① 结算作用。

② 信用作用。

③ 流通作用。

一、汇票

（一）汇票的含义和基本内容

1. 汇票的含义

《中华人民共和国票据法》（简称《票据法》）第19条规定：“汇票是出票人签发的，委托付款人在见票时或者在指定日期无条件支付确定的金额给收款人或者持票人的票据。”出票人一般指出口商或银行，受票人（即付款人）一般指进口商或其指定的银行，受款人通常是出口商或出口商指定的银行。汇票（bill of exchange，draft）是一种流通证券。除注明不得转让者外，一般可以在国际金融市场上流通转让。

2. 汇票的基本内容

按照各国《票据法》规定，汇票的要项必须齐全，即应当具备必要的形式和内容，否则受票人有权拒付。虽然各国《票据法》对汇票内容的规定并不完全一样，但其主要项目基本一致。

《日内瓦统一汇票、本票法公约》规定，汇票必须具有以下必要项目：①标明“汇票”的字样；②无条件支付一定金额的命令；③付款人姓名；④付款期限；⑤付款地点；⑥收款人或其指定人；⑦出票日期和地点；⑧出票人签名。

我国《票据法》规定：汇票必须记载下列事项：①标明“汇票”的字样；②无条件支付的委托；③确定的金额；④付款人名称；⑤收款人名称；⑥出票日期；⑦出票人签章。未记载规定事项之一的，汇票无效。

以上内容通常为汇票的要项，并不是汇票的全部内容。我国《票据法》第 23 条规定：“汇票上记载付款日期、付款地、出票地等事项的，应当清楚、明确。汇票上未记载付款日期的，为见票即付。汇票上未记载付款地的，付款人的营业场所、住所或者经常居住地为付款地。”

（二）汇票的种类

汇票从不同角度可以分成不同的种类。

1. 按出票人的不同分为银行汇票和商业汇票

银行汇票（banker’s draft）是指汇票的出票人是银行，同时受票人也是银行的汇票；商业汇票（commercial bill）是指出票人是外贸公司、外商投资企业或个人，受票人可以是外贸公司、外商投资企业或个人，也可以是银行的汇票。

2. 按出票时是否附有货运单据，分为光票和跟单汇票

光票（clean bill）是指不附带任何货运单据的汇票为光票，银行汇票多为光票；附有货运单据（主要有海运提单、保险单、发票等）的汇票称为跟单汇票（documentary bill），商业汇票多为跟单汇票。国际贸易中使用的大多是跟单汇票。

3. 按承兑人不同分为商业承兑汇票和银行承兑汇票

由工商企业或个人承兑的远期汇票称商业承兑汇票（commercial acceptance bill），商业承兑汇票建立在商业信用的基础之上；由银行承兑的远期汇票称银行承兑汇票（banker’s acceptance bill），远期汇票经银行承兑后，银行成为该汇票的主债务人。银行承兑汇票建立在银行信用的基础之上。

4. 按付款时间的不同分为即期汇票和远期汇票

凡汇票上规定付款人见票后应立即付款的称为即期汇票（sight bill）。通常在银行的两个或三个工作日之内付款。凡汇票上规定付款人在一定期限或在将来一个可确定的日期付款的称为远期汇票（time bill）。远期汇票的规定办法有下列几种：

① 付款人见票后若干天（如 30 天、60 天、90 天、180 天等）付款，（At ××days after sight）；

② 出票后若干天付款（At ××days after date）；

③ 提单签发日期后若干天付款（At ××days after B/L）；

④ 指定日期付款（Fixed date）。

其中①、③在业务中最为常见。

一张汇票往往可以同时具备几个特征，如一张远期的商业跟单汇票可以同时又是银行承

兑汇票。

（三）汇票的使用

即期汇票的使用一般需经过出票、提示和付款三个程序；远期汇票的使用则还需要承兑。如需转让，还要经过背书，如遭拒付，还需制作拒绝证书和行使追索权。

1. 出票

出票（to draw a draft）是指出票人在汇票上填写受票人、付款金额、付款日期、地点以及受款人等内容，并在写明出票日期和签字后交给受款人的行为。出票后，出票人承担保证该汇票必须会被承兑或付款的责任。

受款人的填写方法，常见的有三种：

（1）限制性抬头　如“仅付给某某公司（pay××Co. only）”，“付××公司不准转让（pay××Co. not transferable）。”这种抬头的汇票不能流通转让。

（2）指示式抬头　如“请付给某某公司或其指定人（pay××Co. or order 或 pay to the order of××Co.）”，这种抬头经过背书可以转让。

（3）持票人或来人抬头　如“请付给来人（pay bearer）”，这种抬头的汇票无须背书，仅凭交付即可转让。

【同步思考 7-2】

出票的影响是什么?

分析提示：出票人出票后，就要对汇票付款承担责任，因此，出票人在汇票被付款或承兑前都是票据的主债务人。如果付款人拒付，出票人就要承担持票人追索自己清偿债务的责任。

2. 提示

提示（presentation）是指持票人将汇票提交付款人要求付款或承兑的行为，前者称为付款提示，后者称为承兑提示。付款人看到汇票叫“见票”。如果是即期汇票或到期的远期汇票，付款人见票后立即付款，若是远期汇票，付款人见票后办理承兑手续，到期付款。

3. 承兑

承兑（acceptance）是指远期汇票付款人承诺在汇票到期日支付票款的行为。具体做法是由付款人在汇票正面写上“承兑”（accept）字样，注明承兑日期并签名。付款人在承兑后即成为承兑人，担负到期付款的责任。一般来说，付款人收到提示承兑的汇票之日起 3 日内承兑或拒绝承兑。

4. 付款

付款（payment）是指付款人或承兑人向持票人支付票款的行为。持票人在要求付款时应提示汇票。在汇票的付款人向持票人付款后，要收回汇票，并注上“付讫”（paid）字样。汇票一经付款，汇票上所有的债权债务即告结束。

5. 背书

背书（endorsement）是转让汇票权利的一种法定手续。即由汇票持有人在汇票背面签上自己的名字，并把汇票交给受让人，经背书后，汇票的收款权利就转让给受让人。在转让之间构成了“前手”和“后手”之分，背书在前的为前手，背书在后的为后手。比如甲将汇票背书转让给乙，乙再将其转让给丙，那么就甲和乙来说，甲为前手，乙为后手；就乙和丙来说，乙为前手，丙为后手。

【同步思考 7-3】

背书的方式有哪些?

分析提示:

背书的方式有限制性背书、记名背书和空白背书。

6. 贴现

贴现（discount）是指远期汇票承兑后，尚未到期，由银行或贴现公司从票面金额中扣减按一定贴现率计算的贴现息及一定的手续费后，将余款付给持票人的行为。贴现的具体做法为：出票人将汇票交给持票人，持票人将汇票交给付款人承兑后交贴现银行贴现，汇票到期时贴现银行向付款人收取票款。

7. 拒付

拒付（dishonor）指汇票在持票人向付款人提示时，遭到付款人拒绝付款或拒绝承兑的行为。在付款人或承兑人拒不见票、死亡、宣告破产或因违法被责令停止业务活动等情况下，使持票人在事实上无法实现提示，均构成拒付。当付款人拒付时，出票人应根据原契约与之进行交涉。

8. 追索

追索（recourse）是指票据持票人在依照票据法的规定请求付款人承兑或者付款而被拒绝后，向他的前手（出票人、背书人、保证人、承兑人以及其他票据债务人）要求偿还票据金额、利息和相关费用的行为。

如果汇票经过拒付，最后的持票人有权向所有的“前手”及出票人行使追索权（right of recourse）。

持票人行使追索权时，应将拒付事实书面通知“前手”。一般应请求拒付地的法定公证人或其他有权做拒付证书的机构做出拒付证书（letter of protest）。汇票的出票人或背书人为避免承担被追索的责任，有时可在背书时加注“不受追索”（without recourse）字样。但带有这种批注的汇票在市场上很难流通转让。

二、本票

（一）本票的定义

我国《票据法》第 73 条规定：“本票是出票人签发的，承诺自己在见票时无条件支付确定的金额给收款人或者持票人的票据。”

（二）本票的必要项目

我国《票据法》第 76 条规定，本票（promissory note）必须记载下列事项：

① 标明“本票”的字样；

② 无条件支付的承诺；

③ 确定的金额；

④ 收款人名称；

⑤ 出票日期；

⑥ 出票人签章。

本票上未记载前款规定事项之一的，本票无效。

第 77 条规定：“本票上记载付款地、出票地等事项的，应当清楚、明确。”

（三）本票的种类

本票按出票人的不同可分为商业本票和银行本票。由工商企业或个人签发的称为商业本票或一般本票。由银行签发的称为银行本票。商业本票有即期和远期之分。银行本票都是即期的。在国际贸易结算中使用的本票，大都是银行本票。我国《票据法》所称的本票为银行本票。

（四）本票与汇票的区别

作为支付工具，本票与汇票都属于票据的范畴，但两者又有所不同，其主要区别体现在以下几个方面：

（1）当事人　本票有两个当事人，即出票人和收款人；而汇票则有三个当事人，即出票人、付款人和收款人。

（2）份数　汇票可一式多份（银行汇票除外），而本票只能一式一份。

（3）承兑　本票的出票人即是付款人，远期本票无须办理承兑手续；而远期汇票则需要办理承兑手续。

（4）责任　本票在任何情况下，出票人都是绝对的主债务人，一旦拒付，持票人可以立即要求法院裁定，命令出票人付款；而汇票的出票人在承兑前是主债务人，在承兑后，承兑人是主债务人，出票人则处于次债务人的地位。

三、支票

（一）支票的定义

支票（cheque，check）是以银行为付款人的即期汇票，即存款人对银行签发的由银行对某人或其指定人或持票人即期支付一定金额的无条件书面支付命令。我国《票据法》第82条规定：“支票是出票人签发的，委托办理支票存款业务的银行或者其他金融机构在见票时无条件支付确定的金额给收款人或者持票人的票据。”

（二）支票的必要项目

我国《票据法》第85条规定，支票必须记载下列事项：

① 标明“支票”的字样；

② 无条件支付的委托；

③ 确定的金额；

④ 付款人名称；

⑤ 出票日期；

⑥ 出票人签章。

支票上未记载前款规定事项之一的，支票无效。

（三）支票的种类

根据我国《票据法》，支票可分为现金支票和转账支票两种。现金支票只能用于支取现金；转账支票只能用于通过银行或其他金融机构转账结算。用以支取现金或是转账，均应分别在支票正面注明。但有些国家规定，支取现金或是转账，通常可由持票人或收款人自主选择。但一经划线就只能通过银行转账，而不能直接支取现金。

（四）支票的使用

支票的使用有一定的效期，由于支票是代替现金的即期支付工具，所以有效期较短。我国《票据法》规定，支票的持票人应当自出票之日起10日内提示付款；异地使用的支票，其提示付款的期限由中国人民银行另行规定。超过提示付款期限的，付款人可以不予付款，但出票人仍应当对持票人承担票据责任。支票的金额不得超过其存款金额，如果超出，即为空头支票，禁止签发空头支票。

（五）支票与汇票的区别

（1）当事人　支票与汇票都有三个当事人，即出票人、付款人和收款人。

（2）到期日　支票为见票即付，而汇票除此之外，还有定期付款、出票后或见票后定期付款等。

（3）承兑　汇票需要承兑，支票均为即期，无需承兑。

（4）性质　汇票和支票都属于委托支付证券，都是支付工具，汇票除此之外，还有信贷工具的作用。

（5）付款责任　汇票的出票人与付款人没有法律上的约束，付款人承兑后，承兑人承担到期付款的绝对责任；支票的出票人在付款人处有足额存款的条件下，付款人才有付款责任，另外保付和划线是支票独有的法律制度，可加重付款人的票据责任。

【同步案例 7-1】

某甲开立 100 英镑的支票给乙，授权乙向丙银行取款，乙拿到支票后拖延很久不去取款，恰在此时，丙银行倒闭，甲在丙银行账户里的存款分文无着。乙在未获支票款项的情况下，找到了甲，要甲负责。甲以支票已过期为由拒绝对乙负责。

问题：甲是否可以对乙拒绝负责？为什么？

分析提示：

甲可以对乙拒绝负责，但理由并不是因为支票过期。支票的持票人如不在合理时间内提示付款，出票人仍必须对支票负责，除非持票人的延迟提示而使出票人受了损失。

在上例中，由于乙的晚提示致使甲受了损失。那么甲就可不对该支票负责，因为乙如果及时去取款，甲就不会受到损失，所以他可对支票不负责任。

第二节　支付方式

国际货款的支付方式主要有汇付、托收、信用证和银行保函等，其中以信用证方式使用最为普遍。在实际业务中，一般可以单独使用某种支付方式，也可以视需要将各种支付方式结合使用。

汇付和托收这两种支付方式都是由买卖双方根据贸易合同互相提供信用，因此属于商业信用。支付方式按资金的流向与支付工具的传递方向不同，可以分为顺汇和逆汇两种方法。顺汇是指资金的流动方向与支付工具的传递方向相同。汇付方式采用的是顺汇方法。逆汇是指资金的流转方向与支付工具的传递方向相反。托收方式收取货款采用的是逆汇方法。

一、汇付

（一）汇付的含义和当事人

1. 汇付的含义

汇付（remittance）又称汇款，是指债务人（付款人）主动将货款通过银行付给债权人（收款人）。

2. 汇付的当事人

一项汇付业务中通常涉及四个当事人：付款人、收款人、汇出行、汇入行。

（1）付款人　即汇款人，通常是指国际贸易中的进口商（买方），即债务人。

(2) 收款人　又称受益人，通常是指国际贸易中的出口商（卖方），即债权人。

(3) 汇出行　通常是指接受汇款人申请，代其汇款的银行，汇出行一般是进口地银行。

(4) 汇入行　又称解付行，是接受汇出行的委托，对收款人付款的银行，通常汇入行是出口地银行。

(二) 汇付的种类

汇付方式一般可分为电汇、信汇和票汇三种。

1. 电汇

电汇（telegraphic transfer，T/T）是指汇出行应付款人的申请，采用电传、电报、SWIFT（全球银行金融电信协会）等电信手段将电汇付款委托书给汇入行，指示解付一定金额给收款人的一种汇款方式。

电汇可迅速收到汇款，故电汇最受卖方欢迎，成为汇付的主要方式。但电汇费用较高。

2. 信汇

信汇（mail transfer，M/T）是指汇出行应汇款人的申请，以航空信函的方式将信汇付款委托书寄给汇入行，授权解付一定金额给收款人的一种汇款方式。

信汇方式的优点是费用较为低廉，但收款时间较长。随着 SWIFT 的广泛应用，在业务中，信汇方式使用越来越少。

3. 票汇

票汇（remittance by banker's demand draft，D/D）是指汇出行应汇款人的申请，开立银行汇票交给汇款人由汇款人自行邮寄给收款人，收款人凭以向汇票上指定的银行（一般是汇出行的分行或代理行）取款的一种汇款方式。

票汇与电汇、信汇的不同之处在于，票汇的汇入行无须通知收款人取款，而由收款人持票登门向汇入行取款，这种汇票经收款人背书，可以转让流通，而电汇、信汇的收款权不能转让流通。

(三) 汇付方式在国际贸易中的使用

在国际贸易中使用汇付方式结算货款，银行只提供服务，不提供信用，货款的结清，完全取决于买卖双方的信用，因此，汇付方式的性质属于商业信用。

在国际贸易中，汇付方式主要用于预付货款（payment in advance）、货到付款（payment after arrival of goods）、凭单付汇（remittance against documents）等业务。

1. 预付货款

预付货款是进口商先将货款的一部分或全部汇交出口商，出口商在收到货款后在规定时间内发运货物。采用预付货款，对卖方来说，就是先收款后交货，资金不受积压，对卖方最为有利。预付货款往往用于以下情况：①买卖的商品是进口商市场上急需的抢手货，进口商为取得高额利润，不惜预付货款；②进出口双方关系十分密切，有时进口商是出口商在国外的联号；③卖方货物紧俏，但卖方对买方资信不了解，为了收汇安全，卖方提出预付货款作为发货的前提条件。

2. 货到付款

货到付款是指出口商先将货物发运，进口商在收到全部合格的货物后才支付货款。这种方式对卖方来说，就是先交货，后收款，卖方不仅要占压资金且还要承担买方不付款的风险，因此，对卖方不利，而对买方最为有利。货到付款常用于记账交易、寄售等贸易方式中。

3. 凭单付汇

凭单付汇是进口人通过银行将款项汇给出口人所在地银行（汇入行），并指示该行凭出口人提供的某些商业单据或某种装运证明即可付款给出口人。汇入行根据汇出行的指示向出口人发出汇款通知书，作为有条件付汇的证明。

汇付方式对于买卖双方都可能有风险，主要是根据买卖双方对于汇付的约定是卖方先发货还是买方先付款。此外，汇付方式还用于支付订金、分期付款、小额交易的支付货款、货款尾数以及佣金等费用的支付。

【同步思考 7-4】

汇付的特点是什么?

分析提示:

① 汇付是商业信用，风险较大。

② 资金负担不平衡。

③ 结算手续简单、速度快、费用低。

④ 属于顺汇。

二、托收

(一) 托收的含义及当事人

1. 托收的含义

托收（collection）是指债权人（出口人）出具汇票委托银行向债务人（进口人）收取货款的一种支付方式。在托收业务中，作为支付工具的票据传送与资金的流通呈相反方向，所以属逆汇方式。

2. 托收的当事人

托收方式主要涉及四个当事人：委托人、托收行、代收行、付款人。

(1) 委托人（principals） 是指委托银行办理托收业务的客户，通常是出口方。

(2) 托收行（remitting bank） 是指接受委托人的委托，办理托收业务的银行，通常为出口地银行。

(3) 代收行（collecting bank） 是指接受托收行的委托，向付款人收取票款的银行，通常为进口地银行。代收行一般是托收行的国外分行或代理行。

(4) 付款人（payer） 又称受票人，指根据托收指示，支付货款的人，通常为进口方。

此外，在托收业务中还有可能有提示行和需要时的代理两个当事人。

提示行（presenting bank） 它是指向付款人做出提示汇票和单据的银行。提示行常由代收行自己兼任。

需要时的代理（customer's represntative in case of need）是委托人为了防止因为付款人拒付而发生无人照料货物的情形而在付款地事先指定的代理人。

(二) 托收的种类

托收可根据所使用的汇票不同，分为光票托收和跟单托收。

1. 光票托收

光票托收，指出口方只开立汇票（即只凭金融单据）委托银行向进口方收款，而不附带任何其他货运单据。在国际贸易中，光票托收通常用于收取出口货款的余款、小额样品费、佣金等费用。

应当指出的是，业务中光票托收并不一定不附带任何单据，有时也附有一些非货运单据，如发票、垫款清单等，这种情况仍被视为光票托收。

光票托收的汇票，在期限上也应有即期和远期两种。但在实际业务中，由于一般金额都不太大，即期付款的汇票较多。

2. 跟单托收

跟单托收是指出口方将汇票连同提单、保险单、发票等货运单据一起交给银行，委托该银行收取货款的结算方式。国际贸易中货款的收取大多采用跟单托收。采用跟单托收时，根据托收业务中委托收款时交付单据条件的不同，又可分为付款交单和承兑交单两种：

(1) 付款交单（documents against payment，D/P） 付款交单指出口人的交单是以进口人的付款为条件。即出口人发货后，取得货运单据，委托银行办理托收，并在托收委托书中指示银行，只有在进口人付清货款后，才能把货运单据交给进口人。

付款交单按付款时间的不同，又分为即期付款交单和远期付款交单两种。

① 即期付款交单（documents against payment at sight，D/P sight） 即期付款交单是指出口人发货后开立以进口人为付款人的即期汇票，连同货运单据，通过银行向进口人提示，进口人见票后立即付款，进口人在付清货款后才可向银行领取货运单据。

② 远期付款交单（documents against payment after sight，D/P after sight） 远期付款交单是指出口人发货后开立以进口人为付款人的远期汇票并附上装运单据，通过银行向进口人提示，由进口人承兑后，于汇票到期时再向代收行付款，代收行在收取票款后才向进口人交付单据的托收方式。

以上说明，不论是即期付款交单或是远期付款交单，进口商必须在付清货款之后，才能取得单据，提取或转售货物。

(2) 承兑交单（documents against acceptance，D/A） 承兑交单是指出口人的交单以进口人在汇票上承兑为条件。即出口人在装运货物后开立以进口人为付款人的远期汇票并附上装运单据，通过银行向进口人提示，进口人承兑远期汇票后，代收银行即向进口人交付货运单据，在汇票到期时，进口人再向代收行付款。承兑交单方式只适用于远期汇票的托收。由于承兑交单是进口人只要在汇票上承兑之后，即可取得货运单据，凭以提取货物。一旦进口人到期不付款，出口人便会遭到货物与货款全部落空的损失。因此，出口人采用这种方式时，应非常慎重。

（三）跟单托收的业务程序

跟单托收业务的基本程序如下：

① 出口人按照合同规定装货后取得装运单据，填写托收申请书，开立汇票，连同商业单据一并送交托收行，委托代收货款。

② 托收行根据出口人的指示，向代收行发出托收委托书，连同汇票、单据寄交代收行，要求按照委托书的指示代收货款。

③ 代收行收到汇票和单据后，向进口方作付款提示或承兑提示。如为即期汇票，进口方应立即付清货款，取得货运单据；如为远期汇票，进口人应立即承兑。偿属付款交单方式，代收行保留汇票和单据，到汇票到期再通知付款赎单。偿属承兑交单方式，则进口人在承兑汇票后即可从代收行取得全套单据。

④ 代收行收到货款后，应即将货款拨付托收行。

⑤ 托收行收到货款后，应即转交出口人。

以下分别是即期付款交单、远期付款交单和承兑付款交单一般业务程序示意图：

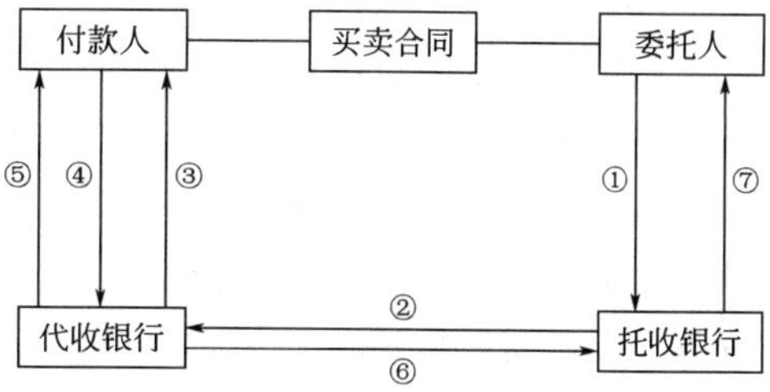

图 7.1　即期付款交单业务程序示意图

图 7.1 的具体说明如下：

① 出口人按照合同规定装货后取得装运单据，填写托收申请书，开立即期汇票，连同货运单据（或不开立汇票，仅将货运单据）交托收行委托代收货款。

② 托收行根据托收申请书缮制托收委托书，连同汇票（或没有汇票）、货运单据寄交代收行委托代收。

③ 代收行按照委托书的指示向进口人提示汇票和单据（或仅提示单据）。

④ 进口人审单无误后付款。

⑤ 代收行交单。

⑥ 代收行办理转账并通知托收行款已收妥。

⑦ 托收行向出口人交款。

图 7.2 的具体说明如下：

① 出口人按照合同规定装货后取得装运单据，填写托收申请书，开立远期汇票，连同货运单据交托收行委托代收货款。

② 托收行根据托收申请书缮制托收委托书，连同汇票、货运单据寄交代收行委托代收。

③ 代收行按照委托书的指示向进口人提示汇票和单据，进口人审核无误在汇票上承兑后，代收行收回汇票和单据。

④ 进口人到期付款。

⑤ 代收行交单。

⑥ 代收行办理转账并通知托收行款已收妥。

⑦ 托收行向出口人交款。

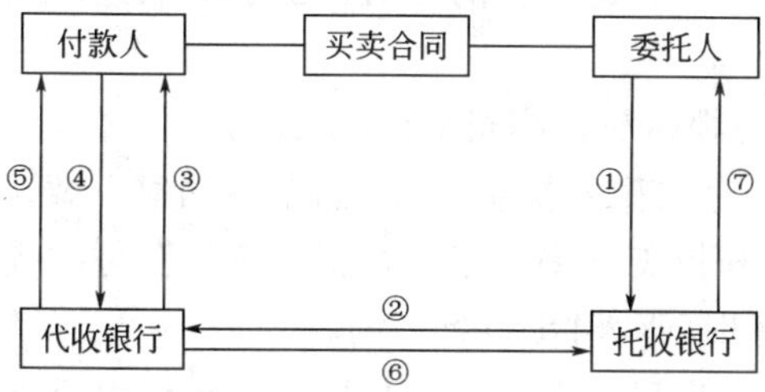

图 7.2　远期付款交单业务程序示意图

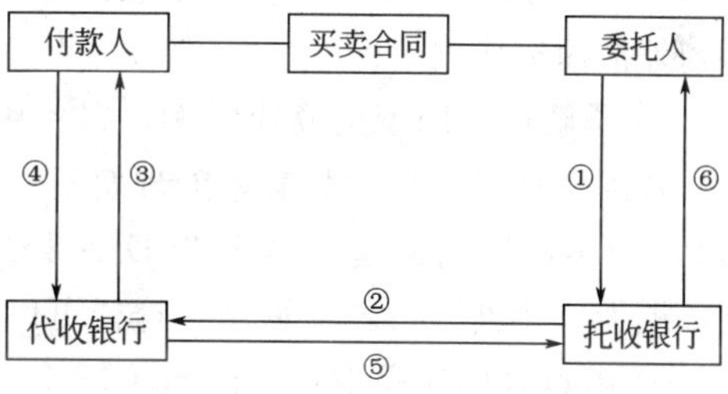

图 7.3　承兑付款交单业务程序示意图

图 7.3 的具体说明如下：

① 出口人按照合同规定装货后取得装运单据，填写托收申请书，开立汇票，连同货运单据交托收行委托代收货款。

② 托收行根据托收申请书缮制托收委托书，连同汇票、货运单据寄交代收行委托代收。

③ 代收行按照委托书的指示向进口人提示汇票和单据，进口人在汇票上承兑，代收行在收回汇票的同时，将货运单据交给进口人。

④ 进口人到期付款。

⑤ 代收行办理转账并通知托收行款已收妥。

⑥ 托收行向出口人交款。

（四）跟单托收的性质、作用

托收的性质与汇付一样属于商业信用，银行与委托人之间是委托代理关系。银行办理托收业务时，只是按委托人的指示办事，并不承担对付款人必然付款的义务。在进口人拒不付款赎单后，除非事先约定，银行没有义务代为保管货物。在付款交单下，进口人在没有付清货款之前，货物的所有权仍属出口人，如货物已到达，出口人要承担在进口地办理提货、交纳进口关税、存仓、保险、转售以至被低价拍卖或被运回国内等损失。在承兑交单条件下，出口人收款的保障就是进口人的信用，一旦进口人到期不付款，出口人便会遭到货款两空的损失。所以承兑交单比付款交单的风险更大。

跟单托收虽然对出口人风险很大，但对进口人却很有利，它可免去申请开立信用证的手续，不必预付银行押金，减少费用支出，有利于资金融通和周转，因此在出口业务中采用托收，有利于调动进口商采购货物的积极性，扩大出口，提高出口商品在国际市场上的竞争力。

【同步思考 7-5】

我某公司向日商以 D/P 即期方式出口某商品，对方答复若我方接受 D/A30 天付款，并通过他指定的 A 银行代收可接受。我方是否应该接受日商此要求?

分析提示：一般不宜接受。使用托收方式收款时，一般采用即期 D/P，少用远期 D/P，谨慎使用 D/A。使用 D/A 时，对客户资信要有十足的把握，以防陷入对方“陷阱”。

（五）使用托收方式应注意的问题

为了有效地利用托收方式，必须注意下列事项：

① 做好严格的资信调查。认真调查和考虑进口商的资信情况、经营作风和经营能力。

② 合理使用国际保理以减少和避免收汇风险。出口商为保证收汇安全，应使用出口保理，并按保理协定规定的信用额度签订买卖合同。

③ 了解进口国家的贸易管制和外汇管制情况，以免货到目的地后，由于不准进口或收不到外汇而造成损失。

④ 了解进口国家的商业惯例，以免由于当地习惯做法影响安全迅速收汇。

各国银行对远期付款交单的理解不一致，操作存在很大差异。如欧洲有些国家不做远期 D/P，拉美国家则把远期 D/P 当 D/A 处理。北美和拉美许多国家习惯把“单到”付款或承兑，视为“货到”付款或承兑，这样可以拖后付款时间，对出口方不利。

⑤ 出口合同应争取按 CIF 或 CIP 条件成交，由出口人办理货运保险，或投保出口信用险。在采用 FOB、CFR、CPT 条件时，应另投保卖方出口信用险，以防货物受损时，买方不付货款，卖方可向保险公司索赔。

⑥ 对托收方式的交易，要建立健全管理制度，定期检查，明确责任，及时发现问题并迅速采取措施，以避免或减少可能发生的损失。

【同步案例 7-2】

我某外贸公司与某国 A 商达成一项出口合同，付款条件为 D/P45 天付款。当汇票及所附单据通过托收行寄抵进口地代收行后，A 商及时在汇票上履行了承兑手续。货抵目的港时，由于用货心切，A 商出具信托收据向代收行借得单据，先行提货转售。汇票到期时，A 商因经营不善，失去偿付能力。代收行以汇票付款人拒付为由要求我外贸公司直接向 A 商索取货款。问题：代

收行的要求合理吗？为什么？

分析提示：不合理。因为A商是凭信托收据向代收行借的单，这是代收行自己向进口人提供的信用便利，而与出口人无关。因此，代收行借出单据后，汇票到期不能收到货款，则代收行应对委托人负全部责任。

三、信用证

（一）信用证的含义和当事人

1. 信用证的含义

信用证L/C（letter of credit）是开证银行根据开证申请人的请求和指示，向受益人开立的有一定金额的和在一定期限内凭规定的单据承诺付款的书面凭证。简言之，信用证就是银行开立的一种有条件的承诺付款的书面文件。

《UCP 600》规定，信用证是一项不可撤销的安排，无论其名称或描述如何，该项安排构成开证行对相符交单予以承付的确定承诺。

2. 信用证的当事人及其相应的权利和义务

信用证的基本当事人有三个：开证申请人、开证行和受益人。此外还有与信用证有关的几个关系人：通知行、保兑行、议付行、付款行和偿付行等。

（1）开证申请人（applicant）　简称开证人（opener），指向银行申请开立信用证的人，通常是买卖合同中的进口方，即买方。

义务：根据合同开证；向银行交付比例押金；及时付款赎单。

权利：验、退赎单；验、退货（均以信用证为依据）。

（2）开证行（issuing bank）　是指接受开证人的委托，同意开立信用证的银行。通常是进口方所在地银行。

义务：正确、及时开证；承担第一性付款责任。

权利：收取手续费和押金；拒绝受益人或议付行的不符单据；付款后如开证申请人无力付款赎单时可处理单、货；货不足款可向开证申请人追索余额。

（3）受益人（beneficiary）　是指信用证上所指定的有权享有该信用证的人，通常是买卖合同中的出口方，即卖方。

义务：收到信用证后应及时审证，不符者尽早要求修改或拒绝接受；如接受则发货并通知收货人，备齐单据在规定时间向议付行交单议付；对单据的正确性负责，不符时应执行开证行改单指示并仍在信用证规定期限交单。

权利：被拒绝修改或修改后仍不符，有权在通知对方后单方面撤销合同并拒绝信用证；交单后若开证行倒闭或无理拒付可直接要求开证申请人付款；收款前若开证申请人破产可停止货物装运并自行处理；若开证行倒闭时信用证还未使用可要求开证申请人另开。

（4）通知行（advising bank）　是接受开证行的委托，将信用证通知受益人的银行。通常是出口方所在地银行，它只证明信用证的真实性，并不承担其他义务。

（5）议付行（negotiating bank）　是根据开证行的授权买入或贴现受益人开立和提交的符合信用证规定的汇票及/或单据的银行。它可以是指定银行，也可以是非指定银行。

义务：严格审单；垫付或贴现跟单汇票；背批信用证。

权利：可议付也可不议付；议付后可处理（货运）单据；议付后开证行倒闭或借口拒付可向受益人追回垫款。

（6）付款行（paying bank）　是指信用证上指定的付款的银行，通常是开证银行兼为，也可以是开证行指定代为付款的另一家银行。付款行一经付款，对受益人无追索权，因而付款行的付款是终局性的。

(7) 保兑行（confirming bank） 是指应开证行的请求在信用证上加以保兑的银行。保兑行和开证行均对受益人承担第一性的付款责任。保兑行通常由通知行兼任，也可由其他银行加具保兑。

(8) 偿付行（reimbursing bank） 是开证行的付款代理，代替开证行偿还议付行垫款的银行，又称清算行。偿付费由开证行承担。它不负责审单，不负单证不符之责，所以偿付行的付款不能视为开证行终局性的付款，当开证行发现单证不符而拒付货款时，仍可向索偿行（一般为议付行）追索。

（二）信用证的性质及特点

信用证与汇付和托收相比，银行的作用发生了根本变化，由只提供服务演变为既提供服务又提供信用和资金融通，属于银行信用。信用证具有银行的保证作用，使买卖双方免去了互不信任的疑惑，因此在国际贸易业务中被广泛使用。

根据《跟单信用证统一惯例》（简称《UCP 600》）的规定，信用证主要有以下几个特点：

1. 信用证是一种银行信用

信用证支付方式是以银行信用作为保证的，开证行应承担第一性的付款责任。即信用证是以银行信用取代了商业信用，这一特点极大地减少了由于商人间交易的不确定性而造成的付款不确定性。即使开证人事后丧失偿付能力，只要受益人提交的单据符合信用证条款的规定，开证行也必须承担付款责任。

2. 信用证是一项独立、自足的文件

信用证是依据买卖双方签订的合同开立的，但一经开立，即成为独立于合同之外的契约。《UCP 600》第 4 条规定，信用证与可能作为其依据的销售合同是相互独立的交易，即使信用证中提及该合同，银行也与该合同无关，并且不受其约束。信用证的所有当事人仅凭信用证条款办事，以信用证作为唯一的依据。如果出口方认真履行了合同，却未能提供与信用证相符的单据时，也会遭到银行拒付。

【同步案例 7-3】

我某公司从国外进口一批钢材，货物分两批装运，每批分别由中国银行开立一份 L/C。第一批货物装运后，卖方在有效期内向银行交单议付，议付行审单后，即向外国商人议付货款，然后中国银行对议付行做了偿付。我方收到第一批货物后，发现货物品质与合同不符，因而要求开证行对第二份 L/C 项下的单据拒绝付款，但遭到开证行拒绝。问题：开证行这样做是否有道理？

分析提示：信用证虽然是根据合同开出，但是一旦开出具有独立的法律效力，独立于合同。

3. 信用证业务是纯粹的单据买卖

《UCP 600》第 5 条规定，在信用证业务中，各有关方所处理的是单据，而不是单据所涉及的货物、服务或履约行为。《UCP 600》第 14 条规定，按指定行事的指定银行、保兑行（若有）及开证行必须审核交单，并仅基于单据本身确定其是否在表面上构成相符单据。因此银行只看单据，不看货物。只要受益人按信用证要求提交了表面上看来是构成相符交单的有关单据，开证行就承担付款责任。

【同步思考 7-6】

某出口公司收到一份国外开来的 L/C，出口公司按 L/C 规定将货物装出，但在尚未将单据送交当地银行议付之前，突然接到开证行通知，称开证申请人已经倒闭，开证行是否应该承担付款责任，为什么？

分析提示：应该承担付款责任。因信用证是一种银行信用，开证行承担第一付款责任。

（三）信用证的主要内容

目前，各国使用的信用证格式虽然不一，但其主要内容大致相同，主要包括以下几个方面：

① 对信用证本身的说明。如信用证的种类、性质、编号、金额、有效期、到期地点等。

② 信用证有关当事人。开证申请人、开证行、受益人、通知行、保兑行、议付行、付款行和偿付行等。

③ 对汇票的说明。包括汇票的种类、出票人、受票人、付款期限、出票条款及出票日期等。凡不需汇票的信用证无此内容。

④ 对货物的条款。货物名称、规格、牌号、数量、包装、价格、唛头等。

⑤ 装运与保险条款：包括运输方式、装运港（地）或发货地、目的港（地）、装运期限、能否分批装运或转船的规定。以CIF或CIP贸易术语达成的交易项下的保险要求，所需投保的金额和险别等。

⑥ 对单据的要求：规定应附哪些单据及对有关单据的具体要求和应出具的份数。单据可分为货物单据（商业发票、装箱单、重量单、商检证书、产地证等）、运输单据（海运提单、航空运单、承运货物收据等）和保险单据。

⑦ 附加条款：一般书写在背面，规定交单日期或者要求某一特殊单据，根据每一具体交易的需要加列。

⑧ 责任文句：开证行对受益人及汇票持有人保证付款的责任文句。

此外，有的信用证还有开证行的指示文句及适用《UCP 600》规定的声明等内容。

（四）信用证的业务程序

采用信用证方式结算货款，从进口人向银行申请开证，一直到开证行付款后又向进口人收回垫款，其中要经过许多环节，需要办理各种手续。加上信用证种类不同，信用证条款也有不同规定，这些环节和手续也繁简不一。但从总体上看，信用证的结算程序一般包括以下几个环节。

① 买卖双方在合同中规定使用信用证支付货款。

② 进口人向开证行提出开证申请，填制开证申请书，交纳押金和手续费，要求开证行开出以出口人为受益人的信用证。

③ 开证行按要求开立信用证，并将信用证寄交出口人所在地的分行或代理行（通知行）；信用证有电开和信开两种方式。有时客户以简电形式开出信用证，只供卖方备货参考，不能作为出运货物依据。

④ 通知行核对密押或印鉴无误后，将信用证转交出口人。

⑤ 出口人审核信用证与合同相符后，按信用证规定装运货物，并备齐各项货运单据，开具汇票，在信用证有效期内一并送交当地银行（议付行）请求议付。

⑥ 议付行按信用证条款审核单据无误后，按汇票金额扣除利息和手续费，将货款垫付给出口人。

⑦ 议付行将汇票和货运单据寄交开证行或其指定的付款行索偿。

⑧ 开证行或其指定的付款行核对单据无误后，向议付行付款。

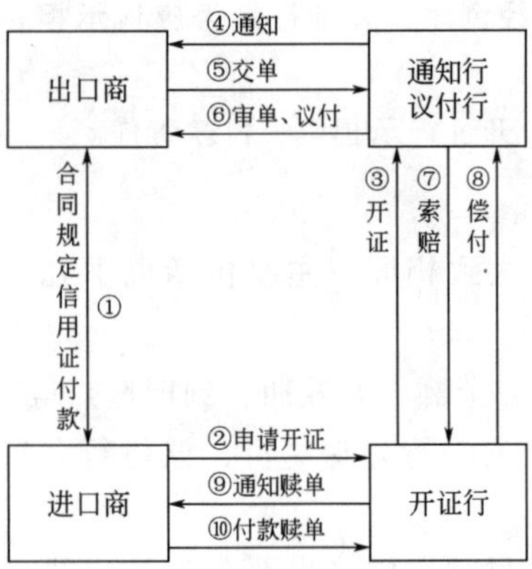

图 7.4 信用证的业务程序

⑨ 开证行在向议付行办理转账付款的同时，通知进口人付款赎单。

⑩ 进口人审单无误后付清货款，开证行收款后，将单据交给进口人，进口人凭以向承运人提货。

信用证的业务程序见图 7.4。

【同步思考 7-7】

什么是议付?

分析提示：议付是指指定银行在相符交单下，在其应获偿付的银行工作日当天或之前向受益人预付或者同意预付款项，从而购买汇票（其付款人为指定银行以外的其他银行）及/或单据的行为。实际上是议付行在受益人向议付行提交符合信用证条款单据的前提下，对受益人垫款。由于在议付时要扣除一个来回邮程的利息，因此，它也是一种汇票的贴现行为。议付通常又被称为“买单”或“押汇”。

（五）信用证的种类

1. 根据是否有货运单据，分为跟单信用证和光票信用证

（1）跟单信用证（documentary credit） 是指开证行凭跟单汇票或仅凭单据付款的信用证。

（2）光票信用证（clean credit） 是指开证行凭不附单据的汇票付款的信用证。

国际贸易中通常使用的都是跟单信用证。

2. 根据开证行所负责任的不同，分为可撤销信用证和不可撤销信用证

（1）可撤销信用证（revocable letter of credit） 是指开证银行可以不经受益人同意，也不必事先通知受益人，在议付行议付之前有权随时取消或修改的信用证。这种信用证对出口人非常不利。因此，《UCP 600》中取消了这个种类，规定除可转让信用证另有规定以外，未经开证行、保兑行（如有）及受益人同意，信用证既不得修改也不得撤销。

（2）不可撤销信用证（irrevocable letter of credit） 是指信用证一经开出，在其有效期内，未经受益人及有关当事人的同意，开证行不得片面修改或撤销的信用证。只要受益人提供的单据符合信用证规定，开证行就必须履行付款义务。这种信用证上都明确注有“不可撤销”字样。由于这种信用证的银行信用程度高，受益人权利较有保障，因而在实际业务中较常用。

3. 根据信用证有无其他银行保兑，分为保兑信用证和不保兑信用证

（1）保兑信用证（confirmed L/C） 是指开证行开出的信用证必须经另一家银行保证对符合信用证条款规定的单据履行付款义务。对信用证加以保兑的银行叫保兑行。保兑行一经保兑，就承担和开证行同样的付款责任。不可撤销的保兑信用证，说明该信用证不仅有开证行不可撤销的付款责任，还有保兑行的兑付保证，这种有双重保证的信用证对出口商最有利。保兑行通常是通知行，有时也可以是出口地的其他银行或第三国银行。

（2）不保兑信用证（unconfirmed L/C） 是指开证行开出的信用证未经另一家银行加具保兑的信用证，当开证行资信较好或成交金额不大时，可使用这种信用证。

4. 根据付款时间的不同，可分为即期信用证和远期信用证

（1）即期信用证（sight L/C） 是指开证行或付款行收到符合信用证条款的跟单汇票和装运单据后，立即付款，即单到付款的信用证。出口商收汇迅速安全，有利于资金周转，故在国际货款结算中使用较为普遍。

(2) 远期信用证（unasked L/C） 是指开证行或付款行在收到符合信用证条款规定的汇票和单据后，不立即付款，而是待远期汇票到期后再付款。远期信用证又分为承兑信用证、假远期信用证和延期付款信用证。

① 承兑信用证（acceptance L/C） 是指受益人提交远期汇票和单据，由付款人先承兑，等汇票到期日再付款的信用证。

承兑信用证业务中，银行是远期汇票的付款人。承兑人可以是开证行也可是其指定的代理行，开证行承兑后将单据留下（代理行承兑后将单据交给开证行），交还汇票。受益人取得汇票后，可以到当地的贴现市场办理贴现及时收回货款，也可持汇票到期收款。

② 假远期信用证（usance credit payable at sight） 是指受益人提交远期汇票，由付款行进行贴现，扣除贴息后交受益人，汇票到期时，再由贴现公司向开证行索汇。并规定贴现费和承兑费由进口商负担。这种信用证表面上看是远期信用证，对受益人而言却可即期收款，故称为“假远期信用证”。

③ 延期付款信用证（deferred payment credit） 延期付款信用证指开证行保证货物装船后或收单后，开证行若干天或者一定日期付款给受益人的信用证。延期付款信用证不要求受益人开具汇票，又称无汇票远期信用证。该信用证项下受益人不能利用贴现市场上的资金，只能自行垫款或向银行借款，所以，此种信用证的货价比承兑信用证的货价高。

5. 根据受益人是否可以转让，可分为可转让信用证和不可转让信用证

(1) 可转让信用证（transferable L/C） 指开证行开立的信用证上注明“可转让”（transferable）字样、受益人可以将信用证的全部或部分使用权转让给第二受益人。可转让信用证只能转让一次，即只能由第一受益人转让给第二受益人，第二受益人不能再转让给其后的第三受益人，但再转让给第一受益人，不属于被禁止转让的范畴。可转让信用证可同时转让给一个或几个第二受益人，转让费由第一受益人负责。如果信用证允许分批装运（支款），可将信用证金额按若干部分分别转让给几个第二受益人（但总和不得超过信用证金额），该项转让的总和被视为信用证的一次转让。可转让信用证通常适用于有中间商存在的情况。

(2) 不可转让信用证（untransferable L/C） 是指信用证上未注明“可转让”字样，即受益人不能将信用证的权利转让给他人的信用证。实际业务中多数是此种信用证。

6. 循环信用证

循环信用证（revolving L/C）是指信用证的金额被全部或部分使用后，其金额能恢复到原金额，而再次被受益人使用，甚至可以多次使用，直至达到规定次数或累计总金额为止。循环信用证与一般信用证的不同之处就在于前者可多次循环使用，而后者则在一次使用后即告失效。循环信用证一般适用于比较大宗单一，可定时、定量、定品种分批供货，分批支款的长期合同。进口商可因此避免多次开证手续上的麻烦，节约开证费用和押金，也使出口商简化审证程序和费用。

根据循环方式可分为按时间循环信用证和按金额循环信用证。

(1) 按时间循环信用证　按时间循环信用证是指受益人在一定时间内可多次支取信用证规定的金额。

(2) 按金额循环信用证　按金额循环信用证是指在信用证议付后，仍恢复到原金额可继续使用，直至用完规定的总额为止。

按金额循环信用证又分为自动循环信用证、半自动循环信用证和非自动循环信用证

三种。

① 自动循环信用证　指每期用完一定金额，不需要等待开证行的通知，即可自动恢复到原金额继续使用。例如，“本信用证项下付给你方的金额可自动提取，每月一期，每期金额30000美元，总金额为120000美元”。

② 半自动循环信用证　指受益人每次装货议付后，在若干天内开证行未提出终止循环使用的通知，信用证可自动恢复到原金额继续使用。例如，“议付行在每次议付后7天内未被通知停止恢复，则信用证未用余额即增至原金额”。

③ 非自动循环信用证　指每期用完一定金额后，必须等待开证行的通知，信用证才能恢复到原金额继续使用。例如，“本金额须在每次议付后收到开证行通知方可恢复到原金额”。

7. 对开信用证

对开信用证（reciprocal L/C）是指买卖双方各自向对方开立，互为受益人的信用证。对开信用证的特点是第一张信用证的开证申请人和受益人就是第二张信用证的受益人和开证申请人。两张信用证的金额大致相同，可同时互开也可先后开立，多用于补偿贸易、来料加工和易货贸易等。把进、出口联系起来，有助于外汇收支平衡。其具体做法为：原料或配件的进口方（买方）向出口方（卖方）开立远期信用证；在该证（第一张）到期前，买方将成品向卖方出口时，卖方再开立即期信用证（第二张即回头证），并以此偿付原料或配件应付的远期汇票货款。

8. 对背信用证

对背信用证（back to back L/C）又称转开信用证，指转口贸易中以中间商与进口商之间的第一份合同开立的信用证（称原信用证）为基础，根据该中间商与出口商的第二份合同另开一张与原证内容相似的新信用证。

原证的受益人是新证的开证申请人，原证的通知行一般是新证的开证行，原证与新证在金额和交货期方面不同。新证的开证申请人通常以原证下收得的款项偿付新证开证行已垫付资金，新证开证行为防止原证不能收款，除了要原证作为抵押外，还要求开证申请人缴纳其他抵押品或担保。

对背信用证通常用于中间商转售他人货物从中牟利，或两国不能直接办理进出口，通过第三国来沟通贸易。

9. 预支信用证

预支信用证（anticipatory L/C），指开证行授权通知行允许受益人在装货交单前可支取全部或部分货款的信用证，是进口商通过银行开立给出口商的一种以出口贸易融资为目的的信用证。包括全部预支信用证和部分预支信用证两种。为引人注意，预支货款的条款通常用红字打出，所以又称红条款信用证。

（六）SWIFT 信用证

SWIFT是“环球同业银行金融电信协会”（Society for Worldwide Interbank Financial Telecommunication）的简称，它成立于1973年，设有自动化的国际金融电信网，其成员可以通过该电信网办理信用证业务和外汇买卖、证券交易以及托收等。目前全球大多数国家大多数银行已使用SWIFT系统。SWIFT的使用，为银行的结算提供了安全、可靠、快捷、标准化、自动化的通信业务，从而大大提高了银行的结算速度。按照国际商会所制定的电信信用证格式，利用SWIFT系统设计的特殊格式，通过SWIFT系统开立或通知的信用证就称为SWIFT信用证。采用SWIFT信用证，必须遵守SWIFT使用手册的规定，受《跟单信用证统一惯例》的约束。SWIFT需要会员资格，我国的大多数专业银行都是其成员。只有SWIFT成员才能使用密码在它的电信网上进行信用证资料传递，所以其真实性非常可靠，而且使用SWIFT的费用较低，安全性较高，格式具有标准化，对于SWIFT电文，SWIFT组织有着统一的要求和格式。因此，目前信用证的格式主要是用SWIFT电文。

【同步案例7-4】

我某公司出口一批货物，8月16日接到通知行转来的一张信用证简电通知。简电通知中表明了L/C号码、商品的品名、数量和价格等项目。我公司收到简电通知后急于出口，于8月20日按简电通知中规定的数量装运出口，并缮制单据。后来我方收到了通知行转来的一张L/C证正本，正本中规定的数量与简电通知中的数量不符。问：我方能否顺利结汇？

分析提示：不能。简电通知不是信用证的有效文本，不能作为交单议付的依据。因此，不符合“单证一致”的结汇要求。

四、银行保函和备用信用证

（一）银行保函

1. 银行保函的含义

银行保函（banker's letter of guarantee）是指银行应客户的申请而开立的承担付款责任的书面承诺文件，一旦申请人未按其与受益人签订的合同的约定偿还债务或履行约定义务时，由银行履行担保责任。银行根据保函的规定承担绝对付款责任。银行保函大多属于“见索即付”（无条件保函）保函，是不可撤销的文件。

2. 银行保函的当事人

银行保函的基本当事人主要有委托人、受益人和担保人。

（1）委托人　要求银行开立保函的一方，一般为合同的债务人。

（2）受益人　收到保函并凭以向银行索偿的一方。

（3）担保人　保函的开立人，一般为银行。

（4）其他当事人　转递行、保兑行、转开行。

3. 银行保函的种类

银行保函可适用于各种经济交易中，按用途可分为以下几种。

（1）投标保证书　投标保证书（tender guarantee）是指银行、保险公司或其他保证人（保证人，guarantor）应投标人（委托人，principal）的申请向招标人（受益人，beneficiary）开立的保证书，保证投标人在开标前不中途撤销投标或片面修改投标条件；中标后不拒绝签约、不拒绝交付履约保证金，否则，银行负责赔偿招标人的损失。投标保证书的金额一般为投标报价的1%～5%。

（2）履约保证书　履约保证书（performance guarantee）是银行应申请人的请求，向受益人开立的保证申请人履行合同项下义务的书面保证文件。在保证书有效期内如发生申请人违反合同的情况，银行将根据受益人的要求向受益人赔偿保证书中所规定金额。包括进口履约保函和出口履约保函。

进口履约保函是指担保人应申请人（进口人）的申请开给受益人（出口人）的保证承诺。保函规定，如出口人按期交货后，进口人未按合同规定付款，则由担保人负责偿还。这种履约保函对出口人来说，是一种简便、及时和确定的保障。

出口履约保函是指担保人应申请人（出口人）的申请开给受益人（进口人）的保证承诺。保函规定，如出口人未能按合同规定交货，担保人负责赔偿进口人的损失。这种履约保函对进口人有一定的保障。

(3) 还款保证书　还款保证书（repayment guarantee）又称预付款保函或定金保函，是指保证人应合同一方当事人的申请，向合同另一方当事人开立的保证书。保证书规定，如申请人不履行他与受益人订立的合同的义务，如不将受益人预付或支付的款项退还给受益人，银行则向受益人退还或支付款项。还款保证书除在货物进出口、劳务合作和技术贸易等业务中使用外，也适用于工程承包项目。

除上述几种保函外，还可以根据其他功能和应用的不同，分为其他种类，如补偿贸易保函、融资租赁保函、借款保函、贸易项下的延期付款保函、租赁保函、付款保函、来料加工保函、质量/维修保函、海事保函、代理行转开保函等。

4. 银行保函的内容和特点

(1) 银行保函的内容

① 各方当事人的名称、地址、国家和地区。

② 要求开立保函的基础合约及内容。

③ 保函的编号、开立日期以及保函的种类。

④ 保函的金额及货币名称。保证人担保的金额，通常就是受益人索偿的金额。

⑤ 保函的有效期。银行保证书一般都规定一个明确的有效期限。这是指受益人索偿要求送达保证人的最后期限。

⑥ 责任条款。保证人所应承担的责任，是银行保证书的主体。保证人向受益人承担的责任以保证书内所列的条款为限。

⑦ 保函的修改。

⑧ 保函的索偿条件。

⑨ 保函的减额条款。

⑩ 其他条款。

(2) 银行保函的特点

① 银行保函以银行信用作为保证，银行承担绝对付款责任，易于为客户接受。当受益人在保函项下合理索赔时，不论申请人是否同意付款，也不管合同履行的实际事实，担保行就必须承担付款责任。

② 银行保函是独立的承诺并且是单证化的交易业务。保函是依据贸易合同开出的，但又不依附于合同，是具有独立法律效力的法律文件。

③ 针对性强、目的明确、条款清楚，操作简单。

④ 能保障合同的顺利履行。保证受益人在履行了合约义务后，将肯定能得到其所应得到的合同价款的权利，从而保障合同的顺利履行。

（二）备用信用证

1. 备用信用证的含义

备用信用证（standby L/C）又称担保信用证或保证信用证，其定义和前述信用证的定义基本相同，是由开证行应开证申请人申请签发给受益人的一种保证付款的凭证。即开证行保证在开证申请人未能履行其应履行的义务时，必须履行其按信用证规定条件付款给受益人的责任。

备用信用证通常作为代债务人向债权人（受益人）提供的一种银行保证，当债务人违约时，受益人凭备用信用证的规定向开证行开具汇票（或不开汇票），向开证行提供债务人违约证明时，开证行即须向债权人承担付款责任。备用信用证与信用证所不同的是，规定的单据不同。备用信用证要求受益人提交的单据，不是货运单据，而是受益人出具的关于申请人违约的声明或证明。银行对备用信用证审证时，只要求受益人签署的证实借款方违约的证明或声明，并不需要去调查借款人是否真的违约就可以付款。

2. 备用信用证的特点

① 备用信用证属于银行信用，遵循国际惯例《UCP 600》和《国际备用信用证惯例》（简称《ISP 98》）规定，开证行的付款责任是第一性的。

② 备用信用证是独立自足的文件。开证行处理的只是信用证所规定的单据，而完全不管基础合约的履行情况。

③ 备用信用证的付款承诺可以是有条件的或无条件的。备用信用证对受益人来说是备用于开证申请人发生毁约时，取得补偿的一种方式。如果开证申请人按期履行合同的义务，受益人就无需要求开证行在备用信用证项下支付货款或赔款，所以，在很多情况下是备而不用的文件。

备用信用证一般用在投标、技术贸易、补偿贸易的履约保证、预付货款和赊销等业务中，也有用于带有融资性质的还款保证。近年来，有些国家已开始把备用信用证用于买卖合同项下货款的支付。目前备用信用证在世界范围内应用广泛，在我国也广为应用。

【情景模拟 7-1】

淄博恒洋铝塑包装有限公司与印度 MAC 国际贸易有限公司于 2007 年达成向印方出售铝塑制品的合同。待朱经理收到对方信用证，让张涛审核信用证，张涛在审核后发现部分内容与合同不符，内容如下：

① 合同规定信用有效期至 2007 年 8 月 20 日到期，但信用证规定为 2007 年 8 月 5 日。

② 合同规定信用证议付地点为中国，但信用证规定在印度。

③ 合同不允许分批装运，在信用证中却允许分批装运。

④ 合同不允许转船，但信用证中却允许转船。

张涛将这四个不符点反映给朱经理。朱经理让张涛速根据已订立合同，拟定信用证修改函，通知开证申请人。内容如下：

Dear manager,

We have received your L/C No 1028607IM0000034 issued by State Bank of India. However, we are sorry to find it contains some discrepancies.

1. The date of expire should be August 20, 2007.
2. The expiry place should be in China, not in India.
3. Partial shipment prohibited.
4. Transshipment prohibited.

Thank you for your kind cooperation. Please see to it that the L/C amendment can reach us A. S. A. P.

Yours faithfully,
Zhang Tao

第三节　各种支付方式的选用及支付条款

一、各种支付方式的选用

在国际贸易支付中，买卖双方就一笔交易可以选用一种合适的支付方式，也可以根据情况选择两种或两种以上支付方式结合起来使用。常见的有：

(一) 信用证与汇付相结合

这种方式具体有两种做法：

第一种方法是部分货款采用信用证方式付款，余额用汇付方式结算。例如，对于矿砂等初级产品的交易，双方约定：信用证规定凭装运单据先付发票金额的若干成，余数待货到目的地后，根据检验的结果，按实际品质或重量计算出确切的金额，再用汇付方式支付。

采用这种方法时，应明确规定使用何种信用证和何种汇付方式，以及采用信用证付款的比例，以防出现争议和纠纷。

第二种方法是先汇付部分货款，余额部分在出口商发货时由进口商开立信用证支付。这主要用于须先付预订金的交易（如成套设备的交易），进口商成交时须交纳的订金以汇付方式支付，余额部分以信用证支付。

(二) 信用证与托收相结合

这种方式是部分货款以信用证支付，余额部分以托收方式支付。采用这种做法时，发票和其他单据并不分开，仍按全部货款金额填制，只是规定出口人开立两张汇票，分别用于信用证项下和托收项下。为减少风险，一般属于信用证部分的货款凭光票付款，而全套单据附在托收部分汇票项下，采用跟单托收方式。此外，还可在信用证中规定，只有在进口商全部付清了托收项下的汇票后，开证行方可交单。这种做法既减少了进口商的开证费用，又使出口商的收汇有一定的安全保障，故受到进出口双方的欢迎。

(三) 汇付、托收、信用证三者相结合

在成套设备、大型机械产品和交通工具的交易中，因为成交金额较大，产品生产周期较长，一般采取按工程进度和交货进度分若干期付清货款，即分期付款和延期付款的方法，一般采用汇付、托收和信用证相结合的方式。

(四) 跟单托收与预付定金相结合

进口商预付部分货款或一定比率的定金后，出口商发运货物，并从货款中扣除已收款项，将余额委托银行采用付款交单方式托收。

(五) 汇付与保函（或备用信用证）相结合

预付货款或货到付款，都可以用银行保函（或备用信用证）来防止不交货或不交款。

(六) 跟单托收与保函（或备用信用证）相结合

为保障出口商到期收款的利益，由进口商开出保证托收付款的保函，只要进口商未在收到单据后的规定时间内付款，出口商就有权向担保行索取货款。

【同步思考 7-8】

影响结算方式选择使用的因素有哪些?

分析提示：主要有以下几项

① 客户信用；

② 货物销路；

③ 贸易术语；

④ 运输单据。

二、合同中的支付条款

进出口贸易支付条款，根据合同规定分别订立：

（一）汇款支付条款

采用汇款支付方式时，应在合同中明确规定汇款的方法、时间和金额等。例如：

① 买方应于 5 月 30 日前将全部货款用汇票预付给卖方。

② 买方应于不迟于 3 月 20 日将 40％货款用电汇预付给卖方，余款在收到正本提单传真后 5 日内支付。

（二）托收的支付条款

采用托收的支付方式时，应在合同中明确规定交单条件、进口人的承兑、付款责任和期限等。例如：

① 买方按照卖方开具的即期跟单汇票，于见票时即可付款，付款后交单。

② 买方按照卖方开具的跟单汇票，见票后 90 天付款，付款后交单。

（三）信用证的支付条款

采用信用证支付方式时，应在合同中明确规定信用证种类、开证日期、有效期和议付地点等。例如：

买方应通过为卖方所接受的银行于装运月份前××天开立并送达卖方不可撤销见票后 30 天付款的信用证，有效期至装运月份后第 15 天在北京议付。

（四）不同支付方式结合使用的支付条款

①“买方通过卖方接受的银行，于装运日期前 15 天开立并送达卖方不可撤销即期信用证，规定 50％发票金额凭即期光票支付，其余 50％金额用即期跟单托收方式付款交单。”

② 买方应于装运前 30 天将 30％货款电汇至卖方，其余货款采用即期信用证支付。信用证最晚在××年××月××日前开到卖方，有效期至装运日后 20 天，在中国议付。

【同步案例 7-5】

甲国的 A 公司出口机电设备给乙国的 B 公司。A 公司为了收汇安全，希望 B 公司预付货款，而 B 公司为了保证能收到货物，希望采用托收的结算方式。双方需要寻找一种较为平衡的结算方式。考虑到信用证结算费用较高，他们不打算使用信用证结算方式。问题：请分析在这种情况下，应怎样结合不同的结算方式？

分析提示：

可以采用托收与汇款相结合的结算方式。A 公司为了收汇更有保障，为了加速资金周转，可以要求进口商在货物发运前，使用汇款方式，预付一定金额的定金作为保证，或一定比例的货款，在货物发运后，当出口商委托银行办理跟单托收时，在托收全部货款中，将预付的款项扣除，如托收金额被拒付，出口商可将货物运回，以预收的定金或货款抵偿运费、利息等一切损失。关于定金或预付货款规定多少，可视不同客户的资信和不同商品的具体情况确定。

信用证样本

```
MT S700          ISSUE OF A DOCUMENTARY CREDIT          PAGE 00001
BASIC HEADER               F   01 BKCHCNBJA500 1358 156243
APPLICATION HEADER    O 700 1138 060221 ZENBJPJTAXXX 3721 392437 060221 1038 N
                                        * SHINKIN CENTRAL BANK
                                        * TOKYO
USER HEADER                    SERVICE CODE        103:
                             BANK. PRIORITY    113:
                             MSG USER REF.     108:
                             INFO. FROM CI     115:
```

续表

SEQUENCE OF TOTAL *27 :1/1
FORM OF DOC. CREDIT *40 A:IRREVOCABLE
DOC. CREDIT NUMBER *20 :014-I0-500510
DATE OF ISSUE 31 C:060221
EXPIRY *31 D:DATE 060515 PLACE COUNTER OF NEGO BANK
APPLICANT *50 :SHINKO NOENGEI CO. ,LTD.
4-7-6,MINATOJIMA MINAMIMACHI,
CHUO-KU,KOBE 650-0047,JAPAN.
BENEFICIARY *59 :/
ZIBO RUIFA TEXTILE REFINES CO. ,
LTD. /269,SICHOU ROAD,ZHOUCUN
DIS. ,ZIBO,SHANDONG,CHINA

AMOUNT *32 B: CURRENCY USD AMOUNT 12.093,00
POS. /NEG. TOL. (%) 39 A:10/10
MAX. CREDIT AMOUNT 39 :
AVAILABLE WITH/BY *41 D :ANY BANK
BY NEGOTIATION
DRAFTS AT... 42 C:SIGHT
FOR FULL OF THE INVOICE COST

DRAWEE 42 A :/ /
ZENBJPJTXXX
*SHINKIN CENTRAL BANK
*TOKYO

PARTIAL SHIPMENTS 43 P:ALLOWED
TRANSSHIPMENT 43 T:ALLOWED
LOADING IN CHARGE 44 A:
QINGDAO
FOR TRANSPORT TO...44 B:
KOBE
LATEST DATE OF SHIP. 44 C:060430
DESCRIPT. OF GOODS 45 A:
CUSHION COVER AND ENTRANCE MAT
UNDER S/C NO. 3809
C AND F KOBE
DOCUMENTS REQUIRED 46 A:
+SIGNED COMMERCIAL INVOICE IN TRIPLICATE
+FULL SET OF CLEAN ON BOARD OCEAN BILLS OF LADING
MADE OUT TO ORDER OF SHIPPER AND BLANK ENDORSED AND MARKED
FREIGHT PREPAID AND NOTIFY APPLICANT.
+PACKING LIST IN TRIPLICATE
+BENEFICIARY'S CERTIFICATE STATING THAT THE ORIGINAL G. S. P.
CERTIFICATE OF ORIGIN(FORM A) HAS BEEN SENT TO THE BUYER
DIRECTLY WITH NON-NEGOTIABLE COPIES OF THE TRANSPORT DOCUMENTS
(INVOICE,PACKING LIST AND COPY OF B/L)SOON AFTER THE SHIPMENT
IS MADE BY COURIER SERVICE.

续表

```
ADDITIONAL COND.        47 A:
            +REIMBURSEMENT BY TELECOMMUNICATION IS PROHIBITED.
            +10 PERCENT MORE OF LESS IN AMOUNT IS ALLOWED.
DETAILS OF CHARGES   71 B:ALL BANKING CHARGES OUTSIDE JAPAN
                          AND REIMBURSEMENT CHARGE ARE FOR
                          ACCOUNT OF BENEFICIARY

PRESENTATION PERIOD  48  :DOCUMENTS TO BE PRESENTED WITHIN
                          15 DAYS AFTER THE DATE OF SHIPMENT
                          BUT WITHIN THE VALIDITY OF THE
                          CREDIT.
CONFIRMATION          *49 :WITHOUT
INSTRUCTIONS          78  :
          THE NEGOTIATING BANK MUST AIRMAIL THE DRAFTS
          AND ALL DOCUMENTS DIRECTLY TO US(OUR ADD:9-1,HONMURA-CHO,
          ICHIGAYA,SHINJUKU-KU,TOKYO,JAPAN)IN TWO CONSECUTIVE LOTS
          IN REIMBURSEMENT,WE SHALL REMIT THE PROCEEDS ACCORDING TO
          THE NEGOTIATING BANK'S INSTRUCTIONS.
          A FEE OF USD45.00 SHOULD BE DEDUCTED FROM THE AMOUNT CLAIMED FOR
          EACH PRESENTATION OF DISCREPANT DOCUMENTS UNDER THIS CREDIT.
          THIS FEE WILL ALWAYS BE FOR A/C OF BENEFICIARY.
          SUBJECT TO UNIFORM CUSTOMS AND PRACTICE 1993 REVISION
          ICC PUBLICATION NO. 500.
          THIS CREDIT IS OPERATIVE AND NO CONFIRMATION WILL FOLLOW.
"ADVISE THROUGH"      57 D :/ /
                          BANK OF CHINA,ZIBO BRANCH.
                          SHANDONG,CHINA.
```

本章小结

在国际贸易中，票据是主要的支付工具，包括汇票、本票和支票三种，其中主要使用汇票。票据的主要特点是无因性、要式性和流通性。票据具有结算作用、信用作用和流通作用。

国际货款的支付方式主要有汇付、托收、信用证和银行保函等。汇付方式一般可分为电汇、信汇和票汇三种。根据托收业务中委托收款时交付单据条件的不同，跟单托收又可分为付款交单和承兑交单两种。汇付和托收这两种支付方式都是由买卖双方根据贸易合同互相提供信用，属于商业信用。

信用证就是银行开立的一种有条件的承诺付款的书面文件，属于银行信用。信用证由于具有银行的保证作用，使买卖双方免去了互不信任的疑惑，因此在国际贸易业务中被广泛使用。

在国际贸易支付中，买卖双方就一笔交易可以选用一种合适的支付方式，也可以根据情况选择两种或两种以上支付方式结合起来使用。

【综合训练】

一、单项选择

1. 人们说信用证是一种自足的文件，这是指（　　）。

A. 信用证是独立于合同之外的文件，它与买卖合同毫不相关

B. 信用证都是开证银行自行开立的，与他人无关

C. 信用证条款与买卖合同不符时，受益人无权提出异议

D. 信用证是以买卖合同为基础开立的，但它是独立于合同之外的法律文件

2. 根据《UCP 600》，信用证的第一付款人是（　　）。

A. 进口人　　B. 开证行　　C. 议付行　　D. 通知行

3. 根据《UCP 600》的规定，保兑行在保兑信用证项下的付款责任是（　　）。

A. 在开证申请人不履行付款义务时履行付款义务

B. 在开证行不履行付款义务时履行付款义务

C. 承担第一性的付款责任　　D. 开证行倒闭可拒付

4. 所谓"信用证严格相符"的原则是指受益人必须做到（　　）。

A. 信用证与合同相符　　B. 信用证与货物相符　　C. 单据与信用证相符　　D. 单据与货物相符

5. 信用证的基础是买卖合同，当信用证与买卖合同规定不一致时受益人应要求（　　）。

A. 开证行修改　　B. 开证申请人修改　　C. 通知行修改　　D. 开证行与通知行修改

二、多项选择

1. 汇票在出票时，对受票人通常有哪三种写法（　　）。

A. 限制性抬头，这种写法的汇票不能流通转让，只有指定的对象才能收取货款

B. 指示性抬头，这种抬头的汇票必须由持票人背书方可转让

C. 持票人抬头，这种抬头的汇票无须由持票人背书即可转让

D. 空白抬头

2. 远期信用证和假远期信用证的区别在于（　　）。

A. 信用证条款不同　　B. 利息的承担者不同　　C. 开证基础不同　　D. 收汇的时间不同

3. 根据采用支付工具不同，可以将汇付方式分为（　　）。

A. 电汇　　B. 信汇　　C. 票汇　　D. 航汇

4. 银行保函的主要当事人有（　　）。

A. 申请人　　B. 受益人　　C. 担保人　　D. 反担保人

5. 采用托收方式应注意（　　）。

A. 不很了解的客户，尽量不使用托收方式　　B. 选择信誉良好的代收行会有利于安全收款

C. 每批托收的金额不宜太大，期限不宜太长　　D. 争取以付款交单方式成交

三、判断

1. 逆汇是指出口人开出一张汇票向进口人付款。（　　）

2. 在一般情况下汇票一经付款，出票人对汇票的责任即告解除。（　　）

3. 在支付方式中，对卖方来说信用证比较可靠，付款交单（D/P）与承兑交单（D/A）都有不同程度的风险，但承兑交单最易为买方接受，有利于达成交易。所以，在出口业务中，应扩大对承兑交单的使用。（　　）

4. 所有信用证均须规定一个付款、承兑和议付的交单地点，但自由议付信用证除外。（　　）

5.《UCP 600》第 34 条规定，银行对任何单据的形式、完整性、准确性、真实性或法律效力，或单据中载明、附加的一般或特殊条件概不负责。（　　）

四、简答论述

1. 什么是汇票？它有哪几种类型？汇票的票据行为有哪些？

2. 什么是托收？D/P与D/A有何区别？使用托收应注意哪些问题？

3. 什么是信用证？信用证有何特点？

4. 简述信用证的业务程序。

5. 银行保函和备用信用证的区别有哪些？

五、案例分析

1. 某A公司出口一批大豆，合同规定以旧、修补麻袋包装。信用证对于包装条件却规定："packed in gunny bags"（麻袋包装）。A公司按合同规定，货物以旧、修补麻袋包装，提单按信用证规定"麻袋包装"缮制。承运人在签发提单时发现货物包装是旧袋且有修补，要求在提单上加注。A公司考虑提单加添批注造成不清洁提单则无法议付，以为合同即规定允许货物以旧、修补麻袋包装，买方不会有异议，所以改制单据为货物以旧、修补麻袋包装。单据交议付行议付时，议付行也疏忽未发现问题，单到开证行却被拒付，其理由为：信用证规定为"packed in gunny bags"（麻袋包装），而发票与提单却表示为"packed in used and repaired gunny bags"（旧、修补麻袋包装），故单证不符。A公司几经交涉无果，结果以削价处理才结案。试评价此案例。

2. 我某公司与欧洲某客户达成一笔圣诞节应季礼品的出口交易。合同规定的交货期为2009年12月1日前，但未对买方的开证时间予以规定。卖方于2009年11月上旬开始向买方催开L/C，经多次催证，买方于11月25日将L/C开抵我方。我方于12月5日将货物装运完毕，当我方向银行提交单据时遭到银行拒付。问：(1) 银行拒付有无道理？为什么？(2) 此案例中，我方有哪些失误？

六、实训

1. 甲公司与乙公司签署了出口6000箱某货物的第MJ268号销售合同，合同规定信用证方式结算。交货期已临近，但尚未收到乙公司开来的信用证。请为甲公司写一份催证函电。

2. 华为贸易有限公司（HUAWEI TRADE CO., LTD., 168 HUANGHAI ROAD, QINGDAO, CHINA）收到英国英格兰银行开来的MJ公司（MJ CORP., 35-36 STREET LONDON U.K.）的信用证（L/C No. H786/M765）后，审证结果如下：

(1) 信用证大小写不一致，大写金额错误，合同金额是USD450000。

(2) 合同规定投保加成率为110%，而信用证为120%。

(3) 合同规定允许分批，信用证规定不允许。

请根据华为贸易有限公司的审证结果，写一封改证函。

第八章　争议的预防与处理

教学目标

知识目标：

1. 掌握商检、索赔、不可抗力、仲裁的有关基本知识。

2. 认识商品检验和索赔工作的重要性，了解处理违约和解决合同争议的途径和方法。

能力目标：

1. 熟悉商品检验的基本过程，合理制定检验条款。

2. 能够处理贸易纠纷，合理制定索赔条款和仲裁条款。

【先导案例】

我国某进出口公司与英国某公司以 FOB 价签定了某产品的进口合同，装运港为伦敦。合同签定后不久，英方通知我方货已备妥，要求我方按时派船接货。然而，在我方安排的船舶前往伦敦途中，突然爆发中东战争，苏伊士运河被封锁，禁止一切船舶通行。我方船舶只好改变航线绕道好望角航行，增加航行近万公里，到达装运港时已过装运期。这时，英国公司以我国公司所派船只延期到达为由，提出索要违约赔偿金，我方表示不能接受，双方遂发生争议。如你是我方派出的代表，试问将如何处理这个问题？

中东战争是不可抗力，我方不负赔偿责任，因此不应支付违约赔偿金。

在国际贸易业务中并非每项合同条款都能得到顺利履行，有时会为此而引起争议。为了预防可能产生的争议以及明确如何处理争议，买卖双方在签订合同时应对商品的检验、索赔、不可抗力、仲裁等条款达成协议，以便顺利履行合同，维护自己的合法利益。

第一节　商品检验

一、商品检验的含义

商品检验（commodity inspection）是指专门的进出口商品检验机构和其他指定的机构，依照法律、法规或进出口合同的规定，对进出口商品的质量、数量（重量）、包装等进行鉴定，并出具商品检验证明作为买卖双方交接货物的依据。

二、商品检验的重要性

在国际贸易中，买卖双方分处不同的国家或地区，一般不能当面交接货物，因而往往会在交货的质量和数量等问题上发生争议，并且货物在长途运输和装卸过程中，又可能由于各种风险和承运人的责任而造成货损。为了便于分清责任，确认事实，往往需要一个公正的、具有商检专业知识的第三者，对商品进行检验并出具检验证书以资证明。这种由商检机构出具的检验证书，已成为国际贸易中买卖双方交接货物、结算货款、索赔和理赔的主要依据。

商品检验是国际贸易发展的产物，在国际货物贸易中占有十分重要的地位。各国法律和《联合国国际货物销售合同公约》都对此做了相应的规定。《中华人民共和国进出口商品检验法》规定：商检机构和国家商检部门、商检机构指定的检验机构，依法对进出口商品实施检验。凡是列入《商检机构实施检验的进出口商品种类表》的进出口商品，除非经国家商检部门审查批准免予检验的，进口商品未经检验或检验不合格，不准销售、使用；出口商品未经检验合格的，不准出口。《联合国国际货物销售合同公约》则规定："买方必须在按情况实际可行的最短时间内检验货物或由他人检验货物"；"如果涉及货物的运输，检验可推迟到货物到达目的地后进行。"因此，商品检验是国际贸易中不可缺少的重要环节，检验条款是国际贸易合同中的一项重要条款。

三、检验的时间与地点

货物检验时间和地点是指在何时、何地行使对货物的检验权。确定检验时间和地点，实际上就是确定哪一方行使对货物的检验权，也就是确定检验结果以哪一方提供的检验证书为准。在国际贸易中，有关检验时间和地点的规定方法，主要有以下四种：

（一）在出口国检验

在出口国检验是指货物应于装船前在出口国进行检验，它分为以下两种地点的检验：

1. *产地或工厂检验*

由出口国工厂的检验人员会同买方验收人员于货物在工厂发货前进行检验，卖方只承担货物离开工厂之前的责任，而运输途中发生的有关货物品质、数量等方面的风险则由买方承担。这是国际贸易中普遍采用的习惯做法。近年来，我国在进口重要商品和大型成套设备时一般都在出口国发货前预检验、监造或监装。

2. *装运时或之前在装运港（地）检验*

货物在装运港装船前或装船时，由双方约定的商检机构对货物的质量、重量等进行检验，并出具检验证明，以此作为交货品质和重量的最后依据。这种做法即国际贸易惯例中的离岸品质和离岸重量（shipping quality and shipping weight）。按此做法，货物运抵目的港（地）后，虽然买方可以自行或委托检验机构对货物进行复验，但无权向卖方就货物的品质和重量（数量）等提出任何异议和索赔。可见，这种规定方法对卖方来讲极为有利，至于货物在运输途中发生的货损，买方仍有权向有关责任方提出索赔。

（二）在进口国检验

在进口国检验是指货物在目的港（地）卸货后在进口国进行检验，主要有以下两种检验方法：

1. *目的港（地）卸货后检验*

货物到达目的港（地）卸货后，由双方约定的商检机构验货并出具品质、重量（数量）检验证明作为卖方交货的最后依据。这种做法即国际贸易惯例中的"到岸品质、到岸重量"（landed quality and landed quantity）。如果检验证书证明货物与合同规定不符，并且责任属于卖方时，买方有权向卖方提出索赔，卖方应予负责。可见，国际贸易中的这种做法对卖方不利，但对买方来说却是大为有利的。

2. *买方营业处所或最终用户所在地检验*

对于一些在使用之前不宜开包检验或需具备一定的检验条件和检验设备才能进行检验的货物，如密封包装货物、精密仪器等，可将货物运至买方营业所所在地或最终用户所在地进行检验。由双方约定的该地的检验机构所出具的品质和重量（数量）检验证书作为卖方交货的最后依据。

（三）出口国检验，进口国复验

按照检验规定的具体做法是：货物于装船前在装运港（地）由双方约定的检验机构进行检验，其检验证书作为卖方向银行议付货款时提交的单据之一，但不能作为最后依据。货物抵达目的地后，买方有权复验，如经双方认可的商检机构复验后，发现货物不符合合同规定，且责任确属卖方时，买方可在规定时间内向卖方提出异议和索赔。这种做法既承认了卖方提供的检验证书是有效文件，又合理地给予买方以复验权，兼顾了买卖双方的权益，比较公平合理，因而在国际贸易中经常被采用。我国对外贸易合同中的商品检验条款，多采用这种规定方法。

（四）装运港检验重量，目的港检验品质

在大宗商品交易的检验中，为了调和买卖双方在商品检验问题上存在的矛盾，采取了一种较为折中的办法，即以装运港（地）验货后检验机构出具的重量检验证书，作为卖方所交货物重量的最后依据，以目的港（地）检验机构出具的品质检验证书，作为商品品质的最后依据。这种方法习惯上称为“离岸重量、到岸品质”（shipping weight and landed quality）。

【同步思考 8-1】

有一份 CIF 合同是这样规定的：“买方凭卖方提供的装运单据支付货款”，“货物在出口国检验，到进口国目的港后允许买方复验”。但是，当卖方向买方提供单据要求其付款时，买方坚持要在货物检验后才付款。试问：买方的要求是否合理?

分析提示：买方的要求不合理。因为 CIF 合同属于象征性交货，卖方按期在约定的地点内完成了装运，并提供了合同规定的，包括物权凭证在内的有关单证，就算完成了交货任务。至于合同中的“货物在出口国检验，到进口国目的港后允许买方复验”属于合同的检验条款，它强调的只是赋予买方在货到目的港后允许买方进行复验的权利。若复验结果与合同规定相符，则买方必须接受该批货物；若复验结果与合同规定不符，则买方有权提出异议并要求损害赔偿。

四、商品检验机构

（一）国际上的商品检验机构

商品检验工作通常是由专业性的检验部门或检验企业来办理，国际贸易中从事商品检验的机构大致有如下几种：

1. 官方检验机构

由国家设立的检验机构，只对特定商品（粮食、药物等）进行检验，如美国的动植物检验署（APHIS）、食品与药品管理局（FDA）和日本通商产业检查所等。

2. 半官方检验机构

政府授权、某项商品检验或某一方面检验管理工作的民间机构。例如，美国担保人实验室（UL），这一机构是由美国几家保险公司于 1894 年创办的，属于民间组织，后来从保险公司中独立出来，接受政府委托，负责进出口商品的安全检查，不仅是美国，也是全世界公认的安全测试机构。根据美国政府规定，凡与安全有关的商品均需担保人实验室的检验，并取得“UL”标志，方可进入美国市场。

3. 非官方检验机构

由私人创办的、具有专业检验、鉴定技术能力的公证行或检验公司，如瑞士日内瓦通用鉴定公司（SGS）、英国劳埃氏公证行（Lloyd’s Surveyor）等。国际贸易中的商品检验主要由民间机构承担，民间商检机构具有公证机构的法律地位。

在实际交易中，究竟选用上述哪种检验机构，取决于各国的规章制度、商品性质以及交易条件等。检验机构的选定通常是与检验的时间和地点联系在一起的。一般来讲，规定在出口国检验时，应由出口国的检验机构进行检验；在进口国检验时，则由进口国的检验机构负责。此外，根据成交商品的不同，双方也可以约定由买方派人到供货的工厂或出口地检验，或由双方派人实行联合检验。

（二）我国商检机构及其职责任务

1. 我国的商检机构

在我国，主管全国出入境商品检验、鉴定和管理工作的机构是中华人民共和国国家出入境检验检疫局及其设在各地的分支机构，以及国家认可的独立分支机构（包括专业实验室等）。

2. 职责任务

根据我国《商检法》和《商检法实施条例》的规定，我国出入境检验检疫机构在进出口商品检验方面的主要职责有以下三项：

（1）实施法定检验　为了保证进出口商品、动植物（或产品）及其运输设备的安全、卫生符合国家有关法律法规规定和国际上的有关规定，商检机构或者国家商检部门、商检机构指定的检验机构对规定的进出口商品和有关的检验事项实施强制性检验。凡属于法定检验的进口商品，未经检验的不准销售、使用；凡属于法定检验的出口商品，未经检验合格的不准出口。

（2）办理检验鉴定业务　鉴定业务是指接受对外贸易关系人以及国内外有关单位或者外国检验机构的委托，办理规定范围内的进出口商品鉴定业务，签发各种鉴定证书，作为办理进出口商品的交接、结算、计费、索赔、仲裁等有效凭证。鉴定业务与法定检验不同，它不是强制性的。

（3）对进出口商品的检验工作实施监督管理　监督管理是指国家商检部门、商检机构通过行政管理手段，对进出口商品的收货人、发货人及生产、经营、储运单位以及国家商检部门、商检机构指定或认可的检验机构和认可的检验人员的检验工作实施监督管理。

（三）我国商品检验的工作程序

1. 报验

报验是指对外贸易关系人向商检机构报请检验。报验时需填写“报验申请单”，填明申请检验、鉴定的项目和要求，同时提交对外所签订的买卖合同、信用证、成交小样及其他必要的资料。

2. 抽样

商检机构接受报验之后，应及时派人员赴货物堆存地点进行现场检验、鉴定。抽样时，要按照规定的方法和一定的比例，在货物的不同部位抽取一定数量的、能代表整批货物质量的样品（标本）供检验之用。

3. 检验

商检机构接受报验之后，认真研究申报的检验项目，确定检验内容，仔细审核合同（信用证）对品质、规格、包装的规定，弄清检验的依据，确定检验标准、方法，然后抽样检验。

4. 签证

在出口方面，凡列入《种类表》内的出口商品，经检验合格后签发放行单（或在“出口货物报关单”上加盖放行章，以代替放行单）。凡合同、信用证规定由商检部门检验出证的，或国外要求必须出具检验证书的，要根据规定签发所需证书；不向国外提供证书的，只发放行单。《种类表》以外的出口商品，应由商检机构检验的，经检验合格发给证书或放行单后，方可出运。

在进口方面，进口商品经检验后，分别签发“检验情况通知单”或“检验证书”，供对外结算或索赔用。凡由收、用货单位自行验收的进口商品，如发现问题，应及时向商检机构申请复验，复验不合格的，签发商检证书供对外索赔用。对于验收合格的，收、用货单位应在索赔有效期内把验收报告送商检机构销案。

五、检验内容和检验证书

（一）检验内容

我国《商检法》规定，进出口商品实施检验的内容，包括商品的质量、规格、数量、重量、包装以及是否符合安全、卫生要求。检验的依据主要以买卖合同（包括信用证）中所规定的有关条款为准。

（二）检验证书的种类

检验证书（certificate of inspection）是进出口商品检验机构对进出口商品进行检验、鉴定后所出具的书面证明文件。在国际贸易中，常见的检验证书有以下几种：

① 品质检验证书（inspection certificate of quality）。

② 数量检验证书（inspection certificate of quantity）。

③ 重量检验证书（inspection certificate of weight）。

④ 兽医检验证书（veterinary inspection certificate）。

⑤ 卫生检验证书（sanitary inspection certificate）。

⑥ 消毒检验证书（disinfecting inspection certificate）。

⑦ 熏蒸检验证书（inspection certificate of fumigation）。

⑧ 残损检验证书（inspection certificate of damaged cargo）。

⑨ 价值检验证书（certificate of value）。

【同步思考 8-2】

检验证书的作用是什么？

分析提示：一般来讲，检验证书的作用主要有：①作为买卖双方结算货款的依据；②作为证明交货的品质、重量、包装等是否符合规定的依据；③作为对品质、重量、数量、包装等提出异议，拒收、理赔，解决争议的凭证；④作为海关验关放行的凭证。

六、商品检验标准与检验方法

（一）检验标准

商品检验的标准很多，例如，有生产国标准、进口国标准、国际通用标准以及买卖双方协议的标准等。根据《商检法》规定，凡列入目录的进出口商品，按照国家技术规范的强制性要求进行检验；没有国家技术规范的强制性要求的，可以参照国家商检部门指定的国外有关标准进行检验。法律、行政法规规定由其他检验机构实施检验的进出口商品或者检验项目，依照有关法律、行政法规的规定办理。此外，买卖合同中规定的质量、数量和包装条款通常也是进出口商品检验的重要依据。

（二）检验方法

检验方法不同，其结果不一，容易引起争议。为了避免争议，必要时应在合同中订明检验方法。在我国，检验方法的标准由国家商检局制定，主要有以下几种：

1. 商品品质的检验方法

① 感官检验法。

② 理化检验法。

2. 商品数量的检验方法

① 称量法。

② 点数法。

③ 理论计算法。

七、复验

复验是指买方对到货拥有的复验权。买方对到货的复验，不是强制性的，也不是接受货物的前提条件，复验与否由买方自行选择。如果复验，则应在合同中明确复验的期限、复验机构和复验地点等。

（一）复验期限

复验期限实际上就是索赔期限，如一方向另一方提出赔偿要求时，必须在此期限内，若超过复验期限，受损方就失去索赔权。复验期限的长短，应视商品的性质、检验的难易、港口的拥挤和装卸能力等情况而定。

【同步案例 8-1】

1998 年 11 月，H 公司与香港一公司签订了一个进口香烟生产线合同。设备是二手货，共 18 条生产线，由 A 国某公司出售，价值 100 多万美元。合同规定，出售商保证设备在拆卸之前均在正常运转，否则更换或退货。设备运抵目的地后发现，这些设备在拆运前早已停止使用，在目的地装配后也因设备损坏、缺件根本无法马上投产使用。但是，由于合同规定如要索赔需商检部门在“货到现场后 14 天内”出证，而实际上货物运抵工厂并进行装配就已经超过 14 天，无法在这个期限内向外索赔。这样，工厂只能依靠自己的力量进行加工维修。经过半年多时间，花了大量人力物力，也只开出了 4 套生产线。问题：试分析上述案例中 H 公司的失误在哪里?

分析提示：该案例的主要问题是合同签订者把引进设备仅仅看作是订合同、交货、收货几个简单环节，完全忽略了检验、索赔这两个重要环节。特别是索赔有效期问题，合同质量条款订得再好，索赔有效期订得不合理，质量条款就成为一句空话。大量事实说明，外商在索赔有效期上提出不合理意见，往往表明其质量上存在问题，需要设法掩盖。如果你只满足于合同中形容质量的漂亮词藻，不注意索赔条款，就很可能发生此类事故。

（二）复验地点

复验地点除非买卖双方另有规定，一般是在货物到达目的地。如果目的地不是港口，而是内地，则检验地点应延展到货物的最后目的地。

（三）复验机构

国际上承担进出口商品检验、鉴定的机构有国家政府设立的官方机构，也有民间的检验机构，还有的由生产者自己进行检验。它们的背景、能力、技术、信誉各有不同，所以买卖双方有必要共同选定双方同意的检验机构，在合同中订明，它的检验证明才能被双方接受。

（四）复验方法

报检人对检验检疫机构做出的检验结果有异议的，自收到检验结果之日起15日内可以向做出检验结果的检验检疫机构或者其上级检验检疫机构申请复验，也可以向国家质检总局申请复验，但对同一检验结果只进行一次复验；复验机构自受理复验申请之日起60日内做出复验结论。

（五）复验费用

复验申请人应当按照规定交纳复验费用。受理复验的检验检疫机构或者国家质检总局的复验结论认定属原检验的检验检疫机构责任的，复验费用由原检验检疫机构负担。

【同步案例8-2】

我国某公司与新加坡一家公司以CIF新加坡的条件出口一批土产品，订约时，我国公司已知道该批货物要转销美国。该货物到新加坡后，立即转运美国。其后新加坡的买主凭美国商检机构签发的在美国检验的证明书，向我提出索赔。问，我国公司应如何对待美国的检验证书？为什么？

分析提示：《联合国国际货物销售合同公约》第38条第（3）项规定，“如果货物在运输途中改运或买方须再发运货物，没有合理机会加以检验，而卖方在订立合同时已知道或理应知道这种改运或再发运的可能性，检验可推迟到货物到达新目的地后进行。”根据上述规定，新加坡商人提交的美国检验证书应该是有效的。

八、买卖合同中的商检条款及应注意的问题

（一）商检条款的内容

国际货物买卖合同中的商检条款一般包括下列内容：检验或复验的时间和地点、检验机构、检验项目和检验证书等。

1. 出口合同中的检验条款示例

（1）装运港检验条款示例　双方同意以装运港（地）中国出入境检验检疫局签发的品质和数量（重量）检验证书为最后依据，对双方具有约束力。

It is mutually agreed that the certificate of Quality/Quantity issued by the China Exit and Entry Inspection and Quarantine Bureau at the port of shipment shall be regarded as final and binding upon both parties.

（2）装运港检验，目的港复验条款示例　双方同意以装运港（地）中国出入境检验检疫局签发的品质和数量（重量）检验证书作为信用证项下议付所提交单据的一部分，买主有权对货物进行复检，复检费由买方负担。如发现品质或数量与合同不符，买方有权向卖方索赔，但需提供经卖方同意的公证机构出具的检验报告，索赔期限为货到达目的港××天内。

It is mutually agreed that the Certificate of Quality and Weight (Quantity) issued by the China Exit and Entry Inspection and Quarantine Bureau at the port/place of shipment shall be part of the documents to be presented for negotiation under the relevant L/C. The Buyers shall have the right to reinspect the quality and weight (quantity) of the cargo. The reinspection fee shall be borne by the Buyers. Should the quality and/or weight (quantity) be found not in conformity with that of the contract, the Buyers are entitled to lodge with the Sellers a claim which should be supported by survey reports issued by a recognized surveyor approved by the Sellers. The claim, if any, shall be lodged with…days after arrival of the cargo at the port/place of destination.

2. 进口合同中的检验条款示例

双方同意以制造厂出具的品质及数量或重量证明书作为有关信用证项下付款的单据之一。但是货物的品质及数量或重量检验应按下列规定办理：

货到目的港××天内经中国出入境检验检疫局复验，如发现品质、数量或重量与本合同规定不符时，除属保险公司或船公司负责者外，买方凭中华人民共和国出入境检验检疫局出具的检验证明书，向卖方提出退货或索赔。退货或索赔引起的一切费用（包括检验费）及损失均由卖方负担。在此情况下，如果抽样是可行的，买方可应卖方要求，将有关货物的样品寄交卖方。

Inspection：It is mutually agreed that the certificates of quality and quantity or weight issued by the Manufacturer shall be part of the documents to be presented to the paying bank for negotiation of payment. However，the inspection of quality and quantity or weight shall be made in accordance with the following：

In case the quality，quantity or Weight of the goods be found not in conformity with those stipulated in this Contract after re-inspection by the china Commodity Inspection Bureau within xxx days after arrival of the goods at the port of destination，the Buyers shall return the goods to or lodge claims against the Sellers for compensation of losses upon the strength of Inspection Certificate issued by the said Bereau，with the exception of those claims for which the insurers or owners of the carrying vessel are liable. All expenses（including inspection fees）and losses arising from the return of the goods or claims should be borne by the Sellers. In such case，the Buyers may，if so requested，send a sample of the goods in question to the Sellers，provided that sampling is feasible.

（二）签订检验条款时应注意的问题

订立检验条款时应注意以下问题：

1. 关于检验条款与其他条款的衔接问题

进出口贸易合同中所规定的货物品质、数量（重量）、包装等项条款的具体内容是实施货物检验的重要依据，在订立这些条款的时候，必须考虑到检验工作的需要和可能，做到检验条款要与合同的其他条款相互衔接、协调一致，防止顾此失彼、相互矛盾现象的发生。

2. 关于复验的期限、地点和机构问题

在买方享有复验权的情况下，卖方在装船前所进行检验取得的检验证书具有法律效力，但不具有最后效力，货到目的港（地）后，买方进行复验，根据买方复验的结果签发的检验证书才具有最后效力。因此，在买方有复验权时，必须在合同中明确规定复验的期限、地点和机构。

3. 关于检验的方法问题

检验条款应规定检验标准和方法，力争做到明确、具体，不能含糊其辞、模棱两可，以便于分清责任。商品检验标准是衡量进出口货物是否合格的依据。只有明确规定检验标准，才能具体实施检验，并据以出具公正的检验结果。

【情景模拟 8-1】

2007 年 6 月底，出口印度 MAC 国际贸易有限公司的货物已备好，准备到商检局商检。张涛刚刚成为一名注册报检员，朱经理让张涛负责这批出境货物报检事项。下面就是张涛填制的出境货物报检单：

中华人民共和国出入境检验检疫
出境货物报检单

报检单位（加盖公章）：淄博恒洋铝塑包装有限公司　　＊编　　号________

报检单位登记号：370311107123456　联系人：张涛　电话：0533-2710034　报检日期：2007 年 6 月 27 日

发货人	（中文）	淄博恒洋铝塑包装有限公司
	（外文）	ZIBO HENYANG ALUMINIUM PLASTIC MATERIAI CO. LTD
收货人	（中文）	
	（外文）	MAC INTERNATION PRIVATE LIMITED OLD

货物名称(中/外文)	H. S. 编码	产地	数/重量	货物总值	包装种类及数量
ALUMINIUM FOIL ALLOY		淄博			Packed in Wooden Cases
25MIC ＊750MM	76071190		10. 00MT	USD34000. 00	
20MIC ＊750MM	76071190		5. 00MT	USD17000. 00	

运输工具名称号码	STAR RIVER 123S	贸易方式	一般贸易	货物存放地点	
合同号	4320098	信用证号	1028607IM0000034	用途	
发货日期	07. 07. 5	输往国家(地区)	印度	许可证/审批号	
启运地	青岛	到达口岸	金奈	生产单位注册号	
集装箱规格、数量及号码	1X40’ CONTAINER NO. :EASU9608490				

合同、信用证订立的检验检疫条款或特殊要求	标记及号码	随附单据(划“√”或补填)	
CERTIFICATE SHOWING GOODS OF CHINESE ORIGIN ISSUSED BY A RECOGNISED CHAMER OF COMMERCE ONE ORIGINAL PLUS TWO COPIES.	N/M	☑ 合同 ☐ 信用证 ☑ 发票 ☐ 换证凭单 ☑ 装箱单 ☐ 厂检单	☐ 包装性能结果单 ☐ 许可/审批文件 ☐ ☐ ☐ ☐

需要证单名称(划“√”或补填)				＊检验检疫费	
☑ 品质证书	1 正 2 副	☐ 植物检疫证书	_正_副	总金额（人民币元）	
☑ 重量证书	1 正 2 副	☐ 熏蒸/消毒证书	_正_副		
☐ 数量证书	_正_副	☑ 出境货物换证凭单	1 正 2 副		
☐ 兽医卫生证书	_正_副	☐		计费人	
☐ 健康证书	_正_副	☐			
☐ 卫生证书	_正_副	☐		收费人	
☐ 动物卫生证书	_正_副	☐			

报检人郑重声明： 1. 本人被授权报检。 2. 上列填写内容正确属实，货物无伪造或冒用他人的厂名、标志、认证标志，并承担货物质量责任。 签名：张涛	领取证单	
	日期	
	签名	

注：有“＊”号栏由出入境检验检疫机关填写　　◆国家出入境检验检疫局制

[1-2(2000. 1. 1)]

第二节　索　　赔

一、索赔和理赔的含义

（一）索赔

索赔是指在进出口交易中受损的一方向违约的一方提出损害赔偿的要求。索赔是处理违约的一种最常见的补救措施。除此之外，还可按具体情况采取其他补救措施，如退货、更换、修理、减价、延迟履行等。按照多数国家法律和惯例的一般规定，在采取其他违约补救措施时，都不影响受损害的一方向违约方提出索赔的权利。但受损害的一方提出索赔时可否同时要求解除合同，则要视违约的具体情况而定。

【同步思考 8-3】

国际贸易中产生索赔的原因主要有哪些?

分析提示：①买方违约。如不按时开立信用证，以及故意开立不完全的信用证或过高要求的信用证，致使卖方无法履行合同；不按时付款赎单；无理拒收货物；或在买方负责运输的情况下不按时派船接货等。②卖方违约。如不按时交货；不按合同规定的品质、规格、包装、数量、重量交货；不提供合同、信用证规定的合适单证等。③合同条款不够明确，以致买卖双方对合同条款的理解或解释不一致引起争议索赔。

（二）理赔

所谓理赔，就是指违约的一方对受损害方的索赔要求进行处理。索赔和理赔是同一个问题的两个方面，对受损方而言，称为索赔；对违约方而言，称为理赔。

二、进出口合同的索赔条款

（一）异议和索赔条款

异议与索赔条款一般是针对卖方交货质量、数量或包装不符合同规定而订立的，主要内容包括索赔依据、索赔期限及索赔方法等。

1. 索赔依据

索赔的依据，主要规定提出索赔必须具备的证据以及出证的机构。各国的法律要求当事人在提出索赔时，必须提供充分的证据。若证据不全、不清，出证机构不符合要求，都可能遭到对方拒赔。索赔依据包括法律依据和事实依据，二者缺一不可。法律依据指贸易合同和有关国家的法律规定；事实依据是指违约的事实真相及其书面证明，以证实违约的真实性。

2. 索赔期限

索赔期限是指索赔方向违约方提出索赔的有效时限。按照法律和国际惯例，受损害一方只能在一定的索赔期限内提出索赔，否则即丧失索赔权利。索赔期限有约定的与法定的之分。约定的索赔期限是指买卖双方在合同中明确规定的索赔期限；法定索赔期限是指根据有关法律或国际公约受损害一方有权向违约方要求损害赔偿的期限。约定索赔期限的长短，须视货物的性质、运输、检验的繁简等情况而定。

合同中索赔期限的规定方法主要有以下几种：

① 货物到达目的港/地后××天起算；

② 货物到达目的港/地卸离海轮或运输工具后××天起算；

③ 货物到达买方营业所或用户所在地××天起算；

④ 货物经检验后××天起算。

3. 索赔方法

在实践中，索赔是一项复杂而又重要的工作，它可能发生在许多不同的环节上，于是可供选择的索赔要求也是多种多样的。要在合同中把它全盘列入，确有困难。但是不管合同如何规定，一旦发生违约，受损方都有权提出索赔。

（二）罚金条件

罚金条款亦称违约金条款或罚则，主要规定一方未按合同规定履行其义务时，应向对方支付一定数额的约定罚金，以补偿对方的损失。罚金就其性质而言是违约金。

罚金条款一般适用于一方当事人迟延履约，如卖方延期交货、买方延期接货或延迟开立信用证等违约行为。罚金的数额通常取决于违约时间的长短，并规定罚金的最高限额。违约方被罚后仍须履行合同，否则，除罚金外，还要承担由于不能履约而造成的各种损失。

罚金的起算日期有两种计算方法：一种是以合同规定的交货期或开证期终止后立即起算；另一种是规定优惠期，即在合同规定的有关期限终止后再宽限一段时间，在优惠期届满后再起算罚金。

关于合同中的罚金条款，各国法律有不同的解释。例如，英国法律认为，如属于预定的损害赔偿，可以承认和执行，如属于惩罚性质的，则不予承认。一旦发生违约，只能依法重新确定赔偿金额。我国《合同法》规定，当事人可以在合同中约定，一方违约时，向对方支付违约金；也可以约定因违约产生的损失赔偿额的计算方法。但约定的违约金低于或过分高于违反合同所造成的损失，当事人可以请求法院或者仲裁机构予以增加或适当减少。《合同法》还规定，当事人迟延履行约定违约金的，违约方支付违约金后，还应当履行义务。

罚金条款举例：

除本合同第×条所列举的不可抗力原因外，卖方不能按时交货，在卖方同意由付款银行在议付货款中扣除罚金或由买方于支付货款时直接扣除罚金的条件下，买方应同意延期交货。罚金率按每7天收取延期交货部分总值的0.5%，不足7天者以7天计算。但罚金不得超过延期交货部分总金额的5%。如卖方延期交货超过合同规定期限10周时，买方有权撤销合同，但卖方仍应不延迟地按上述规定向买方支付罚金。

Unless caused by the Force Majeure Specified in Clause × of this contract, in case of delayed delivery, the Sellers shall pay to the Buyers for every week of delay a penalty amounting to 0.5% of the total value of the goods whose delivery has been delayed. Any fraction part of a week is to be considered a full week. The total amount of penalty shall not, however, exceed 5% of the total value of the goods involved in late delivery and is to be deducted from the amount due to the Sellers by the paying bank at the time of negotiation, or by the Buyers direct at the time of payment. In case the period of delay exceeds ten weeks later than the time of shipment as stipulated in the contract, the Buyers have the right to terminate this contract but the Sellers shall not thereby be exempted from payment of penalty.

【同步案例 8-3】

买卖双方签订一份价款为10万美元的购销合同，合同规定，签约后一周内，买方向卖方支

付 1 万美金定金，卖方在收到定金后 4 个月内交付约定的货物，同时双方还约定了违约金条款，规定任何一方违约，须向对方支付相当于合同价款 8%的违约金。合同签定后，买方依约交付了定金，卖方收到定金后，因市场变化和经营状况不佳，不能依约交货，买方遂向卖方要求双倍返还定金并赔偿约定的违约金，卖方只同意返还定金，不同意支付违约金，双方因此产生争议。

问题：试分析买方的要求是否合理?

分析提示：本案交易双方签定的合同中，同时约定了定金条款和违约金条款。约定定金条款是为了对履约提供具体担保，若支付定金的一方违约，他无权收回定金，根据对等的原则，若收受定金的一方违约，他应双倍返还定金，这是公平合理的。收受定金一方双倍返还了定金就对违约方进行了惩罚，在这种情况下，即使合同还订有违约金条款，违约方也可拒付违约金，这是根据我国《合同法》规定，当合同中同时订有定金和违约金条款时，一方违约只能选择其中之一适用。所以本案合同项下的买方的赔偿要求，在法律上是行不通的。

三、索赔和理赔应注意的问题

（一）在向卖方索赔时应注意的问题

1. 索赔证据

进口商对外提出索赔必须准备好索赔证据，索赔证据一般包括：提单、发票、保险单、装箱单、磅码单及商检机构出具的货损检验证书等。另外，对不同的索赔对象，还须另附有关证件。向卖方索赔时，应在索赔证据中提出确切的根据和理由，如系 FOB 或 CFR 合同，必须随附保险单一份；向轮船公司索赔时，须另附由船长及港务局理货员签证的理货报告及船长签证的短卸或残损证明；向保险公司索赔时，须另附保险公司与买方的联合检验报告等。

2. 索赔期限

对外索赔必须在合同规定的期限内提出，合同未规定索赔期限的，按有关法律规定的期限办理，过期无效。如果商检工作需要时间较长，买方可向对方要求延长索赔期限。如果买卖合同中未规定索赔期限，买方行使索赔权的最长期限为其实际收到货物起不超过两年；向轮船公司提出海运货损索赔，索赔期限为被保险货物在卸载港全部卸离海轮后一年之内；向保险公司索赔，索赔期限为货物在最后卸载港全部卸离海轮后两年之内。

3. 通过协商确定索赔项目和金额

索赔方与理赔方应依据合同规定和违约事实，通过协商合理确定损害赔偿金额，或者采取退货、换货、延期交货或延期付款等方式。

（二）在出口理赔工作中应注意的问题

理赔是一项政策性、法律性和技术性很强的工作，我们应尽可能通过友好协商的办法解决。理赔工作争取做到既维护我方的正当权益，又不影响双方的贸易关系。在国际贸易中，理赔一般应注意以下几点：

① 认真研究分析对方所提索赔理由是否充足，情况是否属实，是否确因我方违约而使对方遭受损失，是否符合合同规定或法律规定，如属逾期才提出的索赔，我方可以不予受理。

② 仔细审核对方所提出的索赔证件和有关文件的合法性，对其检验的标准和方法也要一一核对，以防买方串通检验机构弄虚作假或国外的检验机构检验有误。

③ 合理确定损失程度、金额及赔偿办法。如系我方责任，应公平合理、实事求是地研究提出理赔方案，并与对方协商确定。理赔工作争取做到既赔偿对方损失，又维护我方的正

当权益，同时又不影响双方关系和日后业务发展。

第三节 不可抗力

一、不可抗力的含义

不可抗力（force majeure）又称人力不可抗，是指买卖合同签订后，由于发生了合同当事人不能预见、不能避免和不能克服的事件，以致不能履行或不能如期履行合同，发生意外事件的一方可以免除履行合同的责任或推迟履行合同。因此，不可抗力是一项免责条款。

（一）引发不可抗力事故的原因

不可抗力事件属于意外事故，通常由以下两类原因引起：

① 自然原因引起的，如水灾、旱灾、火灾、冻灾、暴风雪、地震等。

② 社会原因引起的，如战争、罢工及政府禁令等。

（二）我国对不可抗力事故的界定

《中华人民共和国合同法》（1999）第一百一十七条规定："所谓不可抗力，是指不能预见、不能避免并不能克服的客观情况。"

【同步思考 8-4】

构成不可抗力的条件有哪些?

分析提示：一般认为构成不可抗力应具备以下三个条件：①事件是在有关合同成立以后发生的；②不是由于任何一方当事人的故意或过失所造成的；③事件的发生及其造成的后果是当事人无法预见、无法控制、无法避免和不可克服的。

二、不可抗力的法律后果

《中华人民共和国合同法》规定："因不可抗力不能履行合同的，根据不可抗力的影响，部分或者全部免除责任，但法律另有规定的除外。当事人迟延履行后发生不可抗力的，不能免除责任。"大陆法、英美法及《公约》中也有类似规定。发生不可抗力后，应按约定的处理原则和办法及时进行处理。不可抗力的后果主要有两个方面：一是解除合同；二是延期履行合同。至于究竟是解除合同还是延期履行合同，则应视不可抗力事件对履行合同的影响情况和程度而定，或者视买卖合同中对不可抗力事件的具体规定。如果合同没有明确规定，一般认为：如果不可抗力事件的发生使合同的履行成为不可能，则可解除合同；如果不可抗力事故只是暂时阻碍了合同履行，则可延期履行合同。

三、进出口合同中的不可抗力条款

不可抗力条款是一种免责条款，即免除由于不可抗力事件而违约的一方的违约责任。一般应规定的内容包括：不可抗力事件的范围、事件发生后通知对方的期限以及出具证明文件的机构。

（一）不可抗力事件的范围

我国进出口合同中的不可抗力条款，按对不可抗力事件范围规定的不同，主要有以下三种方式：

1. 概括式规定

即在合同中不具体规定不可抗力事件的范围，只做概括的规定。

例如，“如果由于不可抗力的原因导致卖方不能履行合同规定的义务时，卖方不负责任，但卖方应立即电报通知买方，并须向买方提交证明发生此类事件的有效证明书。”

If the fulfillment of the contract is prevented due to force majeure, the Seller shall not be liable. However, the Seller shall notify the buyer by cable and furnish the sufficient certificate attesting such event or events.

2. 列举式规定

即在合同中明确规定不可抗力事件的范围，凡在合同中没有订明的，均不能作为不可抗力事件加以援引。

例如，“如果由于战争、洪水、火灾、地震、雪灾、暴风的原因致使卖方不能按时履行义务时，卖方可以推迟这些义务的履行时间，或者撤销部分或全部合同。”

If the shipment of the contracted goods is delayed by reason of war, flood, fire, earthquake, heavy snow and storm, the seller can delay to fulfill, or revoke part or the whole contract.

3. 综合式规定

即采用概括和列举综合并用的方式。在我国进出口合同中，一般都采取这种规定办法。

例如，“如果因战争或其他人力不可控制的原因，买卖双方不能在规定的时间内履行合同，如此种行为或原因，在合同有效期后继续三个月，则本合同的未交货部分即视为取消，买卖双方的任何一方，不负任何责任。”

If the fulfillment of the contract is prevented by reason of war or other causes of force majeure, which exists for three months after the expiringthe contract, the non-shipment of this contract is considered to be void, for which neither the Seller nor the buyer shall be liable.

上述三种方式中，概括式较为笼统，列举式过于死板，这两种方式一般很少采用，而综合式既明确又灵活，是三种规定方式中最好的一种，国际贸易中大都采用这种方式。

（二）事故发生后通知对方的期限

不可抗力事件发生后如影响合同履行时，发生事件的一方当事人，应按约定的通知期限和通知方式，将不可抗力事件情况如实通知对方，如以电报通知对方，并在15天内以航空信件提供事故的详尽情况和影响合同履行的程度的证明文件。对方在接到通知后，应及时答复，如有异议也应及时提出。

（三）不可抗力的证明文件及出具证明的机构

在国际贸易中，当一方援引不可抗力条款要求免责时，必须向对方提交有关机构出具的证明文件，作为发生不可抗力的证明。在国外，一般由当地的商会或合法的公证机构出具。在我国，由中国国际贸易促进委员会或其设在口岸的贸促分会出具。

四、援引不可抗力条款应注意事项

当不可抗力事件发生后，合同当事人在援引不可抗力条款和处理不可抗力事件时，应注意如下事项：

① 任何一方发生不可抗力事故后，应按规定立即通知对方。

② 一方接到另一方不可抗力事故通知和证明文件后，应按规定及时研究做出意见答复对方。

③ 双方当事人应就不可抗力的后果，按约定的处理原则和办法进行协商解决。

【同步案例 8-4】

国内某研究所与某日商签订了一项进口合同，欲引进一台精密仪表。合同规定 9 月 10 日之前装运，但到 9 月 5 日，日本政府宣布该仪表属高科技产品，禁止出口，自宣布日起 7 天后生效。后日方来电以不可抗力为由要求解除合同。

问题：日方的要求是否合理？我方应如何处置较为妥当？

分析提示：日方的要求是不合理的。日本政府颁布的禁令的生效日在合同规定的最后交货日之后，因此，不构成履约的“不可抗力”。我方可向日方回电拒绝其无理要求，敦促其尽快履约。

第四节 仲　　裁

一、对外贸易仲裁的含义和特点

（一）仲裁的含义

所谓仲裁（arbitration）又称公断，是指买卖双方在争议发生之前或发生之后，签订书面协议，自愿将争议提交双方所同意的第三者予以裁决，而这个裁决是终局性的，对双方都有约束力，双方必须遵照执行。

（二）仲裁的特点

① 仲裁机构是属于社会性民间团体所设立的组织，不是国家政权机关，没有强制管辖权，对争议案件的受理，以当事人自愿为基础。

② 当事人双方通过仲裁解决争议时，必须先签订仲裁协议；双方均有在仲裁机构中推选仲裁员以裁定争议的自由。

③ 仲裁比诉讼的程序简单，处理问题比较迅速及时，而且费用也较为低廉，同时仲裁比诉讼的专业权威性更强。

④ 仲裁机构之间互不隶属，各自独立，实行一裁终局，所以仲裁机构的裁决一般是终局性的，已生效的仲裁裁决对双方当事人均有约束力。

【同步思考 8-5】

仲裁协议的形式与作用是什么？

分析提示：

仲裁协议的形式有两种，一是买卖双方在争议之前订立的，即合同中的“仲裁条款”。二是由双方当事人在争议发生之后订立的，称“提交仲裁的协议”。

仲裁协议的作用：

① 约束双方当事人只能以仲裁方式解决争议，不得向法院起诉。

② 排除法院对有关案件的管辖权。

③ 使仲裁机构取得对争议案件的管辖权。

二、仲裁条款

国际买卖合同中的仲裁条款，是指交易双方当事人在签订合同时，将日后可能发生的争议提交仲裁的条款，通常包括仲裁地点、仲裁机构、仲裁程序及仲裁裁决的效力等内容。

（一）仲裁地点的规定

仲裁地点是指仲裁所选择的地点，一般是指仲裁所在国。仲裁地点是协议中最为重要的一个问题。因为仲裁地点与仲裁适用的程序和合同争议所适用的实体法密切相关。按照有关国家法律的解释，凡属于程序方面的问题，除非仲裁协议另有规定，一般都适用审判地法律，即在哪个国家仲裁，就往往适用哪个国家的仲裁法规。至于确定双方当事人权利、义务关系的实体法，若在合同中没有规定，则仲裁庭将根据仲裁所在地国家的法律冲突规则确定应适用的实体法。如何争取到本国仲裁，取决于诸多因素，在我国进出口合同中，关于仲裁地点的规定有下列三种办法：

① 多数合同规定在中国仲裁。

② 有时规定在被申请人所在国仲裁。

③ 规定在双方同意的第三国仲裁。

（二）仲裁机构的选择

国际贸易中的仲裁，可由双方当事人在仲裁协议中规定在常设的仲裁机构进行，也可以由当事人双方共同指定仲裁员组成临时仲裁庭进行仲裁。选用哪种仲裁机构，取决于双方当事人的共同意愿。

世界上许多国家和一些国际组织都设有专门从事国际商事仲裁的常设机构，如国际商会仲裁院、英国伦敦仲裁院、英国仲裁协会、美国仲裁协会、瑞典斯德哥尔摩商会仲裁院、瑞士苏黎世商会仲裁院、日本国际商事仲裁协会以及香港国际仲裁中心等。我国的涉外仲裁机构为中国国际经济贸易仲裁委员会，设在北京，在上海和深圳设有分会。

如果仲裁地点没有常设仲裁机构，当事人可选用临时仲裁庭予以仲裁。临时仲裁庭是专为审理指定的争议案件而由双方当事人指定的仲裁员组织起来的，案件处理完毕后即自动解散。

（三）仲裁规则

各国仲裁机构一般都有自己的仲裁规则，一般情况下，在哪个仲裁机构仲裁，就按哪个仲裁机构的仲裁规则办理。但是，有些国家的法律也允许根据当事人的约定，选择仲裁地点以外的其他国家（或地区）仲裁机构制定的仲裁规则进行仲裁，但以不违反仲裁地国家仲裁法中的强制性规定为限。

（四）仲裁裁决的效力

仲裁裁决的效力是指由仲裁庭做出的裁决，此裁决对双方当事人是否具有约束力，是否为终局性的，能否向法院上诉等，这些都需要在仲裁协议中明确。

在我国，仲裁裁决是具有终局效力的，凡是由中国国际经济贸易仲裁委员会做出的裁决，对双方当事人都有约束力，必须依照执行，任何一方都不得向法院起诉要求变更。在其他国家，一般也不允许当事人对仲裁裁决不服而上诉法院。即使向法院提起上诉，法院一般也只是审查程序而不审查实体，即只审查仲裁裁决在法律手续上是否完备，而不审查裁决是否正确。只有在发现仲裁员未按仲裁程序规则审理案件时，法院才可以撤销裁决。

（五）仲裁费用的负担

一般在仲裁协议中明确规定仲裁费用由败诉方负担，但也有的规定由仲裁庭酌情决定。

【同步思考 8-6】

买卖双方解决合同争议的途径有哪些？诉讼与仲裁有何不同？

分析提示：

买卖双方解决合同争议的途径有四种：友好协商、调解、仲裁和诉讼。

诉讼与仲裁的不同是：

① 审理案件的机构的性质不同。涉外经济贸易仲裁的机构是民间性组织；经济诉讼案件需经司法机构审理，该机构系国家权力机关的组成部分，属官方机构。

② 审理案件的程序不同。以仲裁方式解决争议，当事人双方须先签订仲裁协议，否则仲裁机构不予受理。以诉讼方式解决争议当事人双方无须签订诉讼协议，法院凭起诉人的起诉书即可受理争议案件。

③ 审理制度不同。仲裁裁决是终局的，任何一方不得上诉法院要求变更仲裁裁决。而诉讼则不同，司法机关规定有不同的终审制度。

④ 审理的依据不同。审理仲裁案件时，仲裁庭以双方当事人所选定的仲裁规则为依据进行审理，当事人可选择仲裁规则。法院审理诉讼案件时，依据是本国的诉讼法，当事人无权选择法院的诉讼程序。

⑤ 境外执行裁决和判决的条件不同。一国法院做出的判决需要到另一国执行时，须根据做出判决的所在地国家与申请执行判决的所在地国家之间所签订的司法协作公约或条约或互惠原则办理。仲裁机构所做的裁决只要双方当事人所属国均为 1985 年《纽约公约》的缔约国，就会彼此承认双方。

三、仲裁程序

所谓程序是指双方当事人将所发生的争议根据仲裁协议的规定提交仲裁时应办理的各项手续。

仲裁程序的主要内容大致如下：

（一）提出仲裁申请

这是仲裁程序开始的首要手续。各国法律对申请书的规定不一致。在我国，中国国际经济贸易仲裁委员会仲裁规定：当事人一方申请仲裁时，应向该委员会提交包括下列内容的签名申请书：申诉人和被诉人的名称、地址；申诉人所依据的仲裁协议；申诉人的要求及所依据的事实和证据。

申诉人向仲裁委员提交仲裁申请书时，应附具本人要求所依据的事实的证明文件，指定一名仲裁员，预缴一定数额的仲裁费。如果委托代理人办理仲裁事项或参与仲裁的，应提交书面委托书。

（二）指定仲裁员和组织仲裁庭

我国仲裁规则规定，申诉人和被申诉人各自在仲裁委员会仲裁员名册中指定一名仲裁员，并由仲裁委员会主席指定一名仲裁员为首席仲裁员，共同组成仲裁庭审理案件；双方当事人亦可在仲裁委员名册共同指定或委托仲裁委员会主席指定一名仲裁员为独任仲裁员，成立仲裁庭，单独审理案件。

（三）仲裁的审理

仲裁庭审理案件的形式有两种：一是不开庭审理，这种审理一般是经当事人申请，或由仲裁庭征得双方当事人同意，只依据书面文件进行审理并做出裁决；二是开庭审理，这种审理按照仲裁规则的规定，采取不公开审理，如果双方当事人要求公开进行审理时，由仲裁庭做出决定。

（四）仲裁裁决

裁决是仲裁程序的最后一个环节。裁决做出后，审理案件的程序即告终结，因而这种裁决被称为最终裁决。根据我国仲裁规则，除最终裁决外，仲裁庭认为有必要或接受当事人之提议，在仲裁过程中，可就案件的任何问题做出中间裁决或者部分裁决。中间裁决是指对审理清楚的争议所做的暂时性裁决，以利对案件的进一步审理；部分裁决是指仲裁庭对整个争议中的一些问题已经审理清楚，而先行做出的部分终局性裁决。这种裁决是构成最终裁决的组成部分。仲裁裁决必须于案件审理终结之日起 45 天内以书面形式做出，仲裁裁决除由于调解达成和解而做出的裁决书外，应说明裁决所依据的理由，并写明裁决是终局的和做出裁决书的日期地点，以及仲裁裁决员的署名等。

四、仲裁裁决的执行

当事人对于仲裁裁决书，应依照其中所规定的时间自动履行，裁决书未规定期限的，应立即履行。一方当事人不履行仲裁裁决的，另一方当事人可以向法院申请要求强制执行。

【同步案例 8-5】

我某公司向英国 A 公司发盘出售一批大宗商品，对方在发盘有效期内复电表示接受，同时指出："凡发生争议，双方应通过友好协商解决；如果协商不能解决，应将争议提交中国国际经济贸易仲裁委员会仲裁。"第三天，我方收到 A 公司通过银行开来的信用证。因获知该商品的国际市场价格已大幅度上涨，我公司当天将信用证退回，但 A 公司认为其接受有效，合同成立。双方意见不一，于是提交仲裁机构解决。

问题：如果你是仲裁员，你将如何裁决？

分析提示：A 公司在发盘有效期内复电对发盘表示接受，接受有效，表明合同已经成立。我公司必须履行合同。

本章小结

在国际贸易中，交易的商品一般都要经过检验，法定检验的商品一定要进行检验。商品检验直接关系到买卖双方在货物交接方面的权利与义务。合同中的检验条款，通常包括检验或复验的时间和地点、检验机构、检验项目和检验证书等项内容。

在国际货物买卖合同的履行过程中，由于种种原因，可能导致一方当事人不能履行或不能完全履行合同，从而损害另一方当事人的合法权益。如一方违约而给对方造成损失，受损方有权向其提出索赔。索赔是处理违约的一种最常见的补救措施。不可抗力条款是一项免责条款，如果是人力不可抗拒事件致使合同不能或不能如期履行，可免除合同当事人的责任。在国际贸易中，处理纠纷的主要方式是仲裁。以仲裁方式解决争议，当事人双方须先签订仲裁协议，否则仲裁机构不予受理。

【综合训练】

一、单项选择

1. 下列属于出口国检验的为（　　）。

   A. 卸货时检验　　B. 买方营业处所检验　　C. 最后用户所在地检验　　D. 装船时检验

2. 我国出口冻禽、冻兔、皮张、毛类、猪鬃、肠衣等货物时，需提供（　　）。

   A. 品质检验证书　B. 重量检验证书　　C. 价值检验证书　　D. 兽医检验证书

3. 双方当事人在合同中明确规定"货物运抵目的港后 30 天内索赔"。这种索赔期限是（　　）。

A. 法定索赔期限 B. 约定索赔期限 C. 固定索赔期限 D. 变动索赔期限

4. 不可抗力事件的证明文件在我国由（ ）出具。

A. 外经贸部 B. 出入境检验检疫局

C. 海关 D. 中国国际贸易促进委员会

5. 仲裁协议是仲裁机构受理争议案件的法律依据，因此（ ）。

A. 仲裁协议必须在争议发生之前达成

B. 仲裁协议必须在争议发生之后达成

C. 仲裁协议可以在争议发生之前达成也可在争议发生之后达成

D. 只能在合同中以仲裁条款形式出现

二、多项选择

1. 我国商检机构所签发的各类检验证书，其作用是（ ）。

A. 买卖双方交接货物、结算货款的主要依据 B. 通关验放的有效证件

C. 对外索赔的有效证件 D. 进行仲裁的有效证件

2. 仲裁的特点有（ ）。

A. 以当事人自愿为基础 B. 排除法院对争议案件的管辖权

C. 仲裁的裁决是终局的，对双方都有约束力 D. 仲裁协议必须在争议发生之前达成

3. 引起不可抗力的事故范围有（ ）。

A. 自然力量的事故 B. 政府行为的事故 C. 社会异常事故 D. 双方当事人事故

4. 国际贸易活动中，解决双方当事人所发生争议的方式有（ ）。

A. 仲裁 B. 诉讼 C. 协商 D. 调解

5. 诉讼与仲裁的相同点是（ ）。

A. 二者审理案件的机构性质相同 B. 二者的法律效力相同

C. 二者均是按照一定程序进行审理 D. 二者审理的依据相同

三、判断

1. 根据我国《商检法》的规定，属于法定检验的商品就是列入《商检机构实施检验的进出口商品种类表》内的商品。（ ）

2. 我国出口合同中规定的买方复验商品品质/数量的期限，一般就是买方向我方提出有关索赔要求的期限，超过索赔期限，在法律上无效。（ ）

3. 在进出口业务中，进口人收货后发现货物与合同规定不符合，在任何时候都可向出口人提出索赔。（ ）

4. 在国际贸易中，如果一方违约使另一方受到损害，以至于实际上使他不能得到根据合同有权得到的东西，就是根本违反合同。（ ）

5. 凡是遇到不可抗力事故，遭受事故的一方就可以提出撤销合同。（ ）

四、简答论述

1. 进出口商品为什么要检验？关于检验时间地点的规定有哪些基本做法？

2. 我国商检机构的任务有哪些？

3. 合同中的商检条款一般包括哪些内容？

4. 何谓索赔与理赔？合同中的索赔条款有哪几种规定方法？各包括哪些内容？

5. 什么是不可抗力？不可抗力的认定需具备哪些条件？处理不可抗力事件的原则是什么？

五、案例分析

1. 我方向某国出口一批冷冻食品，到货后买方在合同规定的索赔有效期内向我提出品质索赔，索赔额达数十万元人民币（约占合同金额的半数以上）。买方附来的证件有：(1) 法定商品检验证注明该项商品有变质现象（表象呈乌黑色），但未注明货物的详细批号，也未注明变质货物的数量或比例。(2) 官方化验机构根据当地某食品零售商店送验的食品而做出的变质证明书。我方函告对方，认为索赔金额过高，难以接

受，要求对方减少，对方不应允，双方函件往来一年没有结果，对方遂派代表来京当面交涉，并称如得不到解决，将提交仲裁。对此索赔案我应不应受理？试问双方各有什么漏洞？我方应如何本着实事求是的精神和公平合理原则来处理此案？

（注：此批冷冻食品中我方误装了一小部分乌皮鸡，价值是千余元。）

2. 我某出口企业以CIF纽约条件与美国某公司订立了200套家具的出口合同。合同规定1996年12月交货。11月底，我企业出口商品仓库发生雷击火灾，致使一半左右的出口家具烧毁。我企业以发生了不可抗力事故为由，要求免除交货责任，美方不同意，坚持要求我方按时交货。我方无奈经多次努力，于1997年1月初交货，美方要求索赔。试问：（1）我方要求免除交货责任的要求是否合理？为什么？（2）美方的索赔要求是否合理？为什么？

六、实训

1. 根据下列资料，填制出境货物报检单一份：

（1）THE SELLER：DALIAN HAITIAN GARMENT CO.，LTD. 中韩合资大连海天服装有限公司（2115930064）

（2）THE BUYER：WAN DO APPAREL CO. LTD，550-17，YANGCHUN-GU，SEOUL，KOREA

（3）PORT OF LOADING：DALIAN CHINA，FINAL DESTINATION：INCHON KOREA，CARRIER：DAIN/431E

（4）ERMS OF PAYMENT：DOCUMENTS AGAINST ACCEPTANCE

（5）NO. S OF PACKAGES DESCRIPTION QTY/UNIT UNIT PRICE AMOUNT FOB DALIAN CHINA

260CTNS　LADY'S JUMPER　1,300PCS　USD11.00　USD14,300.00

MAN'S JUMPER　1,300PCS　USD11.00　USD14,300.00　TOTAL：USD28,600.00

（6）B/L NO.：DAINE 431227，INVOICE NO.：HT01A08

（7）NW：2600KGS，GW：3380KGS，1×40'CONTAINER NO.：EASU9608490.

（8）该公司在来料加工合同9911113项下出口男、女羽绒短上衣，分列手册（编号B09009301018）第2、3项，外汇核销单编号215157263，计量单位件/千克。

（9）大连亚东国际货运有限公司于2004年3月25日向大连海关申报出口，提单日期为2004年3月26日。

（10）该男、女羽绒短上衣的商品编码分别为6201.9310、6202.1310。

（11）WEIGHT，PHYTOSANITARY AND QUALITY INSPECTION CERTIFICATES IN ONE FOLD ISSUED BY CHINA NATIONAL IMPORT & EXPORT COMMODITIES INSPECTION CORPORATION (CCIC).

（12）THE BUYER WILL SEND HIS TECHNICIANS TO INSPECT CARGO BEFORE SHIPMENT AND BUYER MUST APPROVE QUALITY BEFORE SHIPMENT.

中华人民共和国出入境检验检疫

出境货物报检单

报检单位（加盖公章）：　　　　　　　　　　　　　　　　　　*编　号________

报检单位登记号：　　　　联系人：　　　　电话：　　　　报检日期：年　月　日

发货人	（中文）				
	（外文）				
收货人	（中文）				
	（外文）				
货物名称(中/外文)	H.S. 编码	产地	数/重量	货物总值	包装种类及数量

续表

<table>
<tr><td colspan="8"></td></tr>
<tr><td>运输工具名称号码</td><td colspan="2"></td><td>贸易方式</td><td></td><td>货物存放地点</td><td colspan="2"></td></tr>
<tr><td>合同号</td><td colspan="2"></td><td>信用证号</td><td></td><td>用途</td><td colspan="2"></td></tr>
<tr><td>发货日期</td><td></td><td>输往国家(地区)</td><td></td><td>许可证/审批号</td><td colspan="3"></td></tr>
<tr><td>启运地</td><td></td><td>到达口岸</td><td></td><td>生产单位注册号</td><td colspan="3"></td></tr>
<tr><td colspan="2">集装箱规格、数量及号码</td><td colspan="6"></td></tr>
<tr><td colspan="3">合同、信用证订立的检验检疫条款或特殊要求</td><td colspan="3">标记及号码</td><td colspan="2">随附单据(划“√”或补填)</td></tr>
<tr><td colspan="3"></td><td colspan="3"></td><td>□ 合同
□ 信用证
□ 发票
□ 换证凭单
□ 装箱单
□ 厂检单</td><td>□ 包装性能结果单
□ 许可/审批文件
□
□
□
□</td></tr>
<tr><td colspan="6">需要证单名称(划“√”或补填)</td><td colspan="2">* 检验检疫费</td></tr>
<tr><td colspan="3" rowspan="3">□ 品质证书 1 正 2 副
□ 重量证书 1 正 2 副
□ 数量证书 __正__副
□ 兽医卫生证书 __正__副
□ 健康证书 __正__副
□ 卫生证书 __正__副
□ 动物卫生证书 __正__副</td><td colspan="3" rowspan="3">□ 植物检疫证书 __正__副
□ 熏蒸/消毒证书 __正__副
□ 出境货物换证凭单 __正__副
□
□
□
□</td><td>总金额
(人民币元)</td><td></td></tr>
<tr><td>计费人</td><td></td></tr>
<tr><td>收费人</td><td></td></tr>
<tr><td colspan="6" rowspan="3">报检人郑重声明:
1. 本人被授权报检。
2. 上列填写内容正确属实，货物无伪造或冒用他人的厂名、标志、认证标志，并承担货物质量责任。
签名:________</td><td colspan="2">领取证单</td></tr>
<tr><td>日期</td><td></td></tr>
<tr><td>签名</td><td></td></tr>
</table>

注：有“*”号栏由出入境检验检疫机关填写　　◆国家出入境检验检疫局制

[1-2 (2000.1.1)]

2. 2009年6月，公司向国外出口商品一批。货到后不久，客户寄来检验报告，证明我方所交货物数量短少。经查此次短少系我方工作疏忽所致。请以空邮方式将其补齐，向客户写一封道歉函保证今后将不再发生此类事情。

第九章　出口合同的履行

教学目标

知识目标：

1. 了解出口合同履行的程序及各环节的基本操作，掌握备货、租船订舱、投保、报关、核销的主要程序。

2. 明确各业务环节业务单据的制作。

能力目标：

1. 能对出口合同完整进行操作。

2. 会制作基本单据。

【先导案例】

我国A公司在2008年2月份在广交会上与阿联酋迪拜B公司签订了一份出口合同，货物为1×20′集装箱一次性打火机。4月B公司开来一份不可撤销即期信用证，来证规定装船期限为2008年6月20日前，要求提供Full set original clean on board ocean bill of lading（全套正本清洁已装船海运提单）。由于装船期太紧，我方便要求B公司展期，装船期限改为最迟2008年8月20日。B公司接受了我方的要求修改了信用证。收到信用证并经全面审查后未发现问题，我方在8月12日办理了货物装船，8月14日向议付行交单议付。8月16日收到议付行转来的开证行的拒付通知：你第×××号信用证项下的单据经我行审查，发现如下不符点：提单上缺少已装船批注。以上不符点已经与申请人联系，亦不同意接受。单据暂代保管，听候你方的处理意见。问题：开证行拒付是否合理？我们应该从中吸取哪些教训？

我方的有关人员立即复查了提单，同时与议付行一起翻阅与研究了《跟单信用证统一惯例》600号出版物（以下简称《UCP 600》）的有关规定，证实了开证行的拒付是合理的。A公司立即电洽申请人，提单缺少已装船批注是我方业务人员的疏忽所致，货物确实是被如期装船的，而且货物将在8月19日左右如期到达目的港，我方同意B公司在收到目的港船代的提货通知书后再向开证行付款赎单。B公司回复由于当地市场上一次性打火机的售价大幅下降，只有在我方降价30%后方可向开证行赎单。我方考虑到自己理亏在先，同时通过国内同行与其他客户又了解到，进口国当地市场价格确实已大幅下降，我方处于十分被动地位，只好同意降价30%，了结此案。

此案的案情并不复杂，却给我方带来巨大的损失，不得不引起人们的深思。我们应该从中吸取以下教训：

1. 签订合同收到信用证后，应尽早办理装运。本案中，A公司没有很合理地安排生产进度，临近装船期时才发现装船期太紧，致使货物到港时已距B公司开证时4个多月，又恰逢当地市场价格大幅下降，这就为客户拒付货款埋下了伏笔。

2. 应严格按照信用证和《UCP 600》的要求制作与审核单据。信用证要求提供“已装船”提单，我方应提供相应的提单，以便做到“单证相符”。根据《UCP 600》第二十条A款第2项规定，通过下述方式表明货物已在信用证规定的装运港装载上具名船只：预先印就的措词，或注明货物已装船日期的装船批注。提单的出具日期将被视为装运日期，除非提单包含注明装运日期的装船批注，在此情况下，装船批注中显示的日期将被视为装运日期。案中的提单（提单上没有印就上述词语）则属于后一种情况，只要在提单上注明货物装船日期的批注就行了。如果我方业务人员能按照信用证的要求来要求和审核提单［在提单上必须注明“已装船（on board）”字样］，那么上述案例也许就不会发生了。

重合同、守信用是我国对外贸易以至整个对外经济活动一贯遵循的重要原则，也是订立和履行国际货物买卖合同时必须遵循的一项原则。

在出口业务中，采用不同的贸易术语、支付方式和运输方式，卖方履行合同的做法也就不同。在我国，出口贸易多数采用CIF和CFR术语和凭信用证支付方式。以CIF术语和信用证支付方式的交易为例，出口合同的履行一般要经过备货、催证、审证、改证、租船订舱、报验、报关、投保、装船和制单结汇等多个环节。其中又以货（备货）、证（催证、审证、改证）、船（租船订舱）、款（制单结汇）4个环节最为重要。

第一节　出口备货、报验

卖方的基本义务是按照合同交付货物、移交与货物有关的单据并转移货物所有权。其中，交付货物又是最主要的义务。因为，只有交付了货物，才谈得上移交单据和转移货物所有权。而做好备货工作就是为履行交货义务准备物质基础。

一、备货

（一）备货

备货是卖方根据合同和信用证规定，向有关生产企业或供货部门下达联系单或购销合同，安排生产、加工、收购和催交货物，对应交的货物进行清点核实、加工整理、刷制运输标志以及办理申报检验和领证等项工作。

（二）做好备货工作应注意的问题

1. 货物的品质、规格

应按合同的要求核实，必要时应进行加工整理，以保证货物的品质、规格与合同规定一致。

2. 货物的数量

应保证满足合同或信用证对数量的要求，备货的数量应适当留有余地，备作装运时可能发生的调换和适应舱容之用。

3. 货物的包装和唛头（运输标志）

应进行认真检查和核实，使之符合信用证的规定，并要做到保护商品和适应运输的要求，如发现包装不良或破坏，应及时进行修整或换装。运输标志应按合同规定的式样刷制。

4. 备货时间

应根据信用证规定，结合船期安排，以利于船货衔接。

【同步案例 9-1】

我某粮油公司向日本出口大豆 1000 公吨，合同上的包装条款为每 50 千克装一个新麻袋。到交货时发现新麻袋只够装 900 公吨，为防止延迟交货，临时决定剩下的 100 公吨大豆采用塑料纤维袋包装。

问题：中方公司的做法是否可行？为什么？

分析提示：中方公司的做法不可行。卖方必须根据合同规定备货，如果卖方不按合同规定包装，日方可以以包装不符合同为由拒收货物并索赔。

二、报验、申报出口

（一）报验

凡属国家规定或合同规定必须经中华人民共和国国家出入境检验检疫局（简称商检局）检验出证的商品，在货物备齐后，应向商检局申请检验，只有取得商检局发给合格的检验证书，海关才准放行。凡经检验不合格的货物，一律不得出口。

（二）申报出口

申请报验的手续是，凡需要法定检验出口的货物，应填制出口报验申请单，向商检局办理申请报验手续。出口报验申请单的内容一般包括：品名、规格、数量（或重量）、包装、产地等项。如需有外文译文时，应注意中、外文内容一致。在提交申请单时，还应附上合同和信用证副本等有关凭据，供商检局检验和发证参考。

报验后，如出口公司发现申请单内容填写有误，或因国外进口人修改信用证以致货物规格有变动时，应提出更改申请，并填写更改申请单，说明更改事项和更改原因。

货物经检验合格，即由商检局发给检验证书，进出口公司应在检验证书规定的有效期内将货物出运。如超过有效期装运出口，应向商检局申请展期，并由商检局进行复验合格后才能出口。

【同步思考 9-1】

出境货物报检的时限和地点的要求是什么？

分析提示：

① 出境货物最迟应在出口报关或装运前 7 天报检。

② 需隔离检疫的出境动物应在出境前 60 天预报检，隔离前 7 天报检。

③ 法定检验检疫货物，除活动物由口岸检验检疫机构检验检疫外，原则上坚持产地检验检疫。

第二节　落实信用证

一、催证

在出口合同中，买卖双方如果约定采用信用证方式付款，买方则应严格按照合同的规定按时开立信用证。但在实际业务中，有时国外进口商在遇到市场发生变化或资金发生短缺的情况时，往往会拖延开证。对此，我们应催促对方迅速办理开证手续。特别是大宗商品交易或按买方要求而特制的商品交易，更应结合备货情况及时进行催证。必要时，也可请我驻外机构或有关银行协助代为催证。

【同步案例 9-2】

我某公司与外商按 CIF 条件签订一笔大宗商品出口合同，合同规定装运期为 8 月份，但未规定具体开证日期。外商拖延开证，我方见装运期快到，从7月底开始，连续多次电催外商开证。8月5日，收到开证行简电通知，我方因怕耽误装运期，即按简电办理装运。8月28日，外方开来信用证正本，正本上对有关单据做了与合同不符的规定。我方审证时未予注意，交银行议付时，银行也未发现，开证行即以单证不符为由，拒付货款。

问题：你认为，我方应从此次事件中吸取哪些教训?

分析提示：银行拒绝付款是正当的行为。我方应从此次事件中吸取的教训是：作为卖方，应当在合同签订后及时催促对方开证，在收到买方的简电通知同时，提醒买方及时开来信用证，并在收到信用证后安排装运。另外收到信用证后注意审核，严格做到单单一致，单证一致。

二、审证

信用证是依据合同开立的，信用证内容应该是与合同条款一致的。但在实践中，由于种种因素，如工作的疏忽、电文传递的错误、贸易习惯的不同、市场行情的变化或进口商有意利用开证的主动权加列对其有利的条款等，往往会出现开立的信用证条款与合同规定不符。为确保收汇安全和合同顺利执行，防止导致经济上和政治上对我不应有的损失，我们应该在国家对外政策的指导下，对不同国家、不同地区以及不同银行的来证，依据合同进行认真的核对与审查。

在实际业务中，银行和进出口公司共同承担审证任务。其中，银行着重审核开证行的政治背景、资信能力、付款责任和索汇路线等方面的内容，进出口公司则着重审核信用证内容与买卖合同是否一致。对信用证审核的内容，一般应包括以下几个方面：

（一）银行审证内容

1. 从政策上审核

来证各项内容应符合我国方针政策，不得有歧视性内容，否则应根据不同情况向开证行交涉。

2. 开证银行资信的审查

为了保证安全收汇，对开证行所在国家的政治经济状况、开证行的资信，经营作风等必须进行审查，对于资信不佳的银行，应酌情采取适当措施。

3. 对信用证的性质与开证行付款责任的审查

来证中不得标明可撤销字样。同时在证内载有开证行保证付款的文句。对有些国家的来证，虽然注明有不可撤销的字样，但在证内对开证行付款责任方面加列限制性条款或保留条件的条款。如来证注明以领到进口许可证后方能生效、承运船只由买方指定等类似文句，受益人对此必须特别注意。

（二）出口企业审证内容

1. 对信用证金额与货币的审查

信用证金额应与合同金额相一致。如合同订有溢短装条款，信用证金额亦应包括溢短装部分的金额。信用证金额中单价与总值要填写正确，大、小写并用。来证所采用的货币应与合同规定相一致。

2. 对商品的品质、规格、数量、包装等条款的审查

信用证中有关商品货名、规格、数量、包装、单价等项内容必须和合同规定相符，特别是要注意有无另外的特殊条款，应结合合同内容认真研究，做出能否接受或是否修改的决策。

3. 对信用证规定的装运期、有效期和到期地点的审查

装运期必须与合同规定一致，如国外来证晚，无法按期装运，应及时电请国外买方延展装运期限。信用证有效期一般应与装运期有一定的合理间隔，以便在装运货物后有足够时间办理制单结汇工作，关于信用证的到期地点，通常要求规定在中国境内到期，如信用证将到期地点规定在国外，一般不宜轻易接受。

4. 对单据的审查

对于来证中要求提供的单据种类和份数及填制方法等，要进行仔细审核，如发现有不正常规定，例如要求商业发票或产地证明须由国外第三者签证以及提单上的目的港后面加上指定码头等字样，都应慎重对待。

5. 对其他特殊条款的审查

在审证时，除对上述内容进行仔细审核外，有时信用证内加列许多特殊条款，如指定船公司、指定船籍、船龄、船级等条款，或不准在某个港口转船等，一般不应轻易接受，但若对我无关紧要，尚且也可办到，则也可酌情灵活掌握。

【同步思考 9-2】

信用证允许转运，在单据要求中规定要提交转运通知。出口企业在实际发货时采取的是直运，并无转运发生，所以在提交银行议付的单据中未提交转运通知，开证行以此拒付。开证行拒付的理由是什么？我出口企业应吸取的教训是什么？

分析提示：

本案中，开证行拒付似乎与情理不符：既然出口企业未采用转运方式发运货物，所以按理无须提交转运通知议付。不过采取信用证这种支付方式有其特殊性，即开证行付款的前提是表面上单证相符和单单一致，而不论货物、运输等环节实际情况如何。因此，从理论上来讲，开证行拒付是有道理的。

我们在银行操作中，时常看到，企业拿到信用证就立即安排发货，直到交单议付时才发现信用证的矛盾之处，但这时已措手不及。本案中，假若在收到信用证时认真审核，要求开证申请人删除对转运通知这一要求，或规定当转运发生时才提交转运通知，则情况会截然不同。

三、改证

（一）改证程序

对信用证进行了全面细致的审核以后，如果发现问题，应区别问题的性质，分别同银行、运输、保险、商检等有关部门研究，做出恰当妥善处理。凡是属于不符合我国对外贸易方针政策，影响合同执行和安全收汇的情况，我们必须要求开证申请人通过开证行进行修改，并坚持在收到银行修改信用证通知书后才能对外发货，以免发生货物装运后而修改通知书未到的情况，造成我方工作上的被动和经济上的损失。

（二）改证的注意事项

在办理改证工作时，应注意以下问题：

① 凡需要修改的各项内容，应做到一次向国外客户提出，尽量避免由于我们考虑不周而多次提出修改要求。否则，不仅增加双方的手续和费用，而且对外造成不良影响。

② 除可转让信用证另有规定外，未经开证行、保兑行（若已保兑）和受益人同意，信用证既不能修改，也不能撤销。因此，对信用证中任何条款的修改，都必须在有关当事人全部同意后才能生效。

③ 对同一修改通知中的修改内容不允许部分接受，因此，部分接受修改内容当属无效。

④ 对信用证修改书也应认真审核，防止国外客户趁机修改、添加、删除一些重要内容。修改书应由原通知行传递。

⑤ 对来证不符合同规定的各种情况，还需要做出具体分析，不一定坚持要求对方办理改证手续。只要来证内容不违反政策原则并能保证我方安全迅速收汇，我们也可以灵活掌握。

【同步案例 9-3】

1997 年 1 月 10 日，芝加哥 F 银行向 A 银行开立了一笔金额为 15783 美元的即期信用证。该证装船期分别为 2 月 25 日和 3 月 8 日，受益人为 B 市某外贸公司，货物名称为铁钉。

2 月 12 日，A 银行收到该信用证项下第一次修改，要求将装船期分别提前至 2 月 15 日和 2 月 24 日，并修改货物描述等内容。A 银行立即与受益人联系，请求答复。受益人于 2 月 19 日向 A 银行发出书面确认，拒绝修改，A 银行即向 F 行发出同样内容的电报。3 月 3 日受益人交单，A 银行经审核无误后议付单据，并按开证行要求寄单索汇。A 银行编号为 BP95I1327 /97。3 月 13 日，A 银行收到 F 银行电报，称该单据迟装并超过有效期，以此拒付并准备退单。

经查，此笔单据的装船日为 2 月 25 日，交单日为 3 月 3 日，完全符合修改前信用证的要求。据此，A 银行据理力争，反驳 F 银行提出的不符点。

此后，F 银行又多次来电坚持上述不符点，并两次将单据退回 A 银行，但 A 银行毫不退让，又两次将单据重寄开证行。由于 A 银行有理有力的反驳，F 银行最终于 4 月 25 日付款。

问题：开证行与议付行争议的焦点是什么？未经受益人同意的信用证修改书是否有效？

分析提示：本案争议的焦点是，开证行与议付行对经开证行修改过，但未经受益人同意的信用证条款约束力的认识不同。开证行认为按照其修改过的信用证条款来审核单据，存在不符点，因此拒付；议付行则认为信用证条款虽经开证行修改，但因未获得受益人同意，因此修改过的信用证不能对受益人构成约束，仍只能依照修改前的信用证条款来审核单据。

未经受益人同意的信用证修改书是无效的。UCP 600 第十条规定："未经开证行、保兑行（如有的话）及受益人同意，信用证即不得修改，也不得撤销。""在受益人告知通知修改的银行其接受该修改之前，原信用证（或含有先前被接受的修改的信用证）的条款对受益人仍然有效。"

总之，对国外来证的审核和修改，是保证顺利履行合同和安全迅速收汇的重要前提，我们必须给予足够的重视，认真做好审证工作。

第三节 出口装运

出口方收到国外开来的信用证经审查无误后，如系 CIF、CIP 或 CFR、CPT 合同，还必须做好运输、投保、报关等工作。

一、租船订舱

在 CIF 或 CFR 条件下，租船订舱是卖方的主要职责之一。如出口货物数量较大，需要整船载运的，则要对外办理租船手续；如出口货物数量不大，无需整船装运的，可由外运公司代为洽定班轮或租定部分舱位运输。

出口企业可以直接向船公司或代理人恰订舱位，也可委托货代公司代其恰订舱位。

租船订舱的基本程序：

① 出口企业委托货代公司办理托运手续，填写出口货物代运委托书，随附商业发票等必要单据，委托货代办理订舱。

② 货代公司缮制托运单（shipping note），又称订舱单（booking note），注明要求配载的船舶、航次，送交船公司或其代理，提出货物装运申请。

③ 船公司或其代理同意承运后，即在托运单各联上填写船名、航次、编号，并签署。同时将配舱回单、装货单（shipping order）等与托运人有关的单据退回货运代理。此时，承、托之间的运输合同即告成立。

二、投保

（一）投保概述

凡是按 CIF 价格成交的出口合同，卖方在装船前，须及时向保险公司办理投保手续，填制投保单。出口商品的投保的程序一般都是逐笔办理的。投保人在投保时应将货物名称、保额、运输路线、运输工具、开航日期、投保险别等一一列明。

由于我出口公司同中国人民保险公司的业务量较大，为简化手续，一般不填写投保单，而是利用出口货物明细单或货物出运分析单等替代投保单，保险公司接受投保，签发保险单或保险凭证。

从以上出口合同履行的环节可以看出，在出口合同履行过程中，货、证、船的衔接是一项极其细致而复杂的工作。因此，进出口公司为做好出口合同履行，必须加强对出口合同的科学管理，采取相应的合理措施，做好四排、三平衡的工作。

【同步思考 9-3】

什么是四排、三平衡工作法?

分析提示:

四排是指以买卖合同为对象，根据进程卡片反映的情况，其中包括信用证是否开到、货源能否落实，进行分析排队。并归纳为四类：即有证有货、有证无货、无证有货、无证无货，发现问题，及时解决。三平衡是指以信用证为对象，根据信用证规定的货物装船期和信用的有效期远近，结合货源和运输能力的具体情况，分别轻重缓急，力求做到证、货、船三方面的衔接和平衡。尽力避免交货期不准、拖延交货期或不交货等现象的产生。

（二）投保手续

1. 申请投保

当投保人需要对一笔货物申请保险时，可到当地保险公司办理手续。一般先填制《运输险投保单》一式两份。一份由保险公司签署后交投保人作为接受承保的凭证；另一份由保险公司留存，作为缮制、签发保险单（或保险凭证）的依据。保险契约即告成立。

投保的形式有以下几种：

① 凡是带保险价格条件的成交合同或按信用证规定装运的出口货物，外贸公司或其他卖方需逐笔填制投保单，办理投保。

② 投保人因时间紧迫，可口头或以函电向保险公司提出申请，如获允准，保险也生效，但事后要补交投保单。

③ 业务量较大的外贸公司，为简化手续，节省时间，投保也可以发票、出口货物明细单或货物出运分析单、报关单的副本代替。

④ 专业从事出口业务的外贸公司，或长期出口货物的单位，可与保险公司签订预约保

险合同（简称预保合同，是一种定期统保契约）。凡属于预保合同约定范围以内的货物，一经起运，保险公司即自动承保，即凡签订预保合同的单位，当每批保险标的出运前，由投保人填制起运通知，一式三份，交保险公司。

⑤ 凡陆运、空运出口到港澳地区的，可使用联合凭证，由投保人将联合凭证一式四份，提交保险公司。保险公司将其加盖联合凭证印章，并根据投保人提出的要求注明承担险别、保险金额和理赔代理人名称，经签章后退回三份，自留一份凭以统一结算保费。

2. 出具《保险单》

保险单是保险人与被保险人之间的一种契约，规定了双方之间的权利与义务，是投保的一方支付保险费，保险的一方在保险标的遭受损失时承担赔偿责任的依据。同时也是投保单位通过银行结汇的重要单据之一。保险公司根据投保人填报的内容，凭以签发《保险单》或《运输保险凭证》，并计算保险费。

三、报关

出口报关是指凡我国出口的商品，都应按照我国海关法的规定，向海关申报，经查验后放行，才能出境。接受申报、查验货物、征收税费、结关放行是海关监管进出境货物的基本制度。出口货物查验是指海关在接受申报并审核报关单证的基础上对出口货物进行实际核对检查。查验的目的是核对实际出口货物与报关单证所报内容是否相符，有无错报、漏报、伪报等情况，审查货物的出口是否合法等。海关查验货物，一般应在海关规定的时间和监管场所进行。

（一）报关注册登记

《海关法》规定，进出口货物由海关准予注册的报关企业或有权经营进出口业务的企业负责办理报关纳税手续，上述企业的报关员也应当经海关考核认可。因此，需向海关办理报关手续的企业应向海关注册登记，否则不能直接办理报关手续。

（二）报关期限与地点

我国《海关法》第 18 条规定，出口货物的发货人除海关特准的外应当在装货的 24 小时以前向海关申报。一般而言，出口货物应当由发货人在货物的出境地海关办理海关手续。

（三）出口报关所需单证

出口货物报关单证主要指报关单和随附单据。按性质和用途不同，可分为基本单证、法定单证和备用单证三类。

1. 基本单证

① 出口货物报关单。

② 出口货物报关委托书。

③ 出口收汇核销单。

④ 商业发票。

⑤ 装箱单。

⑥ 提货单、装货单或运单（海关在检查单证和查验实物后在货运单上加盖放行章后发回给报关人凭以提取货物）。

2. 法定单证

① 法定商检通关单。

② 来料、进料加工手册。

③ 出口许可证（海关联）。

④ 其他海关监管的法定单据。

3. 备用单证

① 贸易合同。

② 出口货物保险单。

（四）报关程序

报关工作的全部程序分为申报、查验、纳税、放行四个环节。

1. 出口货物的申报

申报就是出口货物的发货人或其代理人，在其货物出口时，在海关规定的期限内，持规定的单证向海关申请查验、放行的手续。

2. 出口货物的查验

出口货物除经海关总署特准免验以外，都应接受海关的查验。查验是海关以出口报关单为依据，在海关监管区域内对出口货物进行实际的检查和核对。

3. 缴纳税款

（1）纳税 出口货物的发货人或其代理人应当在规定的期限内向海关缴纳税款。按照我国《海关法》的规定，出口货物的发货人应当在海关签发“税款缴纳证”的次日起7日内缴纳税款。逾期不缴纳的，除依法追缴外，还要加收滞纳金。

（2）完税价格的计算 计算出口关税时，应首先确定计算税额的价格，即完税价格。我国《海关法》规定：出口货物应当以海关审定的货物售予境外的离岸价格（FOB价格），扣除出口关税后，作为完税价格。如果离岸价格不能确定，完税价格由海关估定。

完税价格＝离岸价格（FOB价格）÷(1＋出口税率)

（3）出口关税税额的计算

出口关税税额＝完税价格×出口关税税率

【同步案例9-4】

我方出口某商品，成交价格为CIF伦敦20000美元。已知运费折合为6200元人民币，保险费1020元人民币。出口税率为15%。(美元对人民币的汇率为1∶7.09)

问题：该批货物的出口税额是多少？

分析提示：

（1）将CIF价转化为FOB价

FOB＝20000×7.09－6200－1020＝134580（元）

（2）完税价格

完税价格＝离岸价格÷(1＋出口税率)＝134580÷(1＋15%)＝117026.0870（元）

（3）出口关税税额

出口关税税额＝完税价格×出口关税税率＝117026.087×15%＝17553.9130（元）

4. 出口货物的放行

放行是海关对出口货物进行监管的最后一项业务程序，货物在出口时申报人按照海关规定办妥申报手续，经海关审核单证和查验有关货物、办理纳税手续后，海关解除监管，准予货物出国境。在放行前，海关派专人负责审查该批货物的全部报关单证及查验货物记录，并签署认可，然后在货运单据上盖放行章。

四、装运、发装船通知

海关放行后，托运人凭装货单要求船方装运货物。货物装运后，即由船长或大副签收收货单（又称大副收据）。收货单是船公司签发给托运人的表明货物已装妥的临时收据。托运人凭收货单向送交船公司或其代理交付运费并换取正式提单。

出口企业于货物装运后，应向买方以电讯方式及时发出装船通知，以便买方及时投保（CFR条件下）和为接收货物做准备。装运通知的内容一般有：合同号、信用证号、货物名称、数量、总值、唛头、装运口岸、装运日期、船名、航次等。

【情景模拟9-1】

2007年7月1日，装船完毕，朱经理让张涛给印度MAC国际贸易有限公司发一份装运通知。下面是张涛发给印度MAC国际贸易有限公司的装船通知。

SHIPPING ADVICE

B/L NO.：TAOMAA07809

S/C NO.：4320098；

L/C NO.：1028607IM0000034

Shipping Marks：N/M

NAME OF VESSEL/VOY NO.：STAR RIVER 123S

Port of Loading：QINGDAO

Date of shipment：07.01.2007

Estimated date of arrival：08.01.2007

We hereby certify that the above detail and statements are correct.

ZIBO HENYANG ALUMINIUM PLASTIC MATERIAI CO. LTD

07.01.2007

第四节 制单结汇

货物装运后，出口企业应立即按照信用证的规定，正确缮制各种单据，并在信用证规定有效期内，将各种单据及必要的凭证交指定的银行办理结汇。

一、制单

在出口业务中，用于银行结汇的单据主要有金融单据、商业单据、运输单据和证明文件。

（一）出口单据的缮制

1. 汇票缮制

汇票的内容和制作要求根据各国法律规定，汇票是种要式性的有价证券。汇票上通常包括下列内容：汇票名称、出票依据、开证日期、大小写金额、出票日期和地点、汇票付款期限、受款人、受票人、出票人（以上通常为必填项目）、汇票号、利息利率、汇票失效条款、对价付讫条款等。汇票上印制的内容并非所有的都需要填写，不同付款方式下某些汇票内容的填写也略有区别。

2. 商业发票制作

发票种类很多，通常指的是商业发票，此外，还有其他各种发票，如海关发票、领事发票和厂商发票等。

商业发票是卖方开立的载有货物名称、数量、价格等内容的清单，作为买卖双方交接货物和结算货款的主要单证，也是进出口报关完税必不可少的单证之一。

我国各进出口公司的商业发票没有统一格式，但主要项目基本相同，主要包括：发票编号、开立日期、数量、包装、单价、总值和支付方式等项内容。

3. 海运提单填制

海运提单是各项单据中最重要的单据，在制作提单的过程中，必须注意以下几个问题：

① 提单的种类 提单的种类很多，应按国外来证所要求的类别提供。

② 提单的收货人 提单的收货人，习惯上称为抬头人。在信用证或托收支付方式下，绝大多数的提单都做成凭指定抬头或者凭交货人指定抬头。也有的要求做成凭××银行指定，一般是规定凭开证行指定。

③ 提单的货物名称 提单上有关货物名称可以用概括性的商品统称，不必列出详细规格，但应注意不能与来证所规定的货物特征相抵触。

④ 提单的运费项目 如 CIF 或 CFR 条件，在提单上应注明运费已付；如成交价格为 FOB 条件，在提单上则注明运费到付。除信用证内另有规定外，提单上不必列出运费的具体金额。

⑤ 提单上的目的港和件数 提单上的目的港和件数，原则上应和运输标志上所列内容相一致。

⑥ 提单的签发份数 根据《跟单信用证统一惯例》规定，银行接受全套正本仅有一份的正本提单，或一份以上正本提单。如提单正本有几份，每份正本提单的效力是相同的，但是，只要其中一份凭以提货，其他各份立即失效。因此，合同或信用证中规定要求出口人提供全套提单，就是指承运人在签发的提单上所注明的全部正本份数。

⑦ 提单的签署人 如信用证要求港到港的海运提单，银行将接受由承运人或作为承运人的具名代理或代表，或船长或作为船长的具名代理或代表签署的提单。

⑧ 有关装运的其他条款等。

4. 保险单据

保险单是由保险人接受货物保险所出具的凭证。其主要内容有：

① 被保险人（insured）。被保险人即保险单的抬头，正常情况下应是 L/C 的受益人。

② 保险货物项目（description of goods）、唛头、包装及数量等货物规定应与提单保持一致。

③ 保险金额（amount insured）。保险金额是所保险的货物发生损失时保险公司给予的最高赔偿限额，一般按 CIF/CIP 发票金额的 110%投保，加成如超出 10%，超过部分的保险费由买方承担可以办理。

④ 保费（premium）和费率（rate）。保费和费率通常事先印就 As Arranged（按约定）字样，除非 L/C 另有规定，两者在保单上可以不具体显示。

⑤ 运输方面的要求。开航日期（date of commencement）通常填提单上的装运日，也可填 As Per B/L 或 As Per Transportation Documents；起运地、目的地、装载工具（per conveyance）的填写与提单上的操作相同。

⑥ 承保险别（conditions）。承保险别是保险单的核心内容，填写时应与 L/C 规定的条款、险别等要求严格一致；在 L/C 无规定或只规定 Marine/Fire/Loss Risk、Usual Risk 或 Transport Risk 等，可根据所买卖货物、交易双方、运输路线等情况投保 All Risks、WA 或

WPA、FPA 三种基本险中的任何一种。

⑦ 赔付地点（claim payable at/in）。此栏按合同或 L/C 要求填制。如 L/C 中并未明确，一般将目的港/地作为赔付地点。

⑧ 日期（date）。日期是指保单的签发日期。

⑨ 签章（authorized signature）。由保险公司签字或盖章以示保险单正式生效。单据的签发人必须是保险公司/承保人或他们的代理人。

⑩ 保单的背书。保单的背书分为空白背书（只注明被保险人名称）、记名背书（业务中使用较少）和记名指示背书（在保单背面打上 to order of ×××和被保险人的名称）三种。

⑪ 保单的份数。当 L/C 没有特别说明保单份数时，出口公司一般提交一套完整的保险单，如有具体份数要求，应按规定提交，注意提交单据的正（original）、副本（copy）不同要求。

⑫ 保单的其他规定。号码（policy number）由保险公司编制，投保及索赔币种以 L/C 规定为准，投保地点一般为装运港/地的名称，如 L/C 或合同对保单有特殊要求也应在单据的适当位置加以明确。

5. 装箱单

装箱单无统一格式，各出口企业的装箱单大致相同。其主要内容如下：

(1) 出口企业名称和地址（exporter's name and address） 出口企业的名称、地址应与发票同项内容一致，缮制方法相同。

(2) 单据名称（name of document） 单据名称通常用英文粗体标出。常见的英文名称有：Packing List（Note），Packing Specifications，Specifications。

(3) 装箱单编号（No.） 装箱单编号一般填发票号码，也可填合同号。

(4) 出单日期（date） 出单日期填发票签发日。

(5) 唛头（shipping mark） 与发票的唛头相一致。

(6) 品名和规格（name of commodity and specifications） 品名和规格必须与信用证的描述相符。

(7) 数量（quantity） 数量填写实际件数，如品质规格不同应分别列出，并累计其总数。

(8) 单位（unit） 单位是指外包装的数量单位，如箱、包、桶等。

(9) 毛重（gross weight） 毛重填入包括包装在内的每件货物的重量，规格不同要分别列出，并累计其总量。

(10) 净重（net weight） 净重填写每件货物的实际重量并计其总量。

(11) 尺码（measurement） 尺码填写每件包装的体积，并标明总尺码。

(12) 签章（signature） 出单人签章应与商业发票相符，如果信用证规定中性包装，此栏可不填。

在填制装箱单时，一定要具体详细，并与发票和其他单据一致。

6. 产地证明

产地证明是一种证明货物原产地或者制造地的证明文件。其主要内容有：

① 证书编号（certificate No.） 应在证书右上角填上证书编号。此栏不得留空，否则此证书无效。

② 出口方（exporter） 填写出口方的名称、详细地址及国家（地区）。若经由其他国家

或地区需填写转口名称时，可在出口商后面添加 VIA，然后再填写转口商名称、地址和国家（地区）。

③ 收货方（consignee）　填写最终收货人的名称、地址和国家（地区）名。通常是外贸合同中的买方或信用证上规定的提单通知人。如信用证规定所有单证收货人一栏留空，在这种情况下，此栏应加注 TO WHOM IT MAY CONCERN 或 TO ORDER，但不得留空。若需填写转口商名称时，可在收货人后面加填英文 VIA，然后再填写转口商名称、地址、国家。

④ 运输方式和路线（means of transport and route）　填写目的港和装运港、运输方式。若经转运，还应注明转运地。

例如：通过海运，于 2004 年 5 月 17 日由上海港经香港转运至鹿特丹港。

⑤ 目的地国家（地区）名称（country/region of destination）　此栏填列最终目的地的国家（地区）名称，通常将目的地和国名一并列出，不可表示中间商的国名。此栏表示的国家名称必须与第二栏收货人所在国家或第三栏所表示的最终目的地的国家一致。

⑥ 签证机构用栏（for certifying authority use only）　此栏为签证机构在签发后发证书、补发证书或加注其他声明时使用。例如，在原证遗失时，可在栏内声明原证作废而补发新证。

⑦ 运输标志（marks and numbers）　填写唛头。应按照出口发票上所列唛头填写完整图案、文字标记及包装号码，不可简单填写按照发票（AS PER INVOICE NO）或者按照提单（AS PER B/L NO）。货物无唛头时，应填写 N/M（NO MARK）。此栏不得留空。如唛头多本栏填写不够，可填写在第 7、8、9 栏的空白处，如还不够，可用附页填写。

⑧ 商品名称、包装数量及种类（number and kind of packages；description of goods）。

⑨ 商品编码（H. S. code）　H. S. 是 The Harmonized Commodity Description and Coding System（《协调商品名称及编码制度》，简称协调制编码）的缩写。此栏要求填写 H. S. 编码，应与报关单一致。若同一证书包含有几种商品，则应将相应的税目号全部填写。此栏不得留空。

⑩ 量值（quantity）　此栏要求填写出口货物的量值以及商品的计量单位。如 100 箱彩电，此栏填 100 SETS。1000 公吨散装花生，此栏填 N. W. 1000 M/T（净重 1000 公吨）或 1000 M/T（N. W.）。如果只有毛重时，则需注明 G. W.。

⑪ 发票号码及日期（number and date of invoices）　此栏填写申请出口货物的商业发票日期和号码。此栏不得留空。为避免对月份、日期的误解，月份一律用英文表述，如 2004 年 12 月 9 日，用英文表述为：DEC. 10，2004。

⑫ 出口方声明（declaration by the exporter）　填写出口人的名称、申报地点及日期，由已在签证机构注册的人员签名并加盖有中英文的印章。在本栏加盖申报单位中英文对照的图章和签字，签字人必须是事先指定的申领人，申领人及其签字样本需事先在签证机构登记注册，签字和盖章不得重合，并填具签署的地址和日期，地址一般为出口商所在地。日期不应早于发票日期。

⑬ 由签证机构签字、盖章（certification）　填写签证地址、日期。签证机构签证人经审核后在此栏（正本）签名，并盖签证印章。

7. 其他单证

其他单证按不同交易情况，由合同或信用证规定，常见的有：寄单证明、寄样证明、邮局收据、快速收据、装运通知以及有关运输和费用方面的证明。

（二）单据制作的要求

制单是单证工作的重要环节，“正确、完整、及时、简明和整洁”是对制单工作的基本要求。

1. 正确

正确是外贸单证制作的前提和核心，单证不正确就不能达到安全收汇的目的。在信用证支付方式下，要严格做到“单单一致”和“单证一致”。除此之外，还应注意单据与货物一致。

【同步案例 9-5】

美国一公司出售货物一批给也门阿拉伯共和国的 Mohammed Sofan 公司。美国出口企业在制单时误将被通知人“Mohammed Sofan”写成“Mohammed Soran”，开证行拒绝付款，出口人认为一个字母打错开证行就拒绝付款是开证行过分挑剔，遂向法院起诉。

问题：请判断开证银行是否有权拒付？理由是什么？

分析提示：答：开证银行有权拒付。因为：

① 信用证支付方式要求受益人在严格遵守信用证条款的前提下，向开证行提交单证相符的单据，并使开证人相信他可以得到所购货物，开证行或保兑行才有绝对付款的义务。

② 提单上有些内容可能并不重要，因此，有些错误不致解除开证行或保兑行的付款义务。但本案提单上通知人名字 Sofan 被误拼为 Soran 属严重错误，因为提单上的被通知人是船公司发出到货通知的指定对象，名字错误很可能使对方收不到货。因此，受益人未能提出完全符合 L/C 条款要求的正确单据，对此开证银行有权拒付。

2. 完整

单据的完整性包括三个方面：一是所提交的单据种类要完整；二是所提交的单据份数要齐全；三是单据的内容要完整。

单据的种类完整就是要求一笔交易中卖方应按信用证或合同规定提交所有种类的单证，构成这笔交易的一套单据，如 CIF 项下卖方应提交的单证有：发票、提单、保单、装箱单、产地证、商检证、装运通知电传副本等。

份数齐全指每一种单证按要求制作正本××份，副本××份。

单据的内容要完整，任何单证都有其特定的作用，这种作用是通过单据本身的格式、项目、文字、签章等来体现的。所以要求制单时对其中内容描述、应列项目、文字拼写、语句表达以及签章或背书等都要完整，不可遗漏。否则就不能构成有效文件，也就不能为银行接受。

3. 及时

在国际贸易中，时间性很强，每一个信用证中都规定有装船期、有效期、交单期、议付期，因此要求外贸单证要及时。

一是制单及时。按期准备好各种单据，同时在制单时还要注意各种单据的签发日期要打得合理，不互相矛盾。如提单日期应早于商检证日期，不迟于信用证的最迟装船期；保险单日期不迟于提单日期。

二是交单要及时。向银行交单时不迟于信用证规定的交单期和有效期，以及符合信用证的特殊规定，如在装船后××天内交单。交单迟了，出口人会损失利息，甚至逾期交单银行会拒收单据，从而拒付。

4. 简明

简明是指单据中的各项内容要准确、通顺、简洁明了，尽量避免画蛇添足。

5. 整洁

整洁反映了单据的外观质量，要求单证的布局美观大方、表面清结、文字规范清晰、重点项目突出，尽量避免内容涂改，有更改时要加盖签发单位的校对章。

二、交单结汇

（一）交单

交单是指出口商（信用证受益人）在规定时间内向银行提交信用证规定的全套单据，这些单据经银行审核，根据信用证条款不同付汇方式，由银行办理结汇。

交单应注意三点：其一是单据的种类和份数与信用证的规定相符，其二是单据内容正确，包括所用文字与信用证一致，其三是交单时间必须在信用证规定的交单期和有效期之内。

交单方式有两种：一种是两次交单或称预审交单，在运输单据签发前，先将其他已备妥的单据交银行预审，发现问题及时更正，待货物装运后收到运输单据，可以当天议付并对外寄单。另一种是一次交单，即在全套单据收齐后一次性送交银行，此时货已发运。银行审单后若发现不符点需要退单修改，耗费时日，容易造成逾期而影响收汇安全。因而出口企业宜与银行密切配合，采用两次交单方式，加速收汇。

（二）结汇

信用证项下的出口单据经银行审核无误后，银行按信用证规定的付汇条件，将外汇结付给出口企业。我国出口业务中，大多使用议付信用证，也有少量使用付款信用证和承兑信用证的。主要结汇方式如下：

1. 议付信用证

议付又称出口押汇、买单结汇，是指议付行在相符交单下购买汇票及/或单据的行为。议付押汇收取单据作为质押。按汇票或发票面值，扣除从议付日起到估计收到开证行或偿付行票款之日的利息，将货款先行垫付给出口商（信用证受益人）。议付是可以追索的。如开证行拒付，议付行可向出口商追还已垫付之货款。

议付信用证中规定，开证行对议付行承担到期承兑和付款的责任，“UCP 600”规定，银行如仅仅审核单据而不支付价款不构成议付。

我国银行对于议付信用证的出口结汇方式，除上述出口押汇外，还采用另外两种：一是收妥结汇，即收到单据后不叙做押汇，将单据寄交开证行，待开证行将货款划给议付行后再向出口商结汇；另一种是定期结汇，即收到单据后，在一定期限内向出口商结汇，此期限为估计索汇时间。因此上述两种方式，对议付银行来说，都是先收后付，但按“UCP 600”规定，银行不能取得议付行资格，只能算是代收行。

2. 付款信用证

付款信用证通常不用汇票，在业务中使用的即期付款信用证中，国外开证行指定出口地的分行或代理行为付款行，受益人径直向付款行交单。付款行付款时不扣除汇程利息。付款是不可追索的。显然在信用证方式中，这是对出口商最为有利的一种。

3. 承兑信用证

承兑信用证的受益人开出远期汇票，通过国内代收行向开证行或开证行指定的银行提示，经其承兑后交单。已得到银行承兑的汇票可到期收款，也可贴现。

若国内代收行愿意叙做出口押汇（议付），则出口商也可立即收到货款，但此时该银行仅以汇票的合法持票人向开证行要求付款，不具有开证行所邀请的议付行的身份。

三、单证不一致时出口商可采取的措施

在出口业务中，由于种种原因造成单据不符，即单据存在不符点，而受益人又因时间条件的限制，无法在规定期限内更正，则有下列处理方法：

(1) 凭保议付　受益人出具保证书承认单据瑕疵，声明如开证行拒付，由受益人偿还议付行所垫付款项和费用，同时电请开证人授权开证行付款。

(2) 表提　议付行把不符点开列在寄单函上，征求开证行意见，由开证行接洽申请人是否同意付款。接到肯定答复后议付行即行议付。如申请人不予接受，开证行退单，议付行照样退单给受益人。

(3) 电提　议付行暂不向开证行寄单。而是用电传等电信方式通知开证行单据不符点。如开证行同意付款，再行议付并寄单，若不同意，受益人可及早收回单据，设法改正。

(4) 有证托收　单据有严重不符点，或信用证有效期已过，已无法利用手上的信用证，只能委托银行在向开证行寄单函中注明“信用证项下单据做托收处理”，作为区别，称为“有证托收”。而一般的托收，则称为“无证托收”。由于申请人已因单证不符而不同意接受，故有证托收往往遭到拒付，实是一种不得已而为之的方式。

四、出口收汇核销和出口退税

(一) 出口收汇核销

1. 出口收汇核销的含义

出口收汇核销是指国家外汇管理等部门对出口企业的贸易项下的外汇收入情况进行事后监督检查的一种制度。即出口企业在货物报关出口后，向外汇管理部门报送银行出具的收汇证明以进行核对的程序。出口单位凭出口收汇核销单报关出口，收汇后到外汇局办理核销，再向税务机关申请出口退税。

按照我国相关制度，凡有自营出口权且有出口业务的企业必须办理出口收汇核销。这是出口单位必须履行的义务。出口收汇核销工作中实行出口收汇核销员制度。

2. 出口收汇核销业务流程

根据我国2003年颁发的《出口收汇核销管理办法》和《出口收汇核销管理办法实施细则》的有关规定，出口单位在货物出口前事先向当地外汇管理局申请领取出口收汇核销单，如实填写有关货物的出口情况。货物报关验放后，海关在核销单上盖章，并与报关单一起退给出口企业，由出口企业附发票等文件送当地外汇管理部门备案。待收汇后，在结汇水单或收账通知上填写核销单号码，向外汇管理部门销案。

目前，出口收汇核销业务的流程如下：

① 出口单位取得商务部或其授权单位批准的进出口经营权；

② 出口单位到海关办理“中国电子口岸”入网手续，并到有关部门办理“中国电子口岸”企业法人IC卡和企业操作人员IC卡电子认证手续；

③ 出口单位持有关材料到注册所在地外汇局办理登记，外汇局审核无误后，为出口企业办理登记手续，建立出口单位电子档案信息；

④ 出口单位网上申领出口核销单；

⑤ 出口单位凭企业操作人员IC卡、核销员证、出口合同（首次申领时提供）到注册所在地外汇局申领纸质出口收汇核销单；

⑥ 出口单位网上向海关进行出口核销单的报关前的备案；

⑦ 出口单位出口报关；

⑧ 网上交单；

⑨ 收汇核销。

即期业务在90天内办理核销；远期业务必须提交出口合同，在外管局办理远期收汇备案。如逾期未收汇，出口单位应及时向外汇管理局以书面形式申报逾期未收汇的原因，由外汇管理局视情况处理。

3. 出口收汇核销要注意的问题

① 境内出口单位向境外出口货物，均应当办理出口收汇核销手续。

② 出口收汇核销工作中实行出口收汇核销员制度（以下简称“核销员制度”）。出口单位领取出口收汇核销单，办理出口收汇核销手续，应当由本单位的核销员负责办理，核销员制度的具体规定由各地外汇局自行制定。

③ 出口单位应当到外汇局申领核销单，核销单只准本单位使用，不得借用、冒用、转让和买卖。

④ 出口单位初次申领核销单前应当凭以下材料到外汇局办理登记：a. 单位介绍信、申请书；b. 外经贸部门批准经营进出口业务批件正本及复印件；c. 工商营业执照副本及复印件；d. 企业法人代码证书复印件；e. 海关注册登记证明书复印件；f. 出口合同复印件。

（二）出口退税

出口退税是指一个国家为了扶持和鼓励本国商品出口，将所征税款退还给出口商的一种制度。出口退税是提高货物的国际竞争能力，符合税收立法及避免国际双重征税的有力措施。我国也实行出口退税政策。对出口的已纳税产品，在报关离境后，将其在生产环节已纳的消费税、增值税退还给出口企业，使企业及时收回投入经营的流动资金，加速资金周转，降低出口成本，提高企业经济效益。

1. 退税的基本条件

必须是报关离境的出口货物；必须是财务上做出口销售处理的货物；必须是属于增值税、消费税征税范围的货物。

2. 出口商品的退税率

自2004年1月1日起实行五挡退税率，有17%、13%、11%、8%、5%。一般来说，加工程度越高的商品，退税税率越高。

3. 退税凭证

① 增值税专用发票（税额抵扣联）或普通发票。

② 税收（出口货物专用）缴款书或出口货物完税分割单。

③ 出口销售发票和销售明细账。

④ 出口货物报关单（出口退税联）。

⑤ 出口收汇核销单（出口退税专用）。

4. 退税程序

出口企业设专职或兼职办理出口退税人员，按月填报出口货物退（免）税申请书，并提供有关凭证，先报外经贸主管部门稽查签章后，再报国税局进出口税收管理分局办理退税。

目前，出口报关单、出口收汇核销单、出口税收缴款书已经全国联网，缺少其中一个信息，即不能退税。

五、违约处理

在履行出口合同的过程中，如果买卖双方当事人都能严格按合同规定履行各自的义务，订立合同的预期目的就能全部实现。

但是，在实际业务中，由于种种原因，当事人不履行合同义务，或不按规定全部履行合同义务的情形是经常可能发生的。当事人不履行合同义务或不按合同规定履行义务，如果不是出于不可抗力或其他免责原因，均构成违反合同，违约的一方应对由此引起的后果负责。在一般情况下，违约一方要向对方负责赔偿因违约而造成的损失。对此，各国法律都有明确规定，我国法律也不例外。

在国际货物买卖中，当一方违反合同时，另一方可采取的救济方法主要有：要求损害赔偿，推迟履行，减低价格或要求违约方支付违约金或宣告合同无效。此外，还有要求继续履行、换货、对不符合同进行修补、卖方对未付清货款尚未发运的货物行使留制权、已发运在途中的货物通知运回等。研究应采取补救措施，在很大程度上要取决于违约的性质和具体情况。例如，卖方所交货物不符合合同规定，买方可以要求卖方进行修理、换货或减低价金；如卖方不交货，买方可要求卖方继续交货，若卖方仍不交货，则可宣告合同无效，同时提出损害赔偿要求。至于卖方通知承运人运回，即行使停运权，按各国法律与惯例须以买方已失去支付能力为前提，而要行使留制权则货物不能脱离卖方的占有。补救措施很多，在实际业务中，要求损害赔偿是最重要也是最常见的一种措施。而且，根据各国法律，当一方违反合同而采取任一种补救措施时，都不影响受损害一方同时要求损害赔偿的权利。

总之，一旦发生违约，不仅涉及当事人的法律责任和经济利益，如果处理不当，还会影响两方的关系和日后的业务发展，所以，必须认真对待。

【同步思考 9-4】

A 公司在 1999 年委托其客户指定的船公司出口近 50 万美金的货物，涉及到 50 多万的出口退税。具体情况是，由于 A 公司采购时是以盒为单位采购的，A 公司提供的报关单上也是注明 506000 BOXES，所以工厂的增值税发票开的单位也是以盒为单位，即 506000 盒。由于船公司在重新填写报关单时却将以盒（BOXES）为单位的数量漏打，只标明 6000KGS，因此海关计算机上该产品的数量为 6000KGS，导致报关单上的内容与发票上的数量和单位不同，A 公司不能正常退税。A 公司要求船公司办理改单（修改报关单据），就是要在品名下加注“506000 BOXES”，但是由于船公司的一再拖延，导致 A 公司无法办理退税手续。A 公司不断催促船公司办理改单，考虑到手续麻烦需要较长时间，要求对方必须在 3 个月内将改后的单据退还给 A 公司，否则要其承担由于不能正常退税造成的相关经济损失。3 个月后，总算了解此案。分析本案应该吸取的教训。

分析提示：本案可以吸取的教训是：

为了报关不发生问题，卖方在报关时需注意，最好用铅笔在报关单上注明正确的品名、数量单位等以防发生错误。

关于报关单据和改单有以下注意点：

1. 报关时应注意报关单上资料的准确性。可能由于一个资料的问题，造成不能正常报关，正常出运，正常退单，正常退税等。

2. 注意报关单据上的单位，为了避免这样的类似的事情再次发生，在海关计量单位与我们要求的计量单位不同时，需特别要加注我们所要求的单位/品名。

3. 可能会因为货名的英文品名太长，在报关单商品名下加注数量和单位可能会由于海关的计算机问题不能全部显示，所以以防这样的事情发生，把需注明数量和单位的英文货名尽量简写。

4. 报关的品名与数量，单位，必须和工厂开具的增值税发票一致。

5. 报关过程中，可能会碰到我们提供的 H.S. 的编号与货物中文品名有所出入，海关提出更改品名，但是不管怎样，都要显示我们要求的中文品名，可以加在括号内。

本章小结

本章主要阐述了出口合同的履行程序，即准备货物、落实信用证、组织装运及制单结汇等，其中货、证、船、款四个环节最为重要。

备货就是卖方根据合同的规定，按时、按质、按量准备好应交的货物，并做好申请报验和领证工作。

审证、改证是卖方履行合同的重要步骤，直接涉及交易是否顺利完成。审证首先要从政策、银行资信和付款责任以及信用证性质等方面进行审查，再从商品品质、规格、数量、包装、单据及特殊条款等方面审查。发现问题，争取一次向客户提出改正，不要多次提出，否则会增加双方的手续和费用。另外，对修改内容只能全部接受或拒绝，部分接受当属无效。

在 CIF 或 CFR 条件下，租船订舱是卖方的主要职责之一，它涉及几个部门的配合衔接，协调不好，会影响到货物的按时装运。

制单结汇是一笔交易圆满结束的最后一环，它要求业务人员要认真、仔细，具有高度的责任感。

外汇核销与出口退税是保证出口企业取得预期经济效益的关键，它要求出口企业与海关、外管局、税务局及银行等部门衔接，共同把这项工作做好。

【综合训练】

一、单项选择

1. 托运人是凭（　　）向船公司换取正式提单。

A. 托运单　　B. 装货单　　C. 收货单

2. 海关发票及领事发票（　　）。

A. 都是由买方国家有关部门提供的

B. 都是由卖方国家有关部门提供的

C. 前者由买方国家提供，后者由卖方国家提供

D. 前者由卖方国家提供，后者由买方国家提供

3. 一份 CIF 合同下，合同及信用证均没有规定投保何种险别，交单时保险单上反映出投保了平安险，该出口商品为易碎品，因此（　　）。

A. 银行将拒收单据　　B. 买方将拒收单据

C. 应投保平安险加破碎险　　D. 银行应接受单据

4. L/C 修改书的内容存在两项以上者，受益人（　　）。

A. 要么全部接受，要么全部拒绝　　B. 可选择接受

C. 必须全部接受　　D. 只能部分接受

5. 商业发票的抬头人一般是（　　）。

A. 受益人　　B. 开证申请人　　C. 开证银行　　D. 卖方

二、多项选择

1. 结汇单证的作用有（　　）。

A. 付款依据，对进口商而言，根据出口商提供的结汇单证，了解掌握出口商交付货物的品质、交货时间

B. 履约证明，国际贸易中无论采用哪种方式收取货款，出口商都要提供结汇单证，说明自己已经履行了合同中规定的义务

C. 物权凭证，国际贸易中的买卖双方相隔遥远，交货过程中，有关单据起到了物权凭证的作用

D. 企业经营成果的体现

2. 商业发票（commercial invoice），在实际工作中简称为发票（invoice），是（　　）。

A. 出口方向进口方开列发货价目清单

B. 买卖双方记账的依据，也是进出口报关交税的总说明

C. 它是结汇单证中最重要的单据，能让有关当事人了解一笔交易的全貌

D. 其他单据都是以发票为依据的

3. 商业发票由出口企业自行拟制，无统一格式，但基本栏目大致相同。包括以下几个部分（　　）。

A. 关于信用证介绍部分

B，首文部分包括发票名称、号码、出票日期地点、抬头人、合同号、运输线路等

C. 本文部分包括货物描述、单价、总金额、唛头等

D. 结尾部分包括有关货物产地、包装材料等各种证明句、发票制作人签章等

4. 唛头是货物的识别标志，运输企业在装卸、搬运时，根据唛头来识别货物，作为交货清单的发票，必须正确显示这一装运标志。唛头一般包括（　　）。

A. 收货人简标　　B. 合同号、目的港、件号等

C. 重量、单价等　　D. 体积和总价等

5. 在显示发票抬头人时，必须注意的事项有（　　）。

A. 抬头可以是空白的

B. 如果信用证有指定其他抬头人的，按来证规定制单

C. 如果该信用证已被转让，则银行也可接受由第二受益人提交的以第一受益人为抬头的发票

D. 必须做成信用证的申请人名称、地址

三、判断

1. 信用证修改申请只能由受益人本人提出。（　　）

2. 汇票的抬头人通常是付款人，发票的抬头人是收货人，保险单的抬头人是被保险人。（　　）

3. 凡迟于信用证有效期提交的单据，银行有权拒付。（　　）

4. 不清洁提单上的批注是从大副收据上转来的。（　　）

5. 信用证修改通知书有多项内容时，只能全部接受或全部拒绝，不能只接受其中的一部分，而拒绝另一部分。（　　）

四、简答论述

1. 简述履行出口合同需要做哪些工作。

2. 修改信用证应注意哪些问题？

3. 单证不一致时采取的措施是什么？

4. 制作并审核单据的基本要求。

五、案例分析

1. 中方某公司与意大利商人在 2003 年 10 月份按 CIF 条件签订了一份出口某商品的合同，支付方式为

不可撤销即期信用证。意大利商人于5月通过银行开来信用证，经审核与合同相符，其中保险金额为发票金额的110%。我方正在备货期间，意大利商人通过银行传递给我方一份信用证修改书，内容为将保险金额改为发票金额的120%。我方没有理睬，按原证规定投保、发货，并于货物装运后在信用证有效期内，向议付行议付货款。议付行议付货款后将全套单据寄开证行，开证行以保险单与信用证修改书不符为由拒付。问：开证行拒付是否有道理？为什么？

2. 我某公司凭即期不可撤销信用证出口发动机一批，合同规定装运期为2003年8月份。签约后，对方及时开来信用证，我方根据信用证的要求及时将货物装运出口。但在制作单据时，制单员将商业发票上的商品名称以信用证的规定缮制为："MACHINERY AND MILL WORKS，MOTORS"，而海运提单上仅填写了该商品的统称："MOTORS"。

问：付款行可否以此为由拒付货款？为什么？

六、实训

1. 某外贸公司出口货物一批，数量为1000公吨，每公吨USD65CIF Roterdam，国外买方通过开证行按时开来信用证，该证规定：总金额不得超过USD65000，有效期为7月31日。证内注明按《UCP 600》办理。外贸公司于7月4日将货物装船完毕，取得提单，签发日期为7月4日。试问：

(1) 外贸公司最迟应在（　　）日将单据送交银行议付。

A. 7月4日　B. 7月11日　C. 7月24日　D. 7月31日

(2) 本批货物最多能交（　　）公吨。

A. 900　B. 950　C. 1000　D. 1100

(3) 本批货物最少能交（　　）公吨。

A. 900　B. 950　C. 1000　D. 1100

(4) 本题中如（　　）情况发生时，银行可以拒绝付款。

A. 买方未收到货物　B. 货物腐烂

C. 发票与提单不符　D. 交货数量与合同不符

(5) 本题中如在信用证中未注明是否可以撤销，则该证为（　　）。

A. 可撤销信用证　B. 不可撤销信用证

C. 由双方协商决定　D. 既可以认为可撤销，又可以认为不可撤销

2. 下面是某业务员拿到的CIF出口条件下办理报关的单证表，请指出该表的填写错误并改正。

办理报关的单证表

贸易条件	单据名称	改正	出单机构	改正
CIF	受益人证明		进口商	
	形式发票		进口商	
	开证申请书		开证申请人	
	厂商发票		生产厂商	

第十章　进口合同的履行

教学目标

知识目标：

1. 了解进口合同履行的程序及各环节的基本操作。

2. 明确申请开立和修改信用证、运输和保险、审单付汇、进口报关报检以及进口索赔的有关事项。

能力目标：

1. 能对进口合同履行各环节进行操作。

2. 能规避进口风险。

【先导案例】

2008年7月，国内某家企业（以下简称A公司）与宁波某进出口公司（以下简称B公司）签订了“委托进口代理协议”，委托其向日本某公司（以下简称C公司）代理进口一台多线切割机，用于切割硅片。随后，三家公司共同签署了金额约为30万美元的进口合同，交货期为2009年2月。根据合同约定，A公司向B公司支付了30%合同金额作为开证保证金，B公司于2008年8月16日通过国内某家银行向C公司开出100%合同金额的不可撤销即期信用证。然而，2008年9月全球金融危机爆发，硅片需求市场受到冲击迅速萎缩，A公司紧急要求C公司推迟交货期，以观其变，C公司口头同意推迟到2009年4月底。

但是，2009年2月10日C公司擅自将合同货物装船发运，船于2月14日到达宁波港。中方开证行于2月13日收到日方议付银行寄来的议付单据，经审核与信用证相符，要求B公司付款赎单。B公司只得向A公司发出付款通知，要求其于三个工作日内将货款汇入B公司账号。但A公司以资金不足为由要求B公司暂时垫付赎单款，并代其保留货物。

此时多线切割机的市场价格较之进口合同签订之时已跌去40%，B公司经多方了解，最后断定A公司是由于市场原因对是否进口多线切割机持观望态度。如果后期硅片市场回暖，A公司有可能赎回设备；否则的话，则会放弃货物。在这种情形下，B公司只得垫付赎单款，从开证行取得整套正本单据。

货物必须于2月28日前报关，否则将产生滞报金。由于货值大，进口报关所产生的费用较高，B公司决定暂时将货物存入保税仓库。同时采取紧急措施，要求A公司出具一份“付款承诺书”，承诺在2009年2月24日前一次性付清所欠赎单款，并按“委托进口代理协议”的相关规定承担违约金，即每逾期一天支付逾期金额的万分之五。

然而时至2009年2月24日，A公司再次违约，仍借故不支付赎单款，B公司只得向其发出紧急通知，要求限期答复。A公司在2月27日派代表与B公司进行紧急协商，双方签订了“委托进口代理补充协议”，约定A公司追加30万元保证金、推迟5个月支付赎单款，并承担因违约产生的一切责任和费用，逾期B公司将有权处置货物并没收全部保证金。此外，根据B公司的要求，A公司还在补充协议中追加了一家担保公司，为其付款提供担保。

2009年下半年，硅片市场出现回暖迹象。A公司终于在7月28日向B公司支付了全部所欠款项，赎回多线切割机准备投入硅片生产。

问题：此案例给我们的启发是什么？

金融危机是引发这宗案例的直接原因，但是我们在工作中如何规避风险，更好的履行进口合同也是至关重要的。

在我国的进口业务中，大多采用FOB条件成交。如果采用信用证方式结算货款，那么，履行进口合同的一般程序是：开立信用证、租船订舱、装运、投保、审单付款、接货、报关、检验、拨交等。

第一节　进口开证

一、开证

进口合同签订后，进口商应按照合同规定向银行办理开证手续。开证申请人在向开证行申请开立信用证时，应填写开证申请书，连同所需附件一并交给银行。

开证申请书是开证银行开立信用证的依据。开证申请书一旦经银行承诺，即成为开证申请人与开证行的契约文件，具有法律效力。信用证开出之后，除非得到受益人（出口商）同意，不能擅自要求开证行修改或撤销；在开证行履行付款责任后，开证申请人应根据申请书的规定，在接到开证行的赎单通知后，及时将货款付给开证行，若单证不符，开证申请人有权拒绝赎取不符合信用证条款的单据，并拒付货款。

（一）信用证的开立程序

1. 填写开证申请书

（1）进口开证申请书样本

IRREVOCABLE DOCUMENTARY CREDIT APPLICATION

TO:　　　　　　　　　　　　　　　　　　　　　　　L/C No.

Date:

<table>
<tr><td colspan="2">Applicant</td><td>Beneficiary(full name,address and tel etc.)</td></tr>
<tr><td>Partial shipments
( )allowed( )not allowed</td><td>Transshipment
( )allowed( )not allowed</td><td>issued by ( )teletransmission
( )express delivery</td></tr>
<tr><td colspan="2">Loading on board/dispatch/taking in charge at/from

Not later than
For transportation to</td><td>Contract No.:
Credit Amount(both in figures and words):
Trade Term:( )FOB( )CFR( )
CIF( )Others:</td></tr>
<tr><td colspan="2" rowspan="2">Description of goods:</td><td>Date and place of expiry:</td></tr>
<tr><td>Credit available with
( )by sight payment( )by acceptance
( )by negotiation
( )by deferred payment at
against the documents detailed herein
( )and beneficiary's draft for of invoice value at
On issuing bank</td></tr>
</table>

续表

Documents required:(marked with X)

1.( )Signed commercial invoice in copies indicating L/C No. and Contract No.

2.( )Full set of clean on board Bills of Lading made out [ ] to order/[ ] to the order of and blank endorsed, marked " freight [ ] prepaid/[ ] to collect showing freight amount" notifying [ ]the applicant.

3.( )Air Waybills showing "freight [ ]prepaid/[ ] to collect indicating freight amount" and consigned to [ ]order.

4.( )Insurance Policy/Certificate in 3 copies for 110 % of the invoice value showing claims payable in China in currency of the draft, blank endorsed, covering([ ] Ocean Marine Transportation/[ ] Air Transportation/[ ] Over Land Transportation) All Risks, War Risks. /[ ]

5.( )Packing list/Weight Memo in 3 copies indicating quantity, gross and weights of each package.

6.( )Certificate of Quantity/Weight in 3 copies issued by [ ] manufacturer/[ ] Seller/[ ] independent surveyor at the loading port, indicating the actual surveyed quantity/weight of shipped goods as well as the packing condition.

7.( )Certificate of Quality in 3 copies issued by [ ] manufacturer/[ ] public recognized surveyor [ ].

8.( )Beneficiary's Certified copy of fax dispatched to the applicant within 2 days after shipment advising the contract number, name of commodity, quantity, invoice value, bill of loading, bill of loading date, the ETA date and shipping Co.

9.( )Beneficiary's Certificate certifying that extra copies of the documents have been dispatched to the [ ] applicant/[ ]

10.( )Certificate of Origin in [ ] copies certifying.

11.( )Other documents, if any:

Additional instruction:(marked with X)

1.( )All banking charges outside the opening bank are for beneficiary's account.

2.( )Documents must be presented within 21 days after the date of issuance of the transport documents but within the validity of this credit.

3.( )Third party as shipper is not acceptable, Short Form/Blank B/L is not acceptable.

4.( )Both quantity and amount % more or less are allowed.

5.( )All documents to be forwarded in one lot by express unless otherwise stated above.

6.( )Other terms, if any:

For banks use only	我公司承担本申请书背面所列责任及承诺，并保证按照办理。
Seal and/or Signature checked by ( ) L/C Margin % checked by ( ) Credit Facility checked by ( ) Ent( ) Ver( ) App ( ) Date:	(申请人名称及印鉴章) RMB A/C No. USD or( ) A/C No. 联系人: 电话:

This L/C is subject to the Uniform Customs and Practice for Documentary Credit (2007 Revision) ICC Publication No. 600.

(2) 进口开证申请书的内容及填写方法 开证申请书包括两部分：一部分是开证申请人与开证行之间的权利与义务的说明；另一部分是申请开立信用证的具体内容。其填写方法如下：

- DATE (申请开证日期)。在申请书右上角填写实际申请日期。
- TO (致)。银行印制的申请书上事先都会印有开证银行的名称、地址，银行的SWIFT CODE、TELEX NO等也可同时显示。
- PLEASE ISSUE ON OUR BEHALF AND/OR FOR OUR ACCOUNT THE FOLLOWING IRREVOABLE LETTER OF CREDIT (请开列以下不可撤销信用证)。如果信用证是保兑或可转让的，应在此加注有关字样。开证方式多为电开 (BY TELEX)，也可以是

信开、快递或简电开立。

• L/C NUMBER（信用证号码）。此栏由银行填写。

• APPLICANT（申请人）。填写申请人的全称及详细地址，有的要求注明联系电话、传真号码等。

• BENEFICIARY（受益人）。填写受益人的全称及详细地址。

• ADVISING BANK（通知行）。由开证行填写。

• AMOUNT（信用证金额）。分别用数字和文字两种形式表示，并且表明币制。如果允许有一定比率的上下浮动，要在信用证中明确表示出来。

• EXPIRY DATE AND PLACE（到期日期和地点），填写信用证的有效期及到期地点。

• PARTIAL SHIPMENT（分批装运）、TRANSHIPMENT（转运）。根据合同的实际规定打“×”进行选择。

• LOADING IN CHARGE、FOR TRANSPORT TO、LATEST DATE OF SHIPMENT（装运地/港、目的地/港的名称，最迟装运日期）。按实际填写，如允许有转运地/港，也应清楚标明。

• CREDIT AVAILABLE WITH/BY（付款方式）。在所提供的即期、承兑、议付和延期付款四种信用证有效兑付方式中选择与合同要求一致的类型。

• BENEFICIARY'S DRAFT（汇票要求）。汇票金额应根据合同规定填写，一般为：发票金额的一定百分比。付款期限可根据实际填写即期或远期，如属后者必须填写具体的天数。信用证条件下的付款人通常是开证行，也可能是开证行指定的另外一家银行。

• DOCUMENTS REQUIRED（单据条款）。各银行提供的申请书中已印有的单据条款通常为十几条，从上至下一般为发票、运输单据（提单、空运单、铁路运输单据及运输备忘录等）、保险单、装箱单、质量证书、装运通知和受益人证明等，最后一条是 OTHER DOCUMENTS, IF ANY（其他单据），如要求提交超过上述所列范围的单据就可以在此栏填写，比如有的合同要求 CERTIFICATE OF NO SOLID WOOD PACKING MATERIAL（无实木包装材料证明）、CERTIFICATE OF FREE SALE（自由销售证明书）、CERTIFICATE OF CONFORMITY（合格证明书）等。申请人填制这部分内容时应依据合同规定，不能随意增加或减少。选中某单据后对该单据的具体要求（如一式几份、要否签字、正副本的份数、单据中应标明的内容等）也应如实填写，如申请书印制好的要求不完整应在其后予以补足。

• COVERING/EVIDENCING SHIPMENT OF（商品描述）。所有内容（品名、规格、包装、单价、唛头）都必须与合同内容相一致，价格条款里附带“AS PER INCOTERMS 2000”、数量条款中规定“MORE OR LESS”或“ABOUT”、使用某种特定包装物等特殊要求必须清楚列明。

• ADDITIONAL INSTRUCTIONS（附加指示）。该栏通常体现为以下一些印就的条款：

＋ ALL DOCUMENTS MUST INDICATE CONTRACT NUMBER（所有单据加列合同号码）。

＋ ALL BANKING CHARGES OUTSIDE THE OPENING BANK ARE FOR BENE-

FICIARY'S ACCOUNT（所有开证行以外的银行费用由受益人承担）。

+ BOTH QUANTITY AND AMOUNT FOR EACH ITEM ×% MORE OR LESS ALLOWED（每项数量与金额允许×%增减）。

+ THIRD PARTY AS SHIPPER IS NOT ACCEPTABLE（第三方作为托运人是不能接受的）。

+ DOCUMENTS MUST BE PRESNTED WITHIN ××× DAYS AFTER THE DATE OF ISSUANCE OF THE TRANSPORT DOCUMENTS BUT WITHIN THE VALIDITY OF THIS CREDIT（单据必须在提单日后×××天送达银行并且不超过信用证有效期）。

+ SHORT FORM/BLANK BACK/CLAUSED/CHARTER PARTY B/L IS UNACCEPTABLE（银行不接受省略式/不清洁/租船提单）。

+ ALL DOCMENTS TO BE FORWARDED IN ONE COVER，UNLESS OTHERWISE STATED ABOVE（除非有相反规定，所有单据应一次提交）。

+ PREPAID FREIGHT DRAWN IN EXCESS OF L/C AMOUNT IS ACCEPTABLE AGAINST PRESENTATION OF ORIGINAL CHARGES VOUCHER ISSUED BY SHIPPING CO. /AIR LINE OR ITS AGENT（银行接受凭船公司/航空公司或其代理人签发的正本运费收据索要超过信用证金额的预付运费）。

+ DOCUMENT ISSUED PRIOR TO THE DATE OF ISSUANCE OF CREDIT NOT ACCEPTABLE（不接受早于开证日出具的单据）。

如需要已印就的上述条款，可在条款前打"×"，对合同涉及但未印就的条款还可以做补充填写。

- NAME，SIGNATURE OF AUTHORISED PERSON，TEL NO.，FAX，ACCOUNT NO.（授权人名称、签字、电话、传真、账号等内容）。

2. 提交开证资料

首次到银行办理进口开证手续的企业应提交：营业执照副本、企业有权从事外贸经营活动的文件原件、法人代表授权书、被授权人的签样、外汇局备案表等。

3. 交纳开证保证金

信用证一经开出，开证行就要承担第一性付款的责任，所以，开证行为了保证自身资金的安全和信誉，会根据不同企业和交易情况，收取不同比例的保证金或抵押品，或第三者出具的担保等，然后开证。

4. 支付开证手续费

银行为进口商开证时，开证申请人还必须按规定支付一定金额的开证手续费。一般为开证金额的1.5%。

（二）申请开证的注意事项

进口企业科学、缜密地设置有关条款，细致地缮制开证申请书，对于降低进口风险，保障全面履行合同，有极大的帮助。

1. 信用证申请书应依据合同制作

① 开证申请书内容应该以合同为依据，品名、数量、单价、装运期、单据等应该对照买卖合同填写。如果信用证规定存在与买卖合同不一致之处，卖方有权要求买方修改信用证。若买方不修改信用证，就意味着买方未遵守合同，构成违约，卖方有权根据买方违约的程度要求索赔或解除合同。为了避免增加额外的改证费用，耽误时间，进口企业应在开证申

请书环节就把好第一关。

② 如果买卖合同中对信用证条款规定较简单，一些信用证条款在合同中并未明确规定，则可以根据产品的贸易惯例，公平、合理进行有关信用证条款的补充，明确合同中未规定的事项。如：银行费用的划分、通知行、有效期、第三者单据等条款，常常未必会在买卖合同中明确规定，需要在信用证申请书中明确。同时，这些补充的条款不得与买卖合同中既有的条款有直接的矛盾或不一致。

2. 信用证申请书应该依据我国进口商品的有关政策法规要求制作

我国对于部分进口产品有一定的管理要求，应事先向海关、检验检疫局等口岸机关充分了解产品进口的有关管理规定，并在信用证申请书中做相应的约定，以免影响到商品的进口验放、征税。

例如：对动植物及产品的进口报检时，一般需提供出口国的官方检疫证书以及原产地证。如，从智利进口的鱼粉信用证中，除了一般的商业单据外，信用证中还需要列明以下两份单据以供报检之用：①Health certificate for export in one original and two copies issued by SERVICIO NACIONAL DDE PESCA in Chile；②Certificate of origin Form F China-Chile FTA in one original and two copies issued by Director Chile.

3. 信用证中的指示必须完整、具体、明确

开证申请人应该时刻记住跟单信用证交易是一种单据交易，而不是货物交易，信用证中的相关银行并不审核贸易的具体履行情况。同时银行职员不是商人，申请人也不能希望银行人员能充分了解每一笔交易，仅能从卖方提交的单据是否符合信用证的规定来判断卖方是否有权利取得货款。所以信用证中所有的指示应该明确、清晰，并且从银行角度也具有可操作性。

4. 及时提交信用证申请书，以确保按时开立信用证

按合同约定及时开具信用证是买方的义务。银行接受开证申请书后，需要一定的工作流程后方可正式开出信用证，所以买方应该提早制作开证申请书，以便使银行按时开出信用证。在市场行情上涨的情况下，卖方可能以开证不及时为由取消合同，拒绝交货。

若买卖合同没有明确规定开立信用证的时间，依据惯例，买方可以在装运期前的合理时间内开出信用证，不迟于规定装运期的前一天。

按国家规定，一些商品在进口开证前就必须提交有关批文、许可证等文件，银行方对外开证，所以开证时除了申请书之外，有关的批件也应及时备妥提交银行。

5. 全面、综合审核开证申请书，以防止自相矛盾的条款和措辞

(1) 避免套证　所谓套证即开立信用证申请书时，内容拷贝和套用过去已开立的信用证。简单拷贝以往的条款虽然快捷，但难免出现疏忽，遗漏了某些合同特别的条款要求。

(2) 由于业务员对某些条款并不了解，造成条款之间的矛盾　本身为承租船进口的运输，却不接受CHARTER PARTY B/L；保税区仓库交货的业务，却要求提供提单；空运业务，却要求提供海运提单；FOB进口业务，却要求提供保险单；信用证兑付方式既选择远期付款（at…days sight），又选择延期付款 defer payment。又如运输条款上规定准予转运，在单据条款中又要求提示直运提单。

6. 在“附加条款”中，酌情增加自我保护性规定

附加条款的内容较灵活，可以根据具体业务、买卖双方谈判的结果，做出不同的规定。有利于保护买方的附加条款举例如下：

(1) T/T reimbursement not allowed.（不允许电索汇）　因为在电索汇条款下，出口地

议付行在收到受益人提交的单据，与信用证条款核对无误后，可用电报要求开证银行立即付款。但是实际操作中，议付行和开证行可能在是否单证相符上有不同的观点，而货款已经付出，进口企业容易陷入被动。

(2) Forwarder's B/L，house B/L，short B/L，and blank B/L unacceptable.（不接受货代提单、分单、简式提单、空白提单） 由于货代提单、分单不是货权凭证，可能会影响到进口企业在目的港的提货，所以不宜接受。空白提单中没有提单背面的运输条款，缺乏对承运人的责任、托运人的责任以及索赔、诉讼等问题的详细规定，简式提单则是背面运输条款较简单，使用简式和空白提单时，若发生货损，与船公司责任不易清晰界定，容易产生纠纷。

【同步案例 10-1】

某年 4 月 20 日，山东省某包装进出口公司到 A 银行申请开出以美国出口商为受益人的信用证。信用证规定最迟装船期为当年 4 月 30 日，4 月 27 日该公司收到美国客户的通知，指责其迟开信用证，买方违约，要求撤销合同。因为买卖双方在合同中规定："信用证必须在装运月份前也即在 4 月份以前开到卖方，信用证的有效期应为装船期后 15 天在上述装运口岸到期，否则卖方有权取消本售货合同并保留因此而发生的一切损失的索赔权。"经过双方协商，出口商坚持以进口商迟开信用证为由而拒绝出货，并要求撤销信用证，鉴于此时市场行情上涨，因进口公司担心进口货物落空而撤销国内售货合同，从而影响企业生产，损失更大，不得不用更高的价格买进货物。

问题：本案中买方有无按合同规定的期限开证？经验教训是什么？

分析提示：此案例中进口商没有在合同规定的期限内开证，给出口方造成可乘之机，因为在进口商拖延开证的同时，市场行情不断上涨，出口方为了用更高的价格出售货物，一是不及时催证；二是可以寻找新的买主，以便获取更大的利润，终于迫使进口商付出高额代价。此案例的经验教训是：进口商应尽量在合同规定的期限内开证，履行合同，如果发现来不及开证，应尽早在开证日前与出口方协商修改合同中规定的开证时间，争取主动。

二、信用证的传递和修改

（一）信用证的传递

在大多数情况下，信用证不是由开证行直接通知受益人，而是通过其在受益人国家或地区的代理行，即通知行进行转递的。

通知行通知受益人的最大优点就是安全。通知行的责任是应合理谨慎地审核它所通知信用证的表面真实性。

信用证的传递方式：信用证可以通过空邮、电报或电传进行传递。设在布鲁塞尔的 SWIFT 运用出租的线路在许多个国家的银行间传递信息。大多数银行，包括中国的银行加入了这一组织。当开证行用任何有效的电信传递方式指示通知行，通知信用证或信用证的修改，该电信将被认为是有效信用证文件或有效修改书，并且不需要再发出邮寄证实书。

（二）信用证的修改

信用证是依据合同开立的，信用证内容应该是与合同条款一致的。但在实践中，由于种种因素，如工作的疏忽、电文传递的错误、贸易习惯的不同、市场行情的变化等，往往需要修改信用证。

【同步思考 10-1】

修改信用证的情形有哪几种？

分析提示：银行要求修改信用证；受益人要求修改信用证；进口人要求修改信用证。

信用证修改应注意的问题如下：

① 信用证的修改涉及有关方面权利与义务的变更，所以必须征得各方同意后，才能办理。

② 信用证的修改可由出口方提出，也可由进口方提出，但必须由进口方向开证银行提出修改申请，再由原通知行通知出口方。

③ 当修改项目不止一项时，受益人必须全部接受或全部不接受，不能只接受其中一项或几项，而拒绝其他各项。

④ 修改手续费一般由提出修改方承担。

【同步案例 10-2】

某日，上海大众食品公司出口黑龙江大豆 5000 吨至朝鲜，双方约定采用信用证方式结算。于是，朝鲜客商要求朝鲜外贸银行开出不可撤销信用证一份，该不可撤销信用证的受益人为上海大众食品公司，开证申请人为朝鲜客商，开证行为朝鲜外贸银行，议付行则为上海银行。信用证的有效期为 2004 年 5 月 30 日，货物的装运期为 2004 年 5 月 15 日。

2004 年 4 月，朝鲜客商通过朝鲜外贸银行发来修改电一份，要求货物分两批分别于 5 月 15 日、30 日出运，信用证的有效期展延至 6 月 15 日。上海银行在第一时间将信用证修改通知了受益人。

5 月 30 日，上海大众食品公司将 5000 吨黑龙江大豆装船出运，在备齐了所有信用证所要求的单据后，于 6 月 3 日向上海银行要求议付。上海银行审单后拒绝对其付款。

问题：上海银行拒绝对其付款的理由是什么？

分析提示：这是一起典型的信用证修改案例。本例中信用证的修改通知了受益人，而受益人没有明确表明接受或拒绝，在此情况下，若其按旧证内容办理，我们认为他拒绝了修改，若按新证内容办理，我们则认为他接受了修改。本例的情形显然是大众食品公司接受了信用证的修改。由于该信用证的修改项目有三项：分批装运、装运期、有效期。既然大众食品公司接受了信用证的修改，它就必须全盘接受，而不能接受部分、拒绝部分。因此，大众食品公司接受展延装运期和有效期而拒绝分批装运的做法不符合规定，议付行的拒付完全正确。

在不可撤销信用证情况下，任何方对信用证的修改，都必须经过各当事人的同意，特别是受益人的同意，方能生效。当修改项目不止一项时，则必须全部项目接受，否则必须全部项目退回，不能只接受其中一项，而拒绝其他各项。

第二节　租船订舱、接货和投保

一、租船订舱

FOB 价格条件下的进口合同，进口方要负责派船到指定港口接货。通常情况下，卖方收到信用证后，应将预计装船日期通知买方，由买方向船公司租船或订舱。我国进口企业往往将这项工作委托给外运公司代办。在运输手续办妥后，进口方要将船名、船期通知国外卖方，以便对方备货并做好装船准备。同时，为了防止船货脱节和出现“船等货”的情况，注意催促对方按时装运。特别是对数量、金额较大的重要商品，最好委托自己在出口地的代理督促卖方按合同规定履行交货义务，保证船货衔接。

【同步思考 10-2】

租船和订舱应如何选择？

分析提示：进口公司对租船还是订舱的选择，应视进口货物的性质和数量而定。凡需整船装运的，则需洽租合适的船舶承运；小批量的或零星杂货，则大都采用洽订班轮舱位。

进口货物的托运流程如下：

① 进口商就买卖合同标的的运输事宜向承运人咨询运价、船期等。

② 承运人回复进口商的询价，进口商通过向不同承运人询问同类信息来比较各承运人的运价高低及船期安排，从中选取适当承运人承运此批货物运输。

③ 进口商缮制进口订舱委托书，向选定的承运人提出订舱申请，确定海运运费等费用，同时提交国外供货人的详细资料；承运人接受进口商订舱，在配舱回单上加注订舱船名、航次等信息，将配舱回单等单据返还进口商。

④ 承运人接受进口商订舱后，通知其在出口国装货港的海外代理有关订舱情况及出口商的详细资料。

⑤ 进口商在订舱完成后，向出口商发出装运通知书，通知出口商货物订舱情况，以便出口商按照贸易合同的规定，在指定装运期内将符合合同规定的货物装运至指定船上，完成交货。

⑥ 承运人的海外代理在得到承运人发送的订舱的有关资料后，与出口商取得联系、沟通，完成货物装船。

【情景模拟 10-1】

淄博恒洋铝塑包装有限公司（ZIBO HENYANG ALUMINIUM PLASTIC MATERIAI CO. LTD）的业务员张涛与美国公司（AIR INTERNATIONAL TRADING COMPANY）签订了一笔进口合同，在向出口商开出信用证后，张涛向卖方发出催装通知。

To：AIR INTERNATIONAL TRADING COMPANY

Re：Shipment of Contract No.：NT001FF004

Letter of Credit No.：LCS6314203208

We wish to advise that the following stipulated vessel will arrive at NEW YORK port, on/about JULY 15, 2009 Vessel/s name DONGFENG Voy NO. V. 208

We will appreciate to see that the covering goods would be shipped on the above vessel on the date of L/C called.

ZIBO HENYANG ALUMINIUM PLASTIC MATERIAI CO. LTD

JULY 1, 2009

二、投保

采用 FOB、FCA、CFR 和 CPT 等贸易术语成交时，进口商要按合同规定办理保险手续。我国进口货物最好在国内办理保险，这样不仅为国家减少外汇支出、促进我国保险业的发展，同时我国保险公司对进口货物收取的保险费费率低于国际市场，而且对多数商品的保险责任扩展到内地，从而减少了进口商的成本。如果发生保险事故，对货损的检验、理赔都在国内，可方便迅速地处理。如果在国外投保，则需向国外保险公司交涉，十分不便。

（一）投保方式

投保方式有两种：预约投保和逐笔投保。

1. 预约投保

预约保险的方式适用于经常有货物进口的外贸公司或企业。按此种方式办理保险，可简化投保手续，免去逐笔投保的麻烦，还可防止漏保。具体做法是：进口企业与中国的保险公司签定预约保险合同（open policy），作为办理预约保险的依据。预约保险合同规定总的保险范围、保险期限、保险种类、总保险限额、航程区域、运输工具、保险条件、保险费率、适用条款及赔偿的结算支付办法等。同时，具体规定预约保险合同对每艘船舶（或每架飞机）每一航次承担的最高保险责任，如果承运货物超过此限额时，应于货物装船前书面通知保险公司，否则仍按原限额作为最高赔付金额。只要属于预保合同规定的承保范围内的货物，投保单位在接到国外出口商的装船通知后，应立即填写“进口货物装船通知”送交保险公司，保险公司即开始承保。“进口货物装船通知”上应载明起运货物的品名、价值、包装、数量、起讫港口、运输工具、起运日期等。

2. 逐笔投保

逐笔投保的方式适用于临时办理进口货物运输保险的单位。凡办理进口货物逐笔投保者，投保人必须在接到出口方的发货通知后，立即向保险公司索取“进口货物国际运输起运通知书”，填写后交保险公司签章，即完成了该笔货物的投保手续。

（二）进口货物保险的操作流程

① 进口商在预订航次到达装运港完成装货前，向保险公司申请投保，填写投保单；在投保人和保险公司之间存在预约保险合同时，进口商在确定货物起运日期时，将船名、开航日期及航线、货物品名及数量、保险金额等内容，及时通知保险公司，即视为向保险公司办理了投保手续，保险公司就应对此批货物负自动承保责任。

② 保险公司业务人员审核投保单各要素填写是否准备、完整。

③ 保险公司业务人员根据投保单缮制保险单。

④ 保险公司对该笔业务核保，并收取保险费。

⑤ 保险公司向进口商发放保单，保险合同成立。

第三节　审单付汇

一、审单付款

在信用证付款方式下，国外发货人（出口商）将货物交付装运后，即将汇票和各项单据提交开证行或其他指定银行。开证行应在规定的工作日内完成对货物单据的审核，决定接受还是拒绝接受出口商的单据。如果审核无误开证行即须接受单据，履行信用证下汇票付款、承兑义务，然后要求进口商付款赎单。

进口货物单据审核，是进口合同履行过程中的一个重要环节。信用证支付方式中，进口货物单据审核由开证银行和进口企业共同进行。开证行对单据进行初审，进口商对单据进行复审。具体如下：

1. 开证行审单

我国进口业务大多采用信用证付款方式，国外出口人将货物装运后，即将全套单据和汇票交出口地银行转我方进口地开证行或指定付款行收取货款。按照我国现行的做法，开证行收到国外寄来的全套单证后，根据信用证条款全面逐项审核单据与信用证之间、单据与单据之间在表面上是否相符，重点是：

① 单据的种类、份数与信用证要求及议付行寄单回函所列是否相符；

② 汇票、发票上的金额是否一致，与信用证规定的最高金额相比是否超额，与议付行寄单回函所列金额是否一致；

③ 单据中对货名、规格、数量、包装等描述是否与信用证要求相符；

④ 货运单据的出单日期及内容是否与信用证相符；

⑤ 货运单据及保险单据等其他单据的背书是否有效。

开证行如审单无误，即将上述单证交进口人进行复审，同时准备履行付款责任。如审单发现单据表面与信用证规定不符，开证行可直接拒付（实际业务中，开证行往往先与进口企业联系征求进口企业的意见）。

【同步思考 10-3】

银行的审单时间是多少?

分析提示：根据《跟单信用证统一惯例》的规定，不论审单的结果如何，开证行的审单时间，应掌握在开证行接到出口地银行转来单据的翌日起算的五个银行工作日。

2. 进口企业审单

进口企业收到开证行交来的全套货物单据和汇票后，根据合同和信用证规定认真审核出口商提交的单据。审核各种单据的内容是否符合信用证要求，单据的种类和份数是否齐全，即单证（单同）是否一致。同时，以商业发票为中心，将其他单据与之对照，审核单单是否一致。进口企业审单后，如在 3 个工作日内没有提出异议，开证行即按汇票履行付款或承兑的义务。

二、审单要点

我国进口业务审单主要审核国外出口商提交的汇票、发票、提单等。审单的目的是为了确定他们是否做到“严格相符”（单证一致、单单一致），以先从单据上确定出口商是否履行了合同义务和决定是否应该对其付款。进口单据审核要点如下：

1. 海运提单

提单是物权凭证，是出口人凭以议付货款和持单人（进口商）凭以提货的重要单据。

2. 汇票

国际贸易中采用信用证、托收支付方式一般都用跟单汇票。信用证项下，汇票除一般内容外，还应有信用证开证日期、开证行名称及信用证号码等。托收项下，汇票除一般内容外，通常也注明合同号码、商品名称、数量等。

3. 商业发票

商业发票是单据的中心和交易情况的总说明。商业发票的记载必须详尽，计算必须正确，特别是货物的描述必须与信用证规定完全相符。

4. 保险单

在按 CIF 条件进口时，国外出口商须向我提交保险单。

5. 其他单证

其他如装箱单、商检证、产地证等是否由信用证规定的机构签发、有关单证的名称、份数是否与信用证规定相符、单据上货物名称、品质、数量、唛头等是否与信用证及其他有关单据一致。

三、“不符点”的处理

进口交易中，银行审核出口商提交单据无误，便按汇票付款或承兑。然后通知进口商付款赎单。如审核发现不符，银行一般也会找进口商征求其对不符单据的处理意见。业务中，出现卖方所交单据“不符”时，我方应在《UCP 600》及国际银行业务惯例基础上，考虑“不符”性质做出适当处理。

1.“不符”性质严重

“不符”性质严重，包括所交单据份数或种类与信用证规定不符，货款金额大于信用证金额，单据中重要项目的内容与信用证规定不符，或单据之间相同项目的填写不一致。如出现上述不符，我方可拒绝接受单据并拒付全部货款。

2.“不符”性质不太严重

如果“不符”性质不太严重可按下列方法处理：

（1）部分付款、部分拒付　如果卖方提供单据“不符”性质不太严重，买方一般不宜全部拒付，此时可采取部分付款、部分拒付办法解决这种问题。

（2）货到检验合格付款　即买方向银行提出货到后如经检验货物符合合同规定，再接受单据，支付货款。

（3）凭担保付款　即要求卖方或议付行出具货物与合同相符的担保，然后凭此担保付款。

（4）更正单据后付款　如“不符”系打印错误，且时间允许，可在卖方更改单据后付款。

【同步案例 10-3】

我国北方某化工进出口公司和美国尼克公司以 CFR 青岛条件订立了进口化肥 5000 吨的合同，依合同规定我方公司开出以美国尼克公司为受益人的不可撤销的跟单信用证，总金额为 280 万美元。双方约定如发生争议则提交中国国际经济贸易仲裁委员会上海分会仲裁。2002 年 5 月货物装船后，美国尼克公司持包括提单在内的全套单据在银行议付了货款。货到青岛后，我方公司发现化肥有严重质量问题，立即请当地商检机构进行了检验，证实该批化肥是没有太大实用价值的饲料。于是，我方公司持商检证明要求银行追回已付款项，否则将拒绝向银行支付货款。

问题：（1）银行是否应追回已付货款？（2）我方公司是否有权拒绝向银行付款？

分析提示：信用证业务是一种凭单付款的纯粹的单据业务。银行虽有义务“合理小心地审核一切单据”，但这种审核，只是用以确定单据表面上是否符合信用证条款，开证银行只根据表面上符合信用证条款的单据付款。因此，只要受益人提交的单据符合“单单一致”、“单证一致”的要求，银行和进口商必须履行付款赎单的义务。所以，本案例中银行不应追回已付货款，北方某化工进出口公司无权拒绝向银行付款。

第四节　进口报验、报关

一、换单

进口货物到达目的港办理进口报验和报关之前，收货人一般要预备好进口单据并进行换单。进口单据的准备工作包括三方面。①收货人向货代提供进口全套单据；货代查清此货物由哪家船公司承运、哪家船代操作、在哪里可以换取提货单（小提单）。②进口单据包括：带背书的正本提单或电放副本、装箱单、发票、合同（一般贸易）。③货代提前联系场站并确认好提箱费、掏箱费、装车费、回空费。

换单工作往往需要货代来完成，第一步货代在指定船代或船公司确认该船到港时间、地点，如需转船，必须确认二程船名。第二步凭带背书的正本提单（如果电报放货，可带电报放货的传真件与保函）去船公司或船代换取提货单（小提单）。

接下来进行报验和报关。

二、进口报验

进口商品分法定检验商品和非法定检验商品，法定检验进口商品是列入《种类表》及其他法律、法规规定必须经过商检机构或者国家商检局、商检机构指定的检验机构检验的进口商品。除此以外的进口商品为非法定检验商品。这两类商品在办理报验手续上有所不同。

（一）法定检验

对于国际规定的进口法定检验商品，按照《商检法》规定，货物到港后，进口企业需向卸货口岸或目的地商检机构办理登记，即办理进口报验的相关手续。

1. 提供报检换单单据

海关监管条件为 A 的商品，即为法定检验的商品，进口时应向卸货口岸或目的地商检机构申请报验，填制《中华人民共和国出入境检验检疫入境货物报检单》，并附外贸合同、国外发票、提单、装箱单、进口货物到货通知单等有关单证。海关凭货物报关地出入境检验检疫局核查后签发《入境货物通关单》办理验放。

2. 查验

遇到换通关单商检查验时（技术查验/随机查验），必须通过报关行到商检局预约查验。被查验的货物不需要进码头，只需货物装柜完毕，就可以由现场直接带商检局的验货人到现场查验。此时的查验主要是针对货物的包装性能和生产批号。查验没问题后，就可以换出通关单据。

3. 进口报验所需单证

进口商品在报验时，一般应提供外贸合同、国外发票、提单、装箱单、进口货物到货通知单（也称“货物流向单”）等有关单证。

① 申请品质、规格、安全检验的，还应提供国外的检验证书、使用说明书以及有关标准和技术资料。凭样成交的，应提交成交样品。

② 申请重量鉴定的，应提交国外的重量、水分检验证书和重量明细单。申请木材材积鉴定的，应提供国外的材积明细单。

③ 申请残损鉴定、载损鉴定、积载鉴定、海损鉴定的，要提供各程提单、海运散件货物港船交接时的理货残损溢短单、铁路商务记录、空运事故记录等。此外，船方还应提供航海日志、海事报告、舱单、配载图、验舱证书、验舱报告等各种有关资料。

④ 申请外商投资财产价值、品种、质量、数量和损失鉴定的，还应提供财产的明细单、发票及各种价值的证明、财产的已使用年限、财产的维修保养情况等各种有关的资料。

⑤ 在办理国内委托检验时，申请人除按要求填写“委托检验申请单”外，还应提供检验的样品、检验标准和方法。国外委托人在办理委托检验时，还应提供有关函电、资料。

（二）非法定检验

不属国家法定检验类的进口商品，由收货、用货或代理接运部门向所在地区的商检机构申报进口商品检验，自行检验或由商检机构检验，自行检验须在索赔期内将检验结果报送商检机构，若检验不合格，应及时向商检机构申请复验并出证，以便向外商提出索赔。

（三）强制性认证

3C 认证实际上是英文名称“China Compulsory Certification”（中国强制性产品认证制度）的英文缩写，也是国家对强制性产品认证使用的统一标志。它是我国政府按照世贸组织有关协议和国际通行规则，为保护广大消费者人身和动植物生命安全，保护环境，保护国家安全，依照法律法规实施的一种产品合格评定制度。

强制认证的主要特点是：国家公布统一的目录，确定统一适用的国家标准、技术规则和实施程序，制定统一的标志标识，规定统一的收费标准。凡列入强制性产品认证目录内的产品，必须经国家指定的认证机构认证合格，取得相关证书并加施认证标志后，方能出厂、进口、销售和在经营服务场所使用。目前，中国公布的首批必须通过强制性认证的产品共有 19 大类 132 种。主要包括电线电缆、低压电器、信息技术设备、安全玻璃、消防产品、机动车辆轮胎、乳胶制品等。

海关规定监管代码为“C”的进口商品通关时需提供“入境货物通关单（民用商品验证)”，未按要求通过国家强制性产品认证的产品不得进口。通过强制性商品认证的商品进口时必须提供《中国国家强制性产品认证证书》复印件，并填制《入境货物报检单》，随附相关单证，向货物报关地出入境检验检疫局报验。海关凭货物报关地出入境检验检疫局核查后签发《入境货物通关单》办理验放。

（四）进口包装报验

来自美国、日本、韩国、欧盟（德国、瑞典、西班牙、意大利等）等国的货物，需提供国外的包装证明，木质包装（含木托盘）需出具国外官方的熏蒸证明，其他包装（如纸、塑料）需出具国外的非木质证明。正本报验，填制《入境货物报检单》，并附相关单证。海关可凭检验检疫机构签发的《入境货物通关单》或在报关单上加盖检验检疫专用章验放。

（五）进口商品报验的时间及地点

1. 报验时间的规定

① 报验人应在合同中列明的索赔有效期前不少于 1/3 的时间，向货物所在地商检机构报验。

② 索赔期已近，来不及完成检验出证的，报验人必须预先向国外办理延长索赔期手续。

2. 报验地点的规定

① 外贸合同或运输契约规定进口商品检验地点的，应在规定的地点所在地商检机构报验。如合同规定凭卸货口岸商检机构出具的品质、重量检验证书作为计算价格、结算货款的，就应向卸货口岸商检机构报验。

② 大宗散装商品、易腐变质商品，如粮食、原糖、化肥、化工原料、农产品等进口商品，必须向卸货口岸或到达站商检机构报验。

③ 在卸货时，发现货物的外包装残损或短件的，必须向卸货口岸或到达站商检机构报验。

④ 由内地收货、用货的，货物在国内运输途中又不会发生变质、变量而包装又完好的进口商品可向到货地商检机构报验。

⑤ 需结合安装调试进行检验的成套设备、机电仪器产品及在口岸开件检验难以恢复包装的商品，应向到货地商检机构报验。

三、进口报关

(一) 进口报关的有关规定程序

进口报关指进口货物的收货人或其代理人向海关交验有关单证、办理进口货物申报手续。

1. 进口报关的有关规定

海关对进出口货物报关管理的主要制度是报关注册登记制度。凡是在中华人民共和国进出境口岸办理进出口货物报关手续的企业必须向海关办理报关注册登记。能够向海关注册登记的单位分为两类：一类是办理报关注册登记单位；另一类是办理代理报关注册登记单位。这两类企业经海关核准后都可从事报关业务，具体的操作应由报关单位的报关员办理。

我国《海关法》对进口货物的申报时限做了如下规定：进口货物的收货人应当自运输工具申报进境之日起14日内向海关申报。进口货物的收货人超过14日期限未向海关申报的，由海关按日征收进口货物CIF（或CIP）价格的滞报金。对于超过3个月还没有向海关申报进口的，其进口货物由海关依法提取变卖处理。如果属于不宜长期保存的货物，海关可以根据实际情况提前处理。变卖后所得价款扣除运输、装卸、储存等费用和税款后，尚有余款的，自货物变卖之日起一年内，经收货人申请，予以发还；逾期无人申请的，上缴国库。

2. 进口报关的基本程序

通常情况下，一般进口货物的报关由四个环节组成：申报、查验、征税及放行。

对于加工贸易进口货物、经海关批准办理减免税等其他情况的进口货物，则可分为五个基本环节：申报、查验、征税、放行和结关。

(1) 申报 进口货物申报时，应填写一式两份《进口货物报关单》，并随附相关单证，如许可证，提货单，发票，装箱单，减免税或免验的证明文件。根据规定，进口货物应当由收货人在货物的进境地海关办理海关手续。海关在接受报关后，首先要对各项单证予以签收，对报关单进行编号登记，并批注接受申报的日期；其次对交割的单证要认真细致地进行审核，如发现不合格时，应通知申报单位及时补充和更正。

(2) 查验 查验即验关，是指海关接受申报后，对进口货物进行实际的核对和检查，以确定货物的性质、原产地、货物状况、数量和价格是否与报关单所列一致。查验一般在海关监管区内的进口口岸码头、车站、机场、邮局或海关的其他监管场所进行。海关查验后，应由执行查验任务的海关人员填写《海关进口货物查验记录》，并与陪同查验的报关员一起签具全名。海关查验进口货物造成损失的，进口货物的收货人或其代理人可以要求海关予以赔偿。

(3) 征税 审核单证和查验货物后，根据《中华人民共和国关税条例》规定和《中华人民共和国海关进出口税则》规定的税费，对进口商品征收进口关税、消费税、海关代征增值税等。

海关计征税费的一般程序是：核准商品编码；确定适用税率；确定完税价格；计算税额；交纳税款。

【同步思考 10-4】

在计算关税时应注意哪几点？

分析提示：

1. 进口税款缴纳形式为人民币。进口货物以外币计价成交的，由海关按照签发税款缴纳证之日国家外汇管理部门公布的人民币外汇牌价的买卖中间价折合人民币计征。

2. 完税价格金额计算到元为止，元以下四舍五入。完税税额计算到分为止，分以下四舍五入。

3. 一票货物的关税税额在人民币 10 元以下的免税。

【同步案例 10-4】

2004 年，某公司从韩国购进一批日本产轿车，经海关审定其成交价格为 FOB BUSAN 120000.00 美元，另付外商佣金 3%（以 FOB 计算，非买方佣金），运费 5000.00 美元，保险费率 0.3%。汽车的规格为 4 座位，汽缸容量 2000 毫升。问题：计算进口关税（1 美元＝8.27 元人民币）。

分析提示：

1. 税则归类，归入税号 87032314

2. 原产国日本适用最惠国税率 34.2%

3. 计算完税价格：

完税价格＝CIF＝(FOB＋运费)/(1－保险费率)

＝(120000.00×8.27＋120000.00×8.27×3%＋5000.00)/(1－0.3%)

≈1066722.17(元)

4. 计算应纳关税税额：

应纳进口关税税额＝1066722.17×34.2%≈364818.98(元)

(4) 放行和结关 放行是口岸海关监管现场作业的最后环节。海关在接收进口货物申报后，经审核报关单据、查验实际货物，并依法办理进出口税费计征手续和缴纳税款后，在有关单据上签盖放行章，货物的所有人或其代理人才能提取或装运货物。通常情况下，海关对进出口货物的监管到此结束。另外，进口货物因各种原因需海关特殊处理的，可向海关申请担保放行。

结关是“办结海关手续”的简称，进口结关是指进口货物的收货人或其代理人向海关办理完进口货物通关的所有手续，履行了法律规定的与进口有关的义务，有关货物一旦办结海关手续，海关就不再进行监管。

【同步思考 10-5】

海关放行有哪几种情况?

分析提示：

海关放行有两种情况。一种是放行即结关，对于一般进口货物而言，放行时已经办理了所有海关手续。因此，海关放行即等于结关。另一种是放行不等于结关，对于保税货物、特定减免税货物、暂准进口货物等，放行时进口货物的收货人或其代理人并未办完所有的海关手续，货物尚未结关，海关在一定期限内还需进行后续管理。

(二) 进口报关单证

我国海关规定，通常情况下，进口货物报关时除了填制《进口货物报关单》外，还应交纳如下单据、证件，主要包括：合同，发票，装箱清单，商品检验证书，动植物检疫证书，食品卫生检验证书，提货单，代理报关授权委托协议（代理报关需要），进口许可证件，海关要求的加工贸易手册（纸质或电子数据的）及其他进出口有关单证。随附单证应当真实、有效、相互对应。海关留存进口许可证件的正本，其余单证留存副本或复印件。

(三) 进口报关期限

报关期限是指货物运到口岸后，法律规定收货人或其代理人向海关报关的时间。根据我国海关法的规定，进口货物的报关期限为从运输工具申报进境之日起 14 天内，由收货人或其代理人向海关报关，超过这个期限报关，由海关征收滞报金。

滞报金的征收对象是进口货物的收货人或其代理人。日征金额为进口货物到岸价格的 0.5%，起征点为人民币 50 元，不足者不征。需注意，这里指的进口货物的到岸价格是由海关审定的正常的到岸价格，它是以外币计价的。海关按应征收滞报金之日国家外汇牌价的买卖中间价折合人民币。进口货物自运输工具申报进境之日起超过 3 个月仍无人申报时，其进口货物由海关提取变卖处理。所得价款在扣除运输、装卸、存储等费用和税款后，尚有余款的，自货物变卖之日起一年内经收货人申请，予以发还；逾期无人申请的，上缴国库。确属误卸或者溢卸的进境货物除外。

滞报金是由于进口货物收货人或其代理人超过法定期限向海关报关而产生的一种费用，不是罚款，海关出具的滞报金收据也不是罚款通知书。海关规定报关期限和征收滞报金是为了运用行政手段和经济手段，促使进口货物及时报关，加速口岸运输，使进口货物早日投入生产和使用。

(四) 进口清关手续的办理

1. 一般进口货物清关手续的办理

一般进口货物的收货人，或者他们委托的代理人在货物到达港口后，向海关申报进口，填写进口货物报关单，同时提供批准货物进口的证件和有关的货运、商业单据，在海关的监管下按照有关规定进行查验、征税、放行直至结关。

2. 其他进口货物清关手续的办理

(1) 转关进口货物的报关　转关运输是指海关依法允许监管货物由一设关地点转运到另一设关地点办理通关手续的行为。对于转关运输的货物，进口货物的收货人或代理人在办理申报时，除提供一般进口报关单据外，还应填制《中华人民共和国海关进口转关运输货物申报单》，须申领进口许可证的，应事先向指运地海关交验进口许可证，由指运地海关审核后核发《进口转关运输货物联系单》，并封交申请人带交进境地海关。进境地海关在核对有关单证后制作关封，交给进口货物的收货人或代理人。进口货物的收货人或代理人按海关指定的路线将进口货物在规定时限内运到指运地海关后，向指运地海关交验进境地海关签发的关封，并在货物运至指运地海关之日起 14 日内向指运地海关办理报关、纳税手续。指运地海关在办理了转关运输的进口手续后，应向进境地海关退回回执，终结进口转关运输货物的监管。

(2) 临时进口货物清关手续的办理　临时进口货物也叫暂准进口货物（A. T. A. goods，即 admission temporaire/temporary admission goods）是按照本国立法和国际公约的规定，准许暂时免纳关税及其他税费进口，并保证在限期内复运出口的特定货物。

暂准进境货物有如下几个特征：a. 货物进口须向海关申报，经海关批准，暂予免纳进口关税及其他税费；b. 货物所有权不发生转移；c. 期满后要按原状复出口；d. 暂准进境货物按货物实际使用情况办结海关手续。

暂准进境货物办理通关手续时应注意以下几点：

① 暂准进口货物的收货人或代理人必须填写《进口货物报关单》一式三份，并注明“暂准进口货物”，部分货物（如无线电器材、动植物、药品、食品等）申报暂时进口，还应交验有关管理部门的证明。

② 对于经过申报和海关核准的暂时进口货物，申报人应向海关交纳相当于应付税款的保证金，或提供海关认可的书面担保后，准予暂时免领进口货物许可证和暂时免纳税款。

③ 准予暂时进口货物是海关监管货物，自进境之日起到办结海关手续复运出境时止，应当接受海关监管。暂准进口货物应当在六个月内复运出境（或复运进境），在特殊情况下，经海关同意，可以延期。

(3) 保税仓库货物进口清关手续　保税货物在保税仓库所在地海关入境时，货主或其代理人应当填写《进口货物报关单》一式三份，加盖“保税仓库货物”印章并注明此货系存入某保税仓库，向海关申报。经海关查验放行后，一份由海关留存，两份随货带交保税仓库。保税仓库经理人应于货物入仓库后即在上述报关单上签收，一份留存，一份交回海关存查。

货主在保税仓库所在地以外的其他口岸进口货物，应按海关对转关运输货物的规定办理转关运输手续，转关运输应持有“海关转关运输货物准单”，货物运抵后再按上述办法办理入库手续。

(4) 减免税商品的进口清关手续　特定减免税是我国关税优惠政策的重要组成部分，是国家无偿向符合条件的进口货物使用企业提供的关税优惠，其目的是优先发展特定地区经济，鼓励外商在我国的直接投资，保证国有大中型企业和科学、教育、文化、卫生事业的发展。因而，这种关税优惠具有鲜明的特定性，只能在国家行政法规规定的特定条件下使用。

特定减免税货物是实际进口货物。按照国家有关进出境管理的法律法规，凡属于进口需要交验许可证件的货物，收货人或其代理人都应当在进口申报时向海关提交进口许可证件（法律、行政法规另有规定的除外）。

进口货物享受特定减免税的条件之一就是在规定的期限，使用于规定的地区、企业和用途，并接受海关的监管。对于减免税货物，入境地海关于货物申报进口之日起，按一定比例计征海关监管手续费。手续费一律以人民币计征。货物到岸价格如用外币计价，由海关按照填发手续缴纳之日国家外汇管理部门公布的“人民币外汇牌价”的买卖中间价折合人民币后计征，特殊情况除外。海关监管手续费缴纳期限、滞纳金征收等和关税相同。特定减免税进口货物的海关监管期限按照货物的种类各有不同。

四、提货

海关放行后，报关员应及时通知进出口货物的收发货人提货，或者代办相关的提货手续，将货物送抵进口企业指定地点，进口清关的工作基本结束。

无论是企业自提货物也好，还是报关公司或货代公司送货上门，货主在货物交接时都应检查货物的状况是否完好，并根据运单、发票或装箱单核对实际货物的数量、重量，最好能够拆箱验货以确保货物没有受到任何损失，再在送货单上签字确认。

五、进口索赔

在进口业务中，有时会发生卖方不按时交货，或所交货物的品质、数量、包装与合同规定不符的情况，也可能由于装运保管不当或自然灾害、意外事故等致使货物损坏或短缺、进口方可因此而向有关责任方提出索赔。

（一）进口索赔的对象

(1) 向卖方索赔　包括原交货数量不足；货物品质规格与合同不符；包装不良导致货物受损；未按期交货或拒不交货；不交单，逾期交单或所交单据不符合要求而影响货物转售等。

(2) 向承运人索赔　货物少于提单所载数量，提单是清洁提单，而货物有残损，并且属于船方过失所致；货物所受的损失，根据租船合约应由船方负责的。

(3) 向保险公司索赔　属于承保责任范围内的一切损失。

(二) 办理索赔应注意的事项

1. 索赔依据

索赔时应提交索赔清单和有关货运单据［如发票、提单（副本）、装箱单］。在向卖方索赔时，应提交商检机构出具的检验证书；向承运人索赔时，应提交理货报告和货损货差证明；向保险公司索赔时，除上述各项证明外，还应附加由保险公司出具的检验报告。

2. 索赔金额

向卖方索赔金额，应按买方所受实际损失计算。包括货物损失和由此而支出的各项费用（如检验费、仓租、利息等）；向承运人和保险公司索赔，均按有关章程办理。

3. 索赔期限

① 向卖方索赔应在合同规定的索赔期限之内提出。如商检工作确有困难可能需要延长时间的，可在合同规定的索赔有效期内向对方要求延长索赔期限，或在合同规定索赔有效期内向对方提出保留索赔权。如合同未规定索赔期限，按《公约》规定，买方行使索赔期限自其收到货物之日起不超过两年。

② 向船公司索赔期限为货物到达目的港交货后一年之内。

③ 向保险公司提出海运货损索赔的期限，则为被保险货物在卸载港全部卸离海轮后两年。在索赔期限内，买方在向有关责任方提出索赔时，应采取适当措施保持货物原状并妥为保管。按国际惯例，如买方不能按实际收到货物的原状归还货物，就丧失宣告合同无效或要求卖方交付替代货物的权利。按保险公司规定，被保险人必须按保险公司的要求，采取措施，避免损失进一步扩大，否则不予理赔。

4. 关于卖方的理赔责任

进口货物发生损失，除了明确是属于承运人或保险公司责任的之外，都应直接向卖方要求赔偿。如卖方不理赔，则通过仲裁解决。

(三) 进口索赔的主办单位和相关单位

① 属于保险公司和船方责任的索赔，一般由货运代理，即外贸运输公司代办。

② 属于卖方责任的则由进口企业直接办理。

③ 最终用货部门，商检局和港口是主要的出证单位，对成功索赔起着重要的影响作用。各单位必须明确责任，密切配合，共同努力，尽量挽回我方的损失。

本章小结

在我国的进口业务中，大多采用FOB条件成交和以信用证支付结算。履行这类合同的一般程序是：开立信用证、租船订舱、装运、投保、审单付款、接货、报关、检验、拨交等。

进口方应按合同规定申请开证是履行合同的首要环节，也是卖方的一项基本义务。开证信内容必须与合同内容一致，做到完整、具体、明确。

FOB价格条件下的进口合同，运输和保险是由进口方承担的，买方要办理租船订舱、派船及保险的工作。保险可采用预约保险或逐笔保险方式办理。

进口货物单据审核，是进口合同履行过程中的一个重要环节。信用证支付方式中，进口货物单据审核由开证银行和进口企业共同进行，确定无误后，付清货款。

进口货物到达目的港后，由进口商申请商品检验，并按海关规定办理海关手续。

当发现进口货物的质量、数量、包装等方面有问题时，进口方应在掌握索赔证据、分清责任的基础上，在索赔期限内及时向有关方提出索赔。

【综合训练】

一、单项选择

1. 法定检验检疫的入境货物，海关凭检验检疫机构签发的（　　）验放。

A. 入境货物检验检疫证明　　B. 入境货物调离通知单

C. 入境货物通关单　　D. 品质证书

2. 对产地检验检疫，口岸报关出境的货物，由产地检验检疫机构出具（　　），口岸检验检疫机构，经验证或者核查货证合格后，换发（　　）。

A. 出境货物通关单，出境货物换证凭单

B. 出境货物换证凭单，出境货物通关单

C. 品质证书，出境货物通关单

D. 品质证书，出境货物换证凭单

3. 出境货物受理电子报检后，报检员应按受理报检要求，在机构（　　），递交报检单和随附单据。

A. 施检前　　B. 施检时　　C. 施检后　　D. 通关放行时

4. 出境动物产品最迟在出口报关或装运前（　　）报检；输入其他动物的，应在入境前（　　）报检。

A. 7 天，7 天　　B. 7 天，15 天　　C. 15 天，7 天　　D. 15 天，15 天

5. 出境带有锂电池的产品，如手机、笔记本电脑等产品，出境验放需要提供授权机构出具的（　　）证书。

A. 货物运输条件签订书

B. 出境货物运输条件包装性能检验检疫结果单

C. 出境危险货物运输包装使用鉴定结果单

D. 包装危险货物技术说明书

二、多项选择

1. 因租船订舱和装运而产生的单据是（　　）。

A. 托运单　　B. 装货单　　C. 收货单　　D. 提单

2. 我国出口结汇的方法有（　　）。

A. 不定期结汇　　B. 押汇　　C. 定期结汇　　D. 收妥结汇

3. 审核信用证和审核单据的依据分别是（　　）和（　　）。

A. 开证申请书　　B. 合同　　C. 整套单据　　D. 信用证

4. 进口索赔的对象主要有（　　）。

A. 卖方　　B. 买方　　C. 银行　　D. 保险公司

E. 承运人

5. 进口商品在报检时，一般应提供外贸合同以及（　　）等单证。

A. 国外发票　　B. 提单　　C. 到货通知单　　D. 保险单

三、判断

1. 任何商品的商检证书，必须由商检局出具，才能作为议付的凭证之一。 （ ）

2. 目前我国对外贸易鉴定业务统一由我国商检机构或商检公司办理，不准外国商检机构在我国设立机构和办理鉴定业务。 （ ）

3. 一般报关人在进出境货物向海关申报后，还必须配合海关查验、缴纳税费后才被海关放行，放行后就等于结关。 （ ）

4. 国家对进口废物的管制是必须有国家环境保护总局签发的《进口废物批准证书》，这就表示因实施了这种管制，而可以减少或解除其他种管制。 （ ）

5. 海关在对进口货物查验时，如果收货人或其代理人没有按照海关规定到场，这时，海关不能在未经收货人或其代理人同意的情况下自行开箱查验货物或者提取货样。 （ ）

四、简答论述

1. 申请开立信用证的程序是什么？

2. 审单时对“不符点”应如何处理？

3. 进口报关的一般程序包括哪些步骤？

4. 进口索赔的对象有哪些？进口索赔应注意哪些问题？

五、案例分析

1. 进口方委托银行开出的信用证上规定：卖方须提交“商品净重检验证书”。进口商在收到货物后，发现除质量不符外，卖方仅提供重量单。买方立即委托开证行向议付行提出拒付，但货款已经押出。事后，议付行向开证行催付货款，并解释卖方所附的重量单即为净重检验证书。问：(1) 重量单与净重检验证书一样吗？(2) 开证行能否拒付货款给议付行？

2. 1998 年 11 月，我某公司与香港一公司签订了一个进口香烟生产线合同。设备是二手货，共 18 条生产线，由 A 国某公司出售，价值 100 多万美元。合同规定，出售商保证设备在拆卸之前均在正常运转，否则更换或退货。

设备运抵目的地后发现，这些设备在拆运前早已停止使用，在目的地装配后也因设备损坏、缺件根本无法马上投产使用。但是，由于合同规定如要索赔需商检部门在“货到现场后 14 天内”出证，而实际上货物运抵工厂并进行装配就已经超过 14 天，无法在这个期限内向外索赔。这样，工厂只能依靠自己的力量进行加工维修。经过半年多时间，花了大量人力物力，也只开出了 4 套生产线。请对该案例进行分析。

六、实训

1. 某进出口公司进口某种货物 100 件，每件重 300 千克，成交价为 FOB 香港 500000 港币。已申报运费为每公吨 300 港币，保险费率 0.5%，进口税率为 10%，进口增值税率为 17%，海关填开税款缴款通知书，当日的中国银行公布的基准汇率为 100HKD＝90CNY。求该批货物的进口关税和进口增值税？

2. 请描述进口报关的操作流程。

第十一章　国际贸易方式

教学目标

知识目标：

1. 了解各种国际贸易方式的概念和特点。
2. 明确各种贸易方式的协议包括的主要内容。
3. 掌握各种贸易方式的基本程序及使用各种贸易方式应注意的问题。

能力目标：

1. 选择并学会运用恰当的贸易方式。
2. 能够根据不同的贸易方式订立协议。

【先导案例】

某公司在拍卖行经竞买获得一批精美瓷器，在商品拍卖时，拍卖条件中规定，“买方对货物过目或不过目，卖方对商品的品质概不负责。”该公司在将这批瓷器通过公司所属商行销售时，发现有部分瓷器出现网纹，严重影响这部分商品的销售。该公司因此向拍卖行提出索赔，但遭到拍卖行的拒绝。问：拍卖行的拒绝是否有道理？为什么？

拍卖行的拒绝是有道理的。拍卖合同中明确规定，买方对货物是否过目，由买方自己负责，卖方对商品的品质概不负责。该案例中，买方在拍卖过程中未对货物过目，导致未发现拍卖商品有质量问题，对此，卖方无需承担责任，因此不需要接受买方的索赔要求。

国际贸易方式是指买卖双方在进行交易时所采取的形式和具体的做法。在国际贸易中，每一笔货物进出口交易都是通过一定的贸易方式来进行的。随着国际经济关系的不断变化和国际贸易的迅速发展，国际贸易方式也呈现越来越多元化的趋势，除逐笔售出的单边进口或单边出口外，还有许多其他做法。为促进进出口贸易的发展，增强出口商品的竞争力和以优惠条件进口货物，对不同市场上的不同商品选用适宜的贸易方式十分重要。本章主要介绍我国对外贸易实际业务中经常使用的除逐笔售定以外的其他贸易方式。

第一节　经销、代理和寄售

一、经销

（一）经销的含义

经销（distribution）是指出口企业与国外经销商达成书面协议，主要规定经销商品的种类、经销期限和地区范围，利用国外经销商就地推销商品的一种方式。按经销商权限的不同，经销分为一般经销和独家经销。

（二）独家经销的含义和特点

1. 独家经销的含义

独家经销（sole distribution），也称包销（exclusive sales），是指出口人（即供货商）

通过经销协议把某一种或某一类货物在某一个地区和期限内的独家专营权给予国外商人（即进口商、经销商）的贸易做法。按照这种贸易方式，出口人与经销人之间是一种买卖合同关系。

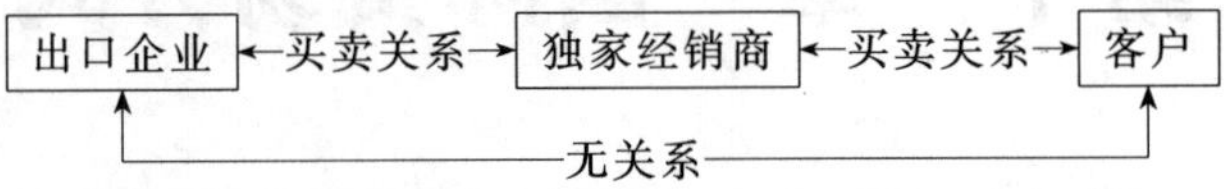

2. 特点

① 双方定商品、定时间、定地区。经销人向出口人购买商品，货款一次付清，货物所有权随之转移。经销人在特定地区销售商品，一般也是以他自己的名义销售。购买这些商品的第三者，与该商品的原出口人不发生购销关系。

② 经销商自行购买、自行销售、自负盈亏。

③ 经销商享有独家专营权，即经销商行使专卖和专买的权利。在经销协议规定的时间和地区内，出口人只能向经销人出售经销商品，而不能向其他人出售该项商品。同时经销人只能向出口人购买该项商品，而不能向其他货主购买同类商品。另外，还常常规定经销商不得将包销商品越区销售。

（三）独家经销协议

采用经销方式，出口人与经销商之间的权利与义务是由经销协议所确定的。经销协议包括下列主要内容：

1. 经销货物的名称

包括经销货物的品种、规格、型号、牌号、货号等。

2. 经销协议双方的关系

在经销协议中，都要明确经销商与出口企业（供货人）之间的关系是货主对货主的关系，即属买卖关系。

3. 经销商品的范围

一般情况下，经销商品的范围不宜太大。通常规定方法有：

① 一类商品或几类商品；

② 同类商品的几个品种或几个型号。

4. 经销地区

经销地区的约定方法，通常有下列几种：

① 确定一个国家或几个国家；

② 确定一个国家中几个城市；

③ 确定一个城市。

5. 经销期限

即给予独家专营权的期限，通常规定为一年期限，最长不超过两年。

6. 经销数量或金额

它既是指经销商承购货物的数量或金额，也是出口商（供货人）供货的数量或金额，它对双方有同等的约束力。经销数额一般采用规定最低承购额的做法。确定实际承购数额有各种不同的做法，一般以实际装运数为准。

7. 作价方法

经销商品的作价方法，有不同做法。其中一种做法是在规定的期限内，一次作价。即无论协议内经销商品价格上涨、下落与否，以协议规定价格为准。另一种做法是在规定的经销期限内分批作价。由于国际商品市场的价格变化多端，因此采用分批作价较为普遍。

8. 专营权

专营权是指经销商行使专卖和专买的权利，这是经销协议的重要内容。专卖权是委托人（出口人）将指定的商品在规定的地区和期限内给予经销商独家销售的权利。出口人负有不向该区域内的客户直接售货的义务。专买权是经销商承担向出口人购买该项商品，而不得向第三者购买的义务。

9. 广告、宣传、市场报道和商标保护

经销协议的当事双方是买卖关系，因此委托人（出口人）不实际涉足经销地区的销售业务，但他十分关心开拓海外市场。为宣传其产品所用的商标，委托人常要求经销商负责为他的商品刊登一定的广告。例如，有些经销协议规定："买方负责和出资在其经销地区为卖方的机器设备举办展览，招揽订单，在当地报刊上登载广告。"有些协议规定：经销商应定期访问有希望达成交易的客户或卖方要求经销商尽量提供市场报道等。

（四）经销的利弊

1. 优点

① 经销商享有独家专营权，使之减少了货源供应的竞争，有利于调动经销商的经营积极性。

② 可以消除出口货物在国外市场上的自相竞争，稳定出口货物的价格，增强对外竞争能力。

③ 有利于出口人安排生产和组织货源，按需开展出口贸易。

④ 有利于建立国外销售网络，扩大销售渠道，巩固国外市场。

2. 缺点

① 经销方式对出口人的约束大，如果经销人资信不佳，经营能力不强，或市场情况发生变化，就有可能出现"包而不销"或"包而少销"的情况。

② 国外经销是一种垄断，其独家经营的特殊地位，会垄断市场，操纵价格，对出口货物压价。

③ 在经销区域内，出口商与其他客户联系、合作机会减少，对掌握国际市场信息和拓展市场不利。

二、代理

（一）代理的含义和特点

1. 含义

所谓代理，是指代理人按照委托人的授权，代表委托人与第三人订立合同或实施其他法律行为，而由委托人直接负责由此而产生的权利和义务的贸易方式。

2. 特点

国际贸易中的代理方式，双方当事人的关系不是买卖关系，而是委托人与代理人的关系。代理人是接受委托人的指定，并根据其指示行事的；代理人有义务积极推销指定的商品，但没有必须购买指定商品的责任；代理人不垫资金、不担风险和不负盈亏，他所获取的是佣金而非赚取差价。

（二）代理的种类

① 代理按委托人授权的大小分为总代理、独家代理和一般代理。

a. 总代理　是委托人在指定地区的全权代表，他有权代表委托人从事一般商务活动和某些非商务性事务。

b. 独家代理　是委托人给予代理商在规定地区和一定期限内享有代销专营权的代理。委托人在该指定地区和时间内，不得委托其他第二代理人。

c. 一般代理　又称佣金代理，是指代理商不享有代销专营权的代理。委托人在同一地区和期限内，可选定一家或几家客户作为一般代理人，根据代销商品的实际数量按协议规定的办法付给佣金，委托人可直接与该地区的买主成交，其直接成交部分，不向代理商支付佣金。

【同步思考 11-1】

美国 A 公司与中国 B 公司签订了一份独家代理协议，指定 B 公司为 A 公司在中国的独家代理。不久，A 公司推出指定产品的改进产品，并指定中国 C 公司作为该改进产品的独家代理。A 公司有无这种权利？

分析提示：美国 A 公司无这种权利。因为独家代理是委托人给予代理商在规定地区和一定期限内享有代销专营权的代理，委托人在该指定地区和时间内，不得委托其他代理人。

② 代理按行业性质的不同分为销售代理、购货代理、货运代理、船方代理、保险代理等。

（三）代理协议

代理协议是明确规定委托人和代理人之间权利与义务的法律文件。主要包括以下内容：

① 协议及双方当事人名称、地址及订约的时间、地点。

② 指定的代理商品和代理地区。

③ 授予代理的权利。独家代理协议一般有两种规定方法：一是委托人向代理人提供绝对代理权，使其成为该地区唯一的独家代理人，但货主不能保留在该地区同买主进行交易的权利；二是委托人也可保留对买主直接供货的权利，但通常规定委托人对代理人支付佣金。对于普通代理协议，委托人应在协议中规定：保留委托人在代理人的代理地区，在代理人不参与的情况下，直接同买主进行谈判和成交的权利。

④ 佣金的支付。它是指委托人给予代理商为推销商品而支付的酬金。在代理协议中应明确规定佣金率、佣金的计算基础和支付方法等。

⑤ 有效期及中止条款。

⑥ 其他条款。

【同步案例 11-1】

某商人 A 与广州某电器厂合资创办企业，A 以合资企业所需部分设备作为资产进行投资，在合资企业建设过程中，A 以购买设备款项不足为由，要求电器厂以自己作为代理人到国外购买合资企业所需设备。由于电器厂急需从国外进口机器设备，便同意了 A 的意见。但当该厂将货款（实为银行存款）汇出境外时，A 却神秘失踪，货款也石沉大海。问题：（1）该电器厂在指定代理人前，应该做好哪些准备工作？（2）在此案中，该电器厂应汲取什么教训？

分析提示：

（1）应该调查代理人的资信。

（2）四条教训：①贸易方式选用不妥。②不能同意 A 以代理人的身份购买设备。因为他本身是投资人一方，不能做代理人，代理人无需垫付资金，不承担风险，不负盈亏。③货款不能交代理人，因为代理人只负责居间介绍，招揽订单，不承担履行合同的法律责任。④对代理人的资信要调查清楚。

三、寄售

（一）寄售的概念和特点

1. 寄售的概念

寄售是一种委托代售的贸易方式，也是国际贸易中习惯采用的做法之一。它是指委托人（货主）先将货物运往寄售地，委托国外一个代销人（受委托人），按照寄售协议规定的条件，由代销人代替货主进行销售的一种贸易方式，在货物出售后，由代销人向货主结算货款的一种贸易做法。

2. 寄售的特点

① 它是典型的凭实物进行买卖的现货交易。

② 寄售人与代销人之间是委托代售关系，而非买卖关系。代销人只根据寄售人的指示处置货物。货物的所有权在寄售地出售之前仍属寄售人。

③ 寄售货物在售出之前，包括运输途中和到达寄售地后的一切费用和风险，均由寄售人承担。

【同步思考 11-2】

寄售方式的优缺点是什么？

分析提示：

（1）寄售的优点

① 对寄售人来说，寄售有利于增加交易机会，开拓市场和扩大销路。

② 寄售方式是凭实物买卖，货物与买主直接见面，节省了交易时间，减少了风险与费用，为买主提供了便利。

③ 在寄售方式下，代销人不负担风险与费用，只需提供销售服务，就可获取佣金，因此，可以调动其经营的积极性。

（2）寄售的缺点

① 出口方承担的风险较大，费用较多，而且增加出口人的资金负担，不利于其资金周转。

② 寄售货物的货款回收较为缓慢，一旦代销人不守协议时，可能遭到货、款两空的危险。

（二）寄售协议及其主要内容

寄售协议是代销人与寄售人之间就双方的权利、义务及有关寄售条件和具体做法而签订的书面协议。协议一般包括以下内容：

① 协议名称及双方权利与义务关系。

② 关于寄售商品的价格条款。

该条款主要规定寄售商品的作价办法，通常有以下三种：

a. 规定最低限价；

b. 随行就市；

c. 销售前征得寄售人意见。

③ 佣金条款，一般应规定佣金的计算基础、佣金率以及佣金的支付时间和方法等。

【同步案例 11-2】

我国 A 公司以寄售方式向某国出口一批积压商品。到达目的地后，虽经代销人努力推销，货物还是无法售出，最后只得再装运回国。

分析：A 公司有何不当之处？

分析提示：我方采用寄售方式推销积压商品的做法欠妥。因为寄售业务中，寄售人承担从货物出运到货物售出前的一切风险和费用。本案例中，我方在不了解该国市场需求的情况下，就签订寄售协议，将货物运出，而代销人在寄售方式下不承担任何风险，货物推销不出去，他也不承担任何责任。所以，在采用寄售方式时，应选择适销的商品和有一定经营能力的代销人，这样才能避免或减少寄售人的损失。

第二节　招标投标、拍卖和展卖

一、招标和投标

（一）招标和投标的含义、种类和特点

1. 招标与投标的含义

（1）招标　招标是指招标人在规定时间、地点，发布招标公告或招标单，提出准备买进商品的品种、数量和有关买卖条件，邀请卖方投标的行为。

（2）投标　投标是指投标人应招标人的邀请，根据招标公告或招标单规定的条件，在规定的时间内向招标人递盘的行为。

实际上，招标和投标是一种贸易方式的两个方面。

2. 招标和投标的种类

目前，国际上采用的招标方式归纳起来有三类、四种方式，即：

（1）竞争性招标　竞争性招标属于竞卖的方式，是指招标人邀请几个乃至几十个投标人参加投标，通过多数投标人竞争，选择其中对招标人最有利的投标人成交。

国际性竞争投标，有两种做法：

① 公开招标。公开招标是一种无限竞争性招标。招标人要在国内外主要报刊上刊登招标广告，凡对该项招标内容有兴趣的人均有机会购买招标资料进行投标。

② 选择性招标，又称邀请招标，它是有限竞争性招标。采用这种做法时，招标人不在报刊上刊登广告，而是根据自己具体的业务关系和情报资料由招标人对客商进行邀请，进行资格预审后，再由他们进行投标。

（2）谈判招标　谈判招标又叫议标，这是一种非公开的、非竞争性的招标。这种招标由招标人物色几家客商直接进行全面谈判，谈判成功，交易达成。

（3）两段招标　两段招标是指无限竞争招标和有限竞争招标的综合方式，采用此类方式时，则使用公开招标，再用选择招标分两段进行。

3. 招标和投标的特点

① 招标和投标是一次性递盘成交的贸易。在招标方式下，投标人是按照招标人规定的时间、地点和条件进行的报盘。这种报盘是对投标人有约束力的法律行为，一旦投标人违约，招标人可要求得到补偿。

② 招标和投标属于竞卖和竞包性质。招标人只有一家，而投标人却有若干家。投标人之间的竞争使招标人在价格及其他条件上有较多的比较和选择，从而在一定程度上保证了采购商品的最佳质量。

③ 一般情况下，招标是在指定的时间和地点公开进行的，由不同国家的投标人同时参加投标，条件优惠者取胜。

（二）招标投标业务的基本程序

招标和投标业务的基本程序包括：招标、投标、开标、评标和决标签约等几个环节。

1. 招标

招标包括三项基本工作：发布招标公告、投标资格预审、编制招标文件。

(1) 发布招标公告　根据招标的种类，选择公开发布还是在一定范围内发布的形式。

(2) 投标资格预审　资格预审主要是对招标人的基本情况、财务状况、人员能力和施工设备、经营作风及信誉进行全面预先审查。预审合格方能取得投标的资格。

(3) 编制招标文件　招标文件又称“标书”、“标单”，也就是招标的贸易条件和技术条件。其主要列明招标商品的各种交易条件。招标单上还须列明投标人须知，例如投标人资格、投标日期、寄送投标单的方法等。

2. 投标

(1) 投标前的准备工作　投标人在接到招标通告以后，应搜集和了解招标人及其所在地的有关情况，研究招标书中提出的贸易项目或商品是否适合本公司经营。同时，还应就商品的报价，做好充分的准备。价格一旦报出，便不能随意撤销或撤回。

(2) 编制投标书　编制投标书是投标过程中一项十分严肃的工作，随意填写标书，往往会造成不良后果，会给自身的信用带来影响，并造成经济损失。所以投标人在研究了招标书并决定参加投标后，应按照招标书的规定和要求，认真编制和填报投标书。

(3) 提供投标保证金　保证金可以是现金，也可以是银行出具的保证书或备用信用证。如果投标人中途撤标或中标后拒不签订合同，投标人支付的保证金由招标人没收。没有中标的投标人的保证金在开标、中标后应全额退还。

(4) 正确及时递送投标文件　投标文件编制完毕，经审核校对无误后，应用密封件挂号寄给招标人，邮寄时间要充分保证能在投标截止前寄达。为了保密或能按时送达，投标人一般采用专人送标书的办法。这样，送标书的人还可以直接参加开标活动，并借机了解和搜集其他投标人的情况。

3. 开标、评标、决标

(1) 开标　开标是指招标人在指定的时间和地点，将寄来的投标书中所列的标价和提出的交易条件进行比较，然后择优选定中标者。开标有公开开标与秘密开标两种方式。

(2) 评标和决标　评标是指招标人在开标后，对各个投标书中的条件进行评审、比较、选择最佳投标人作为中标人的过程。如果招标人认为在所有投标人中不能选定中标人可以宣布招标失败，拒绝所有投标，并重新招标。凡是出现下列情况之一者，招标人即可拒绝全部投标：所有标价与国际市场的平均水平相差太大；所有投标内容与投标文件不符；参加投标的厂商太少，缺乏竞争性。评标以后进行决标。决标是指经过评标，做出决定，最后选定中标人的行为。

4. 签订协议

招标人选定中标人之后，应书面通知中标人在限定的日期（一般为 15～30 天）内到招标人所在地签订合同。

【同步案例 11-3】

A 国某公司公开招标购买某产品，我方 S 公司收到招标文件后，为了争取中标，即委托招标当地的一家代理商代为投标。开标后 S 公司中标，S 公司立即在国内寻找生产该产品的厂家。由于国内不生产该种型号和规格的产品，因此，国内未找到合适的厂家。从国外订购，亏损严重。但如果 S 公司撤销合同，要向招标方支付赔款。

问：我方 S 公司应从这笔招标业务中吸取什么教训？

分析提示：该案例中的 S 公司，在事先没有了解国内是否有厂家能够提供招标产品的情况下，仅凭招标书的资料就主观委托国外代理人代为投标，势必造成非常被动的局面。今后参加国际投标业务前，必须对招标资料和供货可能进行详细的调查研究，然后再决定是否参加投标。

二、拍卖

（一）拍卖的含义及特点

1. 拍卖的含义

拍卖是由专营拍卖行接受货主的委托，在规定的地点和时间，按照一定的章程和规则，以公开叫价竞购的方法，最后拍卖人把货物给出价最高的买主的一种现货交易方式。

2. 拍卖的特点

（1）拍卖必须有两个以上的买主　即凡拍卖表现为只有一个卖主（通常由拍卖机构充任）而有许多可能的买主，从而得以具备使后者相互之间能就其欲购的拍卖物品展开价格竞争的条件。

（2）拍卖必须有不断变动的价格　即凡拍卖皆非卖主对拍卖物品固定标价待售或买卖双方就拍卖物品讨价还价成交，而是由买主以卖主当场公布的起始价为基准另行报价，直至最后确定最高价格为止。

（3）拍卖必须有公开竞争的行为　即凡拍卖都是不同的买主在公开场合针对同一拍卖物品竞相出价。而倘若所有买主对任何拍卖物品均无意思表示，没有任何竞争行为发生，拍卖就将失去任何意义。

（二）拍卖的种类

（1）增价拍卖　也称买方叫价拍卖。这是最常用的一种拍卖方式。拍卖时，由拍卖人提出一批货物，宣布预定的最低价格，估价后由竞买者相继叫价，竞相加价，有时规定每次加价的金额额度，直到拍卖人认为无人再出更高的价格。

（2）减价拍卖　又称荷兰式拍卖，这种方法先由拍卖人喊出最高价格，然后逐渐减低叫价，直到有某一竞买者认为已经低到可以接受的价格，表示买进为止。

（3）密封递价拍卖　又称招标式拍卖。采用这种方法时，先由拍卖人公布每批商品的具体情况和拍卖条件等，然后由各方在规定时间内将自己的出价密封递交拍卖人，以供拍卖人进行审查比较，决定将该货物卖给哪一个竞买者。这种方法不是公开竞买，拍卖人有时要考虑除价格以外的其他因素。

（4）网上拍卖　是以互联网为媒介进行的拍卖活动。采用这种方法，竞买人不必亲临拍卖现场，只需在电脑前点击键盘，足不出户即可完成交易。网上拍卖首先要求竞买人按规定登记注册，并提供一定的保证金。

（三）拍卖的一般程序

拍卖程序不同于一般的出口交易，其交易过程大致要经过准备、看货、出价成交和付款交货四个阶段。

1. 准备阶段

货主与拍卖行达成拍卖协议，规定货物品种和数量、交货方式与时间、限定价格以及佣金等事项。货主把货物运至拍卖地点，存放于拍卖人指定的仓库中由拍卖人进行分类、分批编号。拍卖人印发拍卖品目录，并刊登拍卖通告。

2. 察看货物

买主在正式拍卖前可至存放拍卖商品的仓库查看货物，必要时可抽取样品供分析测试。

3. 正式拍卖阶段

在规定的时间和地点，按拍品目录规定的顺序逐批拍卖。以增价方式拍卖，买方出价相当于要约，拍卖人落槌相当于承诺。在落槌之前，买方有权撤销出价，卖方也有权撤回拍卖商品。以减价方式拍卖，拍卖人报价相当于要约，而买方一旦表示接受，即为承诺，交易成立，双方均受约束。

4. 拍卖的成交、交货和付款阶段

成交后，买方签署成交确认书，并支付部分货款作为定金，待买方付清全部货款后，拍卖行开出提货单，买方凭单提货。拍卖行从货款中提取一定比例的佣金，作为提供拍卖服务的报酬，并扣除按合同规定应由货主承担的费用后，将货款交付货主。

【同步思考 11-3】

在国际贸易中，哪些商品适合拍卖?

分析提示：品质难以标准化或难以久存的货物，或按传统习惯以拍卖出售的货物。

三、展卖

（一）展卖的含义及特点

1. 含义

展卖是利用展览会和博览会的形式出售商品，将展览与销售结合起来的贸易方式。展卖方式灵活，可由货主自己举行，也可由货主委托他人举办。在国际贸易中，展卖可在国外举行，也可在国内举行。

2. 特点

展卖具有直观性、直接性、刺激性、随机性和娱乐性的特点。

（二）展卖的类型、做法

在国外举行的展卖业务按其买卖方式可分为两种：一种是通过签约的方式将货物卖给国外客户，由客户在国外举办展览会或博览会，货款在展卖后结算；另一种是由货主与国外客户合作，在展卖时货物所有权仍属货主，并由货主决定价格，货物出售后，国外客户收取一定的佣金或手续费作为补偿，展卖结束后，未售出的货物折价处理或转为寄售。展卖方式按形式不同又可分为以下几种：

1. 国际博览会

国际博览会又称国际集市，是指在一定地点举办的由一国或多国联合组办、邀请各国商人参加交易的贸易形式。它不仅为买卖双方提供了交易方便，而且越来越多地作为产品介绍、广告宣传，以及介绍新工艺、进行技术交流的重要方式。

2. 出口商品交易会

所谓商品交易会是指在固定的场所和规定的时间，按一定的章程，通过特定的人员买卖特定商品的有组织的交易。在我国，中国出口商品交易会又称广州商品交易会，是中国各进出口公司联合举办的、邀请国外客户参加的一种展览与交易相结合的商品展销会。

3. 在国外举办展卖会

到国外举办展卖会一般有两种形式：自行举办展卖会和与外商联合举办展卖会。自行举办展卖会由于风险过高，费用较大，我国出口企业很少采用。与外商联合举办展卖一般也有两种方式：一是支持外商举办展卖会，即我方将货物通过签约的方式卖断给外商，由外商在国外举办或参加展览会；二是我方与外商合作，我方提供展品，在展卖时展品所有权仍属我方，展品的运输、保险、劳务及其他费用一般由外商承担，展台的租赁、设计、施工以及展出期间的宣传广告费用，也由外商承担。展卖的商品出售后，提供合作的外商可以从出售所得货款中得到一定的手续费作为报酬。

第三节 对销贸易、加工贸易和期货交易

一、对销贸易

（一）对销贸易及作用

1. 对销贸易

对销贸易又称返销贸易、互抵贸易或反向贸易，是指在互惠的前提下，由两个或两个以上的贸易方达成协议，规定一方的进口产品可以部分或者全部以相对的出口产品来支付。

2. 对销贸易的作用

① 它是一种可以在不动用或少动用外汇就可以发展一国对外贸易的有力手段。

② 通过对销贸易，有助于打破西方国家的贸易壁垒，为本国产品打开市场。

③ 对销贸易中的产品回购（补偿贸易）或抵销贸易，除了具有一般对销贸易所具有的平衡国际收支的作用外，还具有吸引国外资金和技术的功能。

④ 由于对销贸易经济效益的核算，可从进出口两方面结合起来通盘考虑，例如，进口盈利，出口亏损，但只要前者大于后者，还是有利可图的。加之，对销贸易是由交易双方私下进行的，这就更增加了决定价格时的灵活性和隐蔽性，从而促进产品出口。

⑤ 一国通过对销贸易，承诺一定的回购，提供信贷或投资，不仅可以增强其市场竞争能力，而且有助于和其他各国建立更有效的产业合作。

（二）对销贸易的特点

1. 对销贸易的优点

① 可以不用外汇或少用外汇。

② 可以弥补由于外汇不足而给正常进口带来的困难，有助于国际收支平衡。

③ 有助于双方以进口为条件，冲破对方贸易壁垒，从而扩大出口，开辟新市场或扩大传统市场。

④ 可以防止盲目进口。

2. 对销贸易的缺点

① 有时会增加成本和风险。

② 有时会引起市场动乱。

③ 有时会缺乏竞争性。

④ 有时会无助于国家贸易的多变化。

（三）对销贸易的种类

对销贸易主要有易货贸易、补偿贸易、回购贸易、互购贸易、转手贸易、抵消贸易等。

1. 易货贸易

易货贸易（barter trade）是一种古老的贸易方式，也是最简单的交易方式。它是指单纯的货物交换，不使用货币支付，也不涉及第三者，即以物易物。易货双方通常需要签订一份以货物相互抵偿的换货合同，交换货物的品种、规格、数量，交换货物的港口等均在签订合同时商定。基本原则是双方交换货物必须等值。

现在的易货贸易可以通过货款结算达到货物交换的目的。在货款支付结算上，既可以笔笔平衡，也可以定期结算，综合平衡；既可付现、对开信用证，也可记账。在时间上，既可进出口同时进行，也可有先有后。总之，现在易货贸易的做法逐渐灵活多样。

易货贸易的优点：有利于调剂余缺，促进对外支付手段匮乏国家或企业进行贸易；有利于以进带出或以出带进；有利于避免或减少与合同交货有关的货币转移等。因此，易货贸易被许多发展中国家采用，有些西方国家的公司也采用该方式。

易货贸易的缺点：易货贸易中进行交易的货物，无论在数量、品质等方面都必须是对方所需要的和可以接受的；易货贸易要求在签订合同时要确定货物的品质和数量；易货贸易下，最大的风险就是已交货的一方可能收不到另一方所交付的货物；易货贸易的开展还要受到国家经济互补性的制约。

2. 补偿贸易

补偿贸易（compensation trade）是指在信贷的基础上，从国外企业购进机器、设备、技术和各种服务等，约定在一定期限内，待项目投产后，以该项目生产的产品或其他货物或劳务或双方约定的其他办法偿还贷款的做法。由于进口机器设备的企业偿还贷款本息是采用补偿办法，故称其为补偿贸易。

补偿贸易对贸易双方的作用不同：对设备进口国而言，它一方面可以利用外资，以弥补国内建设资金不足；另一方面可以通过引进技术、设备，加快本国企业技术改造，促进产品更新，增强出口竞争力；再则，对方回购又保证了较稳定的销售市场和销售渠道。对设备供应方而言，它有助于解决由于进口方支付能力不足而使本国出口受阻的问题，从而扩大出口；而且承诺回购有利于获得较稳定的原材料来源及转售产品利润。

按用来偿付标的的不同来划分，补偿贸易大体可分为直接产品补偿、间接产品补偿和劳务补偿三类。直接产品补偿也称“返销”，就是用进口设备或技术生产出的产品进行偿还。如引进采油设备，用所采石油偿还。间接产品补偿又称其他产品补偿，就是用与进口设备或技术生产无关的产品进行偿还。如引进生产钢管的设备，而用纺织品偿还。劳务补偿指对方代我方购进所需的技术、设备，贷款由对方垫付，我方按对方要求加工生产后，从应收的工缴费中分期扣还所欠款项。在实际中，上述三种做法可以结合使用，即进行综合补偿。有时根据实际情况的需要，还可以部分由现汇支付。

由于补偿贸易涉及贸易、信贷和生产，交易比较复杂，持续时间较长，履约期间容易发生一些变故，因此，进行一项补偿贸易，尤其是大型的补偿贸易时，应特别注意以下几个问题：①立项时应慎重考虑，充分做好可行性研究；②要合理计算贷款的成本和安排偿还期；

③应正确处理补偿产品和正常出口的关系。原则上以不影响正常出口为前提。

【同步案例 11-4】

2002 年，我国 A 公司与国外 B 公司签订了一份补偿贸易合同，合同规定由 B 公司向 A 公司提供一种生产成套设备，A 公司以其使用 B 公司提供的设备所生产的产品分四年偿还全部设备款。合同还规定了返销产品的价格和违约金。此后，B 公司按照合同规定交付了设备，A 公司依照合同规定用该设备生产的产品偿还了第一年的设备款。第二年，由于国际市场发生变化，该产品价格上涨达 25%。A 公司认为，原合同对返销产品的作价不合理，要求修改合同或签订补充协议，提高返销产品的价格，B 公司不同意。于是 A 公司擅自将该产品卖给其他客户，并用所得外汇向 B 公司偿还设备款。为此，双方发生争议。问题：A 公司的做法是否可行？为什么？

分析提示：A 公司的做法不可行。本案涉及到补偿贸易中的直接产品补偿问题。补偿贸易合同规定，A 公司应以进口的设备所生产的产品偿还设备款。A 公司用向其第三方出口所得的外汇偿还 B 公司的设备款，违反了补偿贸易的规定和双方签订的合同，改变了补偿贸易的性质。

3. 回购贸易

回购贸易（produts buy-back trade）是指出口方同意从进口方买回其提供的机器设备所生产制造的产品的贸易。这种方式多出现于技术和设备的交易。

【同步思考 11-4】

回购贸易与补偿贸易有何不同？

分析提示：回购贸易与补偿贸易有许多相同之处，但也有不同的地方：回购贸易出口方回购的产品仅限于由出口机器设备所产生的产品；而补偿贸易则可以其他方式进行。

4. 互购贸易

互购贸易（counter purchase）又称“平行贸易”（parallel trade），是指出口一方向进口一方承诺购买相当于进口货值一定比例的产品的做法，即交易双方互相购买对方的产品。

互购贸易与易货贸易的区别如下：

① 互购贸易不是单纯的以货换货，而是现汇交易，且不要求等值交换。

② 互购贸易先出口方可在第一份合同中将承诺回购商品的品名、数量、价格、金额等具体订明，但在实际业务中有时很难办到，因此多数情况下只能做一些原则性的规定，只规定回购金额，其他细节再按约定的时间另行商定具体合同。

③ 一笔互购贸易有时要涉及两个以上的当事人，除非双方另有约定。按照目前国际上的做法，在征得双方同意的基础上，先出口方的回购义务和先进口方的供货义务可分别改由其他第三方来完成。

互购贸易一般是通过即期信用证或即期付款交单付款，有时也可采用远期信用证。因此，先出口的一方除非是接受远期信用证，否则不会出现垫付资金的问题，相反还可以在收到出口货款至支付进口贸易这段时间内，利用对方资金。这种方式一般是先由发达国家提供设备，对先进口商家来说，利用互购贸易有利于带动本国商品的出口，不过其非但得不到资金方面的好处，还要先垫付一笔资金，承担一定的汇率变动风险。

5. 转手贸易

转手贸易（switch transaction）又叫三角贸易（triangular trade），是指西方国家企业向东欧各国出口机器设备，利用专门从事转手贸易的中间商和第三世界国家与东欧各国之间的美元清算账户进行外汇转手，使西方国家出口企业与东欧各国贸易达到平衡的贸易做法。简言之，就是通过转手商将记账贸易下的回购货物货值或用记账贸易中的记账外汇收入购进的货物再转售第三国，最后变记账外汇为硬通货的一种贸易方式。

转手贸易是一种极其复杂，涉及面比较广的贸易方式。

从发展中国家的角度分析，对于顺差国家来说，转手贸易的结果是：它将根据双边贸易账户下出口的商品转售到西方市场换取现汇，有助于将记账贸易项下的顺差变为可兑换的硬通货，从而用于从西方进口其必需的物资，以避开由于货币不能自由兑换带来的财政困难，减少由于外汇匮乏而产生的一系列问题；但对于逆差国家来说，非但拿不到任何硬通货，还可能由于对方的低价转售而影响它对西方的正常出口和其他产品的国际市场价格。因此，许多发展中国家对这种转手贸易持反对态度。这也是转手贸易在数量和重要性方面从20世纪50年代的全盛时期跌落下来的重要原因之一。

6. 抵消贸易

抵消贸易（offset trade）是20世纪80年代开始盛行的一种贸易方式。目前多用于军火或大型设备，如飞机等的交易。

抵消贸易可分为直接抵消和间接抵消两种。在直接抵消下，先出口的一方同意从进口方购买在出售给进口方的产品中所使用的零部件或与该产品有关的产品。有时，先出口方对进口方生产这些零部件会提供技术或进行投资。这种方式有时也被称为“工业参与”（industrial participation）或“工业合作”（industrial cooperation）。在间接抵消下，先出口的一方同意从进口方购买与其产品不相关的产品。

抵消贸易与补偿贸易不同的是：补偿贸易是先进口先进设备等，后出口补偿产品；而抵消贸易则是先出口设备等，后进口相关产品。

二、加工贸易

（一）加工贸易的含义

加工贸易是指一国的企业利用自己的设备，对来自国外的原材料、零部件或元器件进行加工、制造或装配，再将产品运往国外市场销售的贸易方式。目前，我国常用的加工贸易，主要有对外加工装配和进料加工两种方式。

（二）加工贸易的类型

1. 对外加工装配

（1）对外加工装配的含义　对外加工装配是指在由外商提供全部或部分原材料、辅料、零部件、元器件、配套件和包装物料，由我方的工厂按对方的要求进行加工或装配，成品交由外商处置，我方向外商收取工缴费作为报酬。

（2）对外加工装配的特点　对外加工装配业务与一般进出口交易相比较，有如下特点：

① 对外加工装配业务实质上是劳务出口的一种形式，工缴费即为劳务出口的货币表现。

② 对外加工装配业务中所需的料、件，都是由国外委托方提供的。加工装配好的产品也运交委托方在国际市场上销售使用。所以，作为承接方为采购原材料、零部件而筹措外汇资金，也无需承担成品销售的风险。

③ 承接加工装配的一方，对原材料、零部件以及加工装配的产品不拥有所有权，而只有使用权。即对来料进行加工，对来件进行装配，并收取一定的加工装配的工缴费。

④ 国外委托方承担接受全部加工装配合格的产品和支付约定工缴费的责任。

（3）对外加工装配的形式

① 来料加工　来料加工是指由外商提供原材料、辅料及包装物料，委托我方按照对方的要求生产加工成成品交给对方的做法。

② 来件装配　来件装配是指由国外委托方提供零部件、元器件和工具等，委托国内承接方按其要求的规格、标准、型号和式样以及商标等组装成成品交付对方。

(4) 对外加工装配合同　对外加工装配合同是明确规定委托方和承接方之间权利和义务的法律文件。主要包括以下内容：

① 对来料和成品的规定　在合同中要明确规定来料来件的质量、数量要求和到货时间。

② 关于耗料率和残次品率的规定　耗料率又称原材料消耗定额，是指每单位成品消耗原材料的数额。残次品率是指不合格产品在全部成品中的比率。这两个指标如定得过高，则委托方必然要增加成本，减少成品的收入；如定得过低，则承接方难以完成。所以，应根据实际情况做出合理规定。

③ 关于工缴费结算的规定　工缴费是直接涉及合同双方利害关系的核心问题。来料加工业务中的工缴费结算办法有两种：一是来料、来件和成品均不作价、单收加工费，由对方在我方交付成品后通过信用证或汇付方式向我方支付；二是对来料、来件和成品分别作价，两者之间的差额即为工缴费，一旦采用这种方式，我方应坚持先收后付的原则，以免垫付外汇。

④ 对运输和保险的规定　来料加工业务主要涉及两段运输：即原料运进和成品运出。在合同中必须明确规定由谁承担有关的运输责任和费用。涉及的保险包括两段运输险以及货物加工期间存仓的财产险。从法律上讲，应由委托方负责保险，但从实际业务过程看，由承接方投保更为方便。

2. 进料加工

(1) 进料加工　进料加工是指从国外购进原料，加工生产成品再销往国外的一种贸易方式。

(2) 进料加工的做法　进料加工的具体做法，归纳起来，大致有以下三种：

① 先签进口原料的合同，加工出成品后再寻找市场和买主。

② 先签订出口合同，再根据国外买方的订货要求从国外购进原料，加工生产，这种做法包括来样进料加工。

③ 对口合同方式。即与对方签订进口原料合同的同时签订出口成品合同。两个合同相互独立，分别结清。这样做原料来源和成品销路均有保证，有时原料提供者和成品提供者也可以是不同的人。

（三）加工贸易的作用

(1) 对于承担方的作用　有利于引进国外先进的技术和管理经验，促进外向型经济的发展；有利于克服本国生产能力有余而原材料不足的矛盾，为国家增加外汇收入；有利于开发劳动力资源，增加就业，发展经济。

(2) 对于委托方的作用　有利于降低生产成本，增强产品的国际竞争力；有利于委托方所在国的产业结构调整，一些工业发达国家可以通过委托加工方式，将一些劳动密集型产品的生产转移到发展中国家。

三、商品期货交易

（一）期货交易的含义

期货交易又称期货合同交易，是指在特定类型的固定市场，即期货交易所（或称期货市场）内集中买卖某种期货合约的交易活动。期货交易是在现货交易基础上发展起来的、通过在期货交易所内成交标准化期货合约的一种新型交易方式。

（二）期货交易的特点

（1）以标准期货合同作为交易标的 所谓标准合同就是合同的内容和条款统一化了的合同格式。在这种合同中，除价格和交货期两项需由买卖双方协商确定外，其他条款（包括品质、数量、交货地点、检验方法、支付方式和时间以及解决纠纷的办法等）都是统一拟订的。

（2）特殊的清算办法 许多商品交易所都有专门清算机构，负责处理在商品交易所内达成的所有交易的结算和合同的履行。清算所既是所有期货合同的买方，也是所有期货合同的卖方。

（3）严格的保证金制度 每个会员必须交纳原始押金，并且每天都要对每个会员进行清算。

（三）期货交易的种类

期货交易的做法有多种，最常见的是套期保值和投机交易。

1. 套期保值

套期保值又称对冲交易，俗称“海琴”，是从事实物交易的工商企业或农场主，为了转移价格风险，而以期货交易临时替代实物交易的一种行为。其基本做法是：在现货和期货市场同时进行两个等量但方向相反的交易，即在买进（或卖出）现货的同时，可在期货市场上卖出（或买进）等量期货合同。套期保值分为卖期保值和买期保值两种。

（1）卖期保值 卖期保值是指贸易商在经营中，通过在期货市场卖出期货，来转移待售实际货物的价格风险，主要目的在于避免存货市价下降的损失。

例：5 月份，某油田了解到原油价格为 34 美元/桶，它对这个价格比较满意，因此该油田加紧生产；但是，它担心现货市场上的过度供给会使得原油价格下跌，从而减少收益。为避免将来价格下跌带来的风险，该油田决定在美国纽约商品交易所进行 WTI 原油期货（轻质低硫原油期货合约）的卖期保值交易。通过这一套期保值交易，虽然现货市场价格出现了对该油田不利的变动，价格下跌了，因而收入减少；但是在期货市场上的交易盈利了，从而消除了价格不利变动的影响。

（2）买期保值 买期保值与卖期保值相反，买期保值的目的是为了转移价格上升的风险。

例：有一英国粮商于 8 月份与外国签订了一宗出口 8 万吨大米的合同，11 月份交货，价格为每蒲式耳（1 蒲式耳＝36.3688 升）4.5 美元。该粮商在合同签订时手头并无存货。为了履行合同，他可以有两种做法：

① 在订约后马上收购小麦，以待 11 月装船。这样做，他要负担 8～11 月 3 个月的仓储费、保险费及利息费用等，显然不合算。

② 暂时不进货，待交货期临近时才进入市场收购，但这样做，又有届时市场价格上升的风险，为了避免这种风险，他进入了期货市场。

2. 投机交易

所谓的投机性交易，指利用期货市场价格变动频繁的现象，在对市场价格走向做出正确判断的基础上，决定进入市场的策略，通过一买一卖，或一卖一买，即先多头后空头或先空头后多头，从中牟利。

（1）买空　买空又称多头，交易者预计价格会上涨，现买进期货合同，使自己处于多头部位（long position），等到价格上涨时再卖出，从中获利。

（2）卖空　卖空又称空头，交易者预估价格会下跌，现卖出期货合同，使自己处于空头部位，等到价格下跌到一定程度再补进对冲，从中获利。

第四节　无纸贸易——电子商务

近几年来，随着现代信息技术在商务活动中的广泛应用，电子商务在很大程度上取代了传统交易方式下的频繁的纸单据的交换，从而产生了“国际贸易无纸化的趋势”。

一、电子商务

（一）电子商务的概念

1995 年 IBM 公司提出了“网络计算”（network computing）的概念，1996 年该公司提出了“电子商业”（electronic commerce）的概念，到了 1997 年该公司又提出了“电子商务”（electronic business）的概念。目前，电子商务在国内外还没有一个统一的概念。

通常电子商务的概念是从广义和狭义两个角度来理解的。

广义的电子商务 EB（electronic business）是指各行各业，包括政府机构和企业、事业单位各种业务的电子化、网络化，可称为电子业务。包括电子商务、电子政务、电子医务、电子教务、电子公务、电子事务、电子家务等。

狭义的电子商务 EC（electronic commerce）是指人们利用电子化手段进行以商品交换为中心的各种商务活动，是公司、厂家、商业企业、工业企业与消费者个人的交易，双方或各方利用计算机网络进行的商务活动，也称为电子交易，包括电子商情、电子广告、电子合同签约、电子购物、电子交易、电子支付、电子转账、电子结算、电子商场、电子银行等不同层次、不同程度的电子商务活动。

电子商务出现以来，与传统的“一手交钱，一手交货”的交易模式不同，电子商务是把商业贸易和现代化的电子技术、信息技术结合在一起，利用通信网络进行网上购物、在线贸易、网上纳税、电子支付等商务活动。

（二）电子商务的分类

1. 按照交易对象的不同划分

（1）企业对企业的电子商务（business to business，BTOB）　企业与企业之间的电子商务是指企业（商业或公司）使用 Internet、Intranet 或各种商务网络向供货商（或企业）订货、交货、付款和接受发票，采用 EFT（电子资金传送）、E-mail（电子邮件）、EDI（电子数据交换）等工具进行电子商务交易。BTOB 结构模式是电子商务中最重要的一种形式，交易额巨大，能够产生直观的经济效益。通过电子商务，商业企业可以更及时、更准确地获取信息，从而准确定货，减少库存，通过网络促进销售，以提高效率，降低成本，获取更大的商业利润。特别是通过电子数据交换（EDI）来处理订单、发票、付款等贸易单证可以减少纸张单证的处理及资料的重复录入，降低了错误率，加速了信息流通，提高了生产效率和降低成本。

（2）企业对消费者的电子商务（business to customer，BTOC）　是一种网上的零售。为公众消费提供各种商品和服务，并提供相关的电子化付款方式。企业将库存商品做成电子目录，详细展示了待售商品的图片、说明书、规格和价格等信息，便于消费者查询、购买。例如网上购物（实物、信息、服务）、网上交费（电信、水电、煤气）等。

【同步思考 11-5】

某电脑公司，作为一家虚拟企业，它并没有实际的零售店，其主要业务是出售存储器件。最初，该公司在 Internet 网上创建了主页和产品目录，而订货则通过电话和传真。此后，经过精挑细选，该公司决定选择 Intershop 来创建虚拟商店。问题：该电脑公司为什么要创建虚拟商店？

分析提示：通过创建虚拟商店，该公司可以实现全天 24 小时在网上接收订单，这使得该公司主页每天都要接受 1000 余次光顾。在实现了电子商务后，该公司利润增长高达 500%之多。

（3）企业与政府机构的电子商务（business to government，BTOG）　企业与政府之间的电子商务是指政府与企业之间利用因特网完成的管理条例发布、政府采购、税收、商检、网上报关等各项事务。政府通过因特网发布采购清单，企业以电子商务的方式竞标；政府通过电子交换的方式向企业征税等。这样可以更好地树立政府的形象，实施对企业的行政事务管理，推行各种经济政策等。政府既是电子商务的使用者，进行购买等商业活动；又是电子商务的宏观管理者，对电子商务起着扶持和规范作用。

（4）消费者对消费者的电子商务（customer to customer，CTOC）　消费者对消费者的商务活动在传统上主要通过分类广告、收藏物品展、旧物出售和跳蚤市场这样的贸易方式或场所进行，或者通过拍卖行、当地分销商这样的中介进行。因特网电子商务的发展为 CTOC 打开了方便之门。

2. 按照开展电子商务的地理范围划分

（1）本地电子商务　本地电子商务通常是指利用本城市内或本地区内的信息网络实现的电子商务活动，地域范围较小。本地电子商务系统是利用 Internet、Intranet 或专用网将下列系统联结在一起的网络系统：①参加交易各方的电子商务信息系统，包括买方、卖方及其他各方的电子商务信息系统；②银行金融机构电子信息系统；③保险公司信息系统；④商品检验信息系统；⑤税务管理信息系统；⑥货物运输信息系统；⑦本地区 EDI 中心系统（实际上，本地区 EDI 中心系统联结各个信息系统的中心）。本地电子商务是开展远程国内电子商务和全球电子商务的基础系统。

（2）远程国内电子商务　这是指在本国范围内进行的网上电子商务活动。其交易的地域范围较大，对软硬件和技术要求较高，要求在全国范围内实现商业电子化、自动化、金融电子化，交易各方具有一定的电子商务知识、经济能力和技术，并具有一定的管理水平和能力等。

（3）全球电子商务　这是指在全世界范围内进行的电子商务活动。参加电子商务各方通过网络进行贸易，涉及到有关交易各方的相关系统，如买方国家进出口公司系统、海关系统、银行金融系统、税务系统、运输系统、保险系统等。全球电子商务业务内容繁杂，数据来往频繁，要求电子商务系统严格、准确、安全、可靠，应制定出世界统一的电子商务标准和电子商务（贸易）协议，使全球电子商务得到顺利发展。

（三）电子商务的特点

1. 电子化

电子商务的电子化特点主要来自以下几个方面：

首先，书面电子化、传递数据化。尽可能地使用电子单据（无线贸易）、电子传递，使用户无论身处何地均可与世界各地的商品生产、销售、消费者进行交流、订货、贸易，实现快速准确、双向式数据、信息交流。其次，支付手段高度电子化。为了适应电子商务的发展，各银行金融机构、信用卡发放者、软件厂商等纷纷提出了在网络上购物后的货款支付办法，如信用卡、电子现金、智能卡。

2. 低成本

电子商务具有显见的低成本性。具体来说，电子商务的低成本性主要表现在：

(1) 无店面租金成本　传统的店面相当昂贵，特别是黄金地段，可以说是寸土寸金，如果要自己盖大楼，少则几千万多则几个亿的投资是必不可少的。

(2) 没有专门的销售人员　电子商务借助于电子手段实现信息传递和沟通，在交易的整个过程中不需要传统的销售人员介入，节省了大量的销售人员薪金和培训等费用。

(3) 无商品库存压力　传统的经营者，为了压低进货成本，只好大量进货，这不仅会带来相当大的资金压力和经营风险。而电子商务可以做到“零库存”，不需承担任何库存压力，实现信息时代商业流通的“Just in Time”，即什么时候要卖出货什么时候才进货。

(4) 降低的行销成本　电子商务具有极好的促销能力，其“货架”上的商品同时又是广告宣传的样品，经营者不需要再负担促销广告费用，而且可以利用服务器将多媒体化的商品信息动态存储起来，既可以主动散发，又可以随时接受需求者的查询。

3. 商务性

电子商务最基本的特性为商务性，即提供买、卖交易的服务手段和机会。网上购物提供一种客户所需要的方便途径。就商务性而言，电子商务可扩展市场，增加客户数量，通过网络将信息连至数据库，企业能记录下每次访问、销售、购买的形式和购货动态以及客户对产品的偏爱，这样，企业就可以通过统计这些数据来获知客户最想购买的产品是什么。电子商务作为一种新型的交易方式在许多地方取得了成功。

4. 可扩展性

要使电子商务正常运行，必须确保其具有可扩展性。万维网上有数以百万计的用户，而传输过程中，会经常出现高峰状况。倘若一家企业原来设计每天可受理40万人次访问，而事实上却有80万人次来访，就必须尽快配另一台扩展服务器，否则客户访问的速度将急剧下降，甚至还会拒绝数次可以带来丰厚利润的客户来访。对于电子商务来说，可扩展的系统才是稳定的系统。如果在出现高峰状况时能及时扩展，就可使得系统阻塞的可能性大为下降。在电子商务中，耗时仅2分钟的系统重新启动也可能导致大量客户流失，因而可扩展性极其重要。

5. 全球性

由于电子商务是基于Internet上的，而Internet是一个全球连接的极为庞大的互联网，所以，电子商务轻而易举地跨越了地域的限制，成为全球性的商务活动。而传统的电子商务，多以区域性为主，仅一些跨国公司有全球性业务。使用基于Internet的电子商务，中、小型公司只要上网就能经营全球性的业务。要解决的问题仅仅是语言问题，以及采用相同的国际标准的问题。

6. 安全性

对于客户而言，无论网上物品如何具有吸引力，如果他们对交易安全缺乏把握，他们根本就不敢在网上进行买卖，企业和企业间的交易更是如此。在电子商务中，安全性是必须考虑的核心问题。欺骗、窃听、病毒和非法入侵都在威胁着电子商务，因此要求网络能提供一种端到端的安全解决方案，包括加密机制、签名机制、分布式安全管理、存取控制、防火墙、安全万维网服务器、防病毒保护等。为了帮助企业创建和实现这些方案，国际上多家公司联合开展了安全电子交易的技术标准和方案研究，并发表了 SET（安全电子交易）和 SSL（安全套接层）等协议标准，使企业能建立一种安全的电子商务环境。

7. 集成性

电子商务以计算机网络为主线，对商务活动的各种功能进行了高度的集成，同时也对参加商务活动的商务主体各方进行了高度的集成。它集成了如网上广告、网上洽谈、订货、收款、付款、客户服务、货物递交等各种商务活动功能，还将客户、企业、分销商、银行、海关、税务部门等作为商务主体的各方，紧紧集成在一起，高度的集成性使电子商务进一步提高了效率。

二、无纸贸易——电子商务在国际贸易中的运用

人们通常将无纸贸易理解为以电子形式进行贸易数据交换的活动。即指在贸易链的各个参与方之间利用信息技术手段，实现参与方应用系统间标准化的业务数据传输和处理，以完成贸易活动的交易全过程。无纸贸易有狭义和广义之分，狭义的是指 EDI，广义的是包括与商业数据交换相关的主体和环境因素。

（一）基于 EDI 的国际贸易

1. 含义

EDI 是 electronic data interchange 的缩写，翻译过来称为“电子数据交换”。具有权威性的联合国欧洲经济委员会贸易程序简化工作组（UN/ECE/WP.4）把 EDI 定义为：“采用一种使信息结构化的商务标准，将商务和行政事务的信息，通过计算机联网进行电子方式的传递。”对这一定义要注意三个要点。一是结构化的信息。国际贸易中的相互传递的信息是有一定的结构，在内容和格式上是可以让计算机进行识别和处理的。二是统一的结构标准。这便于不同的计算机对同一信息进行识别。三是电子手段。即通过计算机联网来传递信息。可见，EDI 是一种技术，或者说是一种方法、手段。在 EDI 应用中，通信网络是 EDI 应用的基础，计算机是 EDI 应用的条件，而业务信息和流程的标准化是 EDI 的根本特征。

2. EDI 对国际贸易单证的处理过程

国际贸易单证的处理过程主要是指商贸业务单证的交换过程。买方在基本决定要购买的意向之后，才开始同卖方操作具体的进出口贸易事宜并与承运商洽谈有关的运输要求和到岸联系等。一旦谈妥后，由各方汇同金融单位（一般是银行或专业的担保公司）开具信用或担保证明，同订单一道正式发往卖方国家。卖方收到订单，并确定所有手续齐备后，通知买方接收订单和发货细则，通知生产商组织生产或直接供货，联系承运商准备运输货物。同时买卖双方还要与各自国家的海关、商检、税务、口岸以及进出口管理等部门联系并办理各种手续，如报关单、许可证、关税单证以及各类银行单证等。在此过程中涉及到的单位除买卖双方以外，还有双方的进出口代理商、双方国家的海关、商检、金融机构、保险公司、承运商、物流公司等众多单位。由此可见，单证票据和文件繁多、涉及到的单位广泛是国际贸易操作过程的主要特点。在传统手工填报、直接去报送办理或通过邮局寄送办理的情况下，没有两三个月的时间是很难完成一个商贸过程的。这还不包括各个环节途中的“卡壳”和拖

延。由于国际贸易涉及到不同的国家，因此各国的语言、商贸规定、进出口管理程序、关税制度和法律规定等方面的差别又形成了国际贸易业务过程的另一大特点。EDI对单证的处理过程如图11.1所示。

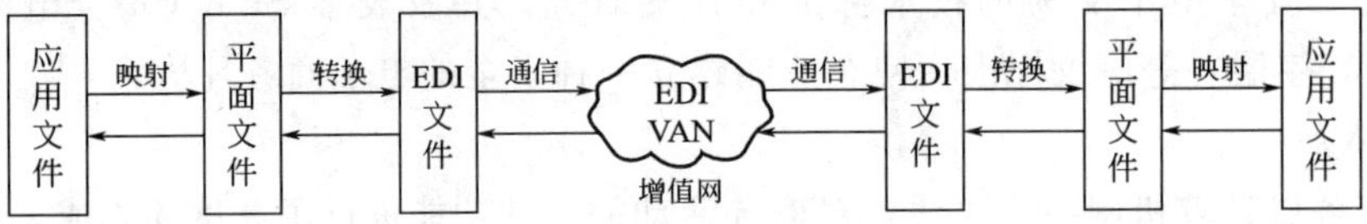

图 11.1 EDI单证处理过程

① 发送信息的贸易方的计算机应用系统从数据库中取出用户格式数据，通过映射程序，将用户格式的数据展开成平面文件，以便翻译器进行识别，翻译器按照EDI标准将平面文件翻译成EDI报文。

② 通信软件将已经转换成标准格式的EDI报文通过网络和通信线路传送网络中心，也称为EDI服务中心。

③ 贸易对方通过通信线路从网络中心读取数据，也可由网络中心自动通知贸易对方。

④ 贸易对方取回具有EDI标准格式的数据，通过通信线路从网络中心读取数据，经过EDI翻译器转换成平面文件。平面文件经映射程序转换成用户格式数据，存入相应的用户数据中，并到达接收EDI用户的应用系统。

（二）基于Internet的国际贸易

1. 含义及特点

Internet并不是一种新的物理网络，它是一个“网络的网络”。Internet把全世界各地已有的各种通信网络互联在一起，组成一个庞大的国际互联网络。为了实现这种互联，一方面需要一定的硬件支持，另一方面还需要制定一套规则，以保证不同类型的网络能够互相通信，这是通过一组协议来实现的，其核心便是著名的TCP/IP协议。

一般来说，Internet具有以下几个特点：

① TCP/IP协议是Internet的基础和核心。在Internet中，依靠TCP/IP协议实现各种网络的互联。因此，TCP/IP协议的地位非常重要。符合TCP/IP标准的网络按一定的规则都可连入Internet。

② 通过Internet传递的信息可以跨地区、跨国界，而且费用非常低廉。

③ 随着科技的发展Internet变得日益普及，并对社会经济的发展产生巨大影响。

④ 没有对Internet上的通信进行统一管理的机构，Internet上的许多服务和功能都是由用户来开发、经营和管理的。

2. 在Internet上开展国际贸易

（1）具备的基本条件　一是配备上网所需要的硬件和软件。硬件中除了电脑以外，还包括电话线路、调制解调器、网线、打印机、扫描仪等外围设备。软件中一般使用Windows、Office、浏览器软件、图像处理软件等。这些是基本的硬件和软件。二是选择一个合适的网络供应商（ISP），申请入网。可以根据自己的实际情况选择入网方式。可选择的入网方式有：拨号入网、通过分组交换网入网、通过帧中继入网、通过专线入网等。

（2）过程　在Internet上开展国际贸易活动可以从以下几个方面着手：

① 确定是否要设立一个网站。有条件的企业可以设立一个自己的网站。但对于许多小企业来说，可以不设立，而是把自己的网页放在别人的网站上。

② 设计网页。设计网页的目的是为了让别人来访问。如果自己设立网站，则可把网页放在自己的网站上；如果自己不设立网站，可以把网页放在租用的网站上。网页上的主要内容是宣传企业和产品、提供信息服务。

③ 参展。参加网上商品展览会，可以获得更多的贸易机会，而且费用较低。

④ 在网上开展市场调研和市场分析。

⑤ 利用电子邮件进行业务联系和对具体的一笔进口或出口生意开展交易磋商。贸易双方可以就商品的种类、数量、包装、价格、交货地点、交货时间、运输方式、支付方式等进行交易磋商。

⑥ 可以在网上传递一些商品说明书、照片、图样，以利于成交。当然，有些商品还需寄送样品。

⑦ 在最初的交易磋商中，最好明确一下合同订立的形式，即是否需要以书面合同作为合同成立的条件。

⑧ 在履行合同中，贸易双方也可通过 Internet 传递有关信息。例如，询问某些事项办理的进展情况，向对方发出通知，传递有关单证。

（三）电子商务对国际贸易的影响

1. 虚拟市场使国际贸易的运行方式和环境发生了重大变化

网上订货、网上促销、网上谈判都为国际贸易开辟了新的发展形势。EDI 工程是信息技术与社会化服务系统的结合，进出口商利用电子表格进行商品的报关、商检、保险、运输、结汇等工作，大大减少了人力、物力和时间的消耗，降低了流通成本和交易费用，加快了国际贸易的节奏。这种网上的信息交换，开辟了一个崭新的市场空间，突破了传统市场必须以一定的地域存在为前提的条件，全球以信息网络为纽带连成一个统一的大“市场”，促进了世界经济全球市场化的形成。信息流带来的商品，技术等生产要素的全球加速流动导致了全球“网络经济”的崛起，在这种网络贸易的环境下各国间的经贸联系与合作得以大大加强。

2. 加速外贸业务运作的电子化趋势

电子商务作为信息技术的应用在外贸领域日益起到关键作用。它主要突出表现在计算机及其网络技术越来越多地帮助外贸企业从事业务的运作。通常我们可以将外贸业务从运作角度笼统地分为三个阶段：交易准备阶段、交易磋商阶段和合同履行阶段。这三个阶段概括了每一笔外贸业务自始至终的业务程序。现代信息技术的应用逐渐充斥到了外贸业务的各个环节中。

从长远的发展看，实施信息技术的外贸企业将在物流、资金流和信息流三个方面进行有效的整合。外贸企业的电子商务的实施除了实现以交易为核心的业务处理的自动化和电子化，其核心战略也要随着电子商务的应用程度的加深而发生变化。

3. 电子商务使外贸业务流程面临转型

众所周知，国际互联网作为电子商务信息交流的新媒体拉近了企业与客户之间的距离，特别是国际互联网交互式的特点使企业的业务运作走向虚拟化。企业在线交易系统，如在线采购管理、在线销售管理等已经成为从事国际化经营的企业现实的选择。

从国外的发展经验看，一个企业的发展应该看它是否处在某个行业的价值链中的一环，是否为其客户创造价值，企业为客户所创造的价值并不一定就只是业务的处理过程，将来更多的是从服务方面来体现价值的增值。

因此我国外贸企业业务运作流程的转型将来要体现在以下几个方面：

（1）从单一交易到综合服务的转型　传统以交易流程为核心的外贸企业逐步向以服务为核心的服务型企业转变是未来发展的趋势。在我国，传统的外贸企业都是以单一的交易为核心，其组织结构没有能够体现服务的价值。随着电子商务打破市场原有的竞争格局，企业的生存和发展要更多依赖综合服务素质。建立以服务为核心的外贸运作体现是多数外贸公司的发展方向。而服务型企业的核心问题是管理，电子商务的发展实际上为企业管理提供了最先进的手段，许多国外成功的电子商务案例都是企业以满足客户的需求为核心发展起来的。

（2）从人为垄断优势向自然竞争优势的转型　我国传统外贸行业是在特殊的历史背景下发展起来的，传统的外贸行业长期存在一定的人为垄断优势。然而，随着改革开放的不断深入，外贸行业已经出现了多元化的竞争格局。在人为垄断优势被打破的情况下，无论是传统的外贸企业，还是新型的外贸企业在全球电子商务飞速发展的背景下都需要重新再造外贸的业务流程，逐步建立自己的自然竞争优势，网上、网下业务的结合，以及企业内联网和外联网电子商务系统的发展都将会是为客户创造价值的来源和渠道。转型快的企业将在市场上迅速占有竞争优势。

（3）从分散管理向集中管理的转型　我国传统的外贸企业以往是以创汇作为经营的目标。在新的体制改革条件下，企业将经营任务层层分包造成了经营管理相对分散的局面。分散的经营管理发挥不出来企业群体的优势，有效的资源也得不到整合，更谈不上为客户提供综合的服务。全球电子商务的发展逐步削弱了传统以单一经营和低附加值为中心的中介交易服务地位。企业的各种资源，如客户资源、品牌资源、市场资源、业务流程控制资源、资金优势、技术优势等能否被有效整合，并集中管理，发挥企业员工的团队作业精神，就是企业能否在新形势下生存和发展的基本条件。

【同步案例 11-5】

2003 年春夏，由于“非典”影响，国内三大航空公司取消 14774 个航班，餐饮业兴“关店风”，旅游业损失 2100 亿元……而网络业“因祸得福”，发挥重要作用。全球最大的零售商沃尔玛公司通过电子商务方式向中国洽谈订购商品，减少人员采购 500 多人次……

问题：沃尔玛公司的做法说明了什么？

分析提示：说明了电子商务的优点、作用及国际贸易无纸化的趋势。

本章小结

随着国际经济关系的不断变化和国际贸易的迅速发展，国际贸易方式也呈现越来越多元化的趋势，除逐笔售出的单边进口或单边出口外，还有经销、代理、寄售、招标投标、拍卖、展卖、对销贸易、加工贸易等多种贸易方式。在理解和掌握这些不同的贸易方式时，要注意它们的性质和特点，以及当事人之间的关系。

每一种贸易方式各有其特点，选择并学会运用恰当的贸易方式对于开展国际贸易有着重要的现实意义。

【综合训练】

一、单项选择

1. 包销方式中，包销人与供货之间的关系为（　　）。

A. 代理关系　B. 买卖关系　C. 委托关系　D. 互购关系

2. 补偿贸易的前提条件是（　　）。

A. 银行信贷　B. 信贷　C. 延期付款　D. 分期付款

3. 代理业务的两个基本当事人之间的关系是（　　）。

A. 买卖关系　B. 委托代理关系　C. 委托寄售关系　D. 代销关系

4. 机器设备的出口方承诺购买用于该机器设备生产的产品的方式是（　　）。

A. 易货　B. 互购　C. 回购　D. 补偿贸易

5. 下列贸易方式中，原材料运进与成品运出，实际并未发生所有权转移的是（　　）。

A. 传统的商品买卖　B. 进料加工　C. 补偿贸易　D. 来料加工

二、多项选择

1. 在国际货物买卖中，卖方的基本义务为（　　）。

A. 提交合格的单据　B. 提交合格的货物　C. 办理保险　D. 转移货物所有权

2. 我国承接来料加工业务，主要是（　　）。

A. 机械产品　B. 轻纺工业品　C. 电子产品　D. 化工产品

3. 在一般的销售代理协议中，最主要的是明确规定（　　）。

A. 定义条款　B. 委托人的权利与义务　C. 代理人的权利与义务　D. 佣金条款

4. 国际竞争性招标包括（　　）。

A. 公开招标　B. 议标　C. 选择招标　D. 两段招标

5. 来料加工与进料加工的区别在于（　　）。

A. 是否属于“两头在外”的加工贸易　B. 原料的运进与成品运出是否属一笔交易

C. 中方是否承担成品的销售及风险　D. 原料供应者是否为成品接受者

三、判断

1. 包销商品的范围越大，越有利于出口商。（　　）

2. 寄售属于先买断后发货。（　　）

3. 互购不要求等值交换。（　　）

4. 品质不易高度标准化，或难以久存的商品，多采用拍卖方式。（　　）

5. 来料加工业务中，我方可以办理运输和保险，但费用由委托方负担。（　　）

四、简答论述

1. 经销协议的内容是什么？

2. 经销、代理与寄售的区别是什么？

3. 招标与投标的种类有哪些？

4. 补偿贸易的类型有哪些？

5. 如何在 Internet 上开展国际贸易？

五、案例分析

1. 我某公司与国外一公司订有经销某商品的经销协议，期限为一年。年末临近，因行情变化，经销商“包而未销”，要求退货并索赔广告宣传费用。问：经销商有无权利提出此类要求？为什么？

2. A 公司在国外物色了 B 公司作为其代售人，并签订了寄售协议。货物在运往寄售地销售的途中，遭遇洪水，使 20%的货物被洪水冲走。因遇洪水后道路路基需要维修，货物存仓发生了 8000 美元的仓储费，问：以上损失的费用应由哪一方承担？

六、实训

1. 一招标机构接受委托，以国际公开招标形式采购一批机电产品。招标文件要求投标人制作规格和价格两份投标文件，开标时，先开规格标，对符合条件者，再定期开价格标，确定中标者。共有12家企业投标。到了开标期先开规格标，经慎重筛选，初步选定7家，通知他们对规格标进行澄清，并要求将投标有效期延长两个月。7家中，有4家送来澄清函并同意延长有效期。另3家提出若延长有效期，将提高报价10%或更多；否则将撤销投标。招标机构拒绝了后3家的要求。到了价格标的开标日期，对仅有的4家开标后，却发现4家报价均过高，超过招标机构预订标底30%以上。无奈，招标机构只得依法宣布此次招标作废，重新招标。试分析此次招标失败的原因以及应吸取的教训。

2. 如果你是某公司的业务人员，现需要开拓国外市场，你应采用何种贸易方式在国外销售呢？为什么？

附　　录

附录一　联合国国际货物销售合同公约

（1980 年 4 月 11 日订于维也纳）

本公约各缔约国

铭记联合国大会第六届特别会议通过的关于建立新的国际经济秩序的各项决议的广泛目标，考虑到在平等互利基础上发展国际贸易是促进各国之间友好关系的一个重要因素，认为采用照顾到不同的社会、经济和法律制度的国际货物销售合同统一规则，将有助于减少国际贸易的法律障碍，促进国际贸易的发展，兹协议如下：

第一部分　适用范围和总则

第一章　适用范围

第一条

（1）本公约适用于营业地在不同国家的当事人之间所订立的货物销售合同：(a) 如果这些国家是缔约国；或（b）如果国际私法规则导致适用某一缔约国的法律。

（2）当事人营业地在不同国家的事实，如果从合同或从订立合同前任何时候或订立合同时，当事人之间的任何交易或当事人透露的情报均看不出，应不予考虑。

（3）在确定本公约的适用时，当事人的国籍和当事人或合同的民事或商业性质，应不予考虑。

第二条

本公约不适用于以下的销售：(a) 购供私人、家属或家庭使用的货物的销售，除非卖方在订立合同前任何时候或订立合同时不知道而且没有理由知道这些货物是购供任何这种使用；(b) 经由拍卖的销售；(c) 根据法律执行令状或其他令状的销售；(d) 公债、股票、投资证券、流通票据或货币的销售；(e) 船舶、船只、气垫船或飞机的销售；(f) 电力的销售。

第三条

（1）供应尚待制造或生产的货物的合同应视为销售合同，除非订购货物的当事人保证供应这种制造或生产所需的大部分重要材料。

（2）本公约不适用于供应货物一方的绝大部分义务在于供应劳力或其他服务合同。

第四条

本公约只适用于销售合同的订立和卖方与买方因此种合同而产生的权利和义务。特别是，本公约除非另有明文规定，与以下事项无关：(a) 合同的效力，或其任何条款的效力，或任何惯例的效力；(b) 合同对所售货物所有权可能产生的影响。

第五条

本公约不适用于卖方对于货物对任何人所造成的死亡或伤害的责任。

第六条

双方当事人可以不适用本公约，或在第十二条的条件下，减损本公约的任何规定或改变其效力。

第二章 总 则

第七条

(1) 在解释本公约时，应考虑到本公约的国际性质和促进其适用的统一以及在国际贸易上遵守诚信的需要。

(2) 凡本公约未明确解决的属于本公约范围的问题，应按照本公约所依据的一般原则来解决，在没有一般原则的情况下，则应按照国际私法规定适用的法律来解决。

第八条

(1) 为本公约的目的，一方当事人所作的声明和其他行为，应依照他的意旨解释，如果另一方当事人已知道或者不可能不知道此一意旨。

(2) 如果上一款的规定不适用，当事人所作的声明和其他行为，应按照一个与另一方当事人同等资格、通情达理的人处于相同情况中，应有的理解来解释。

(3) 在确定一方当事人的意旨或一个通情达理的人应有的理解时，应适当地考虑到与事实有关的一切情况，包括谈判情形、当事人之间确立的任何习惯做法、惯例和当事人其后的任何行为。

第九条

(1) 双方当事人业已同意的任何惯例和他们之间确立的任何习惯做法，对双方当事人均有约束力。

(2) 除非另有协议，双方当事人应视为已默示地同意对他们的合同或合同的订立适用双方当事人已知道或理应知道的惯例，而这种惯例，在国际贸易上，已为有关特定贸易所涉同类合同的当事人所广泛知道并为他们所经常遵守。

第十条

为本公约的目的：(a) 如果当事人有一个以上的营业地，则以与合同及合同的履行关系最密切的营业地为其营业地，但要考虑到双方当事人在订立合同前任何时候或订立合同时所知道或所设想的情况；(b) 如果当事人没有营业地，则以其惯常居住地为准。

第十一条

销售合同无须以书面订立或书面证明，在形式方面也不受任何其他条件的限制。销售合同可以用包括人证在内的任何方法证明。

第十二条

本公约第十一条、第二十九条或第二部分准许销售合同或其更改或根据协议终止，或者任何发价、接受或其他意旨表示得以书面以外任何形式做出的任何规定不适用，如果任何一方当事人的营业地是在已按照本公约第九十六条做出了声明的一个缔约国内，各当事人不得减损本条或改变其效力。

第十三条

为本公约的目的，“书面”包括电报和电传。

第二部分 合同的订立

第十四条

(1) 向一个或一个以上特定的人提出的订立合同的建议，如果十分确定并且表明发价人在得到接受时承受约束的意旨，即构成发价。一个建议如果写明货物并且明示或暗示地规定数量和价格或规定如何确定数量和价格，即为十分确定。

(2) 非向一个或一个以上特定的人提出的建议，仅应视为邀请做出发价，除非提出建议的人明确地表示相反的意向。

第十五条

(1) 发价于送达被发价人时生效。

(2) 一项发价，即使是不可撤销的，得予撤回，如果撤回通知于发价送达被发价人之前或同时送达被发价人。

第十六条

(1) 在未订立合同之前，发价得予撤销，如果撤销通知于被发价人发出接受通知之前送达被发价人。

(2) 但在下列情况下，发价不得撤销：(a) 发价写明接受发价的期限或以其他方式表示发价是不可撤销的；或 (b) 被发价人有理由信赖该项发价是不可撤销的，而且被发价人已本着对该项发价的信赖行事。

第十七条

一项发价，即使是不可撤销的，于拒绝通知送达发价人时终止。

第十八条

(1) 被发价人声明或做出其他行为表示同意一项发价，即是接受，缄默或不行动本身不等于接受。

(2) 接受发价于表示同意的通知送达发价人时生效。如果表示同意的通知在发价人所规定的时间内，如未规定时间，在一段合理的时间内，未曾送达发价人，接受就成为无效，但须适当地考虑到交易的情况，包括发价人所使用的通讯方法的迅速程序。对口头发价必须立即接受，但情况有别者不在此限。

(3) 但是，如果根据该项发价或依照当事人之间确立的习惯做法或惯例，被发价人可以做出某种行为，例如与发运货物或支付价款有关的行为，来表示同意，而无须向发价人发出通知，则接受于该项行为做出时生效，但该项行为必须在上一款所规定的期间内做出。

第十九条

(1) 对发价表示接受但载有添加、限制或其他更改的答复，即为拒绝该项发价并构成还价。

(2) 但是，对发价表示接受但载有添加或不同条件的答复，如所载的添加或不同条件在实质上并不变更该项发价的条件，除发价人在不过分迟延的期间内以口头或书面通知反对其间的差异外，仍构成接受。如果发价人不做出这种反对，合同的条件就以该项发价的条件以及接受通知内所载的更改为准。

(3) 有关货物价格、付款、货物质量和数量、交货地点和时间、一方当事人对另一方当事人的赔偿责任范围或解决争端等的添加或不同条件，均视为在实质上变更发价的条件。

第二十条

(1) 发价人在电报或信件内规定的接受期间，从电报交发时刻或信上载明的发信日期起算，如信上未载明发信日期，则从信封上所载日期起算。发价人以电话、电传或其他快速通讯方法规定的接受期间，从发价送达被发价人时起算。

（2）在计算接受期间时，接受期间内的正式假日或非营业日应计算在内。但是，如果接受通知在接受期间的最后一天未能送到发价人地址，因为那天在发价人营业地是正式假日或非营业日，则接受期间应顺延至下一个营业日。

第二十一条

（1）逾期接受仍有接受的效力，如果发价人毫不迟延地用口头或书面将此种意见通知被发价人。

（2）如果载有逾期接受的信件或其他书面文件表明，它是在传递正常、能及时送达发价人的情况下寄发的，则该项逾期接受具有接受的效力，除非发价人毫不迟延地用口头或书面通知被发价人：他认为他的发价已经失效。

第二十二条

接受得予撤回，如果撤回通知于接受原应生效之前或同时送达发价人。

第二十三条

合同于按照本公约规定对发价的接受生效时订立。

第二十四条

为公约本部分的目的，发价、接受声明或任何其他意旨表示“送达”对方，系指用口头通知对方或通过任何其他方法送交对方本人，或其营业地或通讯地址，如无营业地或通讯地址，则送交对方惯常居住地。

第三部分　货物销售

第一章　总　则

第二十五条

一方当事人违反合同的结果，如使另一方当事人蒙受损害，以至于实际上剥夺了他根据合同规定有权期待得到的东西，即为根本违反合同，除非违反合同一方并不预知而且一个同等资格、通情达理的人处于相同情况中也没有理由预知会发生这种结果。

第二十六条

宣告合同无效的声明，必须向另一方当事人发出通知，方始有效。

第二十七条

除非公约本部分另有明文规定，当事人按照本部分的规定，以适合情况的方法发出任何通知、要求或其他通知后，这种通知如在传递上发生耽搁或错误，或者未能到达，并不使该当事人丧失依靠该项通知的权利。

第二十八条

如果按照本公约的规定，一方当事人有权要求另一方当事人履行某一义务，法院没有义务做出判决，要求具体履行此一义务，除非法院依照其本身的法律对不属本公约范围的类似销售合同愿意这样做。

第二十九条

（1）合同只需双方当事人协议，就可更改或终止。

（2）规定任何更改或根据协议终止必须以书面做出的书面合同，不得以任何其他方式更改或根据协议终止。但是，一方当事人的行为，如经另一方当事人寄以信赖，就不得坚持此项规定。

第二章　卖方的义务

第三十条

卖方必须按照合同和本公约的规定，交付货物，移交一切与货物有关的单据并转移货物所有权。

第一节 交付货物和移交单据

第三十一条

如果卖方没有义务要在任何其他特定地点交付货物，他的交货义务如下：(a) 如果销售合同涉及到货物的运输，卖方应把货物移交给第一承运人，以运交给买方；(b) 在不属于上一款规定的情况下，如果合同指的是特定货物或从特定存货中提取的或尚待制造或生产的未经特定化的货物，而双方当事人在订立合同时已知道这些货物是在某一特定地点，或将在某一特定地点制造或生产，卖方应在该地点把货物交给买方处置；(c) 在其他情况下，卖方应在他于订立合同时的营业地把货物交给买方处置。

第三十二条

(1) 如果卖方按照合同或本公约的规定将货物交付给承运人，但货物没有以货物上加标记、或以装运单据或其他方式清楚地注明有关合同，卖方必须向买方发出列明货物的发货通知。

(2) 如果卖方有义务安排货物的运输，他必须订立必要的合同，以按照通常运输条件，用适合情况的运输工具，把货物运到指定地点。

(3) 如果卖方没有义务对货物的运输办理保险，他必须在买方提出要求时，向买方提供一切现有的必要资料，使他能够办理这种保险。

第三十三条

卖方必须按以下规定的日期交付货物：(a) 如果合同规定有日期，或从合同可以确定日期，应在该日期交货；(b) 如果合同规定有一段时间，或从合同可以确定一段时间，除非情况表明应由买方选定一个日期外，应在该段时间内任何时候交货；或者 (c) 在其他情况下，应在订立合同后一段合理时间内交货。

第三十四条

如果卖方有义务移交与货物有关的单据，他必须按照合同所规定的时间、地点和方式移交这些单据。如果卖方在那个时间以前已移交这些单据，他可以在那个时间到达前纠正单据中任何不符合同规定的情形，但是，此一权利的行使不得使买方遭受不合理的不便或承担不合理的开支。但是，买方保留本公约所规定的要求损害赔偿的任何权利。

第二节 货物相符与第三方要求

第三十五条

(1) 卖方交付的货物必须与合同所规定的数量、质量和规格相符，并须按照合同所规定的方式装箱或包装。

(2) 除双方当事人业已另有协议外，货物除非符合以下规定，否则即为与合同不符：(a) 货物适用于同一规格货物通常使用的目的；(b) 货物适用于订立合同时曾明示或默示地通知卖方的任何特定目的，除非情况表明买方并不依赖卖方的技能和判断力，或者这种依赖对他是不合理的；(c) 货物的质量与卖方向买方提供的货物样品或样式相同；(d) 货物按照同类货物通用的方式装箱或包装，如果没有此种通用方式，则按照足以保全和保护货物的方式装箱或包装。

(3) 如果买方在订立合同时知道或者不可能不知道货物不符合同，卖方就无须按上一款 (a) 项至 (d) 项负有此种不符合同的责任。

第三十六条

(1) 卖方应按照合同和本公约的规定，对风险移转到买方时所存在的任何不符合同情形，负有责任，即使这种不符合同情形在该时间后方始明显。

(2) 卖方对在上一款所述时间后发生的任何不符合同情形，也应负有责任，如果这种不符合同情形是由于卖方违反他的某项义务所致，包括违反关于在一段时间内货物将继续适用于其通常使用的目的或某种特定目的，或将保持某种特定质量或性质的任何保证。

第三十七条

如果卖方在交货日期前交付货物，他可以在那个日期到达前，交付任何缺漏部分或补足所交付货物的不足数量，或交付用以替换所交付不符合同规定的货物，或对所交付货物中任何不符合同规定的情形做出补救，但是，此一权利的行使不得使买方遭受不合理的不便或承担不合理的开支。但是，买方保留本公约所规定的要求损害赔偿的任何权利。

第三十八条

(1) 买方必须在按情况实际可行的最短时间内检验货物或由他人检验货物。

(2) 如果合同涉及到货物的运输，检验可推迟到货物到达目的地后进行。

(3) 如果货物在运输途中改运或买方须再发运货物，没有合理机会加以检验，而卖方在订立合同时已知道或理应知道这种改运或再发运的可能性，检验可推迟到货物到达新目的地后进行。

第三十九条

(1) 买方对货物不符合同，必须在发现或理应发现不符情形后一段合理时间内通知卖方，说明不符合同情形的性质，否则就丧失声称货物不符合同的权利。

(2) 无论如何，如果买方不在实际收到货物之日起两年内将货物不符合同情形通知卖方，他就丧失声称货物不符合同的权利，除非这一时限与合同规定的保证期限不符。

第四十条

如果货物不符合同规定指的是卖方已知道或不可能不知道而又没有告知买方的一些事实，则卖方无权援引第三十八条和第三十九条规定。

第四十一条

卖方所交付的货物，必须是第三方不能提出任何权利或要求的货物，除非买方同意在这种权利或要求的条件下，收取货物。但是，如果这种权利或要求是以工业产权或其他知识产权为基础的，卖方的义务应依照第四十二条的规定。

第四十二条

(1) 卖方所交付的货物，必须是第三方不能根据工业产权或其他知识产权主张任何权利或要求的货物，但以卖方在订立合同时已知道或不可能不知道的权利或要求为限，而且这种权利或要求根据以下国家的法律规定是以工业产权或其他知识产权为基础的：(a) 如果双方当事人在订立合同时预期货物将在某一国境内转售或做其他使用，则根据货物将在其境内转售或做其他使用的国家的法律；或者 (b) 在任何其他情况下，根据买方营业地所在国家的法律。

(2) 卖方在上一款中的义务不适用于以下情况：(a) 买方在订立合同时已知道或不可能不知道此项权利或要求；或者 (b) 此项权利或要求的发生，是由于卖方要遵照买方所提供的技术图样、图案、程式或其他规格。

第四十三条

(1) 买方如果不在已知道或理应知道第三方的权利或要求后一段合理时间内，将此一权利或要求的性质通知卖方，就丧失援引第四十一条或第四十二条规定的权利。

(2) 卖方如果知道第三方的权利或要求以及此一权利或要求的性质，就无权援引上一款的规定。

第四十四条

尽管有第三十九条第（1）款和第四十三条第（1）款的规定，买方如果对他未发出所需的通知具备合理的理由，仍可按照第五十条规定减低价格，或要求利润损失以外的损害赔偿。

第三节　卖方违反合同的补救办法

第四十五条

(1) 如果卖方不履行他在合同和本公约中的任何义务，买方可以：(a) 行使第四十六条至第五十二条所规定的权利；(b) 按照第七十四条至第七十七条的规定，要求损害赔偿。

(2) 买方可能享有的要求损害赔偿的任何权利，不因他行使采取其他补救办法的权利而丧失。

(3) 如果买方对违反合同采取某种补救办法，法院或仲裁庭不得给予卖方宽限期。

第四十六条

(1) 买方可以要求卖方履行义务，除非买方已采取与此一要求相抵触的某种补救办法。

(2) 如果货物不符合同，买方只有在此种不符合同情形构成根本违反合同时，才可以要求交付替代货物，而且关于替代货物的要求，必须与依照第三十九条发出的通知同时提出，或者在该项通知发出后一段合理时间内提出。

(3) 如果货物不符合同，买方可以要求卖方通过修理对不符合同之处做出补救，除非他考虑了所有情况之后，认为这样做是不合理的。修理的要求必须与依照第三十九条发出的通知同时提出，或者在该项通知发出后一段合理时间内提出。

第四十七条

(1) 买方可以规定一段合理时限的额外时间，让卖方履行其义务。

(2) 除非买方收到卖方的通知，声称他将不在所规定的时间内履行义务，买方在这段时间内不得对违反合同采取任何补救办法。但是，买方并不因此丧失他对迟延履行义务可能享有的要求损害赔偿的任何权利。

第四十八条

(1) 在第四十九条的条件下，卖方即使在交货日期之后，仍可自付费用，对任何不履行义务做出补救，但这种补救不得造成不合理的迟延，也不得使买方遭受不合理的不便，或无法确定卖方是否将偿付买方预付的费用。但是，买方保留本公约所规定的要求损害赔偿的任何权利。

(2) 如果卖方要求买方表明他是否接受卖方履行义务，而买方不在一段合理时间内对此一要求做出答复，则卖方可以按其要求中所指明的时间履行义务。买方不得在该段时间内采取与卖方履行义务相抵触的任何补救办法。

(3) 卖方表明他将在某一特定时间内履行义务的通知，应视为包括根据上一款规定要买方表明决定的要求在内。

(4) 卖方按照本条第（2）和第（3）款做出的要求或通知，必须在买方收到后，始生效力。

第四十九条

(1) 买方在以下情况下可以宣告合同无效：(a) 卖方不履行其在合同或本公约中的任何义务，等于根本违反合同；或 (b) 如果发生不交货的情况，卖方不在买方按照第四十七条第 (1) 款规定的额外时间内交付货物，或卖方声明他将不在所规定的时间内交付货物。

(2) 但是，如果卖方已交付货物，买方就丧失宣告合同无效的权利，除非：(a) 对于迟延交货，他在知道交货后一段合理时间内这样做；(b) 对于迟延交货以外的任何违反合同事情：①他在已知道或理应知道这种违反合同后一段合理时间内这样做；或②他在买方按照第四十七条第 (1) 款规定的任何额外时间满期后，或在卖方声明他将不在这一额外时间履行义务后一段合理时间内这样做；或③他在卖方按照第四十八条第 (2) 款指明的任何额外时间满期后，或在买方声明他将不接受卖方履行义务后一段合理时间内这样做。

第五十条

如果货物不符合同，不论价款是否已付，买方都可以减低价格，减价按实际交付的货物在交货时的价值与符合合同的货物在当时的价值两者之间的比例计算。但是，如果卖方按照第三十七条或第四十八条的规定对任何不履行义务做出补救，或者买方拒绝接受卖方按照该两条规定履行义务，则买方不得减低价格。

第五十一条

(1) 如果卖方只交付一部分货物，或者交付的货物中只有一部分符合合同规定，第四十六条至第五十条的规定适用于缺漏部分及不符合同规定部分的货物。

(2) 买方只有在完全不交付货物或不按照合同规定交付货物等于根本违反合同时，才可以宣告整个合同无效。

第五十二条

(1) 如果卖方在规定的日期前交付货物，买方可以收取货物，也可以拒绝收取货物。

(2) 如果卖方交付的货物数量大于合同规定的数量，买方可以收取也可以拒绝收取多交部分的货物。如果买方收取多交部分货物的全部或一部分，他必须按合同价格付款。

第三章　买方的义务

第五十三条

买方必须按照合同和本公约规定支付货物价款和收取货物。

第一节　支付价款

第五十四条

买方支付价款的义务包括根据合同或任何有关法律和规章规定的步骤和手续，以便支付价款。

第五十五条

如果合同已有效地订立，但没有明示或暗示地规定价格或规定如何确定价格，在没有任何相反表示的情况下，双方当事人应视为已默示地引用订立合同时此种货物在有关贸易的类似情况下销售的通常价格。

第五十六条

如果价格是按货物的重量规定的，如有疑问，应按净重确定。

第五十七条

(1) 如果买方没有义务在任何其他特定地点支付价款，他必须在以下地点向卖方支付价款：(a) 卖方的营业地；或者 (b) 如凭移交货物或单据支付价款，则为移交货物或单据的地点。

(2) 卖方必须承担因其营业地在订立合同后发生变动而增加的支付方面的有关费用。

第五十八条

(1) 如果买方没有义务在任何其他特定时间内支付价款，他必须于卖方按照合同和本公约规定将货物或控制货物处置权的单据交给买方处置时支付价款。卖方可以支付价款作为移交货物或单据的条件。

(2) 如果合同涉及到货物的运输，卖方可以在支付价款后方可把货物或控制货物处置权的单据移交给买方作为发运货物的条件。

(3) 买方在未有机会检验货物前，无义务支付价款，除非这种机会与双方当事人议定的交货或支付程序相抵触。

第五十九条

买方必须按合同和本公约规定的日期或从合同和本公约可以确定的日期支付价款，而无需卖方提出任何要求或办理任何手续。

第二节 收取货物

第六十条

买方收取货物的义务如下：(a) 采取一切理应采取的行动，以期卖方能交付货物；和 (b) 接收货物。

第三节 买方违反合同的补救办法

第六十一条

(1) 如果买方不履行他在合同和本公约中的任何义务，卖方可以：(a) 行使第六十二条至第六十五条所规定的权利；(b) 按照第七十四条至第七十七条的规定，要求损害赔偿。

(2) 卖方可能享有的要求损害赔偿的任何权利，不因他行使采取其他补救办法的权利而丧失。

(3) 如果卖方对违反合同采取某种补救办法，法院或仲裁庭不得给予买方宽限期。

第六十二条

卖方可以要求买方支付价款、收取货物或履行他的其他义务，除非卖方已采取与此一要求相抵触的某种补救办法。

第六十三条

(1) 卖方可以规定一段合理时限的额外时间，让买方履行义务。

(2) 除非卖方收到买方的通知，声称他将不在所规定的时间内履行义务，卖方不得在这段时间内对违反合同采取任何补救办法。但是，卖方并不因此丧失他对迟延履行义务可能享有的要求损害赔偿的任何权利。

第六十四条

(1) 卖方在以下情况下可以宣告合同无效：(a) 买方不履行其在合同或本公约中的任何义务，等于根本违反合同；或 (b) 买方不在卖方按照第六十三条第 (1) 款规定的额外时间内履行支付价款的义务或收取货物，或买方声明他将不在所规定的时间内这样做。

(2) 但是，如果买方已支付价款，卖方就丧失宣告合同无效的权利，除非：(a) 对于买方迟延履行义务，他在知道买方履行义务前这样做；或者 (b) 对于买方迟延履行义务以外的任何违反合同事情：①他在已知道或理应知道这种违反合同后一段合理时间内这样做；或②他在卖方按照第六十三条第（1）款规定的任何额外时间满期后或在买方声明他将不在这一额外时间内履行义务后一段合理时间内这样做。

第六十五条

（1）如果买方应根据合同规定订明货物的形状、大小或其他特征，而他在议定的日期或在收到卖方的要求后一段合理时间内没有订明这些规格，则卖方在不损害其可能享有的任何其他权利的情况下，可以依照他所知的买方的要求，自己订明规格。

（2）如果卖方自己订明规格，他必须把订明规格的细节通知买方，而且必须规定一段合理时间，让买方可以在该段时间内订出不同的规格。如果买方在收到这种通知后没有在该段时间内这样做，卖方所订的规格就具有约束力。

第四章　风 险 移 转

第六十六条

货物在风险移转到买方承担后遗失或损坏，买方支付价款的义务并不因此解除，除非这种遗失或损坏是由于卖方的行为或不行为所造成。

第六十七条

（1）如果销售合同涉及到货物的运输，但卖方没有义务在某一特定地点交付货物，自货物按照销售合同交付给第一承运人以转交给买方时起，风险就移转到买方承担。如果卖方有义务在某一特定地点把货物交付给承运人，在货物于该地点交付给承运人以前，风险不移转到买方承担。卖方有权保留控制货物处置权的单据，并不影响风险的移转。

（2）但是，在货物以货物上加标记，或以装运单据，或向买方发出通知或其他方式清楚地注明有关合同以前，风险不移转到买方承担。

第六十八条

对于在运输途中销售的货物，从订立合同时起，风险就移转到买方承担。但是，如果情况表明有此需要，从货物交付给签发载有运输合同单据的承运人时起，风险就由买方承担。尽管如此，如果卖方在订立合同时已知道或理应知道货物已经遗失或损坏，而他又不将这一事实告之买方，则这种遗失或损坏应由卖方负责。

第六十九条

（1）在不属于第六十七条和第六十八条规定的情况下，从买方接收货物时起，或如果买方不在适当时间内这样做，则从货物交给他处置但他不收取货物从而违反合同时起，风险移转到买方承担。

（2）但是，如果买方有义务在卖方营业地以外的某一地点接收货物，当交货时间已到而买方知道货物已在该地点交给他处置时，风险方始移转。

（3）如果合同指的是当时未加识别的货物，则这些货物在未清楚注明有关合同以前，不得视为已交给买方处置。

第七十条

如果卖方已根本违反合同，第六十七条、第六十八条和第六十九条的规定，不损害买方因此种违反合同而可以采取的各种补救办法。

第五章　卖方和买方义务的一般规定

第一节　预期违反合同和分批交货合同

第七十一条

（1）如果订立合同后，另一方当事人由于下列原因显然将不履行其大部分重要义务，一方当事人可以中止履行义务：（a）他履行义务的能力或他的信用有严重缺陷；或（b）他在准备履行合同或履行合同中的行为。

（2）如果卖方在上一款所述的理由明显化以前已将货物发运，他可以阻止将货物交给买方，即使买方持有其有权获得货物的单据。本款规定只与买方和卖方间对货物的权利有关。

（3）中止履行义务的一方当事人不论是在货物发运前还是发运后，都必须立即通知另一方当事人，如经另一方当事人对履行义务提供充分保证，则他必须继续履行义务。

第七十二条

（1）如果在履行合同日期之前，明显看出一方当事人将根本违反合同，另一方当事人可以宣告合同无效。

（2）如果时间许可，打算宣告合同无效的一方当事人必须向另一方当事人发出合理的通知，使他可以对履行义务提供充分保证。

（3）如果另一方当事人已声明他将不履行其义务，则上一款的规定不适用。

第七十三条

（1）对于分批交付货物的合同，如果一方当事人不履行对任何一批货物的义务，便对该批货物构成根本违反合同，则另一方当事人可以宣告合同对该批货物无效。

（2）如果一方当事人不履行对任何一批货物的义务，使另一方当事人有充分理由断定对今后各批货物将会发生根本违反合同，该另一方当事人可以在一段合理时间内宣告合同今后无效。

（3）买方宣告合同对任何一批货物的交付无效时，可以同时宣告合同对已交付的或今后交付的各批货物均为无效，如果各批货物是互相依存的，不能单独用于双方当事人在订立合同时所设想的目的。

第二节　损害赔偿

第七十四条

一方当事人违反合同应负的损害赔偿额，应与另一方当事人因他违反合同而遭受的包括利润在内的损失额相等。这种损害赔偿不得超过违反合同一方在订立合同时，依照他当时已知道或理应知道的事实和情况，对违反合同预料到或理应预料到的可能损失。

第七十五条

如果合同被宣告无效，而在宣告无效后一段合理时间内，买方已以合理方式购买替代货物，或者卖方已以合理方式把货物转卖，则要求损害赔偿的一方可以取得合同价格和替代货物交易价格之间的差额以及按照第七十四条规定可以取得的任何其他损害赔偿。

第七十六条

（1）如果合同被宣告无效，而货物又有时价，要求损害赔偿的一方，如果没有根据第七十五条规定进行购买或转卖，则可以取得合同规定的价格和宣告合同无效时的时价之间的差额以及按照第七十四条规定可以取得的任何其他损害赔偿。但是，如果要求损害赔偿的一方在接收货物之后宣告合同无效，则应适用接收货物时的时价，而不适用宣告合同无效时的时价。

（2）为上一款的目的，时价指原应交付货物地点的现行价格，如果该地点没有时价，则指另一合理替代地点的价格，但应适当地考虑货物运费的差额。

第七十七条

声称另一方违反合同的一方，必须按情况采取合理措施，减轻由于该另一方违反合同而引起的损失，包括利润方面的损失。如果他不采取这种措施，违反合同一方可以要求从损害赔偿中扣除原可以减轻的损失数额。

第三节 利 息

第七十八条

如果一方当事人没有支付价款或任何其他拖欠金额，另一方当事人有权对这些款额收取利息，但不妨碍要求按照第七十四条规定可以取得的损害赔偿。

第四节 免 责

第七十九条

(1) 当事人对不履行义务，不负责任，如果他能证明此种不履行义务，是由于某种非他所能控制的障碍，而且对于这种障碍，没有理由预期他在订立合同时能考虑到或能避免或克服它或它的后果。

(2) 如果当事人不履行义务是由于他所雇用履行合同的全部或一部分规定的第三方不履行义务所致，该当事人只有在以下情况下才能免除责任：(a) 他按照上一款的规定应免除责任，和 (b) 假如该款的规定也适用于他所雇用的人，这个人也同样会免除责任。

(3) 本条所规定的免责对障碍存在的期间有效。

(4) 不履行义务的一方必须将障碍及其对他履行义务能力的影响通知另一方。如果该项通知在不履行义务的一方已知道或理应知道此一障碍后一段合理时间内仍未为另一方收到，则他对由于另一方未收到通知而造成的损害应负赔偿责任。

(5) 本条规定不妨碍任何一方行使本公约规定的要求损害赔偿以外的任何权利。

第八十条

一方当事人因其行为或不行为而使得另一方当事人不履行义务时，不得声称该另一方当事人不履行义务。

第五节 宣告合同无效的效果

第八十一条

(1) 宣告合同无效解除了双方在合同中的义务，但应负责的任何损害赔偿仍应负责。宣告合同无效不影响合同关于解决争端的任何规定，也不影响合同中关于双方在宣告合同无效后权利和义务的任何其他规定。

(2) 已全部或局部履行合同的一方，可以要求另一方归还他按照合同供应的货物或支付的价款，如果双方都须归还，他们必须同时这样做。

第八十二条

(1) 买方如果不可能按实际收到货物的原状归还货物，他就丧失宣告合同无效或要求卖方交付替代货物的权利。

(2) 上一款的规定不适用于以下情况：(a) 如果不可能归还货物或不可能按实际收到货物的原状归还货物，并非由于买方的行为或不行为所造成；或者 (b) 如果货物或其中一部分的毁灭或变坏，是由于按照第三十八条规定的检验所致；或者 (c) 如果货物或其中一部分，在买方发现或理应发现与合同不符以前，已为卖方在正常营业过程中售出，或在正常使用过程中消费或改变。

第八十三条

买方虽然依第八十二条规定丧失宣告合同无效或要求卖方交付替代货物的权利，但是根据合同和本公约规定，他仍保有采取一切其他补救办法的权利。

第八十四条

(1) 如果卖方有义务归还价款，他必须同时从支付价款之日起支付价款利息。

(2) 在以下情况下，买方必须向卖方说明他从货物或其中一部分得到的一切利益：(a) 如果他必须归还货物或其中一部分；或者 (b) 如果他不可能归还全部或一部分货物，或不可能按实际收到货物的原状归还全部或一部分货物，但他已宣告合同无效或已要求卖方交付替代货物。

第六节 保全货物

第八十五条

如果买方推迟收取货物，或在支付价款和交付货物应同时履行时，买方没有支付价款，而卖方仍拥有这些货物或仍能控制这些货物的处置权，卖方必须按情况采取合理措施，以保全货物。他有权保有这些货物，直至买方把他所付的合理费用偿还给他为止。

第八十六条

(1) 如果买方已收到货物，但打算行使合同或本公约规定的任何权利，把货物退回，他必须按情况采取合理措施，以保全货物。他有权保有这些货物，直至卖方把他所付的合理费用偿还给他为止。

(2) 如果发运给买方的货物已到达目的地，并交给买方处置，而买方行使退货权利，则买方必须代表卖方收取货物，除非他这样做需要支付价款而且会使他遭受不合理的不便或需承担不合理的费用。如果卖方或受权代表其掌管货物的人也在目的地，则此一规定不适用。如果买方根据本款规定收取货物，他的权利和义务与上一款所规定的相同。

第八十七条

有义务采取措施以保全货物的一方当事人，可以把货物寄放在第三方的仓库，由另一方当事人担负费用，但该项费用必须合理。

第八十八条

(1) 如果另一方当事人在收取货物或收回货物或支付价款或保全货物费用方面有不合理的迟延，按照第八十五条或第八十六条规定有义务保全货物的一方当事人，可以采取任何适当办法，把货物出售，但必须事前向另一方当事人发出合理的意向通知。

(2) 如果货物易于迅速变坏，或者货物的保全牵涉到不合理的费用，则按照第八十五条或第八十六条规定有义务保全货物的一方当事人，必须采取合理措施，把货物出售。在可能的范围内，他必须把出售货物的打算通知另一当事人。

(3) 出售货物的一方当事人，有权从销售所得收入中扣回为保全货物和销售货物而付的合理费用。他必须向另一方当事人说明所余款项。

第四部分 最后条款

第八十九条

兹指定联合国秘书长为本公约保管人。

第九十条

本公约不优于业已缔结或可以缔结并载有与属于本公约范围内事项有关的条款的任何国际协定，但以双方当事人的营业地均在这种协定的缔约国内为限。

第九十一条

（1）本公约在联合国国际货物销售合同会议闭幕会议上开放签字，并在纽约联合国总部继续开放签字，直至1981年9月30日为止。

（2）本公约须经签字国批准、接受或核准。

（3）本公约从开放签字之日起开放给所有非签字国加入。

（4）批准书、接受书、核准书和加入书应送交联合国秘书长存放。

第九十二条

（1）缔约国可在签字、批准、接受、核准或加入时声明它不受本公约第二部分的约束或不受本公约第三部分的约束。

（2）按照上一款规定就本公约第二部分或第三部分做出声明的缔约国，在该声明适用的部分所规定事项上，不得视为本公约第一条第（1）款范围内的缔约国。

第九十三条

（1）如果缔约国具有两个或两个以上的领土单位，而依照该国宪法规定、各领土单位对本公约所规定的事项适用不同的法律制度，则该国得在签字、批准、接受、核准或加入时声明本公约适用于该国全部领土单位或仅适用于其中的一个或数个领土单位，并且可以随时提出另一声明来修改其所做的声明。

（2）此种声明应通知保管人，并且明确地说明适用本公约的领土单位。

（3）如果根据按本条做出的声明，本公约适用于缔约国的一个或数个但不是全部领土单位，而且一方当事人的营业地位于该缔约国内，则为本公约的目的，该营业地除非位于本公约适用的领土单位内，否则视为不在缔约国内。

（4）如果缔约国没有按照本条第（1）款做出声明，则本公约适用于该国所有领土单位。

第九十四条

（1）对属于本公约范围的事项具有相同或非常近似的法律规则的两个或两个以上的缔约国，可随时声明本公约不适用于营业地在这些缔约国内的当事人之间的销售合同，也不适用于这些合同的订立。此种声明可联合做出，也可以相互单方面声明的方式做出。

（2）对属于本公约范围的事项具有与一个或一个以上非缔约国相同或非常近似的法律规则的缔约国，可随时声明本公约不适用于营业地在这些非缔约国内的当事人之间的销售合同，也不适用于这些合同的订立。

（3）作为根据上一款所做声明对象的国家如果后来成为缔约国，这项声明从本公约对该新缔约国生效之日起，具有根据第（1）款所做声明的效力，但以该新缔约国加入这项声明，或做出相互单方面声明为限。

第九十五条

任何国家在交存其批准书、接受书、核准书或加入书时，可声明它不受本公约第一条第（1）款（b）项的约束。

第九十六条

本国法律规定销售合同必须以书面订立或书面证明的缔约国，可以随时按照第十二条的规定，声明本公约第十一条、第二十九条或第二部分准许销售合同或其更改或根据协议终止，或者任何发价、接受或其他意旨表示得以书面以外任何形式做出的任何规定不适用，如果任何一方当事人的营业地是在该缔约国内。

第九十七条

（1）根据本公约规定在签字时做出的声明，须在批准、接受或核准时加以确认。

（2）声明和声明的确认，应以书面提出，并应正式通知保管人。

（3）声明在本公约对有关国家开始生效时同时生效。但是，保管人于此种生效后收到正式通知的声明，应于保管人收到声明之日起 6 个月后的第一个月第一天生效。根据第九十四条规定做出的相互单方面声明，应于保管人收到最后一份声明之日起 6 个月后的第一个月第一天生效。

（4）根据本公约规定做出声明的任何国家可以随时用书面正式通知保管人撤回该项声明。此种撤回于保管人收到通知之日起 6 个月后的第一个月第一天生效。

（5）撤回根据第九十四条做出的声明，自撤回生效之日起，就会使另一国家根据该条所做的任何相互声明失效。

第九十八条

除本公约明文许可的保留外，不得作任何保留。

第九十九条

（1）在本条第（6）款规定的条件下，本公约在第十件批准书、接受书、核准书或加入书、包括载有根据第九十二条规定做出的声明的文书交存之日起 12 个月后的第一个月第一天生效。

（2）在本条第（6）款规定的条件下，对于在第 10 件批准书、接受书、核准书或加入书交存后才批准、接受、核准或加入本公约的国家，本公约在该国交存其批准书、接受书、核准车或加入书之日起 12 个月后的第一个月第一天对该国生效，但不适用的部分除外。

（3）批准、接受、核准或加入本公约的国家，如果是 1964 年 7 月 1 日海牙签订的《关于国际货物销售合同的订立统一法公约》（《1964 年海牙订立合同公约》）和 1964 年 7 月 1 日在海牙签订的《关于国际货物销售统一法的公约》（《1964 年海牙货物销售公约》）中一项或两项公约的缔约国。应按情况同时通知荷兰政府声明退出《1964 年海牙货物销售公约》或《1964 年海牙订立合同公约》或退出该两公约。

（4）凡为《1964 年海牙货物销售公约》缔约国并批准、接受、核准或加入本公约和根据第九十二条规定声明或业已声明不受本公约第二部分约束的国家，应于批准、接受、核准或加入时通知荷兰政府声明退出《1964 年海牙货物销售公约》。

（5）凡为《1964 年海牙订立合同公约》缔约国并批准、接受、核准或加入本公约和根据第九十二条规定声明或业已声明不受本公约第三部分约束的国家，应于批准、接受、核准或加入时通知荷兰政府声明退出《1964 年海牙订立合同公约》。

（6）为本条的目的，《1964 年海牙订立合同公约》或《1964 年海牙货物销售公约》的缔约国的批准、接受、核准或加入本公约，应在这些国家按照规定退出该两公约生效后方始生效。本公约保管人应与 1964 年两公约的保管人荷兰政府进行协商，以确保在这方面进行必要的协调。

第一百条

（1）本公约适用于合同的订立，只要订立该合同的建议是在本公约对第一条第（1）款（a）项所指缔约国或第一条第（1）款（b）项所指缔约国生效之日或其后作出的。

（2）本公约只适用于在它对第一条第（1）款（a）项所指缔约国或第一条第（1）款（b）项所指缔约国生效之日或其后订立的合同。

第一百零一条

(1) 缔约国可以用书面正式通知保管人声明退出本公约，或本公约第二部分或第三部分。

(2) 退出于保管人收到通知12个月后的第一个月第一天起生效。凡通知内订明一段退出生效的更长时间，则退出于保管人收到通知后该段更长时间满时起生效。

1980年4月11日订于维也纳，正本一份，其阿拉伯文本、中文本、英文本、法文本、俄文本和西班牙文本都具有同等效力。

附录二 销售合同

售货合约
SALES CONTRACT

No.
Date：
Signed at：

卖方：	卖方电话：
Sellers：	Tel：
卖方地址：	卖方传真：
Address：	Fax：
买方：	买方电话：
Buyers：	Tel：
买方地址：	买方传真：
Address：	Fax：

双方同意按下列条款由买方购进卖方售出下列商品：

The Buyers agree to buy and the Sellers agree to sell The following goods on terms and conditions as set forth below：

(1)货物名称及规格，包装及装运唛头 Name of Commodity, Specifications, Packing and Shipping Makes	(2)数量 Quantity	(3)单价 Unit Price	(4)总价 Total Amount
	(装运数量允许有%的增减) (Shipment quantity %more or less allowed)		

(5) 特殊条款

Special Condition：…………………………

(6) 装运期限：

Time of Shipment：…………………………

(7) 装运口岸

Port of Landing：…………………………

(8) 目的口岸

Port Destination：…………………………

(9) 保险：投保　　　险，由　　　按发票金额　　投保。

Insurance：Covering …………………… Risk for …………………… of invoice value by ……………………

（10）付款条件

Terms of Payment: By confirmed, irrevocable, transferable and divisible letter of credit allowing partial shipments and transhipment, payable at sight against presentation of shipping documents in China.

该信用证必须在前开到卖方，信用证的有效期应为装船期后 15 天，在上述装运口岸到期，否则卖方有权取消本售货和合约并保留因此而发生的一切损失的索赔权。

The covering letter of Credit must reach the sellers before ________ and is to remain valid in above indicated Loading Ports 15 days after the date of Shipment, failing which the Sellers Reserve the right to cancel this Contract and claim form the Buyers for losses resulting thereform.

（11）商品检验：由________签发的品质、数量/重量的证书、作为品质、数量/重量的交货依据。

Inspection: The Certificate of Quality, Quantity/Weight issued by ________ Shall be taken as the basic delivery.

条款：

（1）异议：品质异议须于货到目的口岸之日起 30 天内提出，数量异议须于货到目的口岸之日起 15 天内提出。但均须提供经卖方同意的公正行的检验证明。如责任属于卖方者，卖方收到异议 20 天内答复买方并提出处理意见。

（2）信用证内明确规定卖方有权可多装或少装所注明的百分数，并按实际装运数量议付（信用证之金额应较本售货合约的金额增加相应的百分数）。

（3）信用证内容须严格符合本售货合约的规定，否则修改信用证的费用由买方负担，卖方亦不负因修改信用证而延误装运的责任，并保留因此而发生的一切损失的索赔权。

（4）出境约定保险归买方投保者外，由卖方向中国的保险公司投保。如买方须增加保险额或须加保其他险可于装船前提出，经卖方同意后代为投保，其费用由买方负担。

（5）买方须将申请许可副本（经有关银行签署）寄给卖方，俟许可证批出后再即用电报通知卖方，假如许可证被驳退，买方须征得卖方的同意方可重新申请许可证。

（6）因人力不可抗拒事故，使卖方不能在本售货合约规定期限内交货或不能交货，卖方不负责任，但是卖方必须立即以电报通知买方。如果买方提出要求，卖方应以挂号函向买方提供有中国国际贸易促进委员会或有关机构出给的证明，证明事故的存在。买方不能领到进口证不能被认为系属人力不可抗拒范围。

（7）仲裁：凡因执行本合约或有关合约所发生的一切争执，双方应以友好方式协商解决，如果协商不能解决，应提交北京中国国际贸易促进委员会对外贸易仲裁委员会的仲裁程序暂行规定进行仲裁，仲裁裁决是终局的，对双方都有约束力。

Terms:

(1) Quality/Quantity Discrepancy: in case of quality discrepancy, claim should be filed by the Buyers within 30 days after the arrival of the goods at port of destination, while for quantity discrepancy claim should be filed by the Buyers within 15 days after the arrival of the goods at port of destination. In all cases claims must be accompanied by the Survey Report of Recongnized Public Surveyors agreed to by the sellers. Should the responsibility of the subject under claim be found to rest on the part of the Sellers, the Sellers shall, within

20 days after receipt of the claim, send his reply to Buyers together with suggestion for settlement.

(2) The Sellers reserve the option of shipping the indicated percentage more or less than quanlity hereby contracted, and the covering Letter of Credit shall be negotiated for the amount covering the value of quantity actually shipped . (The Buyers are request to establish the L/C in amount with the indicated percentage over the total value of the order as per this Sales Contract.)

(3) The contents of the covering Letter of Credit shall be in strict accordance with the stipulations of the Sales Contract; in cases of any variation there of necessitating amendment of the L/C the Buyers shall bear the expenses for effecting the amendment. The Sellers shall not be held responsible for possible delay of shipment resulting from awaiting the amendment of the L/C, and reserve the right to claim from the Buyers compensation for the losses resulting thereform.

(4) Except in cases Where the insurance is covered by the Buyers as arranged, insurance is to be covered by the Sellers with a Chinese insurance company. If insurance for addition amount and/or other insurance terms is required by the Buyers, prior notice to this effect must reach the Sellers before shipment and is subject to the Ssellers' agreement, and the extra insurance premium shall be for the buyers' account.

(5) The Buyers are request to send to the Sellers authenic copy of the Licence-application (endorsed by the relative bank) field by the Buyers and telepraphically advise the Sellers immediately when the said Licence is obtained, Should be the Buyers intend to file reapplication for Licence in cases of rejection of the original application, the Buyers shall contact the Sellers and obtain the latter's consent before filing the reapplication.

(6) The Sellers shall not be held responsible if they owing Force Majeure cause or causes fail to make delivery within the time stipulated in this Sales Contract or cannot delivery the goods . However, the Sellers shall inform the Buyers immediately by cable. The Sellers shall deliver to the Buyers by registered letter, if it is requested by the Buyers, a certificate issued by the China Council for the Promotion of International Trade or by any competentauthority, certifying to the existence of the said cause or xauses. Buyers' failure to obtain the relative Import Licence is not to be treated as Force Majeure.

(7) Arbitration: All disputes arising in connection with this Sales Contract or from the execution thereof shall be settled amicably through friendly negotitation. In case no settlement can be reached, the case shall then be submitted for arbitration to the Foreign Trade Arbitration Commission of the China Council for the Promotion of International Trade in accordance with the Provisional Rules of Procedure of the Foreign Trade Arbitration Commission of the China Council for the Promotion of International Trade. The arbitral award of the Commission is final and binding upon both paries.

买方：　　　　　　　　　　卖方：

The Buyers:　　　　　　　　The Sellers:

附录三 海运提单

<table>
<tr><td colspan="2">Shipper (1)</td><td colspan="2" rowspan="2">SHIPPING COMPANY LTD.</td></tr>
<tr><td colspan="2">Consignee (2)</td></tr>
<tr><td colspan="2" rowspan="3">NotifyParty/Address (3)</td><td colspan="2"></td></tr>
<tr><td>ORIGINAL</td><td>B/L No. (5)</td></tr>
<tr><td colspan="2">Place of Receipt (6)</td></tr>
<tr><td colspan="2">Vessel and Voyage No. (4)</td><td colspan="2">Place of Delivery (7)</td></tr>
<tr><td colspan="2">Port of Loading (8)</td><td colspan="2">Port of Discharge (9)</td></tr>
<tr><td>Marks &No(s)(10)</td><td>No. & Kind of Pkgs;Description of Goods(13)</td><td>Gross Weight(14)</td><td>Measurement(15)</td></tr>
<tr><td colspan="4">Particulars above furnished by the shipper</td></tr>
<tr><td colspan="2">Container No(s) (11)
Seal No(s) (12)</td><td colspan="2" rowspan="2">Received by the Carrier from the Shipper in apparent good order and condition(unless otherwise noted herein)the total number or quantity of Containers or other…………</td></tr>
<tr><td colspan="2">Freight & Charges (16)</td></tr>
<tr><td>SHIPPED ON BOARD
DATE: (17)</td><td>Number of Original B(s)/L
(18)</td><td colspan="2">IN WITNESS of the contract herein contained the number of originals stated opposite has been issued,one of which being accomplished the other(s)to be void.</td></tr>
<tr><td colspan="2">Place and Date of Issue (19)</td><td colspan="2">SHIPPING COMPANY LTD. (20)</td></tr>
</table>

AGENT

(See Reverse for Terms and Conditions)

附录四 海运保险单

××Insurance Company

Invoice No. Policy No

INSURANCE POLICY

This Policy of insurance witnesses that ××× Insurance Company (hereinafter called "The Company") at the request of……(1)……(hereinafter called the "Insured") and in consideration of the agreed premium paying to the Company by the insured, undertakes to insure the under mentioned goods in transportation subject to the conditions of this Policy as per the Clauses printed overleaf and other special clauses attached hereon.

Marks & No(s)	Quantity	Description of Goods	Amount Insured
(2)	(3)	(4)	(5)

Total Amount Insured: (6)

Premium ______(7)______ ate ______(8)______ Per conveyance S. S. ______(9)______

Slg on or abt ______(10)______ From ______(11)______ to ______(12)______

Conditions ______(13)______

Claims, if any, are payable on surrender of this Policy together with other relevant documents. In the event of accident whereby loss or damage may result in a claim under this Policy immediate notice applying for survey must be given to the Company's Agent as mentioned hereunder: ______(17)______

THE PEOPLE'S INSURANCE CO. OF CHINA
SHANGHAI PROVINCIAL BRANCH (16)

Claim payable at ______(14)______

DATE ______(15)______

Address

附录五 出口发票

Huyun ceramic Co., Ltd.

36 Liuquan Road, Export-City, Export-Country

INVOICE

No ___(1)___

Date ___(2)___

To: (3)

From (4)		To (4)		
L/C No. (5)		S/C No. (6)		
Marks & Numbers	Descriptions	Quantities	Unit price(USD)	Amount(USD)
(7)	(8)	(9)	(10)	(11)
TOTAL: (12)				

附录六　出口装箱单

Huyun ceramic Co., Ltd.

Address:

TEL:　　　　　　　　TLX:　　　　　　　　FAX:

Invoice No.　　　　　　　　　　　　Date

PACKING LIST (Weight Memo)

TO:

MARKS & NOS.	DESCRIPTION QUANTITY	G. W.	N. W.
TOTAL:			

附录七　开证申请书

IRREVOCABLE DOCUMENTARY CREDIT APPLICATION

To:　　　　　　　　　　　　　　Date:

Please issue on our behalf and for our account the following IRREVOCABLE LETTER OF CREDIT by ( ) TELEX/( ) AIRMA

IL:　　　　　L/C No.　　　　　　(left for bank to fill)

Beneficiary: (full name & detailed address)	Advising Bank: (left for bank to fill)
Applicant: (full name & detailed address)	Date of Expiry: Place of Expiry:
Amount (both in figure and words)	

Dear Sirs,

We hereby issue our IRREVOCABLE LETTER OF CREDIT in your favour for account of the above applicant avail-able by your draft(s) drawn [ ] at sight/[ ]____ on us/

[ ] advising bank/[ ] applicant for [100]% of invoice value as drawn under this L/C accompanied by following documents marked with ×;

1. [ ] Signed commercial invoice in ________ copies indicating Contract No. ________

2. [ ] Packing list/weight memo in ________ copies indicating quantity/gross and net weight of each package.

3. [ ] Airway Bill ________ consigned to [ ] China National Foreign Trade Transportation Corp. at destination/[ ] applicant/[ ] us marked air freight [ ] to collect/[ ] prepaid [ ] indicating Freight amount.

4. [ ] Memorandum issued by China Travel Service (H. K.) Ltd., Hong Kong ______

5. [ ] Forwarding Agent's cargo receipt ________

6. [ ] Insurance policy or certificate in ________ copies endorsed in blank coveting [ ] All Risks/( ) Air Transportation All Risks/[ ] Overland Transportation All Risks, War Risk including ________ per ________ clause for ________% of invoice value.

7. [ ] Full set 3/3 clean on board ocean Bills of Lading [ ] made out to order and endorsed in blank/[ ] notifying [ ] China National Foreign Trade Transportation Corp. at destination/[ ] applicant/[ ] China National Foreign Trade Transportation Corp. at destination and applicant marked freight [ ] to collect [ ] prepaid [ ] indicating freight amount.

8. [ ] Quality certificate in ________ copies issued by [ ] below mentioned manufacturer/[ ] public recognized surveyor/[ ] ________

9. [ ] Your letter certifying that one extra copy of each document called for herein has been [ ] disposed of according to relative contract stipulations/[ ] ________

10. [ ] Copy of applicant's/or it's agent's shipping instruction indicating vessel name, Contract No., approxim-ate shipment date.

11. [ ] Copy of your telex advising applicant within ________ hours after shipment indicating Contract No., L/C No., goods name, quantity invoice value, vessel's name/air flight No., packages, loading port and shipping date.

12. [ ] Other documents if any:

1) Evidencing shipment of:

____________ UNDER CONTRACT NO. ____________;

Packing: EXPORT STANDARD PACKING

Price term: CIF/CFR/FOB ________

Manufacturer: ________ Shipping mark: ________

2) Special instructions: (if any marked with ×)

A [ ] Your signed receipt instead of draft is acceptable.

B [ ] The remaining ________%of invoice value ________

C [ ] Both quantity and amount 5% more or less are allowed.

D [ ] All banking charges [ ] outside China/[ ] in Hongkong are for beneficiaries' account.

E [ ] Prepaid freight drawn in excess of L/C amount is acceptable against presentation of original charges vou-cher issued by Shipping CO. /Air Line/or it's agent.

3) Documents should be presented within ________ days from the date of shipment, but in any event within the validity of this L/C.

4) Shipment from ________ to ________ not later than ________ transhi-pment is [ ] allowed/[ ] not allowed; partial shipments are [ ] allowed/[ ] not allowed; on deck shipment is [ ] allowed/[ ] not allowed; third party transport documents are [ ] allowed/[ ] not allowed.

Sealed & Signed by: ________ Account No. ________ with ________

Telephone No. : ________ (name of Bank)

参 考 文 献

[1] 黎孝先主编．国际贸易实务．第3版．北京：对外经济贸易大学出版社，2000.
[2] 吴百福主编．进出口贸易实务教程．第4版．上海：上海人民出版社，2003.
[3] 雷荣迪，严启明主编．国际运输与保险．北京：中国人民大学出版社，1995.
[4] 苏宗祥等编著．国际结算．北京：中国金融出版社，2004.
[5] 冷柏军编著．国际贸易实务．北京：对外经济贸易大学出版社，2005.
[6] 徐景霖编著．国际贸易实务．北京：东北财经大学出版社，2003.
[7] 尚玉芳，阎寒梅主编．新编国际贸易实务．大连：东北财经大学出版社，2005.
[8] 刘文光等主编．国际贸易实务．北京：高等教育出版社，2005.
[9] 冯大同编著．国际贸易法．北京：北京大学出版社，1995.
[10] 赵承壁著．进出口合同的履行和违约救济．北京：对外经济贸易大学出版社，2002.
[11] 余世明主编．国际贸易实务练习题及分析答案．广州：暨南大学出版社，2005.
[12] 王芬主编．进出口贸易实务模拟教程．上海：立信会计出版社，1998.
[13] 叶德万，陈原编著．国际贸易实务教程．广州：华南理工大学出版社，2003.
[14] 陈至友主编．进出口贸易实务．上海：立信会计出版社，2002.
[15] 吴百福主编．国际货运风险与保险．北京：对外经济贸易大学出版社，2003.
[16] 周桂荣主编．国际贸易实务单证操作教程．天津：南开大学出版社，2003.